遇 见 历 史　　触 摸 智 慧

秦國大帝全史

上 传说时代至春秋时期

唐封叶 —— 著

重庆出版集团 重庆出版社

图书在版编目（CIP）数据

大秦帝国全史 / 唐封叶著. — 重庆：重庆出版社，2024.12（2025.7 重印）
ISBN 978-7-229-17652-5

Ⅰ．①大… Ⅱ．①唐… Ⅲ．①中国历史－秦代－通俗读物 Ⅳ．① K233.09

中国国家版本馆CIP数据核字（2023）第 089184 号

大秦帝国全史
DAQIN DIGUO QUANSHI
唐封叶　著

策划编辑：李　子
责任编辑：张立武　冯世毓
责任校对：杨　婧　刘小燕
装帧设计：刘　尚
正文排版：侯　建

重庆出版集团
重庆出版社　出版

重庆市南岸区南滨路 162 号 1 幢　邮政编码：400061　http://www.cqph.com
北京毅峰迅捷印刷有限公司印刷
重庆出版社有限责任公司发行
全国新华书店经销

开本：889mm×1194mm　1/32　印张：35　字数：909 千
2025 年 2 月第 1 版　2025 年 7 月第 2 次印刷
ISBN 978-7-229-17652-5
定价：199.00 元（上中下三册）

如有印装质量问题，请向本社调换：023-61520678

版权所有　侵权必究

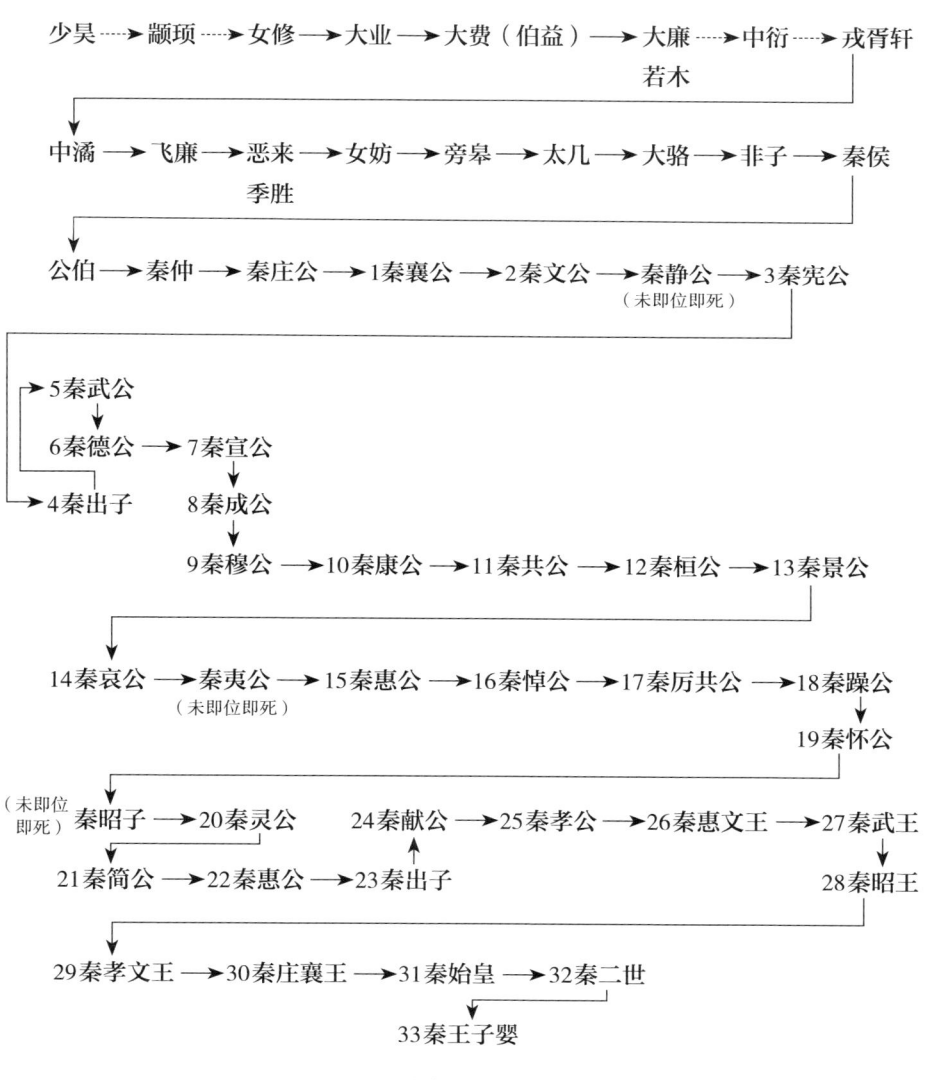

大秦世系图

注：1. 虚线箭头表示中间世系不明；2. 上下并列的人物表示为兄弟（亲兄弟或堂兄弟）关系。

序

　　放在读者诸君面前的这部《大秦帝国全史》写的是秦人从无到有，秦人族群从小到大，从建立诸侯国到一统天下，又二世而亡的历史。

　　秦人是传说时代夷、夏、苗三大族团中的一个起源于东方的族群，商周时期其先祖先后依附已经建立国家的商人与周人，遂崛起于西方。春秋战国时期秦人通过武力征服兼并其他族群，开疆拓土，从一个蕞尔小国扩张成为战国七雄之一。秦王正只用短短的 13 年就并吞六国建立了前无古人的大一统帝国。秦人族群从小到大的发展历史完整地演绎了"部落—部族国家—

领土国家—帝国"这一独特的中国式国家起源与发展之路，但是如此不可一世的大秦帝国只维系了 15 年就迅速灭亡了。

秦人从一个小小的部族起家历经数百年最终扫平六国，建立了一个前所未有的大帝国，靠的是强悍的武力与野蛮的杀戮。他们缺质少文，除了石鼓文以外，几乎没有留下什么值得称道的遗存，在后来形成的汉文化中可以看到楚文化、齐鲁文化、燕赵文化的因素与遗产，却罕见秦文化的建树。秦人究竟给后世留下了什么，是值得我们思考的。

秦帝国虽历二世而亡，但是从商鞅变法到秦始皇一统天下后建立的集权专制制度却被汉王朝继承，当代学者所谓"秦制"乃是秦人留下的最大的遗产。从秦至清，秦制不仅被沿用了两千多年，而且这种以皇帝独裁为特征的专制体制被发展得越来越极端。

秦王朝灭亡之后秦人融入汉人之中，从此不再独立于世。秦人没有用文字记载自己的历史，除了司马迁的《史记》中有《秦本纪》和《秦始皇本纪》以外，也没有人再专门去记载秦人的历史。尽管秦始皇开创了一个新的时代，在二十四史中却只有《汉书》与《后汉书》而没有《秦书》或《秦史》。为了弥补这个缺陷，马非百先生以半生之力收集关于秦人的史料，于 1982 年出版了 76 万字的《秦集史》。不过严格地说，《秦集史》只是一部史料集，并非系统秦史，而且受作者写作初衷和时代限制，该书搜集的史料基本是传世史料，百余年来（特别是近几十年来）丰富的涉秦出土资料并没有收入。

这部《大秦帝国全史》虽然是一部通俗的史书，但李阳先生的写作态度认真严谨，更难能可贵的是他在参考传世文献的基础上运用了大量金文、简帛书等新出土资料，在全面讲述秦史的同时还补充了若干文献失载的史事，订正了一些传世文献和历史研究中的讹误，一定程度上可以补秦史之缺。李阳是我的学生，我在课堂上教秦人、秦国、秦朝历史的时候，由于课时的限制，只能讲一些线索与梗概，而他的这部书写得有血有肉，图文并茂，读他的书比听我的课更有趣味，真是长江后浪推前浪，青出于蓝胜于蓝。作为老师，我感到无比的欣慰。

二十四史大多是由宰相领衔的史官写就，他们都是御用文人，写史自然要为朝廷服务，既要歌功颂德，又要为尊者讳。私人写史如孔子著《春秋》，因为他有明确的政治目的，所以也不惜使用委婉的"春秋笔法"而不敢秉笔直书。

《大秦帝国全史》一书秉持客观论史的态度，在对秦人早期颠沛流离的艰辛历程表示怜悯，对秦人质朴、勇敢、坚韧、务实的性格予以赞美，对多代秦君励精图治最终统一中国的功绩进行肯定的同时，也揭露了秦文化中忽视文教、迷信武力、好大喜功、漠视人命的重大缺陷，剖析了自商鞅变法至秦朝统一进程中逐步形成的"秦制"的负面作用，对秦政权统治下倍受愚弄压榨的黔首报有深切的同情，对近年来一些小说、影视剧过分拔高秦朝和美化商鞅、秦始皇等历史人物的错误倾向有一定的纠正作用，有助于读者客观公正看待那段历史。

人类的历史从本质上说就是社会史、文化史。无论中外，国家的产生都只有几千年，所以国家的历史远远短于社会史、文化史。而王朝只是占有国家的统治集团与管理机器，并不能等同于国家。中国古代的二十四史基本是王朝史，其内容主要是政治史，缺乏社会史与文化史内容。《大秦帝国全史》一书显然注意到了这个问题，能站在国家、人民而不是王朝、帝王将相的立场看待问题，并在书中叙述或提及了石鼓文、《诗经·秦风》中的若干篇章、战国诸子的若干主要思想、先秦至秦朝人口管理制度、土地制度、水利成就等文化和社会发展方面的内容。不足之处在于，可能由于该书创作构想、主线等的限定，上述方面篇幅相对政治、军事内容依然较少。

希望今后书写秦史或其他朝代历史的人，能够将更多笔墨付诸作为国家主体的社会与人民。

中国先秦史学会第六届理事 宫长为

2024 年 5 月

 **写在出版之前**

秦人是中国上古时期一个重要的族群，秦朝是中国历史上一个关键的朝代，"周秦之变"是中国国家形式的一个重要转折点。

因为文学和影视作品的带动，秦史在 21 世纪初比较火，这当然是一件好事。设想一下，如果没有《三国演义》，三国时期的人物和故事肯定不会像现在一样家喻户晓。

但是文学和影视作品，出于凸显矛盾冲突、增强戏剧效果、塑造典型人物等目的，免不了会对真实的历史作若干艺术加工——虚构一些历史情节，美化或丑化一些历史人物，甚至调整历史事件的发生顺序等。这种加工过多，倾向性过强，又会扰乱人们对历史的认知。

作为一个历史爱好者，本人经常在网络上看到一些人谈论探讨"秦史"，但他们所谈论探讨的东西，很多并不见诸任何史料记载，而是小说作家或影视编剧演绎、虚构出来的。比如有人会问"秦献公为何没传位于长公子嬴虔，而是传位于仲公子嬴渠梁？"事实上公子虔在正史中只是个很普通的角色，他到底是哪位秦君的公子完全没有记载，他的"秦献公庶长子、秦孝公庶兄"的身份以及所谓赫赫军功，全都是小说家编造的，秦献公怎么可能会传位给他？又有人称赞"商鞅主动赴义，是伟大的殉道者"。但历史上真实的商鞅既没有爱民思想也根本不想殉什么"道"。他遭通缉后为了保命先是准备逃出秦国未遂，后又返回封地发动反叛，最后失败被杀，尸体被带回咸阳车裂，何曾"主动赴义"？还有人被"秦始皇命令赵佗无论中原发生什么变乱都不得回军救援"的故事感动，说他"心系华夏"。但史书中并没有相关记录，秦始皇也绝没有料到他建立的帝国会在他死后三年就覆亡。

有鉴于此，本人想写这样一部秦史：严格依据传世文献所写，并把近现代的相关出土资料如甲骨文卜辞、商周青铜器铭文、战国秦汉简牍的内容以及重要的秦文化遗址考古情况有机融入，尽可能保证所有的历史事件和人物对话都有出处，同时补充文献的不足、修正史书记载的谬误，帮助读者较为全面地了解相对真实的秦人历史，并在一定程度上厘清中国上古两千年从部族方国时代到封建王国时代，最终进入专制帝国时代的历史演进过程。当然，为了增强可读性，避免成为"学术天书"，这部秦史的语言应是通俗易懂的，叙述方式应尽量以讲故事为主，并根据相关内容插入对应的史料文献与因考古新发现而产生的一些新观点。

于是在伏案四年后，这部内容起自传说中的女修吞卵生大业、伯益得嬴姓，终于秦朝灭亡、子婴被杀的长篇通俗秦史，得以呈现在大家面前。在第四遍修稿时，为了让读者们更好地理解政治局势、地理形势和战争进程，本人还花费了近一年的时间，为本书绘制历史示意图 100 多张。

希望自己的努力没有白费，希望大家能够喜欢这部全面、系统、料足、有图的秦史，如果觉得还不错可以与朋友们分享一下。由于本人水平有限，本书的时空跨度又比较大、涉及的方面也比较广，书中肯定有不少错漏之处，真诚欢迎方家批评斧正！

2024 年 1 月

大秦帝国全史 总目录

上册 传说时代至春秋时期

大秦世系图 /1

序 /1

写在出版之前 /1

第一章 秦出东方 /1

第二章 登上西周政治舞台 /59

第三章 秦人立国 /103

第四章 秦穆公「三置晋君」/167

第五章 东方不亮西方亮 /229

第六章 春秋末段的低潮期 /275

中册 战国时期

第七章 战国初期的挫折与探索 /343

第八章 脱胎换骨——商鞅变法 /383

第九章 大秦第一王——秦惠文王 /459

第十章 『三驾马车』的时代 /533

第十一章 远交近攻——秦昭王的风采 /613

下册 秦朝时期

第十二章 终结者的到来——秦正出世 /725

第十三章 秦王扫六合 /795

第十四章 伟绩、暴政——始皇帝的一体两面 /875

第十五章 二世而亡与千秋功罪 /985

参考资料 /1073

上册目录

大秦世系图 /1

序 /1

写在出版之前 /1

第一章 秦出东方 /1

『女修吞卵』背后的神话与史实 /2

大业没功业　伯益立殊勋 /11

启杀伯益——家天下代替了公天下 /17

后羿代夏——东夷人的短暂反扑 /23

费昌佐成汤　嬴族仕商朝 /28

商纣王的左膀右臂 /37

牧野之战与费仲、恶来之死 /44

三监叛乱　飞廉殉商 /51

第二章　登上西周政治舞台 /59

『谪戍』的地方叫邾圉 /60

商周之变——从『事鬼』变『事人』 /64

孟增受封　造父得宠 /74

嬴姓赵氏的由来 /77

非子邑秦——秦政权诞生记 /83

秦仲殉难与庄公复仇 /89

西周朝每况愈下　秦襄公未雨绸缪 /96

第三章　秦人立国 /103

没有烽火的西周灭亡故事 /104

周平王『咸鱼翻身』　秦襄公立国称『公』 /109

僭礼祭天　奉诏伐戎 /116

秦文公迁都『汧渭之间』 /123

陈宝与南山大梓树的神奇传说 /130

群雄初觉醒 /133

秦宪公的东扩历程 /140

秦武公设县　秦德公迁雍 /143

东周首场变法秀——管仲改革 /150

我是蛮夷我怕谁——熊通称王 /158

目录

第四章 秦穆公『三置晋君』 /167

首结『秦晋之好』 /168

五张羊皮换贤臣 /175

『骊姬之乱』与秦穆公『一置晋君』 /181

晋惠公赖账 /187

联手平周乱 输粮赈晋灾 /192

韩原之战 /195

秦穆公『二置晋君』 /203

秦并梁芮 /208

重耳的流亡生涯 /212

秦穆公『三置晋君』 /220

第五章 东方不亮西方亮 /229

秦穆公错失良机 晋文公获赐南阳 /230

合兵伐鄀国 /235

城濮之战不是以弱胜强 /238

秦晋失和 /246

弦高犒师与殽之战 /251

三用败将 封尸崤山 /260

由余归秦 /265

『China』的由来 /269

3

第六章 春秋末段的低潮期 /275

失败的『四置晋君』 /276

秦康公的报复 /281

三国灭庸国 赵盾弑其君 /287

晋楚持续争霸 秦齐屡起屡仆 /294

秦桓公搅局 『弭兵』遭打脸 /301

秦景公再怼晋国 /306

和平到来——『向戌弭兵』 /312

王子朝乱周 楚平王纳媳 /318

伍子胥鞭坟 秦哀公救楚 /326

两『圣人』与秦国 /334

第一章

秦出东方

"女修吞卵"背后的神话与史实

说起秦，很多人都会自然而然地想到咸阳，想到今天的陕西省、甘肃省，想到那充满黄土高原独特韵味的秦腔，进而把秦人当作土生土长的西部人。其实嬴姓秦人虽然是从西方崛起并一统天下的，但若要追根溯源，他们的"祖籍"却不在陕甘。所以本书我们要从秦人的起源说起。

在中国，但凡是显赫的族群或有名的帝王，总会有一段关于其来历或出世的离奇神话传说，嬴姓秦人也不例外。

据《史记·秦本纪》等史料记载，嬴姓人的"老祖母"，是传说中五帝之一的颛顼（zhuān xū）氏的孙女，名叫女修。

据说有一天，当时还是姑娘的女修正在家织布，突然天上一只玄鸟（燕子）飞过，继而一个鸟蛋掉了下来，正落在她的织机上。这女修不知是饿了还是馋了，就停下织机，把那玄鸟产的小小鸟蛋捡起来吃了。没承想这玄鸟蛋可不是好吃的，很快女修姑娘的肚皮竟然就大了起来——她莫名怀孕了，但找不到孩子爹。那时没法打胎，女修只得十月怀胎把孩子生下来。女修生的这个男孩，就是嬴姓秦人的第一位男性始祖，名叫"大业"。

讲到这，有些爱读史的读者可能会说，你等等，这桥段我怎么听着这么耳熟呢？不错，您记性挺好，《史记·殷本纪》记载的商人始祖契（xiè）的降生故事，情节和上面几乎一模一样：《殷本纪》里说，五帝之一的帝喾，其正宫大老婆简狄，也是吞了玄鸟蛋才莫名怀孕生下了商人始祖契的，《诗经·商颂·玄鸟》里还有诗句"天命玄鸟，降而生商"。唯一的区别是简狄当时正在洗澡，而不是织布。所以仿照《商颂》，我们可以为秦人的始祖诞生故事作一句诗，那就是"天命玄鸟，降而生秦"。

吞鸟蛋会怀孕生孩子，这种离奇故事当然是神话传说，没一个现代人会真的相信，那不过是上古婚姻混乱时代人们"只知其母、不知其父"社会现象的反映。而商、秦始祖降生的故事情节如此雷同，连吞的鸟蛋都是同一种鸟即玄鸟所生，显然暗示商人和秦人有着共同的文化背景、自我意识，最早肯定拥有极近的血缘关系，他们两族很可能就是从同一部落分化出来的。我们知道，史书记载中国古代的东夷各部落大都是以鸟为图腾，现代史学界多数认同商人起源于东北方（今河北或辽西），为东夷的一支。那么以此类推，与商人有着相同的"天命玄鸟"故事的嬴姓秦人也应起源于东方，最早属于"东夷大家庭"的一员。

东夷，是古代文献中对上古东方各族的泛称。广义上，东方北到幽燕，南至江淮的族群，都属于东夷；狭义的东夷，则指的是中原正东方的夷人，也就是指上古时位于现在山东一带的部族。

有人可能会问，东方之族为啥叫"夷"呢？传统的解释是说"夷"字"从大（人）从弓"，意思是东方人善于射箭，其实这是错误的。因为甲骨文、金文里表示东方部族的"夷"最初写作"⺈"，好像一个侧面视角坐着的人的形象，应该是因当时东方人常见的坐姿而得名。不过因为甲骨文、金文中的"⺈"（夷）字和"亻"（人）字实在太像，国学大家王献唐干脆认为它们就是一个字，所以西周末期、东周之后的人们就

大汶口文化时期鸟形白陶鬶，反映了东夷人对鸟的崇拜

用另外一个字"𢎨"（夷）来代替"𢎨"了。当然"夷"字也不是西周末期人新造的字，甲骨文、金文中本有"夷"字，但作动词"平息"解，并不做族名。甲骨文、金文中的"夷"，是由"矢"和"S"组成，"矢"众所周知是箭的意思，"S"则代表箭上绑的绳子。故而"夷"字并不是"大"（人）和"弓"的组合，作为后起字也不能用它来分析东方人的得名由来。

很多人听到"夷"字可能立马联想到"野蛮""落后"这些词，其实在上古时期，"蛮、夷、戎、狄"等词只不过是人们对不同方位的部族集团的泛称，最初并不含明显的褒贬之意。那种褒贬之意，是春秋以后随着东周王朝的衰落、四方部族入侵中原才"反弹"形成的，就像盛唐用人不问民族，而较弱的宋朝才讲"夷夏大防"一样；且现代考古已经证明，上古时期东夷地区的文明不比中原地区落后，在某些方面和相当长的时期内甚至处于领先地位。

话说 8500 多年前，全球最后一次冰河期结束，气温大幅回升，进入长达 5000 多年的温暖期。因为温度高峰（距今 6000—5000 年）正当黄河中游的仰韶文化时期（距今 7000—5000 年），所以我国将 8500 年前至 3000 年前这段温暖期称为"仰韶温暖期"。这期间，中国黄河中下游地区即华北地区估计年平均温度高于现代 2~3℃，冬季 1 月平均温度高于现代 3~5℃。中国的新石器时代文化，正是被这次温暖期催生的。

考古学家经过几十年发掘，已经在中国 960 万平方公里的土地上发现数以万计的新石器文化的遗存。为此已故著名考古学

> 苏秉琦按照文化渊源、特征和发展道路，把我国新石器遗址分为六大板块：一是以关中、晋南、豫西为中心的中原；二是以燕山南北长城地带为中心的北方；三是以山东为中心的东方；四是以环太湖为中心的东南部；五是以鄱阳湖—珠三角一线为中轴的南方；六是以环洞庭湖与四川盆地为中心的西南部。

家苏秉琦先生摒弃了传统的"黄河流域文化中心论",提出了著名的中华文明起源"满天星斗说"并被学界普遍接受。该说认为中国新石器时代文化不是从一个中心逐渐散布到外围其他地方,而是在一个时期中不同地方各自发展进入了新石器时代,然后产生了彼此之间缓慢却复杂的互动交流。

包括嬴姓秦人在内的东夷人创造的新石器文化,正处于学者所说的"山东文化区"。因为山东内有泰山(岱宗),紧邻东海,所以也被称为"海岱文化区"。仰韶温暖期期间这里气候温润,湖泊众多,亚热带植被密布,泰山南边的汶河、泗水流域居然生活着现在长江流域才有的扬子鳄。

海岱地区进入新石器时代以后的第一个文化——后李文化,时间与中原地区最早的裴李岗文化、磁山文化时间相当,那时东夷居民就有了原始农业。而在北辛文化遗址中,考古人员发现了

新石器时代的东夷文化谱系	
后李文化	(约8500—7500年前)
北辛文化	(约7400—6400年前)
大汶口文化	(约6300—4600年前)
龙山文化	(约4600—3900年前)
岳石文化	(约3900—3500年前)

纺轮,这标志着海岱地区诞生了纺织业。自以山东泰安大汶口遗址命名的大汶口文化开始,东夷文化全面繁荣,农业发展到已经有剩余粮食可以大量酿酒的地步,畜牧业也五畜齐全(六畜只缺马),手工业中的制陶、玉石制作、牙骨雕刻、纺织、酿酒等更是达到中国同时期文化的最高水平,一些陶器上甚至出现了原始文字——陶文;尤其是到了大汶口文化的晚期,随着生产力和社会分工的发展,父权制已经占据统治地位,私有制也早已出现并达到贫富分化严重的地步,一些墓里随葬了玉斧、象牙雕筒、玉环等贵重器物,而一些墓里却几乎一无所有。进入龙山文化时期,由于族群冲突加剧等原因,海岱地区的

古城大量出现，说明当时东夷人已经迈入方国或酋邦[①]时代，也即很多东夷部落已经发展为准国家。东夷本原性文化中最后的岳石文化，时间与中原的二里头文化（夏代中后期至商代早期）相当，那时东夷人已经掌握了青铜冶炼技术。此后随着各部族交流融合，东夷文化逐渐与中原文化融为一体。所以历史大家徐旭生认为，华夏族就是由东夷集团、华夏集团和苗蛮集团三部分组成的。

东夷集团对应的考古学上的文化前面讲过了，这里再简单说一下苗蛮集团和华夏集团对应的考古文化。

一般认为苗蛮集团就是考古所说的以湖北江汉平原为中心的屈家岭文化（约5300—4600年前）和石家河文化（约4500—4000年前）；早期华夏集团就是以陕东、豫西为中心的庙底沟二期文化（约4700—4300年前）和王湾三期文化（约4400—3700年前）。在庙底沟文化遗址中，考古工作者发掘出大量带抽象花卉纹的陶器，多数学者认为这就是"华夏"一词中"华"（花）的源头。

回过头来说东夷。中国古代传说和古史中很多所谓的"圣王"，就是东夷集团的英雄。

东夷最早的英雄是太昊，又写作"太皞"，他的活动时间大概在大汶口文化早期。据《左传》记载，"太皞之墟"在陈，也就是说太昊的居地在今天河南东部的周口市淮阳区，其部族活动范围则包括今天的豫东、鲁西南和皖北。太昊的姓是风，在甲骨文里"风"和"凤"是一个字，都是凤鸟的形象，不过史书记载他的部族却以龙为图腾，可能是因为当时豫东也有扬子鳄的缘故吧。

太昊之后，大约在大汶口文化晚期、龙山文化早期，东夷又出现一位伟大的部族首领，他就是少昊，又写作"少皞"。少昊为嬴姓，

[①] 美国人类学家埃尔曼·塞维斯在其代表作《国家与文明的起源》一书中提出了游群、部落、酋邦和国的概念。

很多学者认为,"嬴"即"燕"的转音。少昊的名字叫挚,"挚"通"鸷",就是鹰、雕之类的猛禽的意思。据《左传》记载,少昊部族下辖的"五鸟""五鸠""五雉""九扈"等四部24个氏族全都是鸟名,他们的官职也都是用鸟名来命名。所以少昊部族就仿佛是雄鹰统领下的群鸟。

据先秦《尸子》一书记载,"少皞之墟"在穷桑,也就是现在山东曲阜。前面我们介绍过,大汶口文化是以泰安大汶口遗址命名的,而曲阜就在大汶口镇以南约40公里处。很多历史研究者认为,山东中南部汶河、泗水流域的大汶口文化就是由少昊部族创造的。

那太昊、少昊是什么意思呢?先说"昊",显而易见,它的字形就是太阳高居天上。疑古派大师顾颉刚用十分简洁形象的话语解释说,太昊就是"大太阳神",少昊就是"小太阳神"。因为东方的夷人作为中国最早看到日出的族群,也有浓厚的太阳崇拜。有人会说,你不是说东夷人大都崇拜鸟的吗,怎么又变成崇拜太阳了?其实这二者并不相悖——在上古先民眼里,只有鸟能在天上翱翔,他们认为太阳就是由鸟背负着在天上运行的,后来又产生了太阳为"三足乌"即"踆(cūn)乌"的传说。

东夷继太昊、少昊之后的第三个著名人物,就是女修的祖先颛顼。关于颛顼,《山海经·海内经》说他是黄帝的曾孙(黄帝—昌意—韩流—颛顼),《史记·五帝本纪》说他是黄帝的孙子(黄帝—昌意—颛顼)。其实颛顼是黄帝后裔的说法并非真实的历史,而是后起的传说。因为黄帝本是北狄的天神,东方部族的首领自然不可能是西方神的子孙。

话说中国上古时的各个部族或方国,往往都有各自信奉的最高神,或自己的始祖神。正如最初各部族方国各自为政,这些神本来都是独立、互不牵扯的,因为各部族方国的发展有早有晚,所以往往也不是一个时代的。但春秋战国以后,随着各种文化的碰撞、列国兼并加剧、华夏民族逐渐形成,处于这种时代大背景下的人们,就把原先各部族

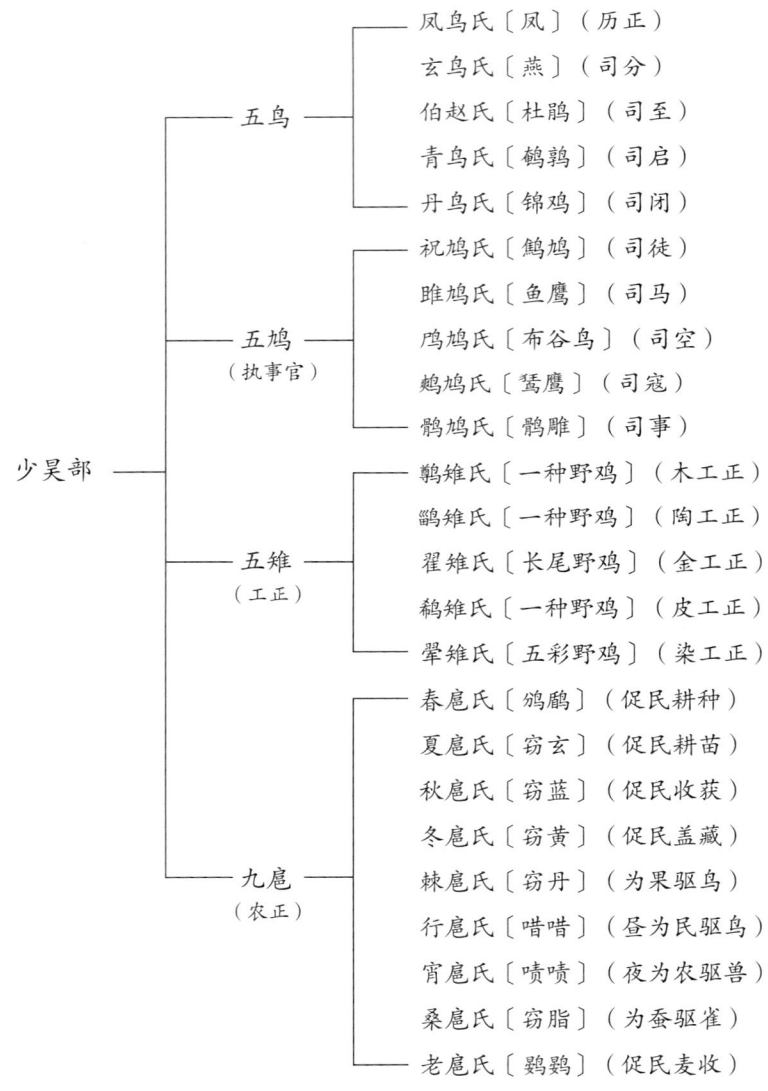

少昊氏四部 24 氏族

分别传说的神或始祖，都编到一块儿去了，把神话传说"历史化"，编成了一个所谓的"上古帝王将相神话谱系"。在这个谱系中，某些在上古时或后世地位较高、影响较大的部族的神或始祖，就成了"三皇五帝"，比如西北周人的天神黄帝和周人姻亲姜姓部族的神灵炎帝的地位都十分崇高；而另一些在上古时或后世地位较低、影响较小的部族的神或始祖，就成了他们的臣子或后裔。颛顼是黄帝子孙的说法就是这样造出来的。

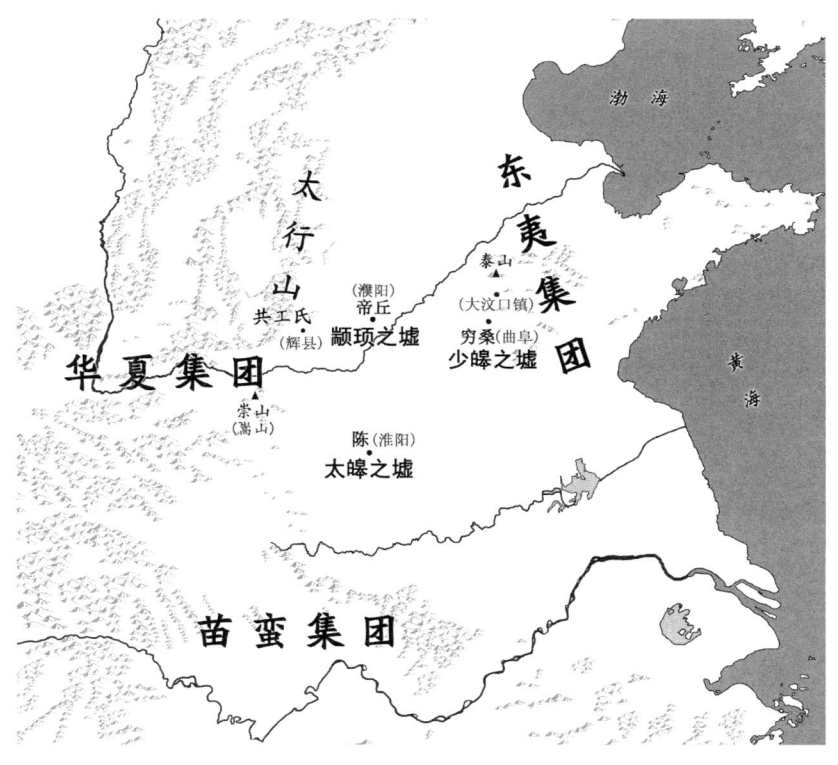

三大集团及传说中的东夷英雄居地分布图[1]

---

[1] 本书历史地图均以 https://maps-for-free.com/ 网站的卫星图为基础绘制，以下不再一一标注。

在一些古籍中，颛顼是被少昊部族养育过的，所以很多学者认为颛顼应该是少昊部族的支系。据《左传·昭公十七年》记载，"颛顼之墟"在帝丘，也就是说颛顼的居地在今天河南濮阳。

颛顼的第一项功业是击败了强大的共工氏。《列子》和《淮南子》中有大家熟悉的神话，那就是共工氏和颛顼争夺帝位，用水来攻击颛顼，最后却惨遭失败，恼羞成怒之下，共工用头猛撞不周山，结果撑起苍天的天柱折断，系牢大地的绳索也断开。于是天倾西北，日月星辰都跑到那边；地陷东南，江河百川都向东南流淌。

当然颛顼在神话传说中最大的成就，要数所谓的"绝地天通"。据《国语·楚语》记载，上古时，有专门的巫师负责祭祀神灵、沟通天地，礼仪规范；少昊氏后期，因为九黎族作乱，管理民事的官员和管理祭祀的官员混杂不分，任谁都能随意祭祀各路神灵甚至祭天，贡品有多有少，礼仪也杂七乱八。为此登上"帝位"的颛顼进行大力整顿，命令一位叫重的官员管理祭祀，命令一位叫黎的官员管理民事，所以天地人神之间的沟通又重新变得规范有序。说白了，颛顼"绝地天通"等于是垄断了祭祀权和天意、神意的解释权，进而强化了部族首领和联盟首领的统治权。

"绝地天通"后，颛顼作为部落联盟首领，理所当然地当上天下最大的巫师，所以在古代神话传说中他成为照临四方、无处不在的天神，其神迹比黄帝还多，仅次于帝俊。

说完了颛顼我们自然该说到女修了。女修真的如《史记》描写那样，是一个只知道织布的小姑娘吗？《左传》里却有另一番记载。

《左传·昭公二十九

> （颛顼）洪渊以有谋，疏通而知事；养材以任地，履时以象天，依鬼神以制义；治气以教民，絜诚以祭祀。乘龙而至四海：北至于幽陵，南至于交趾，西济于流沙，东至于蟠木，动静之物，大小之神，日月所照，莫不砥励。
> ——《大戴礼记·五帝德》

年》中记载，少昊有四位叔父——重、该、修、熙，并说修和熙组成了"玄冥"（玄武）即北方水神。注意这里提到的修。大家知道神话往往具有变异性，所以历史学家陈平认为少昊的叔父修就是《史记》所说的颛顼孙女女修。因为二者都是东夷少昊部族人，他们的名字都是"修"，他们都与"玄"有关（修又称"玄"，女修则吞了玄鸟蛋），只不过不同的传说对他（她）的辈分和性别叙述不同罢了。实际上在最初的传说中"女修"很可能本就是个男的，很多人知道近现代有个著名的革命家叫"萧楚女"，他名字里带"女"，其人却是个阳刚汉子。

当然不管哪种说法是真的，秦人的直接祖先修在传说中是出身高贵、具有神性的，这点无可置疑。修与"玄"紧密相连，说明他（她）很可能属于少昊部族四部二十四氏族中的玄鸟氏族。

大业没功业　　伯益立殊勋

讲完了东夷的辉煌历史后，我们该说说女修生的儿子大业了。不过虽然《史记》中说大业是女修的儿子，但古代传说中"某某之子"往往并不一定真是母子或父子关系，也可能是"某某后代"的意思，所以我们也不要机械地认为女修和大业就是前后相继的两代人，很可能两人之间还有被遗漏的世系。

说到大业，尽管他的名字很响亮，但是因为史料残缺，他到底有什么事迹，立过什么样的大功业，我们已经不得而知了。后世东汉文字学家许慎在《说文解字》（本书后文简称为《说文》）中分析说："業（'业'的繁体字），大版也，所以饰县（悬）钟鼓。"原来"业"（業）就是指古代用来悬挂钟磬的乐器架子横梁上的装饰木板，一般

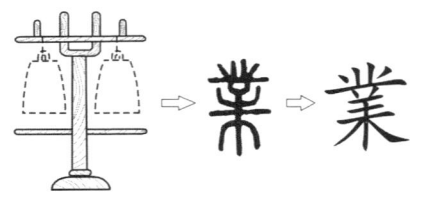

"业"字字形的由来和演变

刻成锯齿形状。"業"字上头的"业",古文字形就像一根横木上有4个突起。所以何光岳等一些历史学者认为,大业这人可能在乐器研发上有点成就,说不定乐器架子横梁上的"業"就是他发明的,所以他才得了"大业"这个名字。

需要指出的是,可能因为大业实在没多少故事可讲,汉代以后有一些学者就说大业即是传说中五帝时期著名的刑法专家皋陶(gāo yáo),并把皋陶的功业也都算在大业头上,不少介绍秦人的现代历史读物也沿袭了这种说法。不过皋陶虽然也是少昊后裔,但是皋陶、大业其实并非同一人。首先,早期文献如先秦时期的书籍和西汉司马迁的《史记》都没提到皋陶和大业是同一个人,两人为一人的说法出现较晚;其次,古籍记载皋陶是偃姓,是英国(不是欧洲那个英国)、六国等国的祖先,而不是秦国的祖先;再次,史书明确提到皋陶居住在"少昊之墟"即山东曲阜,但没有任何文献记载大业也住在曲阜。综上,大业和皋陶并非是一个人。

有人可能会问,那大业的居住地具体在哪里呢?考古学家邹衡、历史学家何光岳考证,它应该就在古代著名的邺城,也就是战国时期西门豹禁绝"河伯娶妻"劣习的地方、三国时期曹操的封地以及曹魏的初期都城、南北朝时期东魏和北齐的都城,即今天河北临漳县西南的邺城镇一带。因为大业曾经居住在那里,所以当地才有了"邺城"之名。上节介绍过,"颛顼之墟"在帝丘也即今天河南濮阳,颛顼后代大业的居地古邺城距离濮阳仅仅六七十公里;而且考古学者在古邺城以北不远的邯郸县涧沟遗址中,还发掘出黄河流域较早的水井。为什么有水井是该地为大业居地的一项证据呢?我马上会提到。

在《秦本纪》里,太史公司马迁提到的大业的唯一事迹,就是他娶了少典氏部族的姑娘女华，生下了一个被称为"大费"的儿子。这里要插一句的是，这少典氏在中国古代神话传说里也是个很重要的部族，传说中的五帝之首黄帝，就是出自少典氏。

不过对于大费这名字，可能不少人会觉得很陌生。其实他还有另外一个名字，知名度要高得多，那就是"伯益"，又写作"伯翳""柏翳"，一些史书中也单称"益"。

已故著名史学家杨宽先生考证说，这"益"本作"嗌"，古文写作"䭾"，跟"燕"字极为相似，两字算是异体字的关系。原来大业的儿子"益"其实就是"燕"，也即玄鸟。之所以"益"字之前加个"伯"字，则是表示排行，或是表示他是个方国国君，如古人也常把禹称之为"伯禹"。"伯益"这名字在《国语》《史记》等书上的另一种写法"柏翳"或"伯翳"，也跟鸟有关。因为据《山海经》记载，"翳"即指五彩之鸟。总归大业的这个儿子的名字无论怎么个写法，都跟鸟有直接、密切的关系，因为他是以鸟为图腾的东夷部族的后代嘛。

伯益的居住地距离"颛顼之墟"帝丘（濮阳）也不远，在濮阳以东的河南范县一带（范县20世纪60年代前一直属于山东）。因为仍处于气象学上所说的"仰韶温暖期"（距今8500—3000年），如今属于黄泛区、土地盐碱化的范县一带，当时却是土地肥沃、气候温润、阳光充足的一方宝地，非常适宜种植五谷。伯益一族收获了谷物后，就把谷穗放在石臼里舂捣，以取出谷粒。其他部族或方国的人见了，就把他们叫作"秦人"。因为"秦"在甲骨文里写作𥞜，就像两只手拿着一只杵，在捣下面的两棵禾（即粟）。又因为秦人最早住在今范县一带，所以当地也被叫作"秦"。据《春秋·庄公三十一年》记载，该年鲁庄公曾在秦地修筑高台建筑，这里的秦地显然不是西方秦国之地，而是东方的范县。

这伯益在上古传说里，可是五帝后期的重要人物。传说他能靠观察岁星（即木星）的运行来推算并制定历法，用古人的话来说就是会"占岁";又有《吕氏春秋》《世本》等古书记载他曾经发明了挖井之法,史称"伯益作井"。前面我们提到古邺城以北不远的邯郸县曾发掘出黄河流域较早的水井,这也是一些学者认定古邺城是大业居地的重要根据,因为"伯益作井"肯定也是在父辈的基础上完成的嘛。不过要说伯益的首要功绩,则是辅佐大禹完成了治理洪水的伟业。

关于大禹治水的故事,大家肯定都略知一二。传说帝尧时期,洪水滔天(考古、气象和水文地质资料证实4000多年前确实有一个全球性气候异常期)。帝尧采纳了四岳(即太岳,姜姓始祖)的建议,命令崇伯鲧(崇国国君名鲧)去治理洪水。可这鲧治水的方法却是一味地筑坝围堵,自然是劳而无功了。帝舜继位后,见鲧治水越治越糟,就把他流放羽山,改命其子禹治水。

20世纪70年代末,考古工作者在山西临汾市襄汾县发掘出著名的陶寺遗址(距今4300—3900年),多数历史学者认为它就是传说中唐尧的都城平阳,陶寺文化即尧所在的族群创造的。

那鲧和禹对应的是考古学上的什么新石器文化呢?据一些学者考证认为,属于中原文化区、由仰韶文化谷水河类型发展而来的王湾三期文化(位于河南中南部、距今4400—3700年),可能就是鲧、禹所在部族创造的先夏文化。

古史记载,禹受命后,就带上伯益和弃(传说中的周人始祖)两个帮手,踏上了漫漫治水之路。众所周知,禹汲取父亲失败的教训,改用疏导的办法治水。那伯益和弃在治水工程中具体干什么呢?原来伯益主要负责治水大军的"开路"工作,即用"火攻"战术把治水所经之处的草木焚化、鸟兽赶跑,以方便施工;此外他还负责赈灾,把新宰杀的禽兽之肉等新鲜食品分发给灾民。至于弃,则主要负责灾区的农业生产恢复工作,指导大家种植五谷。

历经十三年艰苦努力,禹在伯益和弃等人的辅佐下治水成功。事成之后,他没有像一些领导那样"贪天之功以为己有",而是不忘给好帮手伯益和弃请功。帝舜也明察秋毫，对伯益和弃予以封赏：他封弃为后稷（后是首领、君主之意，稷是农作物粟），教导老百姓种植庄稼，相当于让弃做了农业部长；他赐予伯益皂游（黑色旗帜），封为虞官，掌管山林川泽和飞鸟百兽，相当于让伯益做了水利部长兼林牧部长。因为在传说中伯益是有"特异功能"的，作为以鸟为图腾的嬴邦的首领，他能听懂鸟兽语言并与它们对话交流，所以善于驯化鸟兽。

此外，帝舜还赐予伯益"嬴"这个姓。上节介绍过，少昊即嬴姓。在帝舜时，少昊的后裔已经分很多支系。帝舜的赐姓举动，就是承认伯益一族是少昊一脉的嫡系大宗，拥有祭祀少昊的权利，可以领导少昊后裔的诸部落和方国。赐姓的同时，帝舜又将费地（今山东费县）封给伯益，古人说伯益又叫"大费"就是源于此。

当然，上古传说中的封某人于某地，其实一般都是承认既成事实，也即这块地已经被某部族或方国占有，当时的部落联盟首领予以认可。因为中国历史上真正意义的"封（邦）建（国）制度"，要到夏商时期才显现雏形，西周才真正大规模实行并完善，本书后面会提到。具体就所谓"帝舜封伯益于费"的传说来讲，有些学者敏锐地指出，"费"古音为 bì，像极了"伯益"二字的急读发音，上古没有文字，"费"和"伯益"可能就是后世不同的文人对传说中同一发音的不同记录。所谓费地应该就是因为伯益部族在那里活动才得名，也即是地因人而得名，而非人因地而得名。

值得一提的是，在今天山东西部有一条发源于济南市章丘区，流经莱芜、泰安的河流，古名嬴水、现称嬴汶河，是山东汶河的三大源流之一。在莱芜还有一座古城，名叫嬴城。这嬴城自古以来也被认为是伯益一族的据点之一。那么加上秦地（河南范县）和费地（山东费县），当时伯益一族的领地应该十分广大，俨然成为东夷集团的佼佼者和代表人。

除了封官、赐姓和赐地，帝舜对伯益的个人问题也很关心，把本家的姚姓美女（帝舜本身姓姚）嫁给了他。伯益与姚姓美女成亲后，连生了两个儿子：长子叫大廉，为后世鸟俗氏的祖先；次子叫若木，为后世费氏的祖先。从若木的氏为费，我们可以知道后来费地是由伯益的二儿子若木继承了。

不久帝舜驾崩，大禹接替了他的位置，定都阳城（一般认为即今河南登封告成镇王城岗遗址），成为天下共主，也即方国联盟的新首领。

大禹上位后，先是预立刑法专家皋陶为未来继承人，但皋陶年纪较大不久就去世了，于是大禹又改立伯益为继承人。在神话传说中，这期间伯益还曾协助大禹立下赫赫战功。

据战国时代的《墨子》《随巢子》等书记载，当时三苗再次反叛，

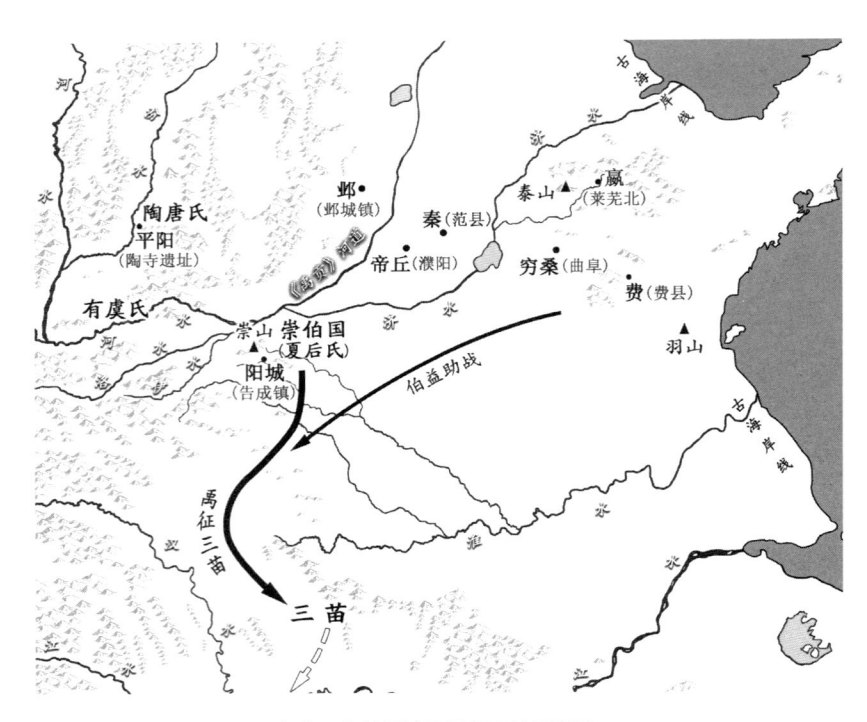

大业、伯益居地及禹征三苗示意图

天下大乱，大禹在玄宫接受天神的命令，手持天神赐予的玉符前往征讨三苗。正当双方激烈交战、胜负难分之际，突然电闪雷鸣，有人面鸟身的大神从天而降，手持玉珪和箭矢，困住了三苗的统兵将领。见此情景三苗的军队陷入混乱，大禹乘机发动猛攻，一举大败三苗。自此以后三苗向南撤退，最终在中国历史上销声匿迹。

神话传说中人面鸟身的大神显灵扭转战局，显然是喻示现实中以鸟为图腾的部族在大禹征三苗的战事中立有大功。前面介绍过，大禹治水有两个得力助手——伯益与后稷（弃）。后稷是周人始祖，据《国语》说周人的图腾是天鼋，而伯益一族的图腾正是玄鸟。所以史学家杨宽考证说，这个帮助大禹大败三苗的人面鸟身的大神其实就是指大禹的亲密战友伯益。

"禹征三苗"在考古学上也有印证。通过考古学者们发现，4000多年前，最初仅仅在几万平方公里分布的王湾三期文化（先夏文化）逐步向东、向南扩张，而豫南、湖北的石家河文化（三苗文化）却日益式微，逐渐被前者取代。

启杀伯益——家天下代替了公天下

华夏集团联合东夷集团消灭了苗蛮集团后，他们两家就开始互相争斗起来。

话说大禹击败三苗后，慢慢陶醉于权力的滋味，身上的"公仆"意识逐渐淡漠，开始耍起共主的威风。如《国语·鲁语下》记载，大禹晚年在会稽山（今安徽怀远县涂山）举行诸侯大会时，有万余国国君（其实就是酋长）来朝，防风氏之国的君长仅仅因为来迟到了，就被大禹给咔嚓掉了。同时大禹还起了私心，积极发展个人权势，尤其是暗中培养自己儿子启的势力。

另据《史记》记载，大禹正是在会稽之会后驾崩的。他死后，先由伯益代替他执政。等大禹的儿子启三年守丧期满后，谦恭的伯益就把大位让给启，自己则躲到箕山（在今河南范县西南）之南；天下诸侯也觉得伯益资历较浅，而认为启贤能，于是都舍弃伯益转而前往朝拜启。启因此代禹而立，定都阳翟（文献称在今河南禹州，一些考古学者认为即今河南新密市东刘寨镇新砦遗址），夏朝自此建立，中国历史也进入"家天下"时代。

按《史记》的说法，启接老爸大禹的班是因为天下诸侯都认同他，而不认同伯益。不过古籍《古本竹书纪年》《韩非子》以及上海博物馆1998年收藏的战国楚简《容成氏》上的记载，却与《史记》大相径庭。

益干启位，启杀之。

——《古本竹书纪年》

启与友党攻益而夺之天下。

——《韩非子·外储说右下》

禹于是乎让益，启于是乎攻益自取。

——战国楚简《容成氏》

以上这三本书都说是启纠集同党，攻打并杀死了伯益，才夺取了天下共主之位。《史记》的记载很"和谐"，《竹书》《韩非子》和《容成氏》的记载很血腥，不过后者的说法恐怕更符合真实的历史。

说起来部落/方国联盟首领的推选制在上古应该一度真实存在过。比如在隋唐时期，经济文化较落后的契丹人分为八部，契丹可汗就是由八部推选出来的，直到唐末耶律阿保机杀死其他七部首领、建号称帝才结束。由此推想，原始社会末期有"禅让制"（联盟首领推选制）

也在情理之中。但四千年前，随着生产力的进步，中原和东夷地区私有制已经完全确立，部族或方国酋长的位子也已经普遍是世袭的了。部族或方国酋长们慢慢又发现了做联盟首领的好处，自然有不少人想把这个位子据为自己和家族所有，因此开始了武力争夺联盟首领的斗争。

其实不但夏启代禹极可能是通过武力手段击败伯益，连禹代舜、舜代尧，很可能都已经有武力因素在里面，因为《古本竹书纪年》还记载"舜囚尧于平阳，取之帝位"，《韩非子·说疑》也记载"舜逼尧，禹逼舜"。

前面说过学者多认为山西临汾市襄汾县的陶寺遗址是传说中唐尧的都城平阳。这里要补充的一点是，考古人员在陶寺末期遗址发现了残酷的战争迹象：宫殿被夷平，墓葬被捣毁，城墙被废弃，还有大量人骨上明显有伤痕，甚至缺胳膊少腿没有头。这说明尧舜禹时代绝非后世儒家、墨家所盛称的黄金时代，而是一样充满冲突和杀戮。

伯益这个酋邦的酋长都被杀，那整个部族必然也遭受了重创。不过因为旧的传统的影响很大，这时依然有部族方国不服夏启破坏"公天下"的恶劣行径，大胆地公开站出来声讨，它就是有扈氏（当时位置在今河南原阳西南）。

因为司马迁在《夏本纪》的末尾提及大禹后裔的封国中有"有扈氏"，所以古人多以为这个反对夏启武力夺位的有扈氏是与夏后氏同姓的姒姓部族或方国。但这种说法实在

> 夏人把君主称作"后"，所以其部族被称作"夏后氏"。

让人觉得不可思议——既然有扈氏是夏启的同族，它为什么要胳膊肘往外拐，极力反对本族人得天下呢？难道它真是秉持"天下为公"的理念，以至于认理不认亲？

到了20世纪前期，著名疑古派历史大家顾颉刚考证认为，"扈"

的本字其实应该写作"雇"。"隹（zhuī）"字在甲骨文里写作"🐦"，就是一个鸟的形象；而"雇"在甲骨文里写作"🐦"，正好像一只鸟儿飞到门户上。《说文》解释，"九雇"就是指提醒百姓农时的候鸟。所以有扈（雇）氏自然是一个崇拜鸟的部族！有心的读者可能还记得，本章第一节我们介绍少昊的时候曾经说过，少昊部族中即有一个"九扈"部。因此现在很多历史学者认为，有扈氏其实是当初少昊部落的一个支系，也即东夷嬴姓方国。弄清了这点我们就明白有扈氏为什么要站出来反对夏启做"天下共主"了——原来它是在替同为嬴姓的伯益一族抱不平，要替东夷人出头反抗西夏人的统治啊！

对于夏启来说，出头的椽子当然要及时砍掉，否则这共主就做不下去了。于是他聚集拥护自己的部族方国北上讨伐嬴姓的有扈氏。有扈氏也不示弱，当即出兵迎战。

要说明的是，上古时代其实并没有常备的正式军队，部族成员都是闲时种田渔猎，战时抄家伙上阵，也即所谓的"民兵制"；那会儿一个部族或方国的人口也很少，一般多则大几千，少则数百，能出动的男丁也就上百近千人而已，两国打仗其实就像明清时期两个村子械斗的规模。至于当时的夏后氏，如果占地100万平方米的新砦遗址真的是启的都城阳翟的话，按每户占地160平方米的标准计算，约有三万人，妥妥是当时的大国了。说完人口再说兵器，据考古研究，夏代虽然出现了青铜兵器，但数量较少。所以启伐有扈氏

> 历史学家宋镇豪在《夏商社会生活史》中对27座龙山中晚期或夏商之际的古城遗址进行研究，按每户（五口人）占地160平方米的标准推算古城中的人口，得出如下结论："其中300人以下的城邑有5座，500～900人的城邑有5座，1000～1700人的有9座，3000人左右的有4座，4000～4500人的1座，5000人以上的有3座。……统观之，当时1000～1700人的中等城邑比较多，若均衡27座古城的人口数，大致在1500人上下。"

时，双方大多数部族战士都还是拿着石斧、石矛互砍互刺。

至于这次战争的结果，据《吕氏春秋》记载，挑起战端的夏人却没能从有扈氏那里讨到便宜，可见有扈氏的实力应该也很雄厚。于是夏启退而"修德"，实际肯定是充实军备、加强训练、联络盟邦。

一年后，夏启再次纠集族众与有扈氏大战于甘地（今河南郑州西）。战前，夏启发表了一番措辞强硬的战前讲话来提振本方士气，他声称对方不敬老天、怠慢臣下，并严申赏罚，要求己方将士奋勇杀敌。这就是《尚书》中的《甘誓》篇。在《甘誓》篇中夏启还提醒战士注意战车的使用，不过这应该是后世的附会，因为考古证明夏代并没有人工驯养的马与马车，当时的战争形式还都是步战。

这次甘之战终于以夏启完胜告终，随后他乘胜追击，嬴姓有扈氏的部分残余力量被迫向东北方向也即东夷腹地逃窜，逃到了秦地也就是今天河南范县，大约是跟伯益残部会合去了。

此战后，夏启把俘虏的有扈氏部众罚为牧奴，并让自己本家的姒姓贵族占据了原有扈氏的领地，这就是史书上所指的顾（雇）国。所以《史记》中太史公才说有扈氏（顾国）是姒姓方国，以至于后世不少人误以为甘之战是姒姓人的内斗。

强大的嬴姓有扈氏几乎被夏人灭族，包括东夷诸部在内的四方部族方国无不震惊恐惧，纷纷到钧台（在今河南禹州）朝拜夏启，等于被迫承认了方国联盟首领由夏后氏君主世袭的做法。这就是著名的"钧台之享"。如此一来，"公天下"变为"家天下"，联盟首领宝座变为一家一姓的私产，启所在的、原本是天下万邦之一的夏后氏也凌驾于各邦之上，成为盟主之国。

为了维持盟主地位，夏启一方面大量设置官吏，古书中散见的有"六卿""三正""庖正"等官职名称，史称"夏后氏官百"；另一方面他还制定刑罚、设置监狱，并建立了王室卫队这样的少量常备军（主要由脱产的上层贵族和亲信奴隶组成）。就这样，夏后氏由酋邦

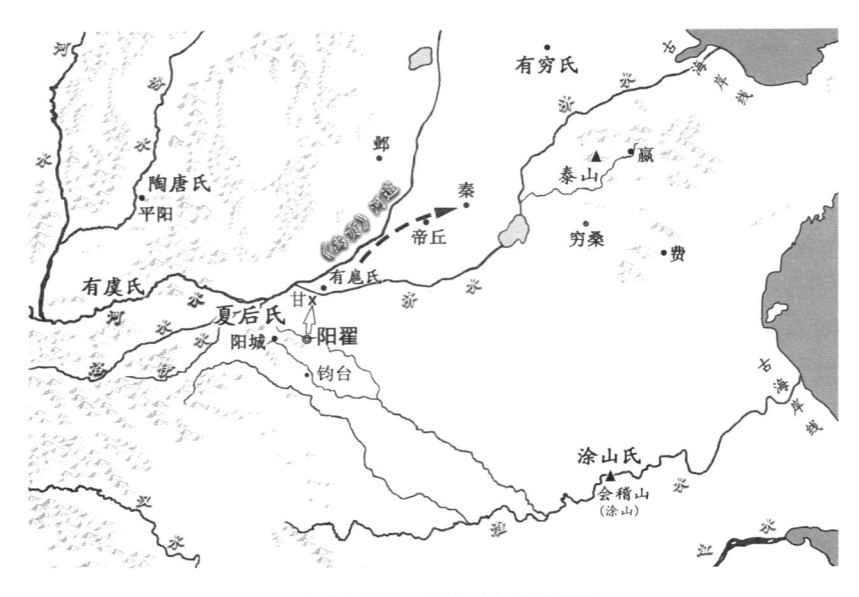

夏初会稽山位置及夏扈甘之战示意图

方国升级转化为早期国家。也就是说，中国国家的形成，并非像西方的古希腊、古罗马一样，是一个阶级压迫其他阶级的产物，而是一个部族压迫其他部族的产物，不但夏国的建立是如此，商、周都是这样。当然大家还会发现，由于这种国家由部族发展而来，它管理社会的国家机器也都是从宗族的管理机构转化而来的。同时作为盟主的夏国虽然直接管理的只有本国土地和民众，但它还通过武力征服、文化宗教吸引和吸收部族方国首领入朝为官等形式来间接统治周边各国各族，迫使他们臣服自己、纳贡服役、战时协同出兵等。于是传统上就称由凌驾各国之上的夏国及其统治下的各国各族组成的"复合型国家"为夏朝。

后羿代夏——东夷人的短暂反扑

据《古本竹书纪年》记载，夏朝开国之君夏启在位三十九年驾崩，随后他的儿子太康继位，把都城由阳翟迁往斟鄩（zhēn xún）。现在大部分历史学者认为河南偃师二里头遗址即史书中的夏都斟鄩。

但太康这个人，本事赶不上父亲万分之一，还不理政事，天天沉迷于游玩打猎。这时东夷有穷氏的国君后羿（"后"也是君主之意），趁太康某次一连百日在外打猎、国都空虚，采取"掏心战术"发动了对夏朝的突袭，一举占领了斟鄩，把太康挡在外面不让他回来。太康进不了国都，只得逃到阳夏（夏音 jiǎ，今河南太康县），最后死在那里，给后人留下了一个"太康"的地名。因为根基不稳，夺取夏政权的后羿先是立太康的弟弟仲康做傀儡。等仲康死后，感觉权力已经巩固的他赶走了仲康的儿子相，正式夺取了夏人的天下共主位子。这就是史书上所说的"后羿代夏"。"后羿代夏"是自夏启攻杀伯益、驱逐有扈氏以来东夷人对夏人的重大胜利。

有人可能会奇怪，为什么一个王朝的都城一下子就被拿下？其实这是因为上古地广人稀，国家规模很小，大国也就是几座城邑（包含城池本身和外围一圈的附属村落及田野），小国甚至只有一座城邑，大国的几个城邑之间、各国之间都是大片空地，所以敌军可以通行无阻，直达要攻击国家的都城。直到春秋时期，随着人口繁衍、城邑增多，人们才初步产生领土意识，开始在少数边疆要地驻兵设防，但整体守卫工作还很松弛；要到战国时期，各国内部城邑连成片、各国间的空地消失，才沿边境线全面设防甚至修筑长城。因此一些学者把中国战国以后的国家叫作"领土国家"，而把战国之前的国家称作"邑制国家"。也就是说三代时期人们只有据点（邑）的概念，国土即各个据点，

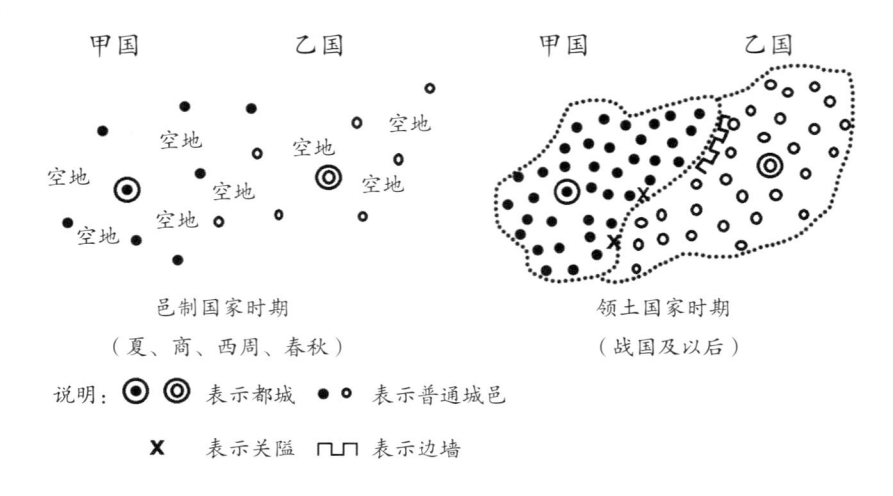

```
甲国          乙国            甲国        乙国

    邑制国家时期              领土国家时期
  （夏、商、西周、春秋）          （战国及以后）

说明： ◉ ◎ 表示都城    ● ○ 表示普通城邑
       X 表示关隘    ⊓⊔ 表示边墙
```

据点之外的空地不是国土。

  回过头来说后羿。有道是"权力是最大的腐蚀剂"，英雄一时的后羿拥有天下后，仗着其天下无敌的高超射术，觉得无人可以撼动其统治，也逐渐变得和他打败的太康一样，成天游玩打猎，整日不沾王宫。因此他的宠臣寒浞"螳螂捕蝉，黄雀在后"，又袭杀了后羿并霸占了他的妻子纯狐，还和纯狐生了浇和豷（yì）这两个儿子。

  再说夏人那边。相被赶出斟鄩后向东逃亡，企图依附同为姒姓的斟灌氏（在今河南清丰县南）。十几年后寒浞为斩草除根，派以力大勇武著称于世的儿子浇剿灭了斟灌氏和斟鄩氏（在今山东潍坊市区），并杀掉了相。此后寒浞衣锦还乡，回到老家寒国（在今山东潍坊市东北）居住，又把儿子浇封在过国，把儿子豷封在戈国，作为自己的屏障。好在相死前他的妻子后缗已经有了身孕，她在浇攻打斟灌氏的混战中侥幸从后墙的狗洞爬出，逃回了自己的娘家有仍氏（即风姓任国，在今山东济宁市），生下了遗腹子少康。少康长大后，他的外公见他闲着没事干，就让他当牧正去管放牧牛羊。浇听说夏朝还有直系后裔在，又想袭击有仍氏杀掉少康，少康不得不再次逃到舜的后裔有虞氏之国。有虞氏君主对落难的少康不薄，不但按他特长任命他为庖正（御厨厨师长），还把两个女儿嫁给他，并给他一小块封地。少康于是"有田一成，有众一旅"，也就是获得十里的田地、五百壮丁的部众。

生活虽然暂时又安定下来，但还在娘胎里就开始饱受磨难的少康明白，有些事躲避是躲避不掉的，要想真正过安生日子，只有消灭掉敌人。因此他广施仁德，聚拢人心，最终在岳父家有虞氏和夏人遗民有鬲氏等各部族的支持下发动反攻，杀死了寒浞和他的两个儿子浇和豷，报了家仇国恨，恢复了姒姓夏朝的江山，这就是史书上所说的"少康中兴"。"少康中兴"距离"后羿代夏"已经过了近半个世纪，是夷夏斗争的又一次转折。

另一方面，从东夷一方来说，后羿–寒浞集团被夏人消灭，使东夷人遭到沉重打击。考古发现，原本在同时期中国各类文化中处于领先地位的山东龙山文化（约4600—3900年前），突然在距今3900年前衰落。后起的岳石文化（约3900—3500年前），其陶器等制作技艺反而比龙山文化时期大幅后退。因此一些历史研究者认为，这种文化倒退就与少康复国时对东夷的反攻倒算有直接关系：浇、豷等人被杀时，一些东夷部族或被消灭或被强迫迁徙到中原，原东夷地区人口大减，空余出来的地理空间被不知从何处来的更为落后的部族占领，导致了山东地区文化的后退。相比创造山东龙山文化的"老东夷人"，笔者认为可以把这些创造了较落后的岳石文化的族群称为"新东夷人"。这也证明"新"并不是都胜过"老"，反映了历史的曲折性。

少康之后，历代夏人君主仍不断东征东夷，屡遭失败的东夷人没能再次上演翻盘大戏，此后四百年间多数老东夷部族方国都接受了夏人的统治，并逐渐与夏人融为一体。这时期，考古学上所说的其他文化也相继衰落，各地区文化相互竞争、争奇斗艳的"满天星斗"时期结束了，中国进入了"一轮明月当空照"的"月明星稀"时期，也即形成了中原二里头文化一家独大，其他文化逐渐式微甚至消亡的局面，

后羿代夏、少康中兴示意图

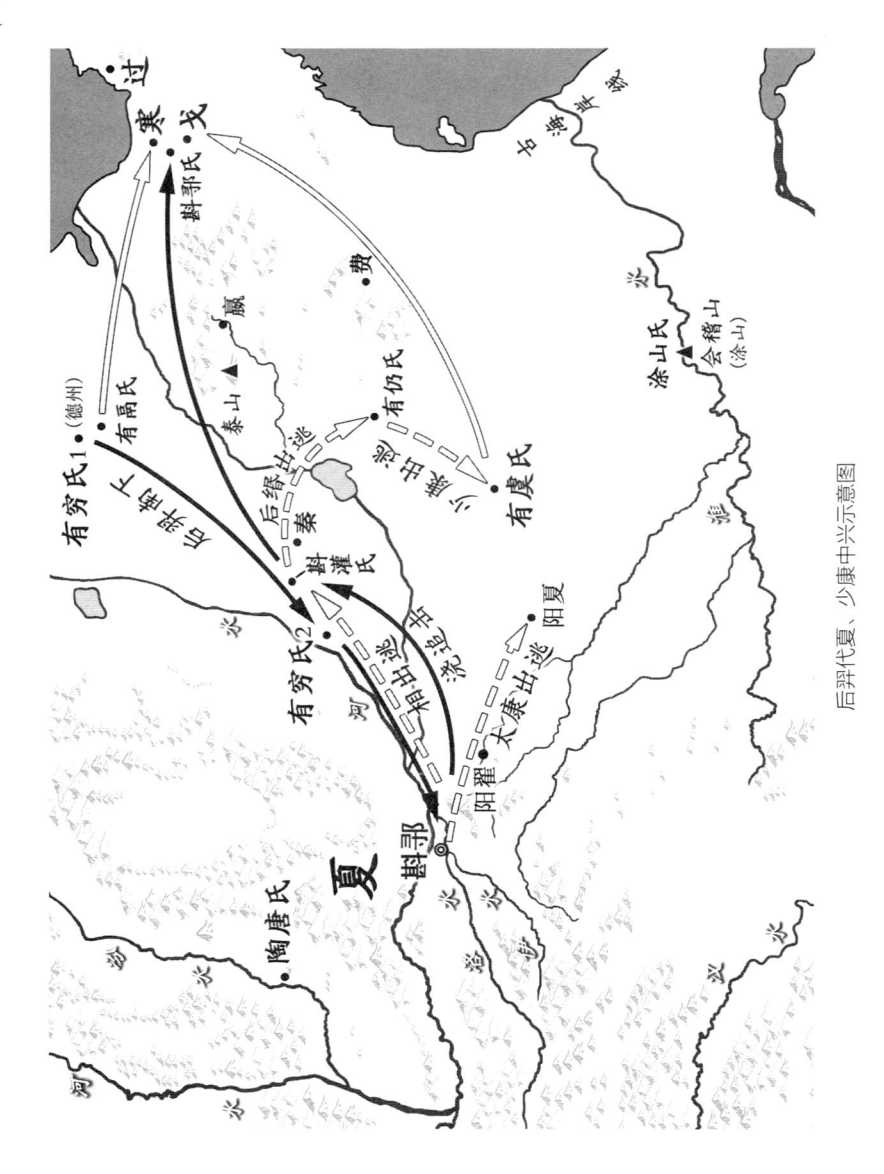

> **中国以西的文明**
>
> 公元前 9000 年—公元前 8000 年，两河（幼发拉底河与底格里斯河）流域的人们相继种植了大麦、小麦；公元前 4000 年，他们发明了犁，并开始利用驴和牛耕地。
>
> 公元前 3500 年前后，埃及和两河流域分别出现象形文字，到公元前 3000 年前后，发展为成体系的文字——埃及象形文字和苏美尔楔形文字；两河流域的城邦国家自公元前 3000 年开始，新君上任都会颁布成文法典。
>
> 公元前 4500 年，今天欧洲东南巴尔干半岛的塞尔维亚率先出现了锡青铜；公元前 3000 年—公元前 2500 年前后，两河流域出现青铜器，从此以后两河流域居民开始普遍用青铜制造斧、锯、刀、剑等工具和武器，到古巴比伦王国时期青铜器大量涌现。

奠定了中原文明的最终强势地位。

那么以夏人为代表的中原文明为何会击败东夷等其他文明呢？这应该与中原的地理情况有直接关系：一、中原水土环境适中，比北方温润，全球气候变化时又不像东南沿海那样经常遭受海平面起落之苦（如学者认为著名的良渚文化的衰落就与海平面上升有关）；二、中原处于各文化的中心位置，方便吸取各文化的精华，尤其是容易吸取外来的西方文明。

回过头再说我们本书的主角——秦人的直系祖先伯益部族。伯益死后，因部族受到重创，他的后代流散四方。有关伯益后代在夏朝的史事，史书上缺乏记载，看样子他们受到夏人的打压，混得并不如意。

当然，也不是所有的老东夷部族都甘愿臣服于夏人的脚下，仍有一些东夷人宁可远迁，也不向夏人低头。原来居住在东方犬丘（又名垂，今山东鄄城东南）的畎夷就是其中的代表。

大约在夏朝中期，畎夷一路向西迁徙，先进入现在的陕西关中地区，在今天兴平市东南居住过一段时间，留下了一个"犬丘"的地名；随后他们又踏上征程，继续向西进发，越过了陇山（六盘山），进入今天甘肃礼县一带并长期生活,又在当地留下了"西犬丘"的地名。据《古本竹书纪年》记载,到夏朝末代夏后桀在位时期,畎夷不知为何调头再次进入关中,居住在豳地(今陕西彬县)和岐山之间。

畎夷要算是传世文献中最早西迁的一支东夷人了,他们大无畏长途远征的气概不由得让人钦佩。一些学者认为畎夷很可能就是后世所说的犬戎。不过我们为什么要单独提到这畎夷呢?看到以后的章节,大家自然就会明白。

费昌佐成汤　嬴族仕商朝

伯益族人再次出现在史书上,已经到夏朝末年了。

末代夏后桀,日名为帝癸。日名起源于夏代,盛行于商代,是以天干字(甲乙丙丁戊己庚辛壬癸)称呼君王贵族的一种方式,当代学者多认为该天干字表示由占卜确定的下葬日或祭祀日。在史书中,帝癸即桀具备一切亡国之君的特质。

据《竹书纪年》《尸子》等书记载,夏桀上台不久各地就发生地震,连夏朝宫室之一的容台都给震塌了。地震又导致干旱等次生灾害,夏朝核心区域内的伊水和洛水一度断流。不过夏桀却不理天象示警,不顾百姓死活,立即征调民夫又修筑了更高大壮观的倾宫和用美玉装饰的瑶台供他玩乐。

要尽情享乐挥霍,当然得大肆聚敛财富。夏朝的生产力还比较低下,又逢灾年,老百姓自然苦不堪言,无不大骂夏桀。夏桀却不以为意,仍旧自比为光芒万丈、照耀大地的太阳。老百姓听说更怒了,恨恨地说道:"时日曷丧,予及汝皆亡!"意思是你这太阳什么时候完蛋,我们情愿和你一起灭亡!

　　夏桀却仍不知悔改,一味用武力来维持统治,并不断发动对外掠夺战争。他先是攻打东方的有施氏(在今山东蒙阴县南),得到了美女妹(mò)喜,对她千般宠爱。后来他在有仍氏(在今山东济宁市)召开诸侯大会时,因有缗氏(在今山东金乡县)国君中途退场,他又对其大加讨伐,有缗氏被迫献上琬、琰两个美女才逃过一劫。夏桀喜新厌旧,有了新人,就把妹喜冷落到一边,天天跟那姊妹花厮混。为了讨美人欢心,他在横征暴敛上更是变本加厉,至于朝政,自然是抛到九霄云外。

　　眼见夏桀昏庸残暴,诸侯纷纷叛夏。有个叫关龙逄(páng)的大臣向夏桀直言进谏,夏桀不但不听,反而把他杀了。

　　就在夏桀众叛亲离、夏朝统治日益衰败的时候,东方有一个夷族小国却逐渐兴起,这就是商。

　　在本书开篇,我们已经介绍了《诗经·商颂》中"天命玄鸟,降而生商"的商人起源神话。在《史记·殷本纪》中,司马迁还说商人"老祖母"简狄是五帝之一的帝喾的妃子,商人始祖契是帝喾的儿子。帝喾其实也是东夷集团传说中的上古英雄,在神话谱系中他位于颛顼之后,尧舜之前。而在殷墟卜辞里,人们发现商人隆重祭祀一个叫"高祖夒"的始祖,一些历史学者如王国维、郭沫若、杨宽、袁珂等均认为"高祖夒"就是传说中的帝喾,也即《山海经》中的第一大神帝俊。

　　根据考古研究,现在多数学者认为位于今天河北西南部,太行山东麓的下七垣文化即商人文化。不过因为早期商人的经济形态尚处在"刀耕火种"的游耕阶段,所以他们的部族一直迁徙不断,几百年间大概从北往南迁了七个地方。到了夏朝末年,契的第十四代孙成汤(殷墟甲骨文里称其为"成"或"唐",死后日名为"大乙")带领族人进行第八次迁徙,迁居到中原的亳(一说在今河南内黄、濮阳一带)这个地方。与夏人最高首领称"后"不同,商人最高首领是称"王"的。

在甲骨文里，"𝌀"（王）就像是一把大钺或大斧头。

最初商王成汤的辖地仅七十里，但见夏桀无道，他有了取而代之的心思。他首先广施仁德，招贤纳士，以争取四方各国各族的支持。

《吕氏春秋》记载，成汤有一次到野外去，看到有个人在东、西、南、北四个方向布了四张大网来抓鸟，布置完之后他还祷告："天上的、地下的、四方的鸟儿都进我网里来啊！"

成汤一听，连忙说："这哪行啊，这不是把鸟抓绝户了吗？只有夏桀才会这样干！"于是他命令捕鸟人把网撤去三面只留一面。

成汤"网开三面"的故事传开后，诸侯都说他是个大大的仁君，先后有四十余国前来归附。

成汤当时还和与夏朝同姓的有莘氏（在今山东曹县西北）通婚，无意中得到了一名极富传奇色彩的贤臣——有莘氏的庖正伊尹。伊尹归商后，曾多次作为间谍替成汤到夏都斟鄩去打探虚实，居然跟被夏桀冷落的怨妇妹喜搭上线，获得了很多夏朝内部的情报。

当然，因为亳地正处在西夏和东夷之间，商人本身又是东夷的一支，所以成汤十分重视争取东夷诸国。他的左相仲虺（huī），就是东夷太昊之后、风姓中分化出来的任姓薛国的国君。

经过多年经营，成汤在伊尹的谋划下，开始实施兼并扩张和翦除夏朝羽翼的战略计划，先后攻灭了葛国、有洛氏、温国等国，最后拔掉了夏朝的三大支柱——豕韦国（在今河南滑县东南）、顾国（妘姓有扈氏，今河南原阳西南）和昆吾国（今河南新郑）。夏桀大惊，命令东夷诸国讨伐成汤，但却无人奉诏。

人心向背已明，成汤于是在景亳（即亳）召开大会，宣布天命归商，公开竖起反夏大旗，据说前来捧场、会盟的诸侯达到三千，当然其中基本都是东夷诸侯。"景亳之会"标志着商夷联盟正式形成。

夏商实力此消彼长，而且斗争公开明朗化，世人都明白天可能要变了，重新选边站队的时候到了。这时伯益二儿子若木的后裔、费国国君费伯昌正在夏朝为官，也面临着何去何从的历史抉择。

从血缘、文化上讲，伯益之族和商人应该都是东夷玄鸟氏的后裔，一千年前本是一家，费昌当然天然地对商人有亲近感。不过政治人物考虑问题不能过于感情用事，必须得立足现实，尤其是费昌的这次决策将决定本族未来的荣辱甚至存亡，不得不慎之又慎。那时商人虽然崛起，但正所谓"百年之树枯而不绝，百足之虫死而不僵"，夏朝作为立国达四百多年的大国仍然拥有较强的实力。夏商斗争到底谁能胜出，事前人们还难以判断。所以费昌迟迟做不了决断。

据东汉王充《论衡》和西晋张华《博物志》记载，最终还是一次异常天象让费昌决定选择投商：

夏桀的时候，有一次费昌来到黄河边上，居然看见了两个太阳——东边那个光华闪耀，即将升起；西边那个日益下沉，并伴有轰隆的响声。费昌于是请教河伯冯夷："这两个太阳，哪个代表夏，哪个代表商啊？"冯夷回答："西边的代表夏，东边的代表商。"于是费昌带领族人投奔了商国。

——《博物志·卷七 异闻》

东汉、西晋距离夏末足有一千好几百年（按夏朝结束于公元前1600年左右计算），王充和张华的这种说法显然是后世衍生的神话传说。真实的历史上费昌应该是综合对比了当时夏商及其"盟友圈"的力量，才做了如此抉择。

景亳之会后不久，商王成汤率领商夷联军讨伐夏桀，这其中就包括了费昌率领的伯益子孙。见夏桀的兵力都在夏都斟鄩的东方布防，成汤兵行险着，出其不意地从小道直插到斟鄩的西南后方。夏桀猝不及防，慌乱之下他被迫放弃了已经三面受敌的斟鄩，北渡黄河暂避到夏人势力同样雄厚且地势较为复杂的今天晋南地区，最后躲进了夏人陪都安邑（今山西夏县西北禹王城）。成汤率领伐商联军迂回进攻，退无可退的夏桀集中全部兵力在安邑西边的鸣条迎战，夏商对决的终极时刻到了。

据《史记》记载，在鸣条之战中，成汤任命费昌担任了自己御车

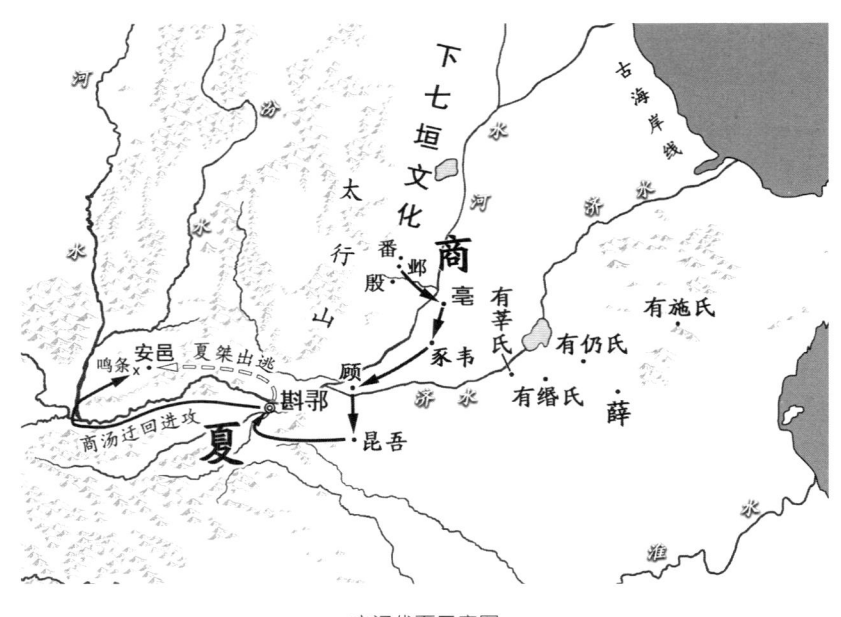

商汤伐夏示意图

马拉战车的起源

约6000年前，野马在今天欧亚草原西部（乌克兰东部、俄罗斯南部）被古印欧人驯化为家马；约5500年前，车在今天西亚两河流域出现；约4000年前，马与车结合的马车在上述两地相继出现。2019年，中国考古人员在新石器时代末期的河南周口淮阳区平粮台古城遗址发现轮距约0.8米、距今至少4200年的双轮车辙。中国马车实物最早见于殷墟车马坑，殷墟一期卜辞中也有马车的记录。因此也许夏末商初出现了少量马车但未被发现，也许当时尚未有马车和车战。如果是后者，那商汤用战车攻打夏桀的说法就是后世附会的了。

的驭手。有读者可能觉得"司机"地位卑微，费昌的职务没什么了不起。其实有点社会经验的人都知道，能当领导司机、左右领导安全的人，那必须十分了得：这一方面说明费昌继承了"善训鸟兽"的祖业，驭马驾车本领超群，技术上绝对过硬；另一方面更说明费昌已经赢得成汤的高度信任和赏识，"政治"上绝对过硬。

《墨子·明鬼下》记载，鸣条大战打响后，成汤把亲军的九辆战车摆成"人"字形的雁行阵势，带头从高地冲下直取夏桀。夏军阵势瞬时被撞开，陷入混乱之中。费昌驾车载着成汤乘胜追击，攻入安邑的近郊，成汤亲手将夏桀驾前的勇士推哆、大戏擒住。夏桀见大势已去，不得不狼狈逃窜，后来死在南巢。

随后成汤一鼓作气，又扫清了夏人的残余力量，并于原夏都斟鄩附近修筑新都西亳（在今河南洛阳市东偃师商城遗址）加以镇抚。商人最终取代夏人成为"天下共主"，商国领导的国家联盟也因此升级为商朝。这就是史书上说的"商汤革命"。古人所说的"革命"，本是指革掉前朝的天命的意思。

要指出的是，商人多数时间和夏人一样，还只是天下万邦中的盟主、霸主而已。虽然商人直接统治的地域、人口相对大了很多，但当时天下绝大多数方国或部族都是原本就存在的旧国旧族，它们基本都是按原来的习俗自治的，商人对它们的管理手段有限，基本是宗教、战争、婚姻、结盟等，管控力度也较小，所以它们对商人是时服时叛。

商人坐天下后，在鸣条之战中立有大功的费昌自然成了"开国元勋"，东夷嬴姓人也迎来了久违的春天。很多嬴姓部族借此机会迁徙到了中原乃至西方之地，广泛开枝散叶。说到底，这都是因为费昌在夏商斗争的关键时刻做出了正确的历史抉择，可见抉择的重要性。

到了商朝第九任君主太戊在位的时候，伯益大儿子大廉的后代孟戏、中衍（yǎn）也得到赏识，都做了商王御车的"司机"，看样子嬴族人在驯化动物、驭马驾车方面确实有祖传的秘诀。商王太戊这大领导非常关心属下，还赐予他们美女帮他们成了家。

值得一提的是，史书上记载孟戏、中衍的形象都是"鸟身人言"，说得好像他们是两只会说人话的鸟儿一样。人当然不可能真的长成一副"鸟样"，这其实还是在表示他们家族的图腾是神鸟。也许孟戏、中衍都曾在本族的祭祀活动中穿上过羽衣装扮成图腾神鸟，所以后世人就把他们描述成人面鸟身的怪模样了。

自中衍之后，嬴姓在商朝代代都颇有功绩，所以地位日渐高贵，不少人成为一方诸侯。据记载，商代嬴姓之国除了费国外，还有徐国、郯国、黄国、江国、葛国等国。

商朝前期，政局比较稳固。但气象研究显示，从公元前1500年开始，气温逐渐降低，进入了持续约两百年的"中商冷期"。而恰好《史记》也记载，从太戊之子仲丁开始，因为王位继承制度不明确（时而父死子继，时而兄终弟及），王室内部经常爆发王位争夺战，造成一连九世（仲丁、外壬、河亶甲、祖乙、祖辛、沃甲、祖丁、南庚、阳甲）的大混乱，史称"九世之乱"。据文献记载，九世之乱中商朝先后迁了四次都，分别为隞（今河南郑州）、相（今河南内黄）、邢（今河北邢台）、奄（今山东曲阜）四个地方。迁都的原因，一方面应该是武力夺位的新商王想避开上一王势力较大的旧都，另一方面肯定与气候的变化导致的水旱灾害有关。直到公元前1300年前后，第十九任商王盘庚迁都到殷（今河南安阳），商人的都城才固定下来，商朝的国势又重新振兴。除了后期商朝制度逐步健全、几代商王励精图治，商人中兴背后另有"天助"——原来气象研究显示，此时气温又变得温暖，并持续近三百年，气象学家竺可桢将之称为"殷墟暖期"。

19世纪末，人们发现安阳小屯村出土的中药龙骨上有字，殷墟甲骨文卜辞自此出世。卜辞上的甲骨文，是中国目前发现的最早的有系统的文字。我们之前几个章节讲述的三皇五帝时代和夏朝、商前期的故事，其实都是人们口耳相传的传说，到商后期、周代乃至汉晋时期才形成文字记录的。比如前面介绍的成汤"网开三面"的仁德故事，就是战国末期的《吕氏春秋》一书最早记载的，实际上卜辞中根本找不到带"心"的"德"字，显示商人压根没有后世的仁德思想。通过研究卜辞及发掘殷墟的墓葬、祭祀坑等人们发现，商人不但如传世文献所说"率民以事神，先鬼而后礼"，是一个极其迷信

> **人牲与人殉的区别**
>
> 人牲是指祭祀鬼神、祖先时作为祭品杀死的人，当作人牲的人，一般是外族的战俘、奴隶。人殉是指贵族死后用人为其殉葬的习俗，殉葬的人一般是贵族的近亲、近臣、近侍等，他们有一定地位，往往被埋在较为靠近墓主的位置。贵族下葬及后世祭祖时有祭祀活动，因而也会杀人牲，但人牲都埋在墓葬的外围。人牲和人殉现象在新石器时代晚期就已经出现，但在中国以殷商时期最为盛行。

鬼神的民族，几乎事事都要求神问卜，而且动辄大规模杀人、杀牲祭祀，贵族墓葬中普遍都使用很多人殉，极其血腥残酷。所以商朝本质上是一个靠神权、巫术进行神秘恐怖统治的政权，成汤灭夏前虽然会采取措施拉拢其他国家，但他的"仁君"形象很大程度上应该是后世儒家编造出来的。

据卜辞和早期文献《尚书》记载，商代中后期已经有了"侯、甸、男、卫、子、伯"等称号，学者认为其中很多应该是由商王外派的具有军事或其他功能的驻点发展而来的诸侯爵号。比如"侯"（侯）在甲骨文中像一支箭射到箭靶上，本是指派到王畿周边为商王担任"斥候"（侦察）任务的武官；"男"（男），像用耒（lěi，犁的前身）在田里耕种，又写作"任"，本是指派到外地为商王管理农业耕种的官员。当然在商朝的各邦国中，由商王分封子弟功臣建立的国家还比较稀少，而且也没有文献或考古资料可以证实商朝的分封有什么规范制度。所以说商朝的封建制度还是比较原始和初级的，并没有大规模集中分封，也没有形成诸侯的系统性。

在外服诸侯称号增多的时候，商朝内服官员的称号也大大扩展，卜辞和文献中有尹、多尹、师、太师、少师、史、小臣、多射、多马、亚、多亚等，显然其内部分工相对夏朝更加细密，说明国家机构逐渐从简单向复杂发展。

在研究殷墟卜辞的过程中，历史和文字学家们不经意间发现了一个叫"㠯"的族群。㠯族的首领最早被称作"㠯子""小臣㠯"，后期又有"亚㠯"称呼。在卜辞中，商王的近臣被称为"小臣"，虽然官职不大，但是因为接近权力中心，所以权力不小，就如同后世帝王的近侍一般；在卜辞和传世文献里，"亚"的职能与军事紧密相关，同时也掌管祭祀，地位异常崇高，拥有自己的领地和民众。所以可知㠯族在商朝地位比较显赫。

在卜辞中，㠯族出现的频率非常高，从殷墟早期到晚期，共有400多片卜辞提到它。㠯族首领不但参加商王的祭祀活动，为商王出使并巡视地方，还陪同商王到各地打猎，替商王开垦田地；尤其要重点指出的是，㠯族武装是商王一支可靠的劲旅，经常替商王征讨东、西、南、北的各方国，如卜辞中较有名的羌方、土方、舌（qióng）方、召方、人方、方族等，都被㠯族打了一个遍。㠯族如此忙碌，可见它是多么受重用。商王对它也很关心，卜辞中常有卜问㠯地是否有灾害、是否有"丧众"（族众损失）以及㠯子是否有疾病的记录。

这个㠯族到底是什么族群呢？学者考证，原来"㠯"字在早期卜辞中常写作"𢆉"，后来繁化才在上面加了个声旁"匕"。文字学家们大多认为"𢆉"即是"畢"（毕）的初字，像长杆头上戴个网兜，是用来捕捉鸟兽的器具。"𢆉"上加个声旁"匕"还是"畢"（毕）字，因为甲骨文字体还没有定型，同一个字经常有繁简几种写法。我们知道，伯益的封国是"费国"，上古汉语没有清唇音只有浊唇音，声母 f 一般读 b，所以"费"古时读 bì，可见"㠯"与"费"同音！而且我们一再讲述，伯益之族是以善于驯化鸟兽著称的，要驯化

自然先要抓到它们,恐怕要用到"罼"(毕)这种捕捉鸟兽的长杆网兜。故而以历史学家丁山为代表的很多学者认为,罼族实际就是伯益之后的费国之人!很可能伯益的封国最初是写作"罼(毕)国"的,后来同音通假才写作了"费国"。这种情况在古时也是有的,比如周代北方的燕国,金文里实际是写作"匽国"或"郾国"的,而汉代以后文献里却写作"燕国"。卜辞显示罼族在商代备受商王重用,也与史书上说的伯益之后在商朝屡立功劳、地位显贵相符合。

《甲骨文合集》(编号 26)
丁未卜,争贞:勿令罼以众伐(吉)

商纣王的左膀右臂

斗转星移,一晃又是几百年过去,时间到了商朝末期。这时持续约五千五百年的"仰韶温暖期"终于结束,气温再度突变,变得干旱寒冷起来,从此以后中国中原地区基本再未出现亚热带气候环境。而气候的变化,使得不少地方变得不再宜居,原来在这些地方居住的族群不得不向适合生存的地方迁徙,从而加剧了各族群之间的冲突。所以天下又到了大乱和"洗牌"的时候。

据《史记》记载，这时中衍的后代戎胥轩居住在西戎地区，娶了骊戎之女，生下了一个叫中潏（jué）的儿子。这里要注意"戎胥轩"这个名字：其中的"戎"并非是"戎狄"的"戎"，而是"兵车"的意思。翻看过《诗经》的读者应会记得《秦风》中有一首诗就名为《小戎》；其中的"轩"，就是指车辕。可见嬴姓后裔念念不忘自己的驾车老本行。

蒙文通、顾颉刚两位史学大家还曾考证，骊戎最早并不在今天陕西骊山，而在现在晋东南析城、王屋两山之间。另外古时在今天山西临汾市境内有一条河流叫潏水，很可能跟中潏的名字有关。所以戎胥轩、中潏所待的所谓西戎地区，也应在现在晋南一带。

话说中潏长大后同样颇有才干，因此被商王（大约是商朝倒数第二任君王帝乙）封在商朝王畿的西部边陲，也就是今天山西省南部的霍太山一带，替商朝抵抗戎狄、保卫西部边疆。后来中潏也娶妻生子，并给儿子取名为飞廉（又写作"蜚廉"），取字为处父。这飞廉的本事与祖先一样，都善于驾车，车子开起来如风驰电掣，因此后世都传说他是"风神"，还说他是一副鸟头鹿身的古怪模样。飞廉时期嬴姓族人又向南发展，据南宋《路史》记载，在今天山西河津市、闻喜县均有飞廉城。飞廉成家后，生下个儿子名革，字恶来。恶来力大无穷，传说他能空手搏虎兕，是古代有名的大力士，后世常用他的名字做勇士的代称。如《三国演义》里罗贯中就借曹操之口，称誉猛将典韦为"古之恶来"。此外恶来还有个和他强壮体魄不相称的"特长"，那就是他的嘴像八婆一样，特会说人坏话。

在商末，费昌的子孙中也有一个在历史上比较有名的，那就是费仲，看过《封神演义》小说或电视剧的人，肯定都知道这个"奸臣"。《史记》曾言费仲这人嘴巴也很厉害，不过他是精于阿谀奉承；除此之外他还有一个特点，就是贪财好利，也精于搜刮钱财。不过大家千万不要以为费仲是个文弱的文官，因为在战国之前中国文职武职并没有严格区分，官员都是平时管理民事，战时统兵打仗。在《墨子·明鬼下》中，费仲是与恶来、崇侯虎（崇国诸侯名虎）并列的"有勇力之人"，可见他同样是个猛将的角色。

> 末代商王本名受，《尚书》中称他为"商王受"；上古"受""纣"音近形近可通假，故又写作"商王纣"（如《逸周书》）。稍晚一些古籍抄写颠倒写成"商纣王"，导致后世一些注家误把"纣"当做恶谥。

与飞廉父子和费仲同时代的商王，就是大名鼎鼎的商纣王（严格讲应写作"商王纣"），即死后日名为帝辛的那位了。

史书记载，纣王这人脑瓜子非常聪明，力气大得能徒手跟猛兽搏斗。当年他即位之初，也摆出一副"任人唯贤"的面孔，任用有贤明之声的鬼侯、鄂侯（邘侯）和周侯昌（后来的周文王）做了朝廷三公。可很快人们就发现，纣王此举不过是做做样子、拉拢强藩代表而已，他的本性不久即暴露出来：他喜欢喝美酒佳酿，爱好听淫词浪曲，宠爱妃子妲己，还在都城周围的沙丘（在今河北广宗县境内）等地大建离宫别馆，并弄出"酒池肉林"。上面不过是他私生活方面，在军政大事方面，纣王也有很多重磅举措：

其一，他改革祭祀，国家祭典不再列入非商王的其他祖先和天帝、自然神；

其二，他加强王权，排挤旧有的世家大贵族（第一条即为此做铺垫）；

其三，他违反当时的"社会规矩"，执行收容逃奴政策，而不是把逃奴还给旧主人；

其四，他穷兵黩武，不断发动对东夷诸国的战争，向东扩大疆域，掠夺东方的人口、海盐等资源。

有人会有疑问了，成汤不是和东夷建立联盟才灭掉夏朝的吗，纣王怎么又和东夷打起仗来了？原来商朝前期，商夷关系总体确实不错。

但是从商朝中期开始，双方出于利益纠葛，说白了就是争地盘，关系逐渐恶化，开始刀兵不断。纣王的曾祖武乙、祖父文丁、父亲帝乙时期，商人主要对商朝西、北、南方向的敌人羌人、方族、召方、盂国等部族方国作战。纣王继位后，上述敌人都已经被严重削弱或暂时解决，于是纣王这时可以腾出手来，将商人的主要打击方向改为东方。文献和卜辞显示，纣王时期与东夷的战争，可以说是商朝与东夷数百年战争的最高潮。

回过头来说纣王的用人。纣王这样能力超群、刚愎自用的君主，自然不喜欢正直的、整天爱在自己耳边叨叨的大臣，他想要的是能无条件听从指挥命令、能给自己搞钱、能让自己玩得好、能帮自己摆脱进谏者的人。于是飞廉、恶来父子和费仲这三位嬴姓的"能人"，就进入他的视野，并很快成为他的宠臣、亲信：他让费仲给自己理财，抓钱袋子；他经常派飞廉和恶来出去监造离宫别馆，还让恶来替自己监视大臣诸侯的言行。

费仲和飞廉、恶来父子为报答"知遇之恩"，都尽心竭力为纣王服务：费仲发挥敛财技能，大肆搜刮民财，让纣王不用担心军费和王室开销问题。飞廉、恶来父子则做起了"恶监工"，严酷监督劳工，把纣王的宫室修建得富丽堂皇；而且恶来也没忘监视朝臣诸侯的一举一动，经常在纣王面前打小报告。

当然，费仲和飞廉父子的勇力也是纣王非常欣赏的。上节介绍过，甲骨文卜辞里有皋族征"人方"（东夷的一支）的记录，那就是纣王十年发生的事情。那一年纣王亲征东夷，耗时达二百多天，经过的重要地点有50多处，规模十分浩大。这样大规模的战事，纣王不可能不带上驾前的费仲和飞廉、恶来父子这三个嬴姓猛将。纣王时期卜辞中参与征人方的皋族，应该就是指费仲所率领的费国军队。

纣王十年的这次战争，只是纣王时期对东夷发动的所有战争中规模较大，而且保留信息也最完整的一次。金文和卜辞中还有纣王十五年、纣王二十年至二十一年商人征伐东夷的记录。纣王这本钱没白下，他对东夷的战争，确实取得了很大的胜利成果。考古证明，晚商时期的商文化遗址，从商朝中期的山东济南、泗水、滕州一线，推进到山东潍河和沂河一线。而岳石文化分布区即东夷人的地盘则缩小到大致只剩下今天的胶东半岛和鲁东南沿海一带了。因此近现代以来，毛泽东和郭沫若等人，都曾从开拓东南、民族融合角度，大赞纣王征东夷的丰功伟绩。所以从这个角度讲，费仲和飞廉、恶来等嬴族人也算做了一些好事。

不过俗话说得好，"杀敌一千，自损八百"。纣王对东夷的战争虽然取得了丰硕成果，但因为一打常常就是经年，不能不严重消耗国力人力。众所周知，打仗就是打人打钱打物资。为了维持长期战争，纣王只有进一步横征暴敛，这又加剧了王朝内部矛盾和王朝与诸侯国之间的矛盾。而为了稳定新征服地区，商朝还要留驻兵力，迁徙商民到当地驻守乃至屯田。1963 年，考古学家在鲁苏两省交界处山东一侧的苍山县，出土了一批商代青铜器，上面带有商朝贵族的族徽"妖"。一些史学家认为，这"妖"就是纣王二十年征伐东夷取得阶段性胜利后，留驻此地镇守的商人将领。因此纣王在东夷的开拓活动，势必会进一步分散商王朝的军力。所以在史籍《左传》中，一直有商纣王征伐东夷导致后来亡国的记载："纣克东夷，而陨其身。"意思是纣王对东夷的胜利，赢了战争，却掏空了国家，导致了日后的灭亡。

见纣王越来越不上道，大臣们怨声载道，一些诸侯甚至开始反叛。强势的纣王不思悔改，而是加重刑罚，祭出了"炮烙之刑"，也就是把他讨厌的人抓起来，逼他在火中的铜柱上漫步，结果当然是脚底板被烧焦，人跌进火里活活被烧死。此后百官诸侯敢怒不敢言，越发与商纣王离心离德。

纣王执政十余年后，朝中又出了大事：纣王因为嫌他的一个妃子即鬼侯的女儿不会搔首弄姿取悦自己，就把她杀了，还顺带把她的父亲鬼侯也杀了，并剁成了肉酱。鄂侯知道后，极为愤怒，跑去当面替鬼侯父女喊冤，言辞激烈，纣王一瞪眼把鄂侯也宰了，并做成了肉干。周侯昌听说后，就没敢吭声，据说只是叹了口气，但就这样还是被纣王驾前的另一宠臣崇侯虎打了小报告。纣王于是把来朝的周昌扣下软禁在安阳南边不远的羑里城，一关就是七年。

听说国君被商朝扣押，周国上下急得团团转。《史记》有载，周国的大臣闳夭、散宜生等人各方奔走，搜罗了无数珍宝美女，然后贿赂爱财的费仲，通过他去献给纣王，请求赎回自家主子。另据20世纪末上海博物馆收藏的战国楚简《容成氏》一文记载，当时有九个诸侯反叛商朝，被关在羑里的周昌借机向纣王大表忠心，说能替纣王扫平叛乱。于是收了珍宝、美女的纣王大手一挥，把周昌放出羑里城，并赐予他象征军权的弓矢斧钺，任命他为西伯，让他为商朝讨伐叛乱九邦。这里纣王自以为算盘打得很精：反正周昌打九国无论谁胜，反商势力都将会遭到削弱，当然如果两败俱伤那是最妙的了！

话说这周昌，就是大禹治水时伯益的搭档后稷的后代。周人是和夏人有密切关系的西北部族，所以经常自称"有夏"。在周昌的祖父公亶父（后被周人追封为"太王"）时期，原本弱小落后的他们从豳地（今陕西彬县）迁徙到水草丰美、土地肥沃、战略上又相对安全的宝地周原岐邑（今陕西岐山县、扶风县一带），并与姜姓部族联姻，自那以后实力开始迅速发展。周昌的父亲季历东征西讨，将周人的影响力一直扩大到今天山西省境内，因此受到商王文丁（纣王爷爷）的猜忌，被文丁囚禁在库塞（地名）而死。周昌继位后，一度兴兵伐商报仇，却被打得一败涂地，不得不韬光养晦，重新臣服于商朝。不过暗地里，周昌一直不忘大仇、招揽贤士、收买人心，为将来做打算。

这次周昌被纣王放回国后，新仇旧恨一起涌上心头，他暗下决心定要灭掉商朝。不久他编造神话自称接受了"天命"，开始私下里称王，

商末形势图

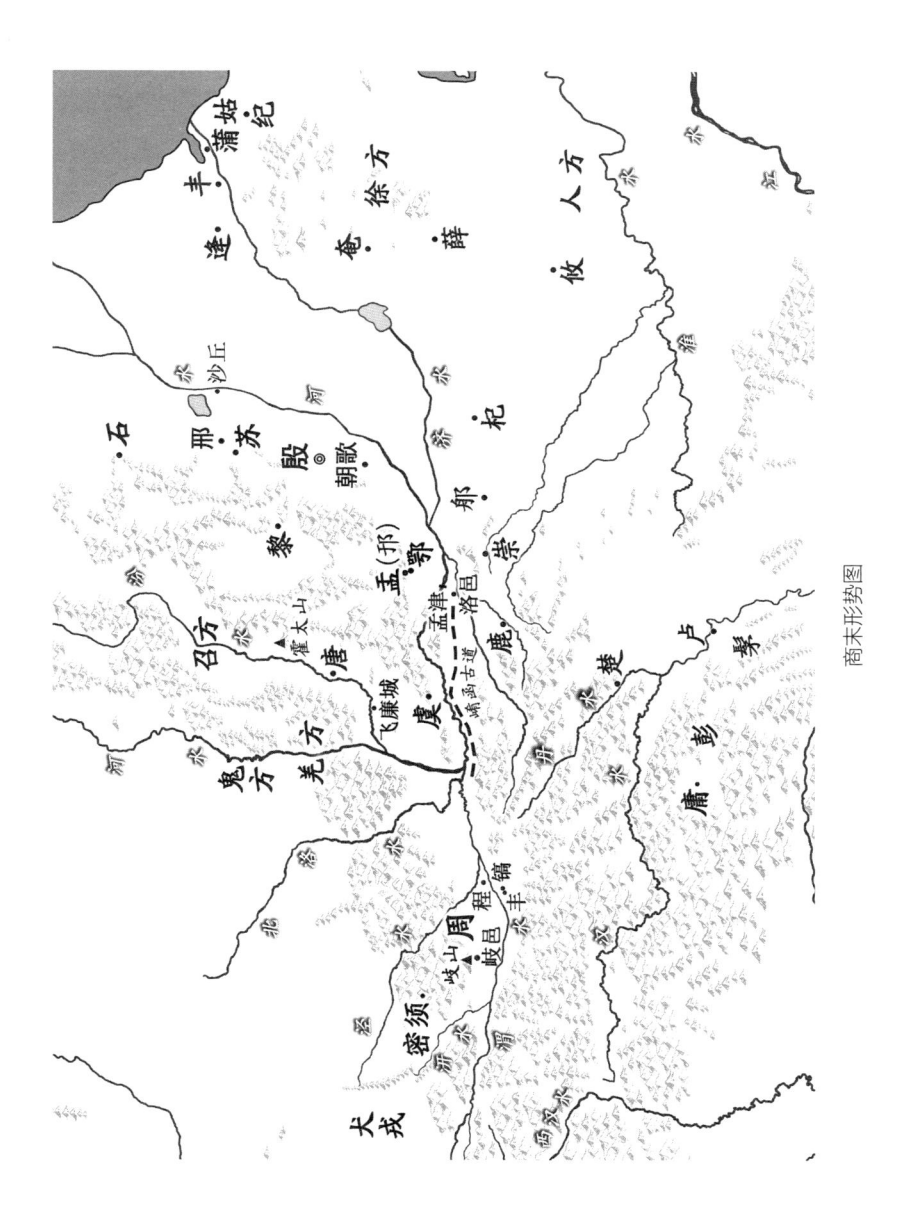

这一年就被周人算作"受命元年"。随后已经升级为"周文王"的周昌，一方面继续对纣王表示恭顺，一方面大事扩军，组建起总共六个师（长官称"师氏"，每师两千五百人）的部队（当然也是平时为民，战时为兵的"民兵制"），并任命著名的姜太公吕尚为"太师"，也即武装部队总司令。接下来周文王打着为商朝平叛的旗号，先后出兵征伐或灭掉了犬戎、密须、丰、镐、郍、石、邗、鹿、黎、崇等多国。与此同时他还积极联络江汉地区的诸侯方国，与他们缔结同盟。通过战争和盟会，周国的影响力逐步达到天下的三分之二。而这时纣王却仍不醒悟，依旧迷信自己"有命在天"。

不过在文王五十年也即文王"受命九年"这年，已经基本为周国做好灭商准备的周文王却驾鹤西去，没能亲眼看到报仇雪恨的那一天。因长子伯邑考早夭，文王逝世后由他的二儿子太子发继位，这就是周武王。武王上台后，继续励精图治，进一步积蓄力量，准备完成父亲灭商兴周的遗志。

牧野之战与费仲、恶来之死

就在周人积极准备灭商的当口，商朝的天灾人祸也更加严重：气候越发干旱，黄河水一度枯竭，还暴发蝗灾；内部矛盾越发激化，纣王挖了叔父比干的心，囚禁了另一叔父（一说庶兄）箕子，商朝掌管音乐的官员太师疵和少师强带了乐器投奔了周国。

周武王觉着时机已到，于是决定趁商朝大批军队仍被牵制在东夷之际，一举灭商。

受命十年（武王即位未改元）年底，周武王率领周国大军开拔，经天险崤函古道向东进发。因为当时处于"邑制国家"阶段，商朝包括各国只有属邑而没有领土的概念，当然也没有在险要处设关防守的意识，所以周军才能顺利通过。

不久武王大军来到今天黄河南岸的孟津，与应邀而来的庸、蜀、羌、髳、微、卢、彭、濮等八国军队会师。

伐商联军一共多少人呢？《史记》记载，周军有战车三百辆、虎贲（精锐敢死之士）三千人，还有甲士四万五千人；而其他各路盟军，共有战车四千辆。其实《史记》的数字绝对是夸张的，因为上古均是小国寡民，当时的周国包括老弱妇孺在内的总人口最多不过十来万，怎么可能出动四万八千人的兵力？其实按战国兵书《司马法》中每辆战车配备甲士、步卒、役夫三十人的说法，伐商周军的总兵力应该在万人左右，这也与周国拥有六个师兵力的古籍记载相符合。至于其他各国联军，如果真有四千辆战车，该有十二万人了，但在商末这绝对不可能，因为殷墟卜辞显示，大国商朝一次出兵最多的记载不过是一万三千人，常见出兵规模也就是三五千人而已。鉴于来参加伐商的其他各国都是周国的小兄弟，出兵数字必然比周国少得多，所以每国出的数量可能也就是一两千人的规模罢了。这样算下来，伐商联军的总数为两三万人的样子。

伐商联军在孟津集结完毕，周武王作为联军统帅进行了一次盛大阅兵，并做了战前鼓动演说，这就是《尚书》中的《太誓》篇。阅兵式结束后，联军乘船渡过黄河，一路向商纣王居住的商朝别都朝歌（在今河南淇县）杀去①。受命十一年（公元前1046年）二月二十一日夜，伐商联军抵达朝歌城外的郊野，冒雨布阵。因为朝歌又称"沬"或"牧"，所以史书把朝歌的郊野称为"牧野"，这次大战也被命名为"牧野之战"。

朝歌城里的纣王，在伐商联军渡河时就得到了消息，所以他并不惊慌。联军在朝歌城外布阵的同时，纣王也带领已经升任执政大臣的费仲等朝臣，在联军对面布阵。《诗经》有云，"殷商之旅，其会（通"旝"，kuài）如林"。意思是说商朝的军队密密麻麻，军旗招展像茂盛的森林。

《史记》则记载，纣王率领的大军有七十万人。不过这数字实在太惊人，所以自古以来大家一致认为是太史公把"七"和"十"的次序弄颠倒了，也即认为他是把"十七万"错写成了"七十万"。其实就是十七万军队，商纣王应该也拿不出来，因为前面说过，卜辞里商人一次用兵的最高数字不过才一万三千，而且历史学家宋镇豪研究认为，帝乙、帝辛时期殷墟总人口只有二十三万人上下②。当然因为各种史书都说牧野之战中商军是远远多过伐商联军的，所以纣王拼凑出的兵力应该是联军的数倍，很可能是五六万人的样子（按殷墟有十一万名男子再去掉老弱病残来计算）。

在上古时代，双方集合了近十万人会战，已经算是惊天大战了！双方摆好阵势后，各自誓师提升士气，时间就已经到二月二十二甲子日的清晨时分，细雨早已经停了，耀眼的岁星（木星）还停留在天际。这时远道而来的联军一方率先发动了试探性攻击：武王命令太师吕尚

---

① 传统上多根据《史记》记载，认为孟津誓师后周武王以伐商时机尚未成熟为由罢兵返国，两年后才再次联合诸侯自孟津渡河伐商，继而发生牧野之战。但这种说法不见于先秦古籍，有违《太誓》的文意，也不符合战争逻辑和历史形势，因此本书赞同苏德荣论文《武王伐纣不存在孟津观兵之事》[河南师范大学学报（哲学社会科学版）1997年第1期]的观点，认为周武王在孟津会盟诸侯之事只有一次，随后立即渡河打响牧野之战，不存在"二次伐商"之说。（详见拙作《简说西周史》第25节"子虚乌有的'孟津观兵'"。）

② 宋镇豪：《夏商人口初探》，《历史研究》，1991年第4期。

和一位百夫长率领百名骁勇战士直冲商军大阵。此举一来是为了显示周人的勇武，提振联军的士气，二来更是在寻找商军阵势的薄弱点。

历史上真实的姜太公吕尚，可不是《封神演义》里仙风道骨的军师，而是骁勇善战、足智多谋的猛将。他率领百余名精兵锐卒，像盘旋的雄鹰般冲向商军，用《诗经》里的原话来说就是"维师尚父,时维鹰扬"！经验丰富的吕尚一下子就找到商军阵势的"软肋"，并很快在那里冲出一个口子来。周武王见一击得手，迅速下令联军往吕尚撕开的这个口子里突进。

那边纣王也是身经百战并胜多败少的马上君王，何况这次他的军力远多过对方，又是以逸待劳，所以他并不着慌。纣王在后方从容应对，指挥商军加强吕尚冲击部位的防御力量。一时间，两军的战斗仿佛要陷入胶着状态。谁知就在此时，商军阵内的大批士兵突然调转矛头，向纣王所在的中军位置杀了过来！这就是古书中所说的"纣卒易向"。纣王和执政大臣费仲见了，不由得大吃一惊。

这是怎么回事呢？

现当代的一些史学家，都说这些倒戈的士兵是商朝攻打东夷时俘虏来的夷人奴隶，因为朝歌兵力不足，所以纣王临时把他们派上了战场。实际上这种说法并没有任何历史文献依据，只不过是"阶级史观"下的一种臆想，因为在上古奴隶是没有当兵资格的，商纣王当时的军力也超过联军，没必要武装奴隶。其实《吕氏春秋》对此记载得很明白：周人早已经与纣王的庶兄微子启以及商朝大臣胶鬲接上头，并积极拉拢他们与周人结成了反纣王联盟；在联军渡过黄河后，武王还与明面上以纣王使臣身份前来探师的胶鬲约定了"甲子日"这个大战的日期。所以牧野之战中部分商军临阵倒戈，完全是微子启和胶鬲暗中策反了部分反纣王的殷商旧贵族的结果。那他们为什么要帮周人打纣王呢？我们知道，微子启是纣王的庶兄，他应该是不满纣王排斥旧贵族而任用地位低下的"小人"的用人制度，尤其是不满自己作为兄长没能继承王位,才勾结周人;至于胶鬲,不知是他本就是周人打入商朝的间谍,还是他不满纣王对自己不够重视。

虽有大批商军倒戈帮助周人,但俗话说得好,"秦桧还有仨好朋友",纣王的禁卫军和费仲等被纣王提拔重用的大臣及其族军,依旧聚拢在纣王周围拼死战斗。双方杀得是天昏地暗,牧野沟壑里积存的雨水,全被鲜血染成了红色;战死士兵手中的棍棒,都漂浮在血水之上。这种惨烈景象,就是古书所说的"血流漂杵"。

不过由于部分商军的叛变破坏了商军军阵的整体性,再加上以周人为首的联军不间断地发起猛烈攻势,战至午后时分,纣王和他的亲信们逐渐支撑不住。待到下午,纣王一方彻底崩溃,费仲等纣王亲信大臣被联军俘虏,只有纣王自己逃出战场,退回了朝歌城中。

眼见大势已去、逃跑无望,夜幕降临后纣王在朝歌王宫内的鹿台上抱着大批美玉自焚而死。另一边,胜利者武王则在微子启等倒戈的商朝旧贵族的欢迎下入城。

武王进了王宫,找到纣王的尸身向其射了三箭,又用轻吕剑捅了几下,最后用青铜大钺把纣王的头砍了下来,挂在太白军旗上;随后他又找到妲己等纣王两个妃子的尸体,也是箭射、剑捅其尸身,最后把她们脑袋砍下来挂在小白军旗上。做完这一切,武王才退回城外的联军大营中。

有人可能会问,费仲在牧野之战中与纣王并肩作战并最终战败被俘,那同样受纣王宠信的飞廉、恶来这爷俩,怎么没有出现在战斗里?难道是他们太不讲义气提前逃走了?您还别说,事情真不是这样子:原来飞廉在战前接受纣王的命令出使北方的亲商诸侯国,牧野之战时不在商王畿内;至于恶来,《逸周书》记载牧野大战后两天内,有一股叫"方来"的亲商势力曾向周军发动大规模反扑,结果被周武王派出的太师吕尚击败,很多学者认为"方来"就是"恶来"的讹误。所以飞廉、恶来这爷俩并不是不报纣王的"知遇之恩",而是一个确实出使在外，一个则在纣王自焚后仍主动攻击周军，不过战败被周人俘虏。

牧野之战后第四天，也即二月二十六日，武王一面派出将领继续在商王畿内外扫荡不臣服的商朝残余势力（先后攻灭99国、征服652国），一面带领周公旦、毕公高、召公奭（shì）、太师吕尚等兄弟和重臣，进入朝歌城商王宫社庙（祭祀土地之庙），举行了"革命大典"，正式宣布周朝取代商朝拥有天下。随后周武王"兴灭继绝"，命商朝王子禄父（后来日名为"武庚"）继续奉守殷商的祭祀，并将原商王畿主体地区和大部分商人遗民封给他。当然为了加以监控，他同时还命令自己的三弟管叔鲜、五弟蔡叔度、八弟霍叔处带兵留驻原商王畿一带，以"辅佐"禄父。管叔鲜、蔡叔度、霍叔处这三人就是周初著名的"三监"。

又过了几天，武王命令主管祭祀的宗祝官在军中设酒宴大宴四方宾客，并祭奠阵亡将士的亡灵，然后撤兵西归。

四月上旬，武王率领群臣、带着大批殷人战俘和海量的战利品，回到周人宗庙所在的岐邑。接下来六天内，他进行了一系列盛大的告庙祭祀活动。在第一天的"燎祭"仪式中，周人把纣王和他两个宠妃的头颅放在柴堆上焚烧，用袅袅上升的烟气来祭告周人先公先王；第四天，以费仲、恶来为首的百余名商纣王亲信大臣，也被周人杀死当做人牲献祭给周庙；尤其是第三天和第四天，周武王还分封了天下诸侯、方伯，标志他代替商王正式成为天下之主。

不过在此笔者想补充几句的是，我们现在所能看到的商末周初历史，都是由胜利者周人书写的，失败了的商人是没有话语权的。历史上真实的纣王，其实应该没有《史记》等书上记载的那么坏，疑古派大家顾颉刚老先生曾经写过考据文章，证明纣王身上的坏事和荒唐事是后世逐步添加上的。在最古老的《尚书》里，周人声讨的纣王罪行只不过是"酗酒、信有命在天、不用贵戚旧臣、收留任用小人、听信妇人之言、不留心祭祀"六条。近现代的多位历史学者，也对纣王开拓东夷的功绩给予了较高评价。既然真实的纣王没有传说的那么昏暴，那么费仲、恶来等人是不是像《史记》等书描写的那么小人，也要打一个问号了。退一步讲，他们就算不是好人，但至少还是比较符合旧道德的，那就是他们在最后时刻仍为纣王奋战不止，称得上是纣王的"忠臣"了。

且说飞廉结束出使任务从北方返回，路途中突然传来一连串惊天消息，宛如霹雳般在他耳边炸响：周武王纠集联军突袭中原，纣王战败自焚于鹿台，商朝已经灭亡！没几天后他又听说，周武王立了王子禄父做了商人新君，并派几位弟弟率军驻扎在商王畿内加以监视；周武王自己已经带着周军主力和大批商人战俘返回周原，战俘里有自己儿子恶来和同姓费仲在内的纣王亲信大臣百余人！

没想到自己外出公干没多久，天居然变了——国破了、君没了，儿子也沦为敌人的阶下囚，凶多吉少！飞廉震惊、悲痛、愤恨，但却什么也改变不了了。缓过神来后，一个现实问题摆在他面前——他该回哪儿？

本来如果上面的事情都没发生，他是应该回到朝歌城向纣王汇报出使情况的；但现在纣王已经死了，朝歌城周围还有几位周国王弟带兵驻扎，自己作为纣王驾前排得上号的宠臣，出现在那里肯定是要被捉拿问罪的。飞廉思前想后，决定先潜回自家封地西垂避避风头。

《史记》记载，飞廉回到封地后仍不忘臣节：他在霍太山中筑起一座神坛，招引纣王的魂灵进行祭祀，并郑重其事地向其汇报自己出使的经历和结果。在这当口，又发生了一件神异的事情——在筑坛动土的过程中，一副神秘的石棺显露出来，石棺上还刻着字，内容为"帝令处父（飞廉的字）不与殷乱，赐尔石棺以华氏"（上帝命令处父不得参与殷商之乱，特赐你石棺来为家族增光添彩）。等飞廉死后，他就被放入石棺葬在霍太山。

不过《史记》所讲的石棺故事显然神话味太浓了，而且不符合情理：忠心商纣且失去儿子的飞廉，怎么能不向周人报国仇、雪子恨，就甘心这么死了呢？与《史记》记载不同，《孟子》一书和21世纪新出世的清华简《系年》都言，飞廉后来是因参与了反周叛乱而被周人杀死在东海边的。所以真实的历史上并没有所谓的飞廉得石棺、死葬霍太山的桥段，当时他应该是躲在霍太山中厉兵秣马、紧盯天下局势，最终参加了所谓的反周"殷乱"而死的。《史记》之所以记载飞廉"不与殷乱"，很可能是进入周代以后飞廉后裔的秦人为了掩盖自己祖上曾经积极反周的尴尬事实而编造了谎言，这谎言又在秦朝建立后被定为"官方唯一说法"，最终在太史公写《史记》时被收录进书中。

> 2008年，清华大学从海外回收一批战国中后期竹简，竹简共约2500枚，内容主要为《尚书》逸篇，还包括诗歌、史书、巫祝书等各类型文献。该批竹简在秦朝建立前被埋葬，躲过"焚书"，保留了先秦古籍的原貌，具有十分重大的学术价值。

那么飞廉参加的反周叛乱具体情形如何，他又是如何死在霍太山以东数千里的东海边的呢？且看下一节。

三监叛乱　飞廉殉商

要说西周初年的反周"殷乱"，其实还得从"周公摄政"说起。

话说因为多年操劳，周武王灭商第二年就得了重病。当时周朝刚刚建立，根基尚未稳固，开国君主却倒下了，周人不由得十分恐慌。

为了给二哥续命，四弟周公旦私下里主动举行了禳除灾祸的

"禜（yíng）祭"，向上天请求由自己代替二哥去死。不知是不是凑巧，这次禜祭后武王的病情一度有所好转。不过没等大家高兴多久，当年年底武王病情再度复发，最终不治离世。

武王驾崩后，年仅十三岁（古人年龄均按虚岁计算）的太子诵继位为王，这就是周成王。因为成王年幼，出于稳定大局的想法，他的四叔周公旦自告奋勇担任了王朝摄政，代替成王处理国家大政。

可周公旦的行为却引起朝廷内外很多势力的不满。在朝内担任太保（职责为保育君王、监察百官）一职的召公奭和担任太师一职的姜太公吕尚（他是成王外公），因为与成王的亲近关系，对周公旦架空成王的做法浮想联翩。在原商王畿负责监视并镇抚东方的"三监"管叔鲜、蔡叔度、霍叔处，对周公旦做摄政更是极为嫉妒。尤其是那老三管叔鲜，认为按排行算，二哥武王去世后也该由他执政而轮不到老四周公旦。因此他们大肆散播流言，说周公旦摄政独揽大权，恐怕有篡逆之心，将会对小成王不利。闹到后来，小成王本人也对四叔周公旦起了疑心，开始对他加以防范。

摄政摄出这样的结局，周公旦不由得傻了眼。他多次试着向朝中大臣以及王兄王弟们解释自己的本心，但是却丝毫没能消除他们的敌意。无奈之下，周公旦只得用行动证明自己——他辞去了摄政的职务，离开权力中心避居东方，以求得周人自身的团结。

古往今来，唯放弃到手的权力最是难能可贵。召公奭和太师吕尚见周公旦居然拱手让权，慢慢消除了对他的误解。可当事人小成王却仍旧没有理解四叔。

据《尚书·金縢》记载，周公旦避居东方的第二年秋天，镐京一带狂风暴雨大作，地里庄稼全部被吹倒，甚至很多粗壮大树都被连根拔起，周人不由得大为恐慌。于是成王和众大臣郑重地穿起朝服，来到朝廷档案室查看旧档，看看是否是办了什么错事、制造了什么冤假错案，才惹得老天爷如此发怒。这一查，就把当年周公旦私下举行禜祭时的祷告祝词，从一个用金线封起的石头匣子中找了出来。成王得知四叔周公旦曾请求天帝和祖先，由他代替武王去死，不由得大为感动，继而十分后悔。他当即下令，派人去东方请四叔周公旦回朝。而周公旦因为获得了成王的信任，重新执掌了大权。

过去评书常说，"话分两头，各表一枝"。现在我们再调过头来讲讲东方的情形。

本来周武王灭商，就是趁着商朝内部矛盾重重、商军部分兵力被牵制在东夷，才实现以小灭大、以落后战胜先进的（周人原本无文字也不会制作青铜礼器），因此亡国的殷人难免心中极不服气。所以武王一去世，那些饱含亡国之恨的殷商贵族遗民就像过了狂欢节一般。

紧接着商人又得到消息，周公旦扶立小成王继位后自行摄政专权，遭到上下一致的怀疑，尤其是负责监督他们的管叔鲜、蔡叔度、霍叔处更是极为不满。于是原商朝东部的诸侯国奄国（在今山东曲阜东部）、蒲姑国（在今山东博兴县东南）的国君，就撺掇武王新立的商人之主禄父说："现在周武王死了，周人新君还是个小屁孩，周公摄政又被内外怀疑，这真是千载难逢的复国良机啊！我们赶快起兵吧！"

禄父作为商朝王室贵族，不可能对商人失去天下共主的地位没有悲痛之心，更不可能心甘情愿做周人三监监视下的傀儡。现在得到两位国君的支持，他内心中潜藏的"恢复大商"的雄心壮志被激发起来。只不过禄父忌惮三监手中的兵力，一时弄不清他们的态度，所以还不敢轻举妄动。

至于管、蔡、霍这三监，他们的态度确实是变化不定：最初他们当然是因周公旦摄政而怒气冲天，不过看到周公旦被迫还政隐退后，他们的心里平衡了很多——虽然我们没坐上摄政的位子，但你老四也没坐成啊！可不久因"金縢"被发现，周公旦重新担任了摄政。得知他再次成了自己的顶头上司，管、蔡、霍这哥仨心中的嫉妒与恨又爆发了，他们最终把亲情、把周武王交给他们的镇守东方的重任抛在脑后，决定与镐京朝廷翻脸，武力夺取最高权力，由自己来当家。

这时管、蔡、霍想篡权，那边禄父想复商，两家在反对镐京朝廷方面达成了一致，于是联合扯起了造反的旗帜。跟他们一同反叛镐京西周朝廷的，还有东方的东国、徐国、奄国、蒲姑国、丰国（今山东高青县）以及其他一些熊姓、盈（通"嬴"）姓的东夷小国。据孟子说，这些反周的诸侯方国加在一块儿总共有五十余国，甚至连西方都有国家响应叛乱，如位于今天山西南部的祁姓唐国。

东方发生声势浩大的反周叛乱的消息，很快传到西垂的飞廉耳朵里，他自然是欣喜若狂——隐忍几年，没想到真的等来了为旧主纣王和儿子恶来报仇雪恨的机会！于是他带领族军开出霍太山，一路向朝歌进发。现在的他，已经把忠心转移到商人新君禄父身上，所以他决定要投身禄父麾下继续为商朝效命。

管叔鲜、蔡叔度、霍叔处这三监和商君禄父一起造反，而且原商朝数十诸侯国一起响应，西周王朝立即塌了半边天。消息传到镐京后，周人震惊不已。因为管、蔡、霍这哥仨手中掌握着在东方震慑商人的周朝精锐军队，再加上禄父手中的殷商军队以及东夷势力，叛军军事实力实在是非常庞大。

面对人心动摇，辅政的周公旦临危不惧，以成王的口吻写了一篇文告，强调平叛的必要性，鼓舞周人的战斗信心，这就是《尚书》中的《大诰》。周成王二年秋，周公旦作为三军统帅，集结西周大军，踏上了东征的路程。如果把他随武王伐纣的那次算作第一次东征的话，那这一次显然就是第二次了。

当时，管、蔡、霍这三监正带兵西进，准备攻击周朝规划中的东都洛邑（今河南洛阳）。因此周公旦的东征大军首先在洛邑以东地区与管、蔡、霍的叛军交战。虽然史书没有明确提及，但按照正常的思维，周公旦在两军交战前，肯定会秘密派出大量说客或间谍到三叔的军营中去，用"同宗之情、叛国之耻"来教育并分化瓦解他们的部下。所以面对周公旦率领的朝廷征讨大军，三叔统辖的周军很快就土崩瓦解了。

兵败后管叔鲜、蔡叔度和霍叔处仓皇北渡黄河，逃往盟友禄父那里。周公旦则指挥东征大军乘胜追击，又渡河攻击朝歌一带的禄父商军。《逸周书》称，周公大军"临卫征殷"。这个"卫"地在朝歌城东10公里左右，因此这一仗周公旦应是率军迂回到禄父商军的后面，首先截断了他与东夷诸国的联系以及东逃的退路。禄父没有料到周公旦会如此用兵，再加上周公旦有"第五纵队"——商人的十个大贵族相助，陷入恐慌中的禄父商军不久也全线溃败，史书称"殷大震溃"。

禄父虽然打仗不行，逃跑的功夫倒是一流。他见势不妙，立即拔腿就往有商人统治基础的北方逃窜。因为我们之前介绍过，商人就是起源于河北或辽西的，而且当时孤竹国、箕子朝鲜等商人诸侯国都在北方。

对于禄父这个在商人遗民中有着极大号召力的旗帜般人物，周人当然是万万不能放过的。据西周青铜器太保簋铭文记载，禄父战败北逃后，成王立即命令太保召公奭率领一支大军追杀他。虽然有商人遗民的掩护，但穷追不舍的召公奭几经周折，最终还是挖出了北逃的禄父，将他斩杀。禄父死后，被商人遗民上了一个"武庚"的日名，其家族则投降了周人。而召公奭的儿子克从此驻守在北疆也就是今天北京附近，后来被封为诸侯，这就是周代姬姓北燕国的由来（周代另有姞姓南燕国），当然北燕国名义上的始封君是召公奭。在此再强调一下，周代北燕国的国号，在两周金文里都是写作"匽"或"郾"的，从不写作"燕"，是汉代以后将该国国名写为通假字"燕"，一通假就通假了两千年，本字反而罕有人知晓。因为约定俗成，本书下面也不再纠正。

禄父有本族人掩护，还多逃得了几天性命，但人生地不熟的三监就没那么走运了。管叔鲜知道自己是"首犯"罪无可赦，又羞于被弟弟周公旦俘虏，于是抹脖子自杀了。管叔鲜死后，管国也被取消，后来其子孙流散各地。据一些古籍记载，春秋时齐国名相管仲就是管叔之后。蔡叔度和霍叔处则被东征的周军抓获，前者被流放，后者被废为庶人，好在他们的封国蔡国和霍国被保留了下来。为了统治殷商故地，周公旦让自己信任的九弟康叔封留驻当地镇守，后来康叔封被封为诸侯，这就是周代卫国的来历。

禄父战败时，他的部下四处溃散。见大势已去，飞廉也无能为力，只有在乱军中竭力收拢族人。逃出朝歌很远后，见一时摆脱了周人追兵，飞廉一行停下来略作喘息。沮丧之余，又一个迫切问题摆在他们面前——现在该往何处去呢？飞廉招来小儿子季胜和部将商议，众人最终决定向东走，投奔奄国去。动身之后，他们在路上又陆续碰到很多商人溃兵或亲商氏族，于是结伴而行。

不过包括飞廉在内的殷商遗民，为什么大都选择逃往东方的奄国呢？有读者可能记得，前面我们曾经介绍，商人自成汤灭夏之后曾经五次迁都，其中第四次就迁都到奄城——第十八任商王南庚从邢地迁都于此，第十九任商王阳甲继续定都于奄，直到第二十任商王盘庚迁都于殷，其间奄城共做了商朝数十年国都。

作为原商朝旧都所在的奄国，国力强大，城高池深，奄国国君又对商朝非常忠诚，当初率先力劝禄父造反复国。因此那些群龙无首但仍不愿投降周人的殷商顽民，大多就选择退守奄国来再次对抗周人。我们前面还提及，纣王当年征东夷时留下不少兵力在当地驻守。这些留驻东夷地区的商军，很可能也汇聚到了奄国周围。

那边周公旦得知殷商顽民溃兵又汇集在奄国后，采取大臣辛甲大夫的建议，决定采取先弱后强、先扫清外围再攻取坚城的策略。东征的周军，于是兵分南北两路分进合击。

北路周军得到的命令是攻打位于今天山东北部的蒲姑国（在今山东博兴县东南）和丰国（今山东高青县）。这蒲姑国，也是东夷系统中一个较强的国家。但北路周军是由周朝猛将太师吕尚统率的，所以两国虽然激烈抵抗，最终还是被灭，其君主都被周军抓住杀了头。后来周朝将太师吕尚封在蒲姑国旧地，国号齐，这就是姜姓齐国的由来。

南路周军进攻位于现在鲁南、苏北一带，以徐国为首的一帮盈（嬴）姓、熊姓东夷小国。这徐国，周代青铜器里写作"余"或"郐"，传说同样是伯益次子若木（费氏）的后代，当时大概位于奄国（在今山东曲阜以东）的东南方，也是东夷盈（嬴）姓国中势力较大的一支。但在周公旦东征大军的凌厉攻势下，徐国和附近的其他熊姓、盈（嬴）姓小国，或是投降，或是逃散。那时东夷地区，很多地方都是原始森林，而且很多东夷小国也还处于渔猎与原始农业混合的经济状态。据孟子他老人家讲，周军为了搜索那些密林中的反周夷人，深入险阻，甚至把虎、豹、犀牛、大象等野兽都惊得四散逃跑。

南北方向的敌人都平定后，周公旦开始集中兵力，对付城池坚固的强大奄国。已经斩杀禄父（武庚）的召公奭，也率领所部从北方赶来助战。为了鼓舞周军士气，目睹最后的胜利，少年天子成王更是御驾亲临。

果然，成王的到来让前线周军士气大振。随后周人东征大军对奄国发动了盛大的攻势。当时在周王室中担任太祝一职、掌管祭祀事务的周公嫡长子伯禽，在战斗中表现尤其英勇。

奄军和飞廉等族的军队虽然顽强抵抗，但是因为听说其他各国都被周人平定，奄城已经成为一座孤城，他们的士气逐渐低落。

眼见周人的攻势越来越猛，城内的粮草和箭矢、滚木礌石都要用尽，奄国国君终于失去了继续抵抗的勇气，偷偷和周人接洽要求投降，周人于是拿下了这个东方最大的反周堡垒。战后，成王命周公嫡长子伯禽镇守奄国旧地，后来朝廷将该地封给周公旦，不过周公旦公务繁忙无法就封，所以实际就封的是伯禽，这就是周代鲁国的由来。

但奄君投降后，忠于殷商的飞廉仍不向周人低头，他率残部突出周人的包围圈继续东逃，决心与周人周旋到底。周公旦对此当然不能容忍，他派出一支周军对飞廉紧追不舍，最终在东海边追上他。背靠大海、无路可走的飞廉誓死不降，犹自挥戈奋战，但终因寡不敌众，战死殉商。包括飞廉小儿子季胜在内的飞廉族人，也尽数被周军俘虏。就这样，原本在商朝颇为显赫的飞廉一族，如今却成为亡国的阶下之囚！等待他们的将是怎样的命运呢？

第二章

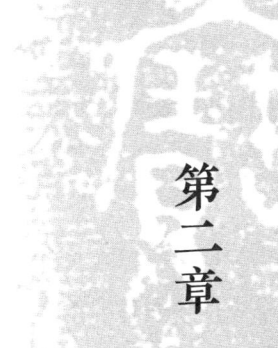

登上西周政治舞台

"谪戍"的地方叫邾圉

周成王三年，周公旦平定"殷乱"一直打到东海边，东征取得了彻底的胜利。此后周军押着东征俘获的各国各族的俘虏班师西归，以季胜为首的飞廉余族也在其中。

在途经武王生前规划的东都洛邑一带时，周公旦把带着的殷商顽民留下一部分，作为建设洛邑的劳力，但这其中没有飞廉余族；等到他们通过崤函古道回到周朝的西王畿，周公旦又把余下的殷商顽民分别安置在丰镐和岐邑周边（如禄父的余族），以就近监视，可这里面还是不包括飞廉余族。

从东海边一直走到今天陕西西部，飞廉余族已经跋涉了足足两千余里，族中不少老弱都不堪劳苦，倒毙在路上。他们本以为到了岐邑就是苦难的结束了，没想到接到周人的命令，他们必须继续往西走，因为按清华简《系年》记载，成王给他们定的安置点是在邾圉，一个在岐邑西边还有五百多里的地方。命令还要求他们在当地担负起守边的重任，防御"奴虘（cuó）之戎"（西戎的一支）。显然，成王、周公痛恨飞廉一再反周、死不投降，所以给飞廉的余族安排了一个几乎是最远的安置点。这种安置，与充军发配无异，按后世秦汉时期的话来说就等于是"谪戍"，即因身份低贱或犯了罪而被调发去戍边。

季胜他们听了成王之命后，好似挨了当头一棒。不过作为最顽固不化的"前朝余孽"的族人，能被留一条性命就算不错了，哪里还有挑拣的资格？他们只得迈开沉重的脚步，扶老携幼继续前行。

离开岐邑后，季胜等飞廉余族先从周公旦、召公奭的封地之间穿过，不日来到了西虢，也即周文王同母三弟虢叔的封地。过了西虢，就是渭水和汧（qiān）水（今名千河）的交汇点"汧渭之会"，他们又沿着汧水往西北方向进发。这时已经逐渐出了渭河平原，眼前出现一座座延绵的大山，海拔也越来越高。季胜等人沿着山间河谷进发，在现在的陕西陇县附近越过了最高海拔约 2000 米的陇山（又名六盘山脉），来到陇山以西，也即"陇西"。古人说"行百里者半九十"。在这最后的五百余里艰险路途中，又有无数嬴姓族人倒了下去，再也没能站起来。幸运的是，季胜等人艰苦跋涉，终于坚持到了最后，踏上了邽圄的土地。

邽圄，位于陇山以西、渭河上游南岸、西汉水以北，海拔约 2000 米，从现在的行政区划说在甘肃省天水市甘谷县西南。邽圄这个地名，其实来源于山名——当地有秦岭余脉的朱圄山，山体整体呈红色，故名。

说起这朱圄山，还是上古时代西方的一座名山。大约战国时成书的《尚书·禹贡》在介绍古雍州（今陕西、甘肃、宁夏一带）的地理形势时，曾提到该州从西到东的一系列大山："西倾、朱圄、鸟鼠至于太华"，邽圄赫然在列。唐代历史学家颜师古在注释《汉书·地理志》时介绍，最早的创世神伏羲就出生在朱圄山中的古风台。另有传说，大禹治水时也来到过此山。

很多人听说邽圄在甘肃省，可能自然而然地把那里想象成一个黄沙满天、不长寸草的干旱荒凉地方，其实这种想法是大错特错的。如果您夏日来到甘谷县，会发现那里到处都是绿色：渭河两岸的河谷平原里蔬果飘香，起伏的山峦梁峁中草木丛生，其间散落的高原草原更是绿草如茵。现在那里全年平均气温 11.5℃，其中最高（7月）月均气温 25.4℃，最低（1月）月均气温 −1.1℃，夏无酷暑，冬无严寒。3000 多年前的西周初期，虽然"仰韶温暖期"已经结束，但黄河流域气温仍普遍比现在要稍高一点，尤其是自然环境没有像唐代以后受到人为破坏，所以当时邽圄的水土风貌要远远好过今天。

高原缺氧，季胜等人历经千辛万苦，气喘吁吁走到朱圄山脚下，望着那青翠的草原、茂密的森林、长流的清溪，不禁眼前一亮，千里

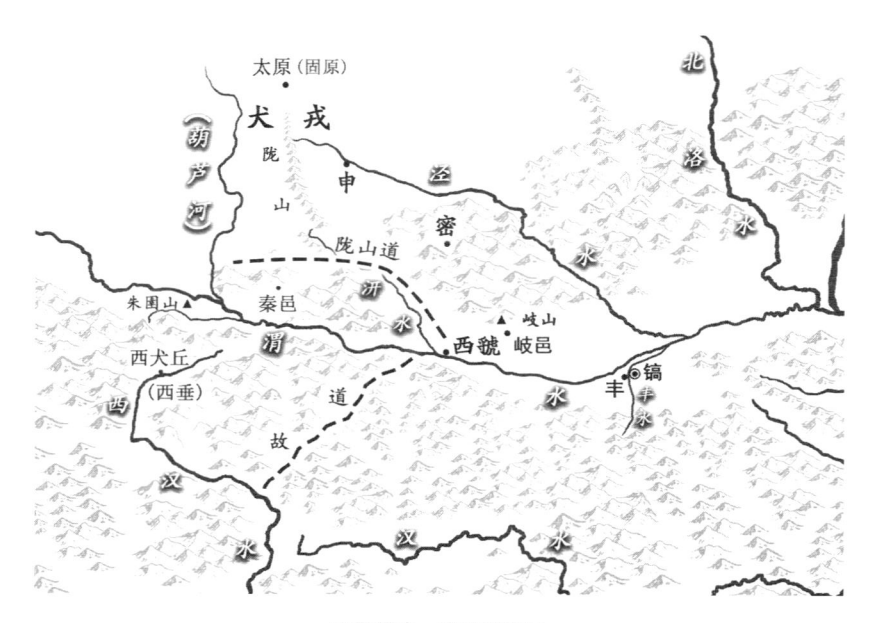

西周关中、陇西形势图

跋涉的劳累和背井离乡的愁苦立即释去了不少。虽然被流放的命运无法改变,不过此地环境甚好,实属不幸中的大幸了。于是他们停下脚步,放下行囊,搭建房屋,渔猎采摘,在这里居住安顿下来。

就这样,这群本来源自东方的嬴姓伯益后裔定居西方,与周边的戎人杂处并通婚,以至于不但东周时期的东方国家常骂他们为"戎狄",近现代一些历史学家如王国维、蒙文通等人也不相信司马迁关于嬴秦发源于东夷的记载,而误以为他们是西戎的一支、陇右的土著。

慢慢地,飞廉族人在邾圉当地开垦土地、种植五谷,并放牧牛羊马匹兼营畜牧业,生活逐渐安定。随着族群繁衍壮大,他们不断向周围开拓土地。在邾圉南边不远的西犬丘(在今甘肃礼县东)一带放牧时飞廉族人还发现,喜欢喝盐卤水的马儿经常到当地某些泉边饮水,这让他们找到不少盐泉。前面介绍过,西犬丘是东夷中的畎夷西迁后曾经生活过的地方,犬丘这个地名就是畎夷从东方带到西方的,只不过后人为了加以区别，加了一个"西"字。

有古书说嬴姓始祖伯益就是凿井之法的发明者，虽说把凿井的发明权归于伯益属于传说性质，但传说一般都是有一定的事实做基础的，这说明伯益之族至少对挖井这事儿应该很在行。于是善挖井的飞廉族人就将西犬丘的一些大型盐泉开发成盐井，煮卤水生产井盐①。这样一来，他们不但解决了自己的吃盐问题，还有很多盈余，可以贩卖给其他部族，换取所需物资。

秦代封泥，印文为"西盐"

注：图片引自周晓陆等论文《秦代封泥的重大发现》。封泥又叫做"泥封"，它不是印章，而是盖有印章的干燥坚硬的泥团，是古代用印的遗迹保留下来的珍贵实物。

基本的生存、发展问题解决后，我们再来说说飞廉族人的"戍边"情况。

首先，周人为什么要把飞廉后裔派到这里来戍边呢？原来这邾圉的战略地位十分重要：在这一带设防，能够控制通往关中腹地的陇山道和故道。所以周公旦把飞廉后裔放在这里，等于让他们为周人看好王畿几层防御圈最外围的"西大门"。

当然西周初年正值成康盛世，国力强大，慢慢地气温也比商末有所回升（但略低于"殷墟温暖期"），当时周人与戎人的关系总体也比较和睦，少数敌对的戎人部族不敢大规模犯边，顶多会发起一些小规模骚扰，所以邾圉一带大致来说还是和平安全的，秦人的戍边压力其实并不大。多说一句，所谓"西戎"是中原人对西方各部族的泛称，他们并无统一的政权，各戎人部族间的文化甚至人种都有差异，还经常互相攻伐。

物质生活比较丰富、戍边任务也不算繁重，嬴姓飞廉族人在邾圉

---

① 鲁建平：《西垂盐井源起新考》，《盐业史研究》，2013年第1期。

的小日子可以说是过得还不错。可尽管如此，他们依然没有忘记自己的根，没有忘记自己是从东方迁徙而来的。

现代考古工作者在挖掘周代秦人上中层贵族墓地[①]的时候发现，这些墓普遍挖有腰坑。所谓腰坑，考古上指墓坑底部、死者腰下位置挖的小坑，里面一般埋入殉狗或其他器物。对商代文化有了解的读者会知道，腰坑、殉狗是商人墓葬的显著特征之一。尤其是狗，西北游牧人可舍不得把能帮他们打猎放牧的"密友"给活埋了，而东方环太平洋区域的人们则不爱惜狗狗的生命，吃狗肉的习俗一般都在那里。所以秦人墓多有腰坑、殉狗的事实，证明了他们是来自东方、属于商人文化圈的族群。

另一点，不同于同时期西部地区流行的屈肢葬（尸身平躺双腿屈至胸前），不同于同时期中原地区常见的仰身直肢、头北脚南的葬式，高等秦墓中的嬴姓秦人都是仰身直肢、头西脚东。作为源自东夷、以鸟为图腾、崇拜太阳的民族，他们总是追随着"金乌"的脚步，认为太阳西沉的"昧谷"，也是人的灵魂归宿，所以他们的头总是朝向那里。族群可以被强制迁徙，但是心中的信仰却依然如故。

商周之变——从"事鬼"变"事人"

就在秦人在西方充军"赎罪"的时候，中国的国家形式再次发生了巨变。

[①] 后世随着秦国的扩张，秦国中下层民众里也融入很多戎族、周人，所以只有秦国上层贵族墓地的葬式才能代表嬴姓秦人的习俗。

我们知道当年周武王在世时，主要是褒封了先代之后的焦、祝、蓟、陈、杞等国，至于殷商遗民仍由商王子禄父统领，东方其他国家也大都是维持原状。可禄父叛乱和以东夷为首的诸国群起响应，证明武王允许他们原地自治的那一套统治方式已经是行不通的了。为此周公旦经过集思广益，总结前人经验，开始大规模实施"授土授民"即古人所称的"胙土赐姓"形式的封邦建国制度，这就是古书上所说的"封建亲戚，以藩屏周"。东征的胜利，也使周人有实力和条件开展这项伟业。

说起"授土授民"的封邦建国制度，就是周朝通过隆重的册命仪式，把武王尤其是周公东征以来新征服控制的广大土地和一定的臣民（包括周人和新征服的殷商遗民），按亲疏、功劳，分割封给王室子弟、异姓功臣们，让他们"开枝散叶"去各地建立诸侯国，史称"天子建国"，以构成周朝的地方政权、统治基础。

当然为了维持"主干"的绝对优势，周王给自己保留了两块最大最好的"自留地"——以丰镐、岐邑为中心，东西大约千余里的西王畿和以成周（洛邑）为中心、东西大约六百里的东王畿。实际上因为技术水平低下，这么大两块王畿周王也没法全部直接统治，他就又把王畿内的部分土地分封给王朝的卿士和大夫们做采地（采邑），后世往往也称王畿内较大的采地为"畿内国"即王畿内的封国（但要注意西周时期的人是没有畿内国的概念的）。

随着诸侯国站稳脚跟并发展扩大，到西周晚期诸侯也把本国土地分封给自己的子弟和家臣，他们即诸侯国的大夫，史称"诸侯立家"。这就是层层分封。

话说周公旦这次到底新分封了多少诸侯国（含畿内国）呢？按战国时大学者荀子在《荀子·儒效》篇中的说法，周公旦此次一口气分封了七十一个国家：其中姬姓国家五十三个，包括周公之国鲁国、康叔封之国卫国、召公奭之国燕国、唐叔虞之国唐国（后改名为"晋国"）、

> 三监、禄父叛乱时，晋南临汾盆地中的祁姓唐国也闻风而动。周公旦东征胜利后回师将其灭掉，周成王封自己弟弟叔虞镇守当地，最初沿袭"唐"的国号，叔虞之子燮父在位时迁都于晋，因而改国名为"晋"。

南宫适（kuò）之国曾国（文献作"随国"）等国；异姓国家十八个，主要是周人的姻亲——姜姓的太公之国齐国、吕丁之国许国等国。此后二百多年，西周王朝一直不断进行分封，只是后来的分封相对零散，如春秋时著名的郑国（畿内国）就是西周后期的周宣王分封弟弟友建立的。

当然除了新分封的国家，周朝也像夏商那样，以承认它们地位的方式，把自古就有的部族方国纳入周朝的统治体系中来。为对这两种不同来源的国家加以区别，史书上将前者称为"封国"，将后者称为"服国"。比如后来在东周时期戏份颇多的芈（mǐ，金文作"嫚"）姓楚国，就是周代以前就存在的、以"楚"自称的部族方国，《史记》上说周成王封楚君熊绎为诸侯，其实不过是在政治上对这个古老方国加以承认，因为人家本来就有人口、有地盘。

那么西周有多少封国，多少服国呢？《吕氏春秋》称"周之所封四百余，服国八百余"，也就是说西周时总共大约有一千两百多国，而历代周王封建的新国家数量达到天下国家总数的三分之一。虽然周王封国的比例也未过半，但相对夏商时期来说已经有大幅增长，尤其是这些封国大都是占据肥沃土壤、战略要地的强国，是朝廷统治天下的支柱。当然另一方面从有这么多国家也可知道，西周时每个国家仍然不大：大国不过百余里，大约相当于现在一个县大小；小国不过几十里，大约相当于现在一个乡镇大小。

为了强化对这么多诸侯的统治和管理，西周朝廷还吸取前代经验并有所扬弃，采取了七大措施：

措施一，确立对诸侯国的绝对军事优势。前面说过，周人灭商前

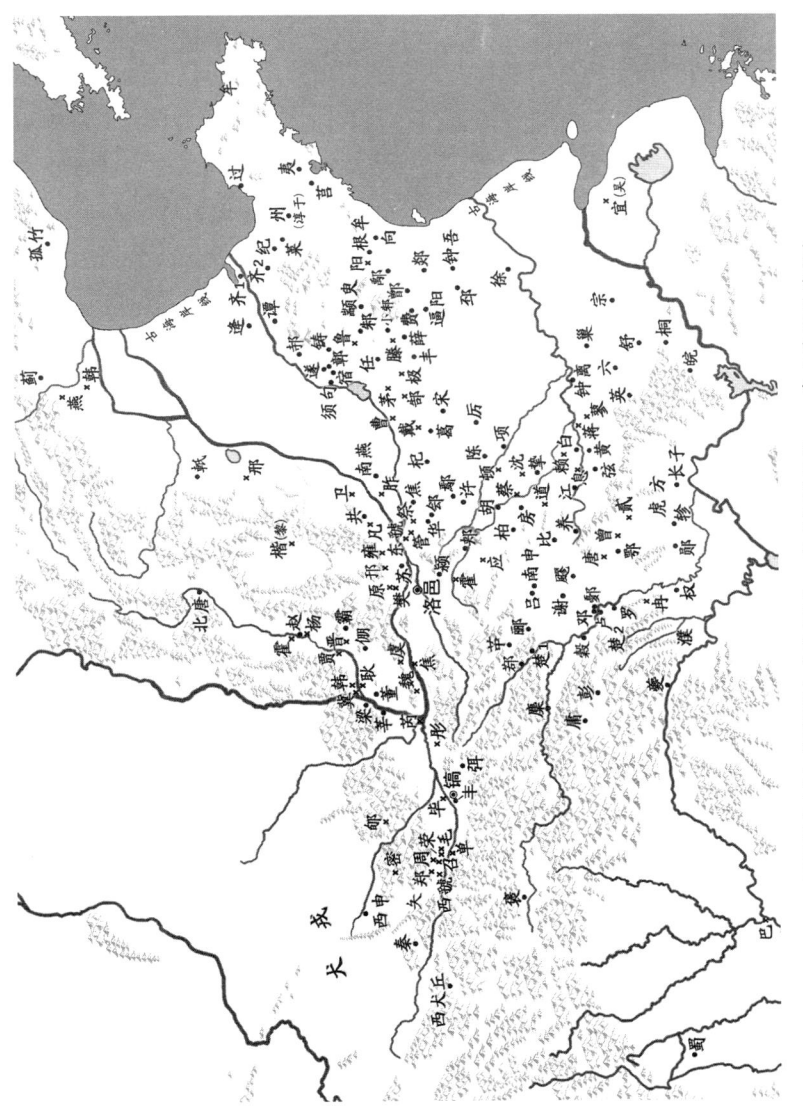

西周列国（包括附庸）分布图（×表示姬姓诸侯，·表示非姬姓诸侯）

即建立了编制为六个师（每个师两千五百人）的军队，这支军队后来主要用于防守西王畿，称"西六师"；周公东征胜利后，周人又在以成周为中心的东王畿新组建了八个师的军队，主要由归顺周人的殷人遗民组成，所以称为"成周八师"或"殷八师"。同时据东汉大儒何休说，西周王朝还规定普通诸侯一国只能拥有一师的兵力，统管一方的方伯也只能拥有两个师的兵力。这样西周王朝在不征召诸侯之兵协助的情况下，仅靠自己就能同时对阵十几个诸侯国。

措施二，控制主要诸侯国的重要人事权。《礼记·王制》中记载，大国设执政卿三人，均由周天子任命；中等国家设执政卿三人，两人由周天子任命；只有掀不起浪花的小国，所设的两名执政卿由国君自己任命。《左传》《国语》等文献证实春秋时齐国的国氏、高氏两位上卿，卫国的国子都是由周天子任命的；出土的西周青铜器铭文也证实，周王可以册封诸侯国的大正（司法官员）、司马和军事统帅（分别见梁其钟、豆闭簋和引簋）。这样一来，如果诸侯想造反，就得先掂量一下能否控制住自己手下的主要官员。

措施三，设置内、外两大系统的监督官员。《礼记·王制》中记载，周天子派大夫到方伯之国做监官，每国三人。这就是在重要诸侯国内设置的监官。西周青铜器铭文中有"荣监""鄂监"等称谓（分别见叔赵父禹、鄂监簋），证明《王制》篇所言不虚。此外，周天子还在重要地带设置"军监"。军监和当年的管、蔡、霍类似，都是西周王朝在一些战略要点驻军的首领。西周中期偏后的青铜器仲几父簋中，有"诸侯、诸监"并列的铭文，可见这里的"诸监"和诸侯的地位应该是平级的，他们主要以武力为后盾，从外部威慑一方诸侯。（不过西周后期因为"军监"的职能和诸侯近似，逐渐转化为后者，如应国就由应监转化而来。）

措施四，划分诸侯国的爵位等级。据西周作册令方彝、小盂鼎等青铜器铭文显示，西周前中期的诸侯等级只有"侯、甸、男"三等。

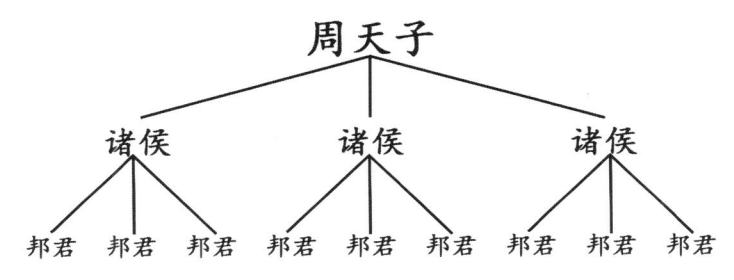

西周王朝在外服的统治方式示意图

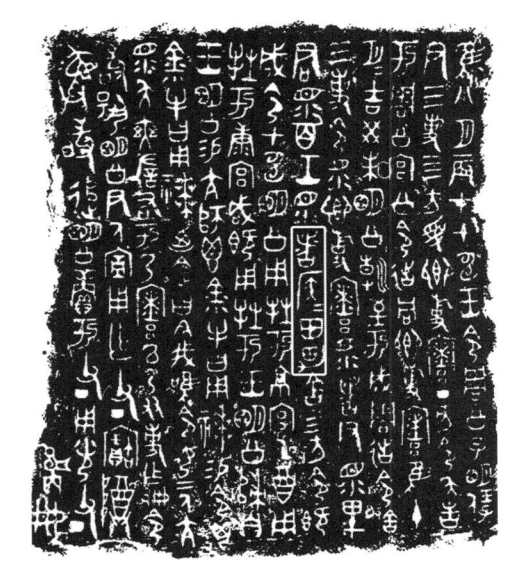

要注意西周人所说的"诸侯国"是狭义的，仅指被周天子封为侯爵（包括"侯、甸、男"三等）的国家，基本上就是周天子以"授土授民"形式封建的封国。这类国家主要位于东方，肩负镇压反叛、抵抗外族入侵的军事重任。而那些归顺周朝的服国，在当时的概念里并不算"诸侯国"，西周人对服国的国君一般称为"邦君"。①

作册令方彝铭文（《殷周金文集成》编号9901）
注：方框内文字为"诸侯侯田（甸）男"。

措施五，制定朝聘制度。所谓"朝"，就是"朝觐"，即诸侯要定期、不定期地到王都去觐见天子述职。此举是通过诸侯向天子朝拜行礼的方式，让诸侯明白自己不是独立之君，而是天子之臣，从而强化上下尊卑秩序，同时加强双方联系。可以想见，如果诸侯有异心异动，

---

① 任伟：《西周金文与文献中的"邦君"及相关问题》，《中原文物》，1999年第4期。

恐怕是不敢到王都朝拜的。所谓"聘",就是"聘问",可分为三种:一是天子派使臣到诸侯国去宣慰或公干,二是诸侯派使臣到朝廷觐见,三是诸侯之间互相遣使交往。后两者我们就不多说了,只说前者,自然也是天子了解诸侯国内部动向的重要手段。

措施六,周天子经常巡狩天下。巡狩文献上又写作"巡守",西周金文里常用"兽"(狩)或"省"字来表示,古人解释说是天子到地方或边境巡行视察的意思。不过众所周知"狩"字有畋猎之意,甲骨文中的"省"除了巡视也有畋猎、征伐的意思,所以先秦时期天子巡狩的原型,其实就是上古部落联盟首领率领军队在势力范围内和边界进行武装狩猎和巡逻,这和动物界里老虎狮子在领地巡视是一样的性质。直到西周,巡狩依然带有很强的军事性,周天子一般都是带大军同行。因为西周王朝对天下的控制力度虽然高于商朝,但它依然是一个复合制的国家。西周天子率大军到各地巡狩,就是一种震慑地方和四夷、监督诸侯、进行主权宣誓的行为,好让诸侯们不要忘了"普天之下莫非王土",天子才是天下所有土地的真正主人。

措施七,实行盟会制度。盟会简单说就是有立誓缔约内容的天子、诸侯之会,它与朝觐、巡狩密切相关。《周礼》有载,如果天子十二年没巡狩,天下四方诸侯就要齐集王都朝觐,称为"殷见";另外天子出外在某地巡狩时,有时也会召集天下诸侯或一方诸侯于某地集会。在或于王都、或于巡狩某地的大会上,周天子可能会和诸侯们歃血为盟,用赌咒发誓的方式来强调某种秩序或遵守某种约定。

大规模分封并采取了配套的军事、政治措施后,周公旦并没有停歇,又开始从经济、文化等"软实力"方面下手,进行"制礼作乐"。其内容不但有"吉、凶、军、宾、嘉"等礼仪程式的制定,还包括宗法制度、井田制度、国野制度、婚姻制度等方方面面的制度建设,以及在所有这些之上形成的"德治""忠孝"等治国思想和伦理道德体系建设。

周人本是少数民族，以"小邦"临"大国"，他们一直保持着战战兢兢的戒惧心理。周公旦看到人多地广的商人整天祭祀、占卜并重刑杀戮，还是免不了亡国，不由得对"天意"产生怀疑，更不相信专恃暴力能够长久，因此更重视人的"能动性"，主张远离荒逸、勤政爱民、谨慎施刑，形成了最初的"民本""慎刑"等思想。一个显著的例子是，周人停止了像商人那样大规模、残酷地杀人充作殉人、人牲的野蛮行为，即便杀牲祭神，就算天子祭典也不过是用太牢（牛、羊、猪三牲）十二，而不是像商人那样成百上千地杀，好像杀得越多越虔诚似的。他还总结，"小邦周"之所以击败"大邑商"（卜辞中商人对

> 井田制，是西周的"土地国有"制度。战国时的孟子是这样介绍井田制的：井田就是把九百亩田地，划阡陌分成一个"九宫格"，外边八个格八百亩地分给各家农民做私田（产权归国家），中间一个格一百亩地是公田，也就是天子等各级贵族之田。某地方所有农民先集体在公田里给贵族干完活了，然后再到私田里给自己干活；公田里的收成就相当于该地农民交给当地统治者的赋税了（劳役地租），私田里的收成则归农民自己所有。当然了，因为地理原因，八块私田围绕一块公田的形式很难实现，这样的说法只是表示公田、私田的大致比例。

> 国野制度与乡遂制度紧密相连。天子或诸侯的都城称"国"，城边区域称"郊"，"郊"外为"野"。城内和城郊住着与天子或诸侯同族的贵族和平民，以及少量被接纳的异姓贵族，称为"国人"，也就是统治集团；"野"内住的则是被征服、被统治的族群，称作"野人"。据《周礼》介绍，周代在"郊"设置"乡"进行管理，在"野"设置"遂"进行管理，天子有"六乡六遂"，诸侯大国有"三乡三遂"，小国只"一乡一遂"。战时，城内城边的贵族充任各级军官，以"乡"为单位征发"国人"中的平民为兵，"野人"作为被统治者没有当兵的资格，只能做后勤仆役。

本朝的自称），正是因为周人有"德"。这也奠定了中国后世朝代更替和政权革命的理论基础：以后的历朝历代，不管自己是如何得天下的，都标榜自己是因为"有德"，才被老天眷顾的。

周公旦封邦建国和制礼作乐的意义重大，影响深远。

周公旦的分封，将殷商遗民调离其世代居住的原地，并把他们打散开来分配给周人诸侯（狭义），一方面大大降低了敌对势力像"武庚叛乱"那样再次造反的可能性，另一方面大大增强了周人各诸侯国的力量，使它们迅速在天下站稳脚跟，稳固了原本作为少数族裔的周人对天下的统治。从社会角度来看，此举进一步打乱东方原有的、以血缘为纽带的传统社会基层组织并加以重新编组，有利于"民族融合"。

周公"制礼作乐"，则标志着周朝由靠"武力征服天下"的暴力统治阶段进入"文治"阶段，实现了统治的合法性。随着他的这一套制度推行天下，以"德"为核心的礼乐文化逐渐深入人心（考古证实伦理学上的带"心"的"德"字始见于西周金文），使天下人尤其是当初的反周殷商顽民，慢慢从内心认同了西周王朝的统治，从而实现了王朝的长治久安，促进了各部族的融合。后来到了东周王室武力衰微之际（其军事力量已只相当于中小诸侯），因为靠着礼乐文化和由此产生的道德观念、社会心理对诸侯的约束，周朝又得以延续了五百多年国祚（公元前770年—公元前256年），时间是武力强大的西周时期的两倍，这不能不说是一个奇迹。

周公"制礼作乐"的意义其实还不仅限于周朝本身，它更形成了中华民族的雏形，奠定了这个民族的文化基调。

东周时期，这些拥有共同文化和心理的诸侯国，尽管对内打来打去，对外却都自称"诸夏""华夏"，一个新民族——华夏族就这样诞生了。

周公旦剥离"天意"的"德"的内容，后来又逐渐拓宽，形成了一套道德体系。春秋战国时代，周公在"礼乐制度"中体现的思想，如敬天爱民、明德慎刑、君臣之别、长幼之序等,被孔子、孟子等大儒,提炼为"仁、义、礼、智、信、忠、孝、悌、恕、让、勇"等,儒家思想由此衍生,并长期支配了中国人的公私生活,影响至今,足有三千年之久。

现在我们再来回顾一下之前夏朝、商朝的国家形式:所谓的夏朝、商朝不过为"霸主联盟",夏国、商国都是天下万邦中最强大的一国即"霸主",其地位主要靠武力、联姻、鬼神信仰等来维持,强则"四方来朝",弱则"诸侯不臣";尽管夏商时期也出现了封建制的萌芽和雏形(如夏人驱逐东夷有扈氏在其领土上建立顾国,商代中后期开始在对外拓展时建立一些新国并出现众多诸侯名号),但由夏商直接封建的国家极少。他们的分封也不成规模、气候,且缺乏相应的礼仪、等级制度。

再说西周。对比之下,周公旦大规模封邦建国并"制礼作乐"规范封建制度、厘清"君臣名分",使周王获得册封或剥夺诸侯君位、左右诸侯国内政和迁地、削地等权力,使分封的诸侯成为周朝的地方守臣,必须恪守定期朝拜周天子、定期缴纳贡赋、提供劳役、战时出兵助周出征等臣节,中国才真正迈入成熟的"封建社会",周王才真正成为凌驾于诸侯之上的"天子"("天子"一词不见于甲骨文,始见于周初金文)。尤其是周人"尚德""敬民",把中国从商人"重鬼神""好杀牲"的"神权巫术统治"邪路上拉了回来,所以西周代商是中国历史上一个非常重要的转折点。用国学大师王国维的话来说,那就是"中国政治与文化之变革,莫剧于殷、周之际"。这种巨变也就是所谓的"商周之变"。

孟增受封　造父得宠

回过来说"商周之变"大背景之下的嬴姓飞廉后裔。

周公旦分封造就无数新贵,产生了众多新氏,可嬴姓飞廉后裔作为被剥夺了封地的罪人,不但失去了殷商时期物质上的荣华,就连姓氏权和祭祀权也被剥夺,即"失姓断祀",因为在古时只有有土的贵族才配拥有姓氏。不过可能是上天仍然眷顾,他们迁徙到邾圉后没有多久,居然很快在政治上迎来了一次转机。

据《史记》记载,飞廉小儿子季胜的长子叫孟增,不知是什么因缘际遇,可能还是凭借祖传的驾车技艺吧,他居然受到新朝天子周成王的宠信。后来成王一高兴,还把皋狼(今山西吕梁市离石区西北)这个地方赐给了孟增。皋狼地区山陵沟壑密布,比起殷商时期他们祖先中潏、飞廉的封地——霍太山下、汾水一带,当然不算是一块好地。但孟增得到成王封赏,说明成王不再把他当作"敌人之后"另眼相看,这件事一方面体现了周人的宽大胸襟,另一方面对提升飞廉家族在周朝的政治地位也大有好处——天子都已经不追究既往,别人还能再给飞廉后裔贴上"前朝余孽"的标签吗?

话说孟增到封地皋狼就封后,被好事者起了一个听起来很酷的外号——"宅皋狼","宅"就是动词"居住"的意思。不久"宅皋狼"孟增生下了一个儿子,起名叫衡父(车辕前头的横木叫"衡");若干年后,衡父又给父亲添了个孙子,这就是造父。算下来,造父已经是飞廉的玄孙了(飞廉—季胜—孟增—衡父—造父)。这造父,后来也成为给飞廉家族带来荣耀的人物。

原来,造父从小就喜欢驾马赶车,并立志要当个最好的车把式,像商代的嬴姓祖先费昌、孟戏、中衍、飞廉等人一样。据《列子》一书记载，当时有个驾车高手叫泰豆氏，年轻的造父听说了他的大名，就投在他门下想拜师学艺。在泰豆氏那里，造父每天周到地侍奉着，可泰豆氏的谱儿却摆得很大，整整三年都没教造父一丁点手艺。不过造父相信"精诚所至，金石为开"（当然那时还没这词），他不但没有负气离开，反而对泰豆氏更加恭敬有礼。

泰豆氏见了造父的表现，不禁暗暗点头，心说这还真是个有诚心的年轻人。于是他对造父说："古人说，'好制弓匠的儿子，都要先学编竹簸箕；好冶炼匠的儿子，都要先学制裘袍子'，因为它们有相通之处。你先看我快步走的样子，等你的步伐和我一样，你就可以牵引六条缰绳，驾驭六匹马拉的车了。"

见师父肯教自己了，造父十分高兴，连忙说："一切都听师父的。"

不过出乎造父意料，泰豆氏可不是在地上练快走的：泰豆氏按自己的步幅，先在地上立了很多木头桩子，木桩的直径只跟脚掌的宽度差不多；然后他登上木桩，快步走到头，又快步返回，体态轻盈、如履平地。原来，泰豆氏是在玩后世武术中的基本功——走桩！

泰豆氏跳下木桩，示意造父上桩。造父虽感到惊奇，但也丝毫没有流露出畏难的表情。他上前跃上木桩，学着师父的样子在上面行走。一开始，造父走得当然是有些跟跟跄跄。但才过三天时间，他就能走得如泰豆氏一样又快又平稳了。

泰豆氏看在眼里，嘴上禁不住赞叹说："你太聪明敏捷了，学得真快！其实学驾车，也跟这一样。你人在桩上走，动的是脚，用的却是心。把这道理用在驾车上，那就是协调马儿们行动靠缰绳和嚼子，掌握车速快慢靠嘴上的吆喝声，心中有尺度，手上就有节奏。在内遵循自己的意念，外部顺着马儿的性情，所以前进后退都能走成直线，迂回拐弯都能合乎圆规方矩，即便走很远的道儿，也不费力气，这样才算掌握了驾车的技巧。心中有了感觉，嚼子、缰绳上有一丝变化，手上都能及时应对。最后赶车时都不用用眼看马儿，也不用拿马鞭驱赶，只需心情放松、身体坐正，手中六根缰绳就不会错乱，六匹马儿的二十四只蹄子也不会踏错分毫，拐弯、走圈、前进、后退，无不符合节奏。你的技艺一旦到了这种程度，走在只有车身宽的小道上也不存在任何问题，那时陡峭山路和平坦大道在你心中就没有分别了。这就是我驾车几十年的全部心得，你记住吧！"

造父听了泰豆氏的这番话，如醍醐灌顶，茅塞顿开。他回去后按照师父的指点用心勤加练习，终于成为当时最著名的驭手。

造父的名声越传越广，以至于连当朝天子周穆王都知道了他。这周穆王是周康王之孙、周昭王之子，西周王朝的第五任天子，在历史上以喜欢巡游著称，于是他就把造父召入宫中，让他为自己驾车。

造父受到周穆王的宠信，也心存感激、知恩图报，不久后他就到桃林（今河南灵宝市以西、陕西潼关县以东地区）一带，物色到盗骊、华骝、绿耳等十几匹宝马，一并献给了穆王。穆王大喜，恰好那时他刚派兵征服了西北方的犬戎，正准备进行西北巡狩，一来巩固政治成果，二来顺便游玩，现在得到宝马，真可谓是天遂人愿。

据《古本竹书纪年》《穆天子传》等书所述，周穆王十三年，穆天子率领大臣祭（zhài）公谋父、毛公班、井（邢）公利、逢公固等人以及六师将士，从东都洛邑浩浩荡荡出发，开始巡游西北。此次穆天子带上了他的八匹骏马——赤骥、盗骊、白义、踰轮、山子、渠黄、华骝、绿耳。后世国画常画的"八骏"题材，就来源于此。上面说过，这八匹骏马中的好几匹都是造父这位"伯乐"发现并献给穆王的。

马儿好，也得有好的车把式来驾驭。穆王此次带的驭手共有造父、参百、耿翛（xiāo）、芍及等四人。

不过在一些国画、连环画里，画家想当然地把穆天子的坐车画成是八匹骏马一起拉的车。其实西晋人从战国魏国古墓中挖出的《穆天子传》里说得明明白白，穆天子的那"八骏"是分配在主车和次车两辆车上的，也就是说每辆车还是常规的四马拉车而已。话说考古发现商朝和周初的马车都是两马。西周前期虽然已经有套四马的车，但并非主流，是有身份的王侯大贵族乘坐的。据金文记载，直到西周后期当时的马车也还是以两马为主。所以西周中期的周穆王乘坐四马拉的车就已经算很跶了。至于四马之车普及大约是东周以后的事情，所以东周时期的周天子为了彰显天子威仪，才又加了两匹马变六驾，形成所谓的"天子驾六"。

此行中，穆天子的主车，驭手是造父，车右（贴身保镖兼修车工）是太丙；而次车，驭手是参百，车右是高奔戎。耿翛和芍及这两位驭手，想来应该是备用替补人员。从安排看，造父显然已经成为穆王的首席驭手。

嬴姓赵氏的由来

据《穆天子传》记载，造父驾车载着周穆王，北渡黄河、穿越太行、横渡漳水、通过雁门，跋涉三千四百余周里（一周里约合414米），首先来到黄河"几"字湾的右上角——阳纡（yū）山（今内蒙大青山）下的河宗氏之国。在河宗氏之国，周穆王祭祀了黄河之后，以河宗氏君长伯夭为翻译和向导，继续西行。

随后穆王一行西渡黄河，又辗转万余周里，经过"温谷乐都"（温暖的河谷、欢乐的城邑），穿越积石山、河首、襄山等地，登昆仑山和春山，途经赤乌氏之国、曹奴氏之国、留骨之邦、群玉山、剞（jī）闾氏之国、鄨（zhān）韩氏之国、玄池、苦山、黄鼠山这些地方，于癸亥这一天抵达了此次西游的最后一国——西王母之国。西王母之国很可能就位于今天甘肃西部或新疆东部某地，具体位置我们已经不得而知了。

到西王母之国的第二天为甲子日，是个吉利日子，穆天子带上白玉圭、黑玉璧去见西王母，为表示友好他还又献上锦绣丝绢一百匹、白色丝绢三百匹。西王母拜了两拜，欣然接受了穆王的礼物。

说起这位西王母，大家可能首先会想起《西游记》里的王母娘娘来。确实，后世王母娘娘的形象就是由西王母逐步演化而来的。至于穆王所见的西王母具体是什么样子，《穆天子传》里并没有提及。但同样是战国时期成书的《山海经》里却有详细描写："西王母其状如人，豹尾虎齿而善啸，蓬发戴胜。"于是有人就说，西王母是个长有豹子尾巴、老虎牙齿，擅长吼叫，蓬头乱发、头上戴着玉饰的半人半兽的可怕怪物。其实我们从民俗学来考察，《山海经》上描述的"豹尾、虎齿"，应该只不过是说一位女酋长，衣服上装饰着豹尾，脖子上戴着虎齿做成的项链而已。这里穆天子会见的西王母，应该就是周朝时西方一位仍处于母系氏族时期的部落女酋长。该国的势力在当时的西方非常强大，所以穆天子对待其首领西王母是恭敬有加，全然不像对待出巡路上的其他小邦之君那样居高临下。

双方正式会晤的次日，穆天子在瑶池边上与西王母宴饮，并向西王母敬酒。

西王母为穆天子唱道："白云在天，山陵自出。道里悠远，山川间之。将子无死（愿君长寿），尚能复来。"

穆天子答唱道："予归东土，和治诸夏。万民平均，我顾（回来）见汝。比及三年，将复尔野（将要再来你所居的原野）。"

西王母又为穆天子吟唱道："徂彼西土，爰居其野（来到这西方土地，便安居茫茫原野）。虎豹为群，乌鹊与处。嘉命不迁，我惟帝女（天命难改，我是天帝女）。吹笙鼓簧，中心翔翔（心中乐洋洋）。世民之子，惟天之望（世间万民中的您，是天帝唯一的期望）。"

穆天子和西王母把酒对歌，互相十分欣赏。有人说，这西王母华夏文化水平看样子还不低嘛，都能作出像《诗经》一样的四言诗了。其实穆王出游都是带有向导、翻译的，西王母的语言肯定和周人不同，她唱的是什么，只有翻译知道。翻译把西王母的歌译成什么体例、什么内容，穆王和我们就以为是什么体例、什么内容。翻译给西王母的话添点油加点醋，或者去掉什么不恭敬的话语，咱们也不知道。就如乾隆时英使马戛尔尼带来的英国国书，原本是以平等的姿态要求两国通商的意思，结果经过清廷的官员一翻译，最后就成了英国小番邦要求向天朝朝贡了。不过穆天子西游这次，就算翻译做了点手脚，但是穆王和西王母关系处得还算不错，应该是事实。至于后世一些人说什么穆天子和西王母互相倾慕，演绎出一段爱情故事，这就太过了。

离开西王母之国，造父载着穆王到达西北大旷原。穆王等人在大旷原整整休息、狩猎三个多月时间，这才原路返回。等回到洛邑一计算，他们去时走了一万四千余周里，回程时走了一万周里（去时路程长是因为到各小国巡视多绕了路），总共跋涉了约两万五千周里。

造父善驭马，更把马当成自己的亲人朋友，这次走了那么远的路，他非常心疼为自己拉车的四匹宝马。所以返回洛邑后，造父特地杀羊取血给它们喝，让它们好好大补了一下。

穆王在洛邑待了不久，又吩咐造父备好车驾，启程前往自己设置的别都南郑，因为穆王平时最喜欢住在那里。这南郑又名西郑，古人多认为它在今天陕西渭南市华州区，但是近现代以来，考古学家在今天陕西凤翔一带多次出土带"奠"（鄭）字的西周青铜器，所以现在史学家一般认为南郑（西郑）在今天陕西凤翔一带。到了南郑，周穆王的这次出巡才算完全结束。

不过还没等西游的人、马歇过来，东南方向突然有紧急军情传来：徐国听说穆王长期不在朝中，起兵造反了！

徐国这国家我们前面就提起过，它也是嬴姓的东夷之国，传说为伯益次子若木（费氏）的后代，更是随三监、武庚叛乱的重要帮凶。周公东征时，徐国被打败。而据《尚书·费誓》记载，当周人东征大军班师西归后，它又企图冒头，一度威逼得鲁国"东郊不开"，不过最终被鲁公伯禽击退，南迁到今天皖东北、苏西北的淮河两岸一带定居，总算老实了一阵子。

徐国迁移到淮河一带后，就从"东夷"之族改籍贯成为"淮夷"之族；又因为其家底本就雄厚，它还成了淮夷中的最强者和代表。到了周穆王时期，徐国出了个国君，据说他施行仁义、收买人心，国势大振，徐国因此扩张成为方圆五百里的超级大国，周围有三十六个诸侯国都前往朝拜。这位徐君于是就膨胀起来，居然僭越称起王来，史称"徐偃王"。徐偃王趁着穆天子不在家，率领"九夷"西伐周朝，很快从淮河一直打到黄河，也即当时周人东都洛邑以东的黄河中游一带。

话说徐夷都打到东都附近了，这还了得？这是自成王、周公营建东都近百年来，周人这个东方政治、文化、经济中心首次面临巨大威胁！西北巡游回来的周穆王十分震怒，立即组织人马反击。前面说过，西周朝廷有十四个师的军力，西六师主要用于对付西方敌人，殷八师主要用于对付东方敌人。所以周穆王反击东方徐夷的军队，自然就以殷八师为主力。

按当时惯例，周穆王除了调遣周朝王师，还征发了东南很多诸侯国的军力参加平叛。后世东周时代称霸南方的楚国，那时都城还在丹水之阳（北）的夷屯（大约今河南淅川县西南），它也在周穆王动员的诸侯国之列。

按《史记》记载，这楚国是颛顼之后。战国时期楚国王族大诗人屈原在《离骚》开篇也自称"帝高阳之苗裔兮"，认为自己是颛顼高阳氏的后裔。我们知道飞廉一族同样是颛顼之后，所以两家还算是远亲。

可能是楚国位置相对其他被征发的诸侯国较远一些，穆王于是就

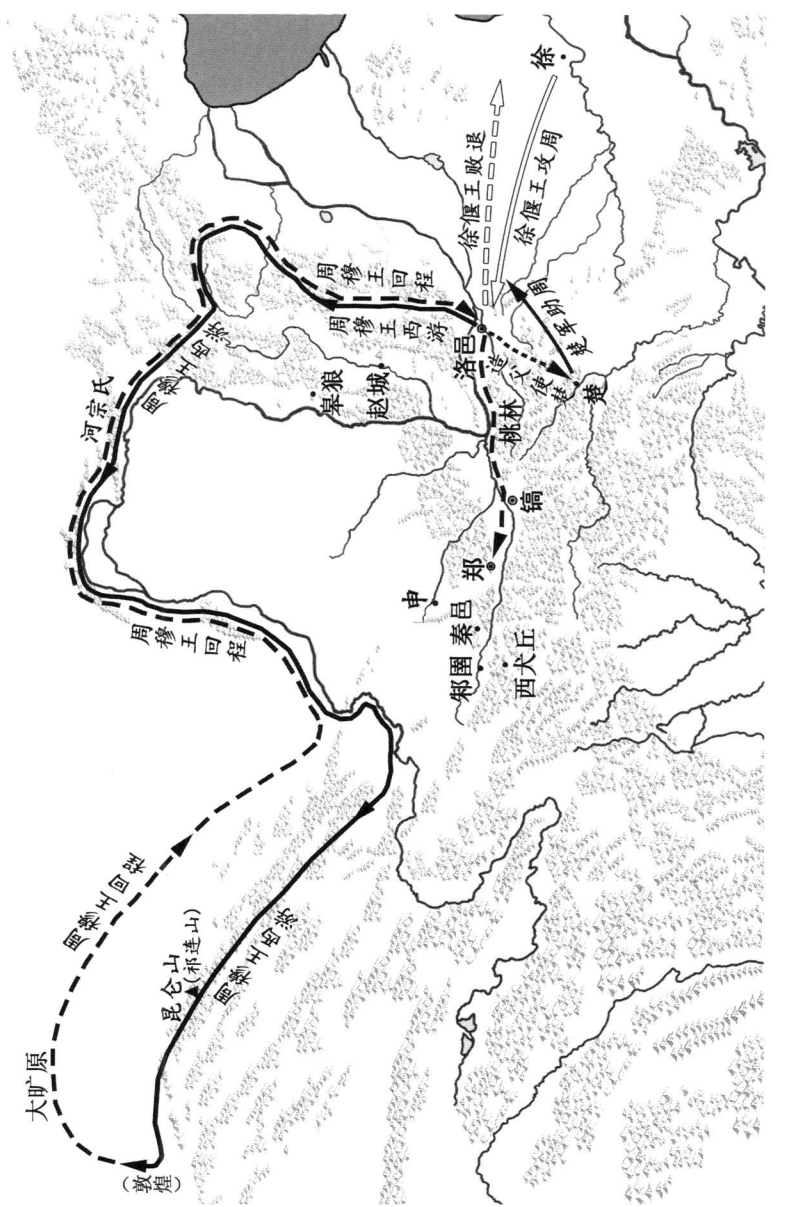

周穆王西游和徐偃王叛乱示意图

选了自己的首席驭手造父作为出使楚国的使者。造父受命后展开驾车绝技，第一时间赶到楚国，传达了天子的军令，并协调楚军与周王师以及其他诸侯国军队的行动。虽然飞廉一族和徐国都是伯益之后（飞廉是伯益长子大廉之后），但经历夏、商和周初上千年时光，造父肯定也不会认徐人这门亲了。

那边徐国尽管一时势盛，但周朝当时仍处在兴盛阶段，再加上有楚国等一帮诸侯国出兵配合，不通权谋的徐偃王被打得大败，向东逃到现在的江苏邳州一带。

徐国的反叛被穆王平定后，穆王为了嘉奖造父在"西游"和"使楚"中的功绩，就把霍太山下的赵城（在今山西洪洞县赵城镇东北）分封给了他。我们知道，至迟在飞廉的爷爷戎胥轩的时代，他们这家族就已经从东夷一带西迁到晋南为商朝戍守西部边境，所以穆王把造父封到霍太山下的赵城，等于是把他们家族的祖居地又赐还给了造父。从此以后，造父就按照"以邑为氏"的周代惯例，以赵城的"赵"为氏。后来战国初年与魏氏、韩氏一起瓜分了当时超级大国晋国的赵氏，就是造父的后人。就这样，飞廉两个儿子恶来和季胜中，季胜的子孙首先在周朝发达起来。

恶来的后代眼见本家亲人阔气了，得到了新氏赵氏，心中不禁羡慕不已。毕竟当时只有贵族才有氏，拥有氏是一件倍儿有面子的事情，而恶来一族的贵族身份早就因在周初参加反周叛乱被废除了。于是这时恶来的后代也硬蹭上去，跟着造父一房自称赵氏，强行沾光。造父出于亲情，当然也睁只眼闭只眼。因此自那以后所有的飞廉后裔就都以赵为氏。

非子邑秦——秦政权诞生记

自打造父被封于赵城后，除了造父和本家近房，飞廉的其他后裔也沾了光，不少西部的嬴姓戍边人都跟着迁居赵城。当然，继续留在邾圄及周边地区生活的嬴姓人更多，因为历经百余年，穆王时期飞廉后人已经繁衍成一个庞大的族群了。

时光如梭，一转眼又是几十年过去。周朝周穆王驾崩后，儿子周恭王、孙子周懿王先后继位。

周懿王在位时期，周人已经拥有天下约一百五十年，昔日质朴勇武的周人躺在温柔乡里，就像后世入主中原的女真人、蒙古人一样，日渐腐化堕落。这时候，随着经济的发展，所谓的"井田制"慢慢瓦解，出现了土地交易买卖的现象。尤其是当初曾经在帮助周人迅速掌控天下方面立有大功的封建制，也显现出其制度性的严重弊端。

西周中期以后，周朝对外扩张的势头逐渐停止，没有了新进账的土地。但为了安置不断繁衍出的贵族子弟，笼络立有新功劳的大臣，周天子不得不用自己的王畿土地继续分封诸侯和王朝卿大夫，而新建立的诸侯国和采地只向天子缴纳少量的职贡，这些贡赋当然远远少于周天子直接管理该地时取得的赋税收入。虽然理论上周天子有收回诸侯之国和卿大夫采地的权力，但事实上史书和西周金文里罕有这样的记录，因为这会严重侵犯贵族集团的既得利益，所以贵为天下之主的周天子也很少敢这样做。历史上哪怕一些诸侯得罪了周天子，周天子给予的最重惩罚往往也不过是废黜这个诸侯本人，然后在其家族中另立一位新君继位。可这样只出不进，由天子直辖的土地、人口和资源越来越少，周王朝收入大大降低、实力不断萎缩，无异于在"慢性自杀"。这真是"成也分封，败也分封"。

与此同时，西周中期以后气候环境却开始逐步恶化，由西周早期的相对温暖湿润变得寒冷干燥，中国进入了文明时代以来的第一个寒冷期。因为经济形式相对简单，恶劣气候之下西方戎人和北方狄人所受的影响更大，他们为了生存，开始大规模东进、南下骚扰周王朝的西、东两王畿，《今本竹书纪年》记载，甚至连周人岐邑和镐京都多次遭到戎狄入侵，周朝边陲从此再无宁日。面对这种危局，周人不由得在《采薇》一诗里哀叹："靡室靡家，猃狁（xiǎn yǔn）之故！"这"猃狁"，又作"玁狁"，一些学者认为就是犬戎的一支。

虽然史书没有详细记载，但戎人既然侵扰周朝，仍居住在邾圉、西犬丘一带承担戍边任务的嬴姓飞廉后人肯定是首当其冲，自此以后他们与西戎之间的冲突也日益频繁、激烈起来。因为嬴姓在当地已经居住四五代人以上，那里早已经成为他们的家园，所以他们不但是在替周人戍边，更是在为自己而战。就这样，不断的冲突和战争，逐渐让身处西部军事一线的嬴姓飞廉后裔们养成了英勇彪悍、坚韧执拗的性格。

不久周懿王驾崩，不知道那时周朝内部出了什么大变故，懿王太子燮（后来的周夷王）没能直接继位，反倒是穆王之子、恭王之弟、懿王的叔叔辟方（一说是周懿王弟弟）登基做了西周第八任天子，史称周孝王。要知道，周人可是最讲礼法的，由前任天子的叔叔继位绝对是不正常现象。虽然由于史料缺乏，周孝王辟方的登基之谜至今无人能解，但有一点后人能确定，那就是对于周人来说周孝王做天子并不是坏事，因为从治国理政方面来讲他可比侄子懿王靠谱多了。

周孝王上台后首先着力整顿人事，力图遏制朝廷上下的腐败混乱局面。此外，他还注重加强王师以抵御外患。众所周知，马在古代战争中的作用极其重要，西周和春秋时期的主要作战方式为车战，一车要套二至四匹马，因此孝王对马政非常重视。而要改善马政，当然首先要发掘相关人才。在这时，一个嬴姓飞廉后裔又脱颖而出，进入周孝王的视线，他就是当时嬴族首领大骆的庶子非子。注意，大骆的"骆"就是"黑鬃白马"的意思。

非子是飞廉长子恶来的后代、飞廉的七世孙，具体世系为"飞廉—恶来—女妨—旁皋—太几—大骆—非子"。非子当时和父亲、族人居住在邽圉南面大约八十里的西垂，又称西犬丘，也就是夏代中期东夷中的畎夷生活过的地方、秦汉时期设置的西县，具体位于现在甘肃礼县东北部一带。

西犬丘是西汉水上游东西段两侧的一片狭长的河谷川原，两岸山麓有良好的台地，而且气候温润、水草丰美，既宜农又宜牧，还物产富饶、多有盐井。西犬丘的交通位置更为重要，它东依秦岭，西望岷山，是甘陕川一带的重要枢纽。一千二百年后蜀汉丞相诸葛亮第一次北伐曹魏即"一出祁山"，就是带领蜀军主力由周代的西犬丘一带北上进入魏国境内的，因为祁山就在今天礼县以东、西汉水北侧。小说《三国演义》中著名的"空城计"故事里的"空城"，就是秦汉时期的西县县城，史书和小说中简称"西城"。"空城计"虽然是虚构的，但第一次北伐期间诸葛亮坐镇西城指挥调度蜀军作战，却是真实的历史。马谡失街亭后，诸葛亮也是从西城南下撤回蜀汉的。此地原是畎夷旧地，后来嬴族占领该地后，为表示该地已经易主，将其改名西垂。为什么改叫这个名字呢？我们之前曾提到，商王曾把飞廉的父亲中潏（jué）分封在商王畿西部的西垂（今山西霍太山一带），显然嬴族把西犬丘改称西垂，是把自己商末封地的名字带到了新领地。

可能非子明白自己是庶子，无权继承首领位子，所以他对政治不是很感兴趣，反而醉心于放牧牛羊马匹。因此在西垂，非子要算是当地鼎鼎有名的"畜牧业大王"了。不知道有什么秘诀，他无论是养马还是养牛羊，总是比别人养得好、养得快，让你不服都不行。因此周孝王下诏寻求马政人才时，西垂人就联名推荐了非子。

孝王听说了非子的名声，又得知他是穆王时首席驭手造父的本家侄孙，于是就任命非子主管汧（qiān）水、渭水交汇处的朝廷牧场（在今天陕西宝鸡市一带）。这非子还真没给推荐人和叔祖造父丢脸，在他管理下，朝廷的马儿被养得膘肥体壮，马群也迅速繁殖壮大。

马儿生得多、养得好，自然大大增强了西周王朝的军力。周孝王非常高兴，于是就想立非子做西垂嬴部族的嫡子，即让他当该部族的继承人。可是问题来了：非子只是父亲大骆的一个小儿子，大骆的嫡妻是申国国君申侯之女，她已经给大骆生了一个嫡长子，名字叫成。

话说申国地处今天甘肃平凉市区、镇原县以北地区，它可是西周中后期西部地区颇具分量的诸侯国。我们知道，姬姓周人千百年来一直和姜姓通婚。姜姓族人和国家如申、吕、齐、许等，在周人立国和统治天下中都立有大功。这姜姓申国立国也很早，成王初年的"成周大会"上就有西申前来进献凤鸟，所以它至迟在商末周初就已经建国了。

听说周孝王想让大骆家"废长立幼"，申国国君申侯首先跳出来维护自己的亲外孙。申侯对周孝王说："当年我的祖先从骊山娶妻生女，并把女儿嫁给戎胥轩做老婆，生了中潏。因为有了这层亲戚关系，中潏于是归顺了周朝，为朝廷保卫西部边境，朝廷西境才得以和睦安定。现在我又把女儿嫁给了中潏的后代大骆，生下来嫡长子成。我申国与大骆联姻，西戎全都归服，因此大王才能安坐王位。大王您再考虑考虑让非子代替成做大骆继承人的事吧。"

中国古人在谈话引述历史的时候，有个常见的毛病，即喜欢为了自己谈话目的随意修改历史。比如申侯有关中潏曾归顺周朝、为周人保卫西部边境的叙述显然纯属胡扯。我们介绍过，中潏是商代后期人，他以及他的儿子飞廉、孙子恶来，都是商朝的臣子，保的是商朝的江山，中潏啥时候归顺过周人，啥时候保卫过周人的西部边境？中潏的后人倒是在保卫周人边疆，但那是周公东征胜利后，惩罚式地强行把飞廉后裔迁徙到邾圉替周人御边的。而到了申侯嘴里，中潏后代之所以替周人保卫边疆，居然是看在与申侯的亲戚关系面子上，成了申侯的功劳。所以申侯对周孝王说的这段话的前半段，完全是歪曲历史、自吹自擂，欺负孝王读书少。当然我们清楚，申侯话的重点其实在后半段——他说眼下是靠申国与大骆家族联姻，才保得周朝西境平安，孝王才能坐稳王位。这潜台词显然是说，你周孝王要是敢强行命令大骆家族废长立幼，废了我外孙在大骆家的嫡子地位，那对不起，就别指望申国和大骆家族保你了，周朝西部边境会怎样，你自己想想吧。

申侯在说历史的时候敢大喘气，毕竟中潏的事情都已经是大约两百年前的事儿了，不是专业学历史的史官恐怕没几个人清楚。但是他说的现实情况应该是实情，孝王就算不懂偏门儿的历史，但作为天子不可能不清楚时局。当时周朝西部边境的安全，相当程度上确实有赖于申国和大骆家族的维持。既然申侯开了口，孝王也不得不掂量掂量自己让大骆家族废长立幼的后果：毕竟周朝国力今时不如往日，需要仰仗姜姓大国申国的帮助，而且废长立幼也不合周朝礼法，自己其实理亏。但是孝王又实在喜欢非子，尤其是天子金口玉言，许诺给非子的事儿，不兑现多丢面子，怎么办呢？你别说，孝王经过一番思索，终于想出了一个两全其美的好方法。

周孝王首先安抚申侯，说绝不动他外孙成在大骆家的嫡子地位，让申侯和大骆、成等人安心地继续为王室效力，维持好朝廷与西戎的和好局面。接着他话锋一转，说："当年伯益为帝舜主管畜牧业，牲畜繁衍得又多又好，所以帝舜封其土地，并赐其'嬴'姓。现在伯益的后代非子为朕养马也养得又多又好，我自然不能不有所表示。我就按帝舜的前例，也封一块地给他吧，就让非子做朝廷的附庸好了。"

孝王对自己的"聪明才智"应该很得意：你们不让非子做大骆家的继承人和未来的族长，可以；我让非子从家中独立出来，另立门户做族长，总行了吧？

随后孝王就把一个叫"秦邑"的小城邑封给了非子，让他从大骆家分出来别立"小宗"，非子就成为这小宗的宗长。孝王还让非子延续嬴姓的祭祀，称作"秦嬴"。

话说这秦邑在哪里呢？它就在西垂（西犬丘）东北方向约两百余里处，即今天甘肃清水县城北的李崖遗址一带。因为秦邑地方小，方圆不足五十里，够不上诸侯的标准，所以当时的秦政权只算是"附庸"。《礼记·王制》篇云："天子之元士视附庸。"反过来说，附庸小政权的君主仅相当于西周王朝的士。虽然身份依旧低微，不过非子终于摆脱平民阶层，跻身西周王朝的贵族之列了，尽管是王朝最低等的贵族。说到这里，大家应该都明白了：这个处在秦邑的附庸小政权，就是后来鼎鼎大名的"秦国"的最初雏形！因为周代秦人是靠给周孝王养马而发迹的，所以一些影视剧中才会编出末代周天子骂秦人是"养马的家奴"的桥段。

秦邑小政权的建立，固然是应了那句"机会总是留给有准备的人"的格言，但没有周孝王的坚持封赏也是实现不了的。我们当年在学历史的时候，老师经常论证某某历史事件的"必然性"。其实真实的历史上，偶然性也非常多。试想一下，如果没有周孝王的非正常继位，没有他赏识非子，哪来的秦邑小政权，又怎么会有后来的秦国呢？而没有秦国，自然也不会有秦朝的大一统了，说不定咱们整个中国的历史走向又变了。

有关秦，这里还想多说一句，那就是非子的这个城邑为什么叫"秦"呢？其实前面我们已经讲过，秦人的远祖，传说中与尧、舜、禹同时代的伯益，其居地就叫"秦"，这个秦地在今天河南省东北角、黄河北岸的范县。"秦"字的甲骨文写作，就像左右两只手，拿着上面的一根杵，往下捣两棵禾也就是粟。因为伯益的部族庄稼种得好，所以他的地盘就叫作了"秦"。而飞廉族人作为伯益的后代，又把祖居地的名字带到了西方。巧得很，非子所居的秦邑，也就是今天甘肃天水市一带，数千年前气候远比现在温润。当时那里森林茂密、水流充沛、黄土肥沃，也是个种庄稼的好地方。21世纪初，中国考古工作者在清水县隔壁的秦安县大地湾文化遗址中，发现了距今约 7000 年的黍，在中国同类作物中是时代最早的，可见天水一带粮食作物种植的历史是何等悠久。

周孝王既把非子封在秦邑（在今甘肃清水县北），又笼络了申国（在今甘肃平凉北）和西垂（在今甘肃礼县东）的大骆家族。申国和秦邑、西垂（西犬丘）他们这三方从东北到西南排成一线，共同组成了一道屏障周室的防线，周朝的西部边境一时间较为稳固了。

秦仲殉难与庄公复仇

非子被周孝王封在秦邑当了一个小"城主"后，又历经周夷王（即周懿王太子燮）之世，于周厉王（周夷王之子）在位中期去世。非子卒后，他的儿子秦侯、孙子公伯先后继位，但他们在位时间都不长：秦侯在位十年，公伯在位仅三年。公元前 845 年公伯亡故后，他的儿子秦仲接班当了秦邑的新"城主"，这时已经到了周厉王的末年。

在此我们要说明一下的是，"秦仲"并非他的本名，他的本名失传了，"仲"不过就是排行第二的意思，秦仲即"秦老二"。之所以不叫"嬴老二"而叫"秦老二"，是因为秦汉以前中国"男子称氏、女子称姓"，男子的称呼方式一般是"氏＋名或字"，而不是"姓＋名或字"。典型的如大诗人屈原，他是楚国王族姓芈，封地在屈故而氏屈，名为平，字为原，所以只能叫"屈平"或"屈原"，不能叫"芈平"或"芈原"。非子家族虽然姓嬴，并一度蹭本家造父那一房的光以赵为氏，但是封在秦邑恢复贵族身份后自然按照"以邑为氏"的周代惯例，改以秦为氏，故而秦人的首领只能称"秦某"不能叫"嬴某"。

等到后来秦人建国，秦人首领也该按照"国君无氏，不称氏称国"（顾炎武《日知录》卷二十三）的惯例在名字前加上国号"秦"。那种管秦始皇叫"嬴政"的称呼方式，虽然长期以来比较流行，但在当时是绝对不可能存在的，只有叫"秦政"才是对的。这就如大家一贯把战国时赵国君主叫"赵某"而不叫"嬴某"一样，尽管赵国也是嬴姓。

回过头咱们再来讲讲周厉王时期的天下局势。

周厉王在位前期，据西周金文记载也是武功赫赫，曾平定了以鄂侯驭方为首的淮夷、东夷大叛乱，不过在平乱中也暴露出周朝的支柱力量西六师、殷八师已经不堪一战的弊病，周厉王是靠贵族族军才取得最终的胜利。此外《史记》有载，厉王还吓得已经迁居南方[1]并僭越称王的楚君熊渠自去王号。但频繁的战争消耗了大量国力，到了厉王后期，他为了加强王权，解决西周朝廷财源不足、财政赤字严重的迫切问题，任用了荣夷公为执政大臣，实施了把大量山林川泽收归"国有"的"专利"等一系列改革措施。

> 鄂国为姞姓，商末其君主位列商朝"三公"，被纣王杀死做成肉干。西周前中期鄂国迁至今湖北随州市以西的安居镇，西周末年再迁至今河南南阳夏响铺。

厉王改革的初衷本没错，这时候西周王朝确实到了不改革就慢性死亡的地步，但他的措施却缺乏智慧，侵犯了周人上至贵族，下至平民的利益，惹得他们怨声载道。要知道当时依然残存着部族时代的一些"民主"的传统，即国人可以对和战、迁都、立储等大事发表意见，所以他们有对改革表达不满的权利。可面对这种局面，武略有余、文韬不足的周厉王却不顾传统，硬要"堵嘴"，命令卫地来的巫师监视

---

[1] 据清华简《楚居》记载，从熊渠开始，楚国把都城从夷屯（丹阳）迁徙到"发渐"。发渐在现在哪里，目前史学界尚有争议，一些学者认为可能在今天湖北南漳、宜城之间。

国人的言论，发现谁敢说"怪话"就要谁脑袋，国人只能"道路以目"。这就是著名的"厉王弭谤"的故事。

内部不安，外敌自然乘虚而入。秦仲刚上台不久，西方戎人就大举东进攻打西垂。嬴姓大骆家族虽然拼死抵抗，无奈戎人来势汹汹，最终西垂失守。可怜大骆族人死的死，被俘的被俘，作为一个部族已经不复存在。从这也就看出周孝王把非子别封于秦邑的重要意义：如果非子一房的嬴姓人没迁到秦邑仍住在西垂，说不定就在此战中被戎人一锅端了，后世也就不存在秦国了。

接下来，周朝内部爆发"国人暴动"，不满厉王的周朝贵族和平民袭击王宫把厉王赶往了彘地（在今山西霍州），并推举大臣共伯和担任西周"看守政府"的执政。因为持续的混乱动荡，周人根本顾不上去考虑收复西垂这个战略要地的问题。

"共和行政"的第十四年（公元前828年），周厉王老死在彘地，随后执政共伯和主动隐退，西周大臣拥护厉王太子靖继位，这就是周宣王。在"国人暴动"中差点丧命、深知民间疾苦的宣王上台以后，励精图治、致力中兴，任用了仲山甫、尹吉甫、程伯休父、虢文公等名臣，一时之间西周朝廷上群贤毕集。为改善西周财政状况，宣王又宣布"不籍千亩"，即不再在王室所有、大小为千亩的祭田中举行天子亲耕仪式，尝试在王畿内废除劳役地租井田制，改行实物地租制。"不籍千亩"因此成为中国土地制度史和赋税制度史上的一件惊天大事。在以上革新之下，周朝的国力一度有所恢复和发展。

政通人和，钱粮富足，有了底气的周宣王开始着手巩固边防，外攘夷狄。

在西北方面，周宣王四年、秦仲二十一年（公元前824年），宣王首先将秦邑城主秦仲的爵位从朝廷元士提升为朝廷大夫，然后命令他出兵反击西戎，恢复战略要地西垂。

有人读惯了小说《东周列国志》，可能觉得"大夫"是个"满街走"

的小角色,其实这是没搞清楚"王朝大夫"和"诸侯国大夫"的区别。要知道据《礼记·王制》记载,"天子之大夫视子男",也即天子的大夫在朝会、出使时,是跟小国之君平起平坐的。因而周宣王这次给秦仲的"甜头"是不小的。

另一方面我们也知道,非子家族本是大骆家族分出来的一个小宗,所以宣王把这个任务派给秦仲,显然也是经过深思熟虑的:秦仲跟犬戎有灭宗之仇,所以必然会出死力伐戎报仇、收复本族旧土,而不会敷衍应付。

周宣王想得没错,秦仲获得晋封、领受王命后,立即率秦人族兵从自家封地秦邑出发,配合周王师讨伐西戎。不过当时的秦人刚刚兴起,实力远不能和后来春秋战国时的秦国相比,而那会儿西戎的势力则十分强大,所以秦仲的讨戎行动并不顺利,进展甚微。

两年后(周宣王六年、秦仲二十三年,即公元前822年),秦人在与西戎作战中遭遇了一次重大挫折——大夫秦仲在与戎人的战斗中不幸战死了。秦仲死后,他的长子秦其继承了父亲的职位,后来秦国建国后追谥秦其为"秦庄公"。

那边周宣王听说秦仲身先士卒、为国牺牲,心中十分感动敬佩,特地亲自召见了他的五个儿子,对他们表示深切慰问。以秦庄公为首的秦家五兄弟见了天子后,无不痛哭流涕,齐声要求朝廷出兵为父报仇。周宣王于是就借兵七千交给他们,让庄公兄弟带去伐戎。我们知道,周朝西王畿的正规军只有六个师(东王畿另有八个师),每师两千五百人。此次宣王相当于把三个师即西王畿一半的兵力借给了秦人,可算是大手笔了。

常言道"哀兵必胜",何况秦人族军再加上七千周军,足有近万人的规模,这在西周时期算是非常庞大的军力了,按制当时诸侯只能拥有一师兵力,方伯不过二师兵力。所以在这样一支复仇大军的猛攻下,戎人难以抵挡,被打得大败。秦庄公又一鼓作气,收复了本族大宗（大骆家族）的旧地西垂。

宣王闻报大喜，顺势把西垂也赐给了秦人，并封秦庄公为西垂大夫，秦庄公于是就把都城从秦邑搬到了祖居地西垂。

2005年，考古工作者在甘肃礼县县城以西的两周西山遗址中发掘出西周晚期秦人墓六座，其中编号为M2003的墓葬的主人身份最高，拥有三鼎二簋，显然是一位上士。值得注意的是，考古工作者不但在其墓中出土青铜戈、剑各1件，还在墓主人头骨的鼻梁根部发现一枚铜箭镞，显然这位秦人贵族是在战斗中面部中箭而死。经过研究随葬青铜鼎的形制，学者认为该墓可早到西周厉王、宣王时期。因此该墓的主人很有可能是在秦庄公收复西垂的系列战斗中阵亡的秦人勇士。

再说秦庄公迁都西垂后，秦人首领不但有了"朝廷大夫"的尊贵名号，地盘也扩大为几个城邑，秦人政权在实质上已经近似一个小诸侯国，因为一些史书上所说的周代畿内国如毕国、毛国、荣国、郑国、西虢国等国，严格说在西周时期都是卿大夫采地。秦庄公受封，显然是周代秦人发展史上的又一件里程碑式的大事。秦人能获得如此发展，除了自身的努力，其实不能不感恩周宣王的扶持栽培，虽然周宣王也是从加强王朝西部防务着想的。

周代礼器使用制度

从西周中后期开始，周人逐渐形成一套规范的礼器使用制度，即天子九鼎八簋、诸侯七鼎六簋、大夫五鼎四簋、上士三鼎二簋、下士一鼎二簋。在考古中发现，周代一些小国之君的墓葬往往减礼一等，使用五鼎四簋。但随着东周礼崩乐坏，到春秋中期以后各级贵族逾制现象变得极为普遍，诸侯开始使用九鼎八簋，而一些诸侯国大夫也开始使用七鼎六簋。

在收复西垂的战斗中，秦庄公的小弟弟秦康也表现突出，立有大功。周宣王很喜欢他，于是就把河西梁山一带（今陕西韩城西南）封给他做了封邑。这个秦人后裔掌握的梁邑，后来到春秋时期也发展为国,就是史书上所说的河西梁国。

不过这次秦人的大胜,还不能消除一个人心中深深的仇恨。这人就是秦仲的亲孙子、秦庄公的长子世父。他说:"戎人杀了我亲爱的爷爷,我不杀戎王誓不罢休,决不进西垂城!"为此,世父把世子之位让给了二弟也即后来的秦襄公,自己则整天带兵在边境上游荡,与戎人搏杀。秦人的血性,在世父的身上体现得淋漓尽致!

转眼到了周宣王十一年、秦庄公五年(公元前817年)。据西周青铜器虢季子白盘和不其簋铭文记载,这年八九月间,狁狁(即猃狁,犬戎的一支)沿着今天甘肃东南的葫芦河南下,大举入侵周朝西部边境。西虢国贵族伯氏即虢季子白(虢季为氏,子白为名或字)率领周军反击狁狁。经过激战,子白所率周军斩首五百级,俘敌五十人,取得较大胜利。子白奉宣王之命一直追击狁狁到甘

周代东、西"二虢"的由来

周文王有异母二弟虢仲和同母三弟虢叔,虢仲被封在今天河南荥阳的东虢国,虢叔被封在今天陕西宝鸡的西虢国。两国分封时间不详,已故历史学家徐中舒认为是周文王伐崇后将两个弟弟一起封在河南之虢,后虢叔分出在关中西部另行立国,仍以虢为号。西周末年为躲避戎人侵袭,西虢国东迁至今天河南西部的三门峡市。

肃东南的"西"这个地方才停下来,然后他决定先回镐京复命,向天子献俘。临行前子白把部分军队交给了大将不其,让他继续追歼残敌。不其又尾追狁狁打到"略"(在今甘肃秦安县东北)和"高陶"两地,杀俘甚众。这时狁狁恼羞成怒,暗中集结大军反扑不其。不其率军与之激战,不但顺利冲出重围,又多有斩获。子白闻报十分惊喜,大大夸奖了他一番,还赏赐他良弓一张、箭矢一束、臣仆五家、土地十田。

这个大将"不其"是谁呢?史学家多数认为,先秦行文中"不"字常用作无义助词,仅表语气,所以"不其"就是"其",也即西垂大夫秦庄公秦其。虢季子白追击狁狁到达的"西"地,应该就是秦人

都城西垂（西犬丘）附近之地。所以虢季子白盘和不其簋铭文，反映的就是周军和秦人族军并肩作战、共抗西戎的故事。

不过虽然上述战事周人和秦人取胜，但都是对戎人突袭的被动防御；而且人们只有在取胜后才会铸器记功，那些失败了因而不会显示在青铜器上的战事不知道又有多少。这说明西周王朝已经失去对戎人战事的主动权，只能疲于奔命般地到处救火了。

关于不其簋铭文，还有一点值得一说，那就是铭文的末尾有"用作朕皇祖公白孟姬尊簋"的语句。其中"公白"指的自然就是《史记》所说的"公伯"，因为金文中的"伯"就写作"白"，他正是秦庄公的祖父；而"孟姬"显然就是公伯的配偶，也即秦庄公的祖母。我们知道，周代女子称姓，"孟姬"就是"排行老大的姬姓女子"的意思。这说明秦人至迟在秦庄公的爷爷公伯那一代人的时候，就已经与姬姓周人通婚联姻，又填补了文献的一大空缺。

这个时候，周朝对秦人已经非常信任。据西周后期师西簋、询簋等铭文记载，周厉王和周宣王时曾多次抽调"秦夷""西门夷""京夷""𩰫夷"等夷人担任周王室的虎

不其簋及铭文（《殷周金文集成》编号4328）

臣，即文献中的虎贲，也就是周天子禁卫军。很多学者认为这里的各支夷人都是原本居于东方、后被周朝征服谪戍西方的族群，其中的"秦夷"正是指秦邑之人。（在询簋铭文中还提到"戍秦人"，但学者对其身份的认定分歧很大，有学者认为是指在秦邑协防的周王师，也有学者认为是指由今天河南范县的旧秦地之人组成的戍边部队。）

西周朝每况愈下　秦襄公未雨绸缪

遹鼎及铭文（《殷周金文集成》编号2815）
注：白圈内文字为"史留（籀）"。

宣王前期中期，励精图治，文治武功都取得较大成绩：武功方面，他西却西戎，南征蛮荆，东服淮夷，打出了周人的气势和声威。文治方面，他命太史籀（zhòu）用大篆书体作《史籀篇》十五篇（《汉书·艺文志》），作为教育贵族子弟习字诵文的课本，这是文献记载的中国官方最早的一次有意识的规范、统一文字的行动（因为当时只有贵族阶层识文写字）。中国国家博物馆收藏有周宣王时期的遹（mǎ）鼎一件，铭文中称"史留受王令书"，学者普遍认为"史留"即文献中的"太史籀"。同时学者们研究西周青铜器铭文，发现西周前期的铭文书风还有殷商的遗风，字体大小不一、笔画多有波折肥笔；而到中期以后则逐渐改变，并在后期形成了周人自己的风格，即字体呈长方形、大小相近，笔道多为细劲均匀的线条。上述发现证明《汉书》关于周宣王首次进行"书同文"的记载所言不虚。因此史书上称赞宣王为"中兴之主"。

但功业告成后，宣王也懈怠下来。我们知道，中国古代王朝的治乱兴衰，往往和统治者的贤愚有很大关系。宣王时期的所谓"中兴"，除了搞了"不籍千亩"也即把劳役地租改实物地租算制度改革外，其他都是人治的功劳，如他在位初期的勤于政务、虚心纳谏、任用贤良。但西周固有的深层次矛盾，如不断分封诸侯贵族导致天子直辖土地人口日趋减少、世卿世禄制的痼疾等严峻问题，宣王未能解决；不断恶劣的气候条件也不是他能左右的。一旦宣王不再虚心求治甚至自以为是起来，表面的"中兴"也就难以维持了。

宣王后期逐渐走向衰败的一个表现，就是对外战争输多赢少。

据《后汉书·西羌传》记载，周宣王三十一年、秦庄公二十五年（公元前797年），周王发兵征伐犬戎盘踞的太原（在今宁夏固原一带），军队长途跋涉，却劳而无功、毫无所获；周宣王三十六年、秦庄公三十年（公元前792年），周军征讨位于今天山西运城中条山北部一带的条戎和奔戎，王师却打了败仗。

据《国语》和《史记》记载，宣王后期最大的败仗，发生在周宣王三十九年、秦庄公三十三年（公元前789年）。这年周宣王亲自率领大军与"姜氏之戎"在千亩交锋，王师大败，溃不成军。这"姜氏之戎"是指何方势力呢？《古本竹书纪年》上说它就是"申戎"，也即姜姓的申国！当然因为周宣王前期又从申国分出一支族人封到今天河南南阳地区，称作"南申国"，所以老申国已被改称"西申国"。我们知道，西申国本是周朝在西北抗击戎人的屏障，可是不知道是何原因，它在宣王后期时居然一度和周朝闹翻了。幸亏千亩之战中，给周宣王驾车的驭手是造父的六世孙奄父（又称公仲），他凭着祖传的高超驾车技巧，与儿子叔带一起护卫着宣王从败军之中安全逃脱，否则连周宣王本人都要被西申人俘虏了。

千亩之战战败，王师精锐大丧，对周朝的打击非常大。第二年（周宣王四十年），宣王不得不下令在"太原"进行人口普查，看看自己还剩多少家底，以便之后按户口抽取壮丁补充王师及征收赋税。这里的"太原"，自然不可能是犬戎盘踞的那个"太原"（今宁夏固原），只能是周王畿内天子直辖地区的一块大平原，笔者以为这应该就是周人的核心区域岐山周原。

周宣王"料民于太原"的计划，遭到大臣仲山甫的反对。因为三代时期都是聚族而居，没有户籍制度，王朝并不能直接管理到具体家庭，而是只管到族，

> 凡起徒役，毋过家一人，以其余为羡，唯田与追胥竭作（只有畋猎和追捕盗贼全部征发）。
> ——《周礼·天官·小司徒》

通过国人的各族族长（自然也是各级贵族）来征发士兵（一家一正卒，即家长）。周宣王想把政权触角一竿子插到底，弄清王畿内包括正卒、羡卒（又称余子，即一家内除家长外的成年弟弟和儿子）的数量，是违背旧制的行为。但周宣王坚持己见，在太原进行了大规模的公开人口普查。此事成为史书上有记载的中国首次专门性人口统计活动，因此中国的人口史、户籍史、统计学史等专业史书都把"宣王料民于太原"作为革命性事件收录。

不过宣王的这个创新举措完全是临时性的，根本没有形成制度，一直到春秋前期各国依旧没有建立户籍制度，战时征兵只征国人中的正卒而不掌握余子的数量。宣王"料民"也不是好时候，当时周朝刚打了大败仗，损失惨重，统计出来的人口数字一定很难看。所以这次宣王的人口普查，虽然有利于他摸清家底、充分掌控既有人力资源，但是也如仲山甫所说，客观上会把周朝内部的虚弱暴露给外界，众诸

侯尤其是外敌知道了王室控制的人口大减后，轻视周朝之心自然愈加萌生。

此后可能是周宣王觉得周朝暂时无力制服西申国，因此他决定低下头与西申国和解，重新维持"姬姜联盟"。和解的方法就是他让自己的太子宫涅（shēng）娶了西申国之女申姜作为太子妃。不久宫涅与申姜生了一个儿子，取名宜臼（又作"宜咎"）。

又过了几年，到周宣王四十六年、秦庄公四十年（公元前782年）时，在后世史书中毁誉参半的周宣王驾崩，太子宫涅继位，并于次年改元，这就是后世所称的周幽王。看到周幽王这名号很多人心中就明白了——西周王朝这艘大船马上就要沉没了！

据《国语》记载，周幽王登基还没把宝座焐热，老天就给他来了个下马威：周幽王二年（公元前780年），周朝西部王畿内发生大地震。这次地震导致岐山山崩，之后泾水、渭水、北洛水三条河流一度都枯竭了。我们知道，古人认为天灾是上帝对下民的惩罚，而岐山是周朝的圣山，泾水、渭水、北洛水是周人核心区域内的三条大河，因此当时周朝的史官伯阳父发出哀叹："周朝要亡喽！"

第二年，周幽王三年（公元前779年），幽王派大将伯士统军征讨六济之戎（位置不详），周人又打了大败仗，连主将伯士都战死沙场。不过对于周人来说，这一年最糟糕的事情还不是伯士伐六济之戎兵败身死，而是周幽王宠信一个从褒国（在今陕西勉县东南）得来的美女——褒姒，并要立她为王后！

对周幽王的做法我们应该能理解不少，因为他与申姜王后的婚姻纯属政治婚姻，而且可能是周人千亩之战惨败后的"求和"结果，周幽王从感情上不喜欢申姜王后是很自然的。何况周幽王娶褒姒的时间应该早于娶申姜，因为他跟褒姒生的儿子叫"伯服"（一作"伯盘"），这名字中带个表示排行的字"伯"，按古人"伯、仲、叔、季"的排法，伯服必是幽王最大的儿子。

当然在感情之外，周幽王作为政治人物，想换王后也必定有政治考量，而且这方面所占比例应该更大。那就是他认为占据泾水上游、势力逐渐膨胀的西申国已经从外部影响西王畿的安危，申姜王后又在镐京内部培植力量、探听虚实，对自己的王权构成了严重的威胁。

但换掉申姜王后后果严重，不但意味着周朝重新跟西申国翻脸，还意味着周人跟全体姜姓国家闹僵。

我们知道，就像后世耶律氏和萧氏世代通婚，共治辽国一样，"姬姜联姻"是贯穿先周、西周近千年的周人政治法则，它奠定了周人的统治基础。西周王朝从武王到宣王的十一位周王，有六王的王后是姜姓女，姜姓的齐、申、吕、许等国，是周人打天下、治天下的重要帮手。尤其西周后期申国已经分为西申和南申两个支系，西申一直以来都是周朝抵御西戎的桥头堡，南申也是周朝控制江汉地区的重要力量。周幽王想废掉出身西申国的申姜王后和她所生的太子宜臼，两个申国必定会强烈反弹不说，那些同为姜姓的齐、吕、许等国会坐视吗？

当时天灾不断、戎狄入寇，周朝的国力也早就严重下滑。虽然周幽王作为周天子，存有摆脱姜姓申人掣肘、压制桀骜不驯诸侯、重振王室声威的种种想法并不算错，但实施时也该注意克制隐忍、积蓄实力、等待时机、优化措施。不过周幽王的政治经验显然不足，他过高地估计了自己的力量，最终还是贸然行事。

大概在周幽王四五年的时候，幽王废除了申姜的王后之位改立褒姒为后，《今本竹书纪年》有载，太子宜臼在周幽王五年（公元前777年）逃到了外祖父的西申国（在今甘肃平凉北）。《古本竹书纪年》还记载，三年后，即周幽王八年（公元前774年），幽王正式改立褒姒所生的伯服为周朝太子。

俗话说，"春江水暖鸭先知"。西周王朝日益衰落，作为西部边境上的一个大夫级采地，秦政权自然也不能不受影响。这时西戎对西垂、秦邑一带的侵袭越来越频繁、越来越猛烈，秦人只能整天过着枕戈待旦的生活。

周幽王四年、秦庄公四十四年（公元前778年），西垂大夫秦庄公秦其去世，随后他的二儿子继位，这就是秦襄公。因为秦襄公是老二，所以也被一些史书称为"秦仲"。

襄公继承祖业后，眼见时局动荡不安，不由得忧心忡忡。他明白此时周与秦是"一荣俱荣，一损俱损"的关系，如果周朝继续败落下去，身处边陲的秦人必将首先蒙祸，当年厉王时期大宗大骆家族被戎人灭族的惨痛例子就在眼前。但作为边地的大夫，又是外姓之臣，他对朝廷大事基本插不上话。既然没有办法改变大局，那他只有尽可能地为秦人多寻求一些外援，多找几条后路，以便大难真的来临时，能为族人多争取一线生机。

当时在周朝丰京附近还有一个丰国（在今陕西西安市鄠邑区），是周文王第十七子的封国。金文显示，西周时期除了周天子及不在周朝体系内的蛮夷戎狄之君，其实还有极少数与周朝关系特殊的诸侯在自家境内称王。如在今天陕西宝鸡市与千阳县一带的夨（zè）国的国君，在西周时期一直自称夨王，一些学者认为夨国可能是周人统一天下前的兄弟友邦；在今天河南南阳市西部的姜姓吕国的国君在西周晚期也自称吕王，众所周知吕国是周人姻亲之国。也许是受这影响，西周晚期的姬姓丰侯也自称起丰王来。由他的胆大，可知当时丰国的势力不小，也可看出西周末年王权的衰落。

周幽王五年、秦襄公元年（公元前777年），上台伊始的秦襄公就把妹妹缪嬴嫁给了丰王做夫人。他这样做，显然是想通过联姻的方式与关中的姬姓显贵建立起更为密切的关系，以便在危难的时候能获得一定的军力、物力支援，或在逃难时获得一个立足点。

第二年，秦襄公又做了一个重大决定，那就是把都城西垂城让给自己的大哥世父，自己带领部分族人住进陇山东边的汧邑（在今陕西陇县东南）。他的这个举动，表面上看是在报答大哥的让位恩情，其实真实意图应该是想逐步把秦人迁往相对安全一些的关中地区。

不过见秦君率部东去,敌对的戎人趁机大举围攻西垂。世父这位发誓不杀个戎王为祖父秦仲报仇就不进西垂城的秦人勇士,率领部下在城外与数倍于己的戎人鏖战。虽然世父勇猛过人,但终究寡不敌众,最后力竭被戎人俘虏。秦襄公当然不能不管兄长死活,可能是他交付了赎金,不久戎人又把世父给放了回来。

第三章

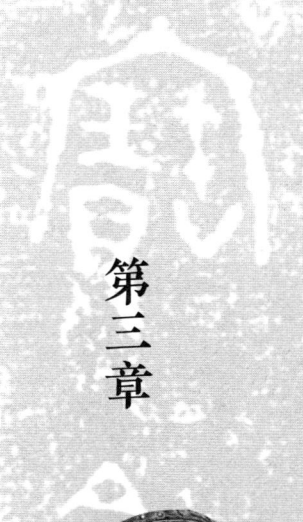

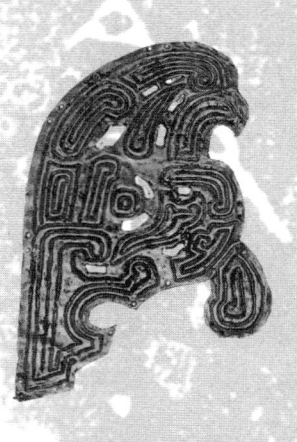

秦人立国

没有烽火的西周灭亡故事

西周末年，因为上天频繁降下灾害，一方面王畿内农业饱受打击，周人生活困苦，另一方面西北农牧混合区环境恶化，戎狄为生存也加剧了寇边活动。值此多事之秋，西周王朝的"掌舵人"周幽王又错估各方力量、急于振兴王权，贸然废姜后、立褒姒，废宜臼、立伯服，人为地将统治阶层的内部矛盾扩大到不可调和，使局面变得更加复杂和混乱。既然当时连西垂大夫秦襄公这样的王朝中层贵族都已经感觉大事不妙，开始拼命寻找后路，那距离权力中心更近的周朝高官显贵，当然对局势看得更清，"弃船自保"的速度也不遑多让。

首先在周幽王五年（公元前777年），也就是废太子宜臼逃到外公的西申国、秦襄公把妹妹嫁给丰王的那一年，周朝执政大臣太师皇父向朝廷告老，带领族人和财宝退隐到东王畿内的向邑（今河南尉氏县）。

皇父退隐后，周幽王任命西虢国的君主虢石父（又称虢公鼓）为卿士，主持朝廷军政事务（西周时期文武尚未分途）。史书记载，这虢石父更不是个好人：他对幽王和褒姒巴结奉承、献媚逢迎，在君王和朝臣之间则挑拨离间、造谣中伤；此外他还有个专长，就是"好利"，善于搜刮钱财，跟当年厉王驾前的荣夷公一样。

因为后来周朝在周幽王手中亡掉了，所以史书对他和他手下大臣的评价免不了会有贬损的倾向。虢石父的真实人品不好判断，但周幽王任用善于"聚敛"的他主政，从另一个角度看其实就表明当时周朝确实是财政窘迫，所以不得不想办法增加收入，毕竟一个政权要维持下去甚至要有所作为，没有物质基础是不行的。但当时年景不好，社会总财富就那么多，虢石父扩大财源，必然要损害贵族和平民的利益，所以史书称虢石父当政后，国人都很怨愤，西周政局愈加动荡。

周幽王九年、秦襄公五年（公元前773年），周幽王的叔父——当时担任司徒一职、掌管土地、人口和教化的郑桓公友（字多父），看到周朝天灾人祸、危机四伏，也萌生了"独善其身"的打算。因为郑国最初立国于周穆王的别都西郑，也就是今天陕西凤翔一带，与西戎距离很近。一旦王朝内乱，西戎趁机大举来犯，西郑之地必然会陷入战火之中。郑桓公听说太史伯阳父博古通今，就向他请教该如何避祸。伯阳父扳着手指头把西周形势分析了一番，叫他到东虢国（在今河南荥阳）和郐（kuài）国（在今河南新郑东北）一带去发展新地盘。郑桓公听后茅塞顿开，于是先把都城从西郑迁徙到拾地（在今陕西渭南市华州区），接着又联络东虢国和郐国，说要把妻子儿女、部分族人以及积累的财宝寄存在他们两国。两国如伯阳父所料，没敢拒绝在朝廷中位高权重的司徒大人。就这样，郑国的势力就渗透入东方的十个城邑中（两国都城加周围八邑）。

有一句话，叫"比失败更可怕的是失去信心"。一个王朝，其各级贵族官员普遍对未来悲观失望，不是已经出逃、就是在谋划出逃，显然离末日不远了。

据《今本竹书纪年》记载，就在司徒郑桓公向太史伯阳父问计的那一年，也即幽王九年，西申国开始派遣使者与附近的缯国（一说在今甘肃崇信县）甚至宿敌犬戎联络通好。从西申国的角度来讲，它的举措显然也是必要的。既然周幽王已经不顾礼法和情谊，废了王后申姜和太子宜臼，周、申两家已然算彻底翻脸了，周朝随时可能进攻西申国，追捕废太子宜臼，以斩草除根。西申自然只能与周边国家乃至自己以前的敌人结成联盟，以对抗周幽王。据《古本竹书纪年》记载，西申国君申侯一不做二不休，为了在名分上能与周幽王抗衡，他还放出大招——联合缯侯[①]、同姓的许文公拥立自己的外孙宜臼为"天王"。

前面说过，金文显示西周时期除了周天子，也是有极少数与周朝关系特殊的诸侯在境内称王的，但这些诸侯的王号前都加国名，如"矢王""吕王""丰王"。可宜臼所称的"天王"就不一样了，上古"天"可通"大"，"天王"即"大王"，是"众王之王"的意思，只有周天子才能叫，这意味着宜臼要跟父亲分庭抗礼。

对周幽王来说，前岳丈扶植自己的逆子公开另立朝廷，这还得了？据《今本竹书纪年》记载，第二年也即幽王十年（公元前772年）春天，周幽王与诸侯在东方的太室山（嵩山东峰）进行盟会。盟会的具体内容史书失载，但想来应该是周幽王在改立王后和太子一事上寻求诸侯们的支持，尤其是要求他们团结在以自己为中心的"正统朝廷"周围，抵制西申等国所立的宜臼"伪朝廷"。

可能是在这次"太室之盟"中，诸侯们纷纷向周幽王表示忠心，周幽王的目的在一定程度上达到，所以他的腰杆变得硬起来。于是在会后，周幽王下了一个改变周朝乃至中国历史进程的决定——出师讨伐西申国、消灭逆子宜臼那个伪朝廷！接下来，清华简《系年》记载："幽王起师，围平王（宜臼）于西申。"

周幽王十一年（公元前771年），周王师顺着泾水河谷大举向西北进发，包围了位于今天甘肃平凉北的西申国，并向申侯下了最后通牒：立马撤销伪朝廷，交出废太子宜臼！

这宜臼是申侯的亲外孙，申侯如何能交出？周人眼见申侯敬酒不吃，便斟上罚酒——大军开始猛攻西申国都城。

西申军队虽然顽强抵抗，但双方实力悬殊，西申都城眼见就要守

[①] 《古本竹书纪年》中该处原写作"鲁侯"，蒙文通和杨宽等学者考证后认为是文字讹误，应根据《国语》的相关记载改作"缯侯"。

不住了。就在这千钧一发之际，突然北方的原野上涌出大队人马，如潮水般向围城的周军杀来——原来是西申的盟友缯国联络上了犬戎，带着犬戎大军来解西申之围！

周人哪能想到西申会与宿敌犬戎结盟？已经冲杀半天、人困马乏的他们顿时目瞪口呆。这时犬戎、缯国大军在外包围，西申军也从城内杀出，周王师在内外夹击下阵脚大乱，最终崩溃。三国联军则乘胜猛追不舍。话说从今天平凉附近的西申国沿泾水向周都丰镐进发，大约只有六百余周里路程，急行军不用十天。因为周王师主力已经被击溃，此时周人在沿途已无力阻挡联军，联军很快就杀到镐京城外。

这边周幽王刚得到王师败绩于西申的报告，转眼又得知犬戎、西申、缯国的联军即将兵临城下。最悲催的是，现代考古证明周朝丰镐二京是没有外郭城墙的开放性城市，毫无军事防御能力，因为国力强盛时的周人一直信奉"外线防御"的理念，没料到有一天会有外敌大举进攻自己的都城。傻了眼的幽王知道自己手头已经再无组织抵抗的本钱，只得"三十六计，走为上计"，带着新王后褒姒和新太子伯服向东王畿方向逃去。不过他们逃出镐京还没有百里，刚跑到骊山（今西安市临潼区东南）脚下的戏地时，就被西北三国联军追上。联军毫不客气地把周幽王和伯服杀死，新王后、美人褒姒则被犬戎掳走。幽王之死，宣告了烜赫一时的西周王朝归于灭亡。一个时代就此结束了。

有人可能要问，怎么周幽王都死了，还没听你讲到"烽火戏诸侯"的故事呢？其实"烽火戏诸侯"在历史上是不可能发生的。原因很简单，据考古发现，中国最早的烽火台是在战国时期才出现的，周幽王时没有烽火台，自然也就不可能拿"烽火"来"戏诸侯"。何况《史记》中记载的这个"烽火戏诸侯"故事，其原型本见于战国末期吕不韦门客编纂的《吕氏春秋》一书，而该书中幽王召唤诸侯之兵的工具其实不是烽火，而仅仅是大鼓。但众所周知，鼓声才能传多远？所以《吕

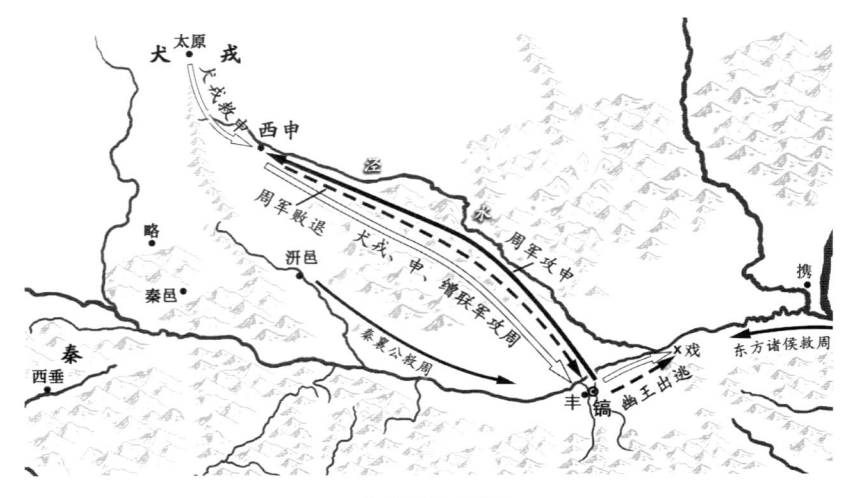

犬戎灭周示意图

氏春秋》中"大鼓戏诸侯"的故事也是不可信的。

除了传递军情的方式或穿越或不可实现外,"烽火戏诸侯"或"大鼓戏诸侯"还有一个很明显的问题,那就是让诸侯白跑一趟,真的很好笑吗?这种骗人玩的低级把戏,笑点低的人可能会笑,但故事中褒姒是个笑点极高的人,周幽王试了无数方法她都不笑,她为什么会被这种不算好笑的方式逗笑呢?所以"烽火戏诸侯"或"大鼓戏诸侯"的故事,从逻辑上也是完全经不起推敲的。

编以上故事的人,应该是想把西周的灭亡与褒姒这个女人直接挂上钩,以进一步强调她是"亡国祸水"。其实了解了西周末年的史实后我们都能看出来,周幽王废黜申姜王后和太子宜臼的真实原因,与其说是他多么宠爱褒姒,不如说是他更痛恨西申国损伤王室颜面、威胁王畿安全。周幽王喜爱褒姒不假,但就算没有褒姒,他也会把另一个喜欢的女人推上王后之位,来赶走申姜。归根到底,西周的灭亡也好,夏商的灭亡也罢,都是气候巨变、天灾频仍之时,统治者又愚腐无能、激化社会矛盾所导致的,跟褒姒或妹喜、妲己这些女人有多大关系呢?

周平王"咸鱼翻身" 秦襄公立国称"公"

虽然周幽王并不算得人心,但在西北三国联军攻杀幽王的前后,不少得到军情(当然不是通过烽火)的诸侯或大夫出于君臣大义,还是纷纷统领本国本族的军队前来救援朝廷:汧邑的秦襄公集合族军日夜兼程赶来了;不久,东方的卫武公等诸侯也率军赶到。这些先后赶来救援朝廷的军队,在镐京一带陆续与犬戎军队交上手。在战斗中,因为秦襄公率领的彪悍秦军长期与戎人作战,熟悉敌情,故而给犬戎的打击最大,立功也最多。

接下来《史记》记载,犬戎受到救周诸侯联军的围攻后,在镐京城内大肆掳掠一番弃城而去,随后幽王废太子宜臼被卫、晋、郑、秦等诸侯或大夫承认为新天子。因为丰镐二京已然残破,包括犬戎在内的各支戎人又一直在渭河平原骚扰并占领了不少城邑,所以周幽王死后第二年,也就是周平王元年、秦襄公八年(公元前770年),周平王宜臼就在晋文侯(名仇,不是晋文公)、卫武公、郑武公(郑桓公之子)等诸侯支持下东迁洛邑(周王城),西垂大夫秦襄公也带兵参与护送。平王为了感谢护驾之功,就提拔秦襄公,把他从朝廷大夫升级为诸侯,秦国就此正式诞生。

不过《史记》的说法虽然广为流传,但在这里笔者不得不告诉大家,司马迁的这段叙述实际是错误的,东周初年的真实情况,其实远比这要复杂得多。

据西晋太康年间从战国魏国古墓中出土的《竹书纪年》和21世

纪初新出世的清华简《系年》记载，周幽王和伯服死后，以西虢国（当时已经迁至今河南三门峡）为首的众诸侯第一时间拥立周幽王的弟弟余臣为天子，因余臣朝廷暂时驻在西虢国境内的携地（在今陕西大荔县朝邑镇东①），人们于是称余臣为"周携王"。而由西申国、缯国、许国所立的周平王，则压根不被天下多数诸侯承认。

诸侯为何拥护携王而不待见平王呢？这个道理其实显而易见：周平王、西申、缯国这一团伙引来犬戎杀害了周幽王，所以周平王等于是弑君者、弑父者。周朝重礼法，在诸侯看来，即便幽王一开始废掉申姜的王后之位和宜臼的太子之位不对，但是宜臼参与"弑君""弑父"更是大罪；何况带头拥立携王的西虢国不但是姬姓之国，在姬家辈分也很高（西虢国始封君是文王三弟虢叔），而拥立平王的三个国家全是外姓——申、许是姜姓，缯国可能是姒姓，没有一个是姬姓国。姬家天子不由姬家人立，怎么能算数呢？

那镐京之战之后，不被承认的周平王最初去了哪儿呢？犬戎从镐京退走后，剩下的西申国、缯国军队势单力薄，他们应该也随即分别退回了西部老家。宜臼这个由外公所立的"天王"，想来自然只能跟着西申军队回到西申国。从春秋以后西申国再无消息来看，西申军队应该在之前周王师围攻西申和后来诸侯救周时遭到重创，所以已经无力帮助周平王争夺正统地位了。

可后来周平王这条"咸鱼"是怎么翻身的呢？这完全多亏了晋文侯仇的提携。

原来晋文侯二十一年、周平王十一年（公元前760年）时，不知是否是因为西虢国"挟天子以令诸侯"侵犯了附近的晋国的利益，晋文侯突然率军袭击了西虢国携地，杀死了被当时绝大多数诸侯承

---

① 王雷生：《平王东迁年代新探——周平王东迁公元前747年说》，《人文杂志》，1997年第3期。

认、名声还不错的周携王（周携王死后的谥号为"惠王"，谥法曰，"柔质慈民曰惠，爱民好与曰惠"）。这下，周平王的竞争对手就被除去了。不过携王死后，道德有缺的平王还是得不到天下诸侯广泛承认，所以《系年》记载当时周朝"无王"九年，显然人们仍根本不把平王当领导。

十年后的晋文侯三十一年、周平王二十一年（公元前750年），又是这个晋文侯仇，把周平王从一个叫少鄂的地方迎接到京师，坐进了镐京的旧王宫内。因为镐京毕竟是周人的正式都城，晋文侯让平王在镐京坐殿，就是要为他镀上一层"正统"的"金光"。

当然，当时的丰镐早已经破败不堪，还时常受到戎族的侵扰，其实已经不再适合做周朝的都城了。于是镀了三年"金"之后，在晋文侯三十四年、周平王二十四年（公元前747年），晋文侯又保护周平王东迁到东王畿的王城（在今河南洛阳市王城公园一带）。至此，"东周王朝"才算正式开始。所以《国语》说，"晋文侯于是乎定天子"。也就是说，有"弑父"污点、最初压根不被多数诸侯承认的周平王，完全是晋文侯一手把他给捧上"正统天子"宝座的。

不过明白了周平王真正东迁的时间其实不是在传统认为的平王元年（公元前770年）而是在平王二十四年（公元前747年），又有一个问题来了，那就是秦襄公根本不可能如《史记》所说护送周平王东迁，因为他在周平王五年（公元前766年）就死了。

既然秦襄公没护送平王东迁，那秦襄公时代秦国升级为诸侯的说法，还可信吗？

对此笔者的看法是，这点应该仍然可信。因为后来秦始皇焚书，把各国的史书都烧了，唯独没烧自家的史书《秦记》，所以司马迁《史记》里有关秦国的很多内容都是根据秦国官方史书《秦记》来写的。《秦记》把什么弄错，也不可能把本国立国时间这么重大的问题弄错。故而笔者猜测，秦国确实是秦襄公时由周平王封建的，但具体时间不是在平王东迁后，而是在平王仍窝在西申国、不被多数诸侯承认时。

因为当时秦人地盘与西申国较近，飞廉后裔与西申又经常通婚（如大骆娶申侯之女），所以在周朝"二王并立"初期，几乎无人搭理的周平王可能就用"封诸侯"的许诺来拉拢秦襄公，要求其承认自己的天子地位并提供援助。当时的秦襄公也许觉得周幽王毕竟已经死了，周携王离自己又太遥远，虽然周平王不招大多数诸侯待见，但既然他愿意提升自己的地位，又何乐而不为呢？于是秦襄公就接受了周平王的册命。当然好在周平王后来托晋文侯的福成了"正统天子"，否则他要是失败了，他对秦人的册命也就成废竹简一编，无人承认了。

接下来还有一点笔者想说，那就是秦人君主也许真的在周平王二十四年（公元前747年）平王东迁时参与了护送，但前往护送的不可能是秦襄公了，只能是秦襄公之子秦文公，《史记》应该是搞错了护送平王东迁的秦君名号。

话说自犬戎杀死父亲周幽王，"弑父"的罪名就成了周平王的一块心病，他知道这是自己不被众诸侯承认的首要原因。后来周平王与犬戎的同盟关系也没维持多久，于是为了撇清自己与犬戎的关系、洗白自己，他在册命秦襄公为诸侯的同时还特地给他下了道命令："戎人无道，侵犯掠夺丰京到岐邑间的土地，秦人如果能驱逐戎人，那么岐山以西的土地就属于你们！"

受封为诸侯，又得到了可以合法扩张地盘的命令，秦襄公真可谓是赚大了。从此以后，"秦"就从一个王朝大夫采地升级为了一方诸侯国，秦襄公与其他诸侯交往的时候，也终于可以挺直腰杆、自称"秦公"、拿出国君的派头。秦人的历史，就此又翻开了一页新的篇章。这个当年因反周而被贬谪到西部边陲的小部族能有这一天，难道不是老天爷眷顾吗？

不过有读者可能会说，不对啊，历来不都说秦国为伯爵国，《春秋》

《左传》《史记》等书中，也都是称呼秦国国君为"秦伯"的啊！

其实传统的说法不一定就是对的，历代出土的秦国青铜器和石鼓文中，秦人对本国国君的称呼都是"秦公"而非"秦伯"！

那秦国国君的爵位到底是什么，为什么《春秋》《左传》《史记》等书称呼秦国国君为"秦伯"呢？下面我们就来解释一下。

在第二章"商周之变"那一节，我已经指出，按周代青铜器铭文的记载，西周诸侯爵位只有"侯、甸、男"三等，并无"公""伯""子"这些爵位。"伯"的本意也并非指爵位。

原来"伯"字在甲骨文、金文中都写作"白"，郭沫若认为像大拇指，本是指排行"伯、仲、叔、季"中的"伯"，表示老大、首领的意思。按周代宗法制，家族继位的一般为嫡长子即"伯"，所以西周时期王畿内的畿内国封君或王畿外的服国国君一般统称"某伯"，因为这两类国家严格讲都不属于诸侯（狭义）之列，即都没有"侯""甸""男"的爵称，不能称"某侯"或"某男"。现在大家应该明白了，"某伯"的"伯"西周时属于宗法称呼，并非爵位称号。

具体说秦，它最早是朝廷附庸，后来升级为朝廷

秦公簋及铭文（左下为盖铭，右下为腹铭；《商周青铜器铭文暨图像集成》编号 04251）
铭文内容：秦公作宝簋
时代：春秋早期（秦襄公时期）
出土地点：甘肃礼县永平乡大堡子秦公墓地
收藏地：上海博物馆

大夫采地，不管怎么说都属于王畿内的小政权。所以周平王拉拢秦襄公，提升他的地位时，他就变成了畿内国封君，按西周惯例当时人就把秦国国君叫"秦伯"了。明白了秦国国君为什么叫"伯"，同理大家就会明白郑国、毛国、单国等国的国君为什么叫"伯"了，因为他们原本都属于西王畿畿内国，后来东迁又属于东王畿畿内国。

但到这里又有一个问题，那就是秦人为什么不叫自己国君为"秦伯"，秦国国君也不自称"秦伯"，而叫"秦公"呢？那我们不妨再说说"公""子"的本意以及"公、侯、伯、子、男"这所谓的"五等爵"的形成原因。

公，通"翁"。《公羊传》云："天子三公称公，王者之后称公。"西周金文显示，西周王朝的卿士也即执政大臣都叫某公，如周公、召公、祭公、明公、益公、武公等，这就是"天子三公称公"；《逸周书·王会解》中尊称杞侯为夏公，尊称宋君为殷公，这就是"王者之后称公"。除此之外还有两种情况可以称"公"，一是诸侯或大夫在其本国内、本家内也可以被下属尊称为公，这就是"境内称公"；二是无论什么等级的诸侯死后谥号也都可以称"公"，这就是"举谥称公"。一句话，以上四种用法证明"公"在西周时是尊称而非爵称。秦人之所以称自己国君为"秦公"，一方面就属于"境内称公"的范畴；另一方面秦国国君之所以自称"秦公"，当然也是因为秦国国君暗藏野心，认为"公"的称呼比"伯"更显尊贵。

"子"，在甲骨文中它就像个婴儿，本意就是儿子，强调出身。在商代，商人贵族一般被称为"子某"或"某子"，如卜辞中有子画，文献中有微子、箕子等。在西周，商朝那种"某子"的说法出现得较少（相比公、侯、伯而言），当时"子"主要有两种用法：一是蛮夷小国之君之意。这种用法应是沿袭商人用法扩展而来的。因为商人和东夷人关系亲密，有很多共同习俗，所以《左传正义》载之为杞侯因使用夷礼而被贬称为"杞子"。二是贵族的庶子、小宗的宗长，与"伯"相对，都是从宗法角度产生的称呼。如西周前中期有沈子它簋，铭文称沈国国君为"沈子"，是周公之后。一些学者认为沈国是从周公之子的封国鲁国中分出来的，也有学者认为是从周公之子的封国凡国中分出来的，总之沈国的始封君应是鲁国或凡国的一个庶子。

至于"五等爵"的形成，旅美历史学者李峰研究认为，这是"西周灭亡和随后的周室东迁所带来的一系列政治和社会变化"[①]导致的。具体说，西周灭亡后，西王畿内被尊称为"公"的王朝卿士、原本称"伯"的畿内封君来到东方，跟东方原来有侯爵（主要是"侯""男"）的封国君主和无爵的服国邦君混杂在一起，产生激烈碰撞。尤其霸主政治兴起后，各类贵族君长经常在一起会盟，就有一个排序问题以及向霸主缴纳贡赋多少的标准问题。被尊称为"公"的王朝卿士作为天子代表地位当然最高，那"公"就排第一了；"侯"是周朝的支柱力量，一般军事强大，自然排第二；"伯"，无论是原来的畿内国还是外服没有"侯""甸""男"称号的普通服国，国力大都比"侯"小，就排第三；"子"，是贵族的称号，但宗法上比"伯"低，又常用来称蛮夷之君，就排"伯"后面；"男"是替天子耕种的诸侯，原本就是西周诸侯的末流，数量又稀少，结果被排最后。至于"甸"，原本是指替天子畋猎的诸侯，但是随着社会发展，渔猎已经不是社会经济中的重要一项，所以这个爵称很早就消失了。这样排下来，原来的尊称、爵称、宗法称呼等混在一起，就大致形成了所谓的"公、侯、伯、子、男"的顺序，并被春秋后期、战国时期希望重整天下秩序的儒家学者记载了下来，甚至"托古"追加到西周王朝时代。现在大家应该清楚了，其实"公、侯、伯、子、男"并非西周王朝或东周王朝明文规定的爵位制度，只是东周时期现实中约定俗成和儒家理想的产物。

[①] 李峰：《论"五等爵"称的起源》，李宗焜主编：《古文字与古代史 第三辑》。

僭礼祭天　奉诏伐戎

升级为国君并自我称"公"后的秦襄公,看到周幽王死后周朝分裂,各地诸侯包括戎人纷纷起来争权扩地,心中难免也有了窥伺天下的雄心,于是他决定举行典礼祭祀上天,来求取天神的护佑。

不过这时一个问题又来了:按周礼规定,只有周天子和先代之后的杞国、宋国以及对周朝有再造之功的周公之后鲁国有祭天的权利,诸侯只能祭祀自己国境内的名山大川。秦国这时还是周朝名下的一个畿内诸侯国,也不能明目张胆地公然违反周礼大搞祭天活动,向天下人泄露自己的野心。这怎么办呢?

秦襄公没有被难倒。当时民间农民为了向老天爷祈求有个好收成,常在农业生产中举行一种叫"畤(zhì)祭"的祭祀仪式,具体说就是在菜畦里聚土成堆在上面祭天。秦襄公就打了个"擦边球",说我们秦国也举行个畤祭吧,这可不是天子的祭天仪式"郊祭",名字不一样,不算违反周礼哦!

秦襄公虽然已经把西垂城让给大哥世父居住,自己住在汧邑,但是秦人的宗庙其实还在西垂城,那里依然是秦人的"圣都"。于是秦襄公就命人在西垂城郊的高山下,找了个向阳的小山头,在山头上修了一个畤祭场所。《史记·封禅书》云:"盖天好阴,祠之必于高山之下,小山之上,命曰畤。"这个畤祭场所因在西垂,所以就被称作"西畤"。

21世纪初,考古工作者在今天甘肃礼县城北的鸾亭山山顶发现了汉代的祭天遗址,因为当地有大量汉代瓦片和瓦当,遗址的祭祀坑中还出土了大批祭天用的玉珪、玉璧。众所周知,"汉承秦制",西汉的祭祀场所多是沿袭秦代,考古人员于是在周边探查,于鸾亭山的山腰处又发现一座夯土台基,一些学者认为这很可能就是秦襄公所建的西畤。

回到约2800年前。在占卜定下的良辰吉日,秦襄公穿上礼服来到西畤,亲自宰杀了三牲,也即一匹黑鬃毛的红马、一头黄色的牛、一只公羊,来祭祀天神上帝——具体说是白帝,也即少昊氏。少昊氏为什么会被称为白帝呢?历史学家徐旭生认为,少昊的"昊"字又作"皞","皞"的初始字应为"皋",其字上从"白",该字的本意应是白色的气体。[①]

我们知道,秦人的"老祖母"是颛顼的后裔女修,而颛顼部族又是少昊氏的后裔,所以从母系来讲少昊也算秦人的始祖。秦人祭祀白帝少昊,等于是把祭祀天神与祭祀祖先神合二为一。白帝少昊本为东夷的一位首领,后变成东夷之神,但因为秦国立国于西方并祭祀他,所以到春秋后期、战国时期形成的"五方帝"的说法中,他反而成了西方之神。而畤祭在之后的五百余年里,也成为秦国特有的祭天典礼,秦人每迁都一次,都要在新都建立畤祭的场所。这种畤祭仪式,还深深影响了之后的西汉王朝,西汉王朝也把畤祭列入国家级祭典之列,西汉的很多帝王都曾亲自参加畤祭;直到西汉末年,畤祭这种重要的祭天形式才因有违儒家典籍而被狂热恢复周礼的王莽废止。

春秋后期、战国时期形成的"五方帝"的方位与颜色关系

方位	东	南	西	北	中
神祇	青帝（太昊）	赤帝（炎帝）	白帝（少昊）	黑帝（颛顼）	黄帝（轩辕）
颜色	青	赤	白	黑	黄

[①] 徐旭生:《中国古史的传说时代》(增订本),北京:科学出版社,1960年版,第209页。

此外还有一点值得注意，那就是秦襄公祭天的三牲不是中原各国常见的太牢"牛、羊、豕（猪）"，而是"马、牛、羊"，没有豕而有马，而且马排在第一。我们知道，嬴族一向以善养马、驭马著称，费昌、孟戏、中衍、造父、非子、奄父等人都因此而显贵，所以在秦人心目中马的地位要远高于豕，也高于牛，故而他们祭祀上天和祖先时才会把马作为第一等的祭牲。

当然，升级为诸侯并举行了具有自己特色的祭天典礼后，秦襄公并没有忘乎所以，他知道自己肩上的担子还很重：西垂所在的河谷川原地方局促，西周灭亡、很多地方成为无政权的真空地带，表面看是秦人扩张的一个有利时机，但失去了周王师支持的秦人独自面对在陇西和关中地区狼奔豕突的戎人，等于陷入被前后包围夹击的境地，其实面临着严重的生存危机。这时候也只有抢占周平王所许下的"岐山以西"土地，才能摆脱危机并打开局面——东越陇山开拓新的国土，能远离以西方为大本营的戎人，到时候陇山本身就可作为抗击戎人的一道屏障；而且越往东发展，越靠近周朝东方诸侯，必要时可以获得援助。当然这时陇山以东、岐山以西的很多地方已经被戎族占领，部分还在周人手里（如西虢国东迁三门峡后留下的虢人支族建立的"小虢"），秦国要实现战略目标，把周平王开的空头支票给真正兑现，只有靠自己手中的戈与矛。所以在接下来的几年里，秦襄公率领秦军马不停蹄地与渭河平原西部的戎人部族交战，也收复了若干块被戎人占领的土地。

尽管是为了生存和发展而不得不打的仗，但频繁征战，不仅苦了秦人士卒，更苦了在后方留守的秦人妇女们。前面提到《诗经·秦风》里有一首诗《小戎》，就是秦襄公时期一位"军嫂"的作品。诗中写道："言念君子，温其在邑，方何为期，胡然我念之。"这句诗意思就是说，想起温润如玉的夫君，从军在戎地征战，不知啥时候才能回来，叫我怎能不想念？

转眼到了秦襄公十二年（周平王五年、周携王五年，即公元前766年）。这年秦襄公率领秦军讨伐戎人，打到了周人的龙兴之地岐山脚下。不过戎人也不是吃素的，他们激烈反击，秦人最终没能在当地站住脚。秦襄公本人很可能也在岐山之战中受了伤，史书说他死于军中，没有看到秦人占据平王许诺的所有土地（即岐山以西地区）的那一天。

秦襄公去世后，他的遗体被秦人护送回秦人宗庙所在的西垂安葬。因为立国、拓土的大功，最终秦人给他选定了"襄"这个谥字。因为谥法说，"辟地有德曰襄，甲胄有劳曰襄，因事有功曰襄，执心克刚曰襄，协赞有成曰襄，威德服远曰襄"。

20世纪90年代，甘肃礼县城东15公里的大堡子山上有古墓被盗墓贼疯狂盗掘，大量珍贵文物出现在港澳台及纽约、伦敦、巴黎等海外文物交易市场上。随后考古工作者在大堡子山进行抢救性挖掘，发现整个墓区东西长250米、南北宽140米，其中有两座时代在春秋初年但大小远超同期诸侯甚至天子规制的"中"字形大墓。大墓附有大型车马坑和四百多座中小墓，规格极高，在追缴的文物中还出现了很多带有"秦公"铭文的青铜器（包括上一节提到的秦公簋），因此学者确定这是秦代早期国君陵区。当然因为墓地被盗扰破坏、文物离散损毁，两座大墓的具体主人已经难以认定，多数学者认为两座墓一座就是本节主人秦襄公墓，另一座应是秦襄公之子秦文公墓。

西周末年、春秋初年部分王侯墓情况对比表

国别	位置	时代	编号	墓型	大小	墓主人
秦	甘肃礼县大堡子山	春秋早期	M3	"中"字形	东西全长115米，墓室口长24.65米，宽9.8米	秦襄公或秦文公
秦	甘肃礼县大堡子山	春秋早期	M2	"中"字形	东西全长88米，墓室口长12.1米，宽11.7米	秦文公或秦襄公
周	河南洛阳市第27中学	春秋早期	C1M10122	"亚"字形	南北全长62.6米，东西全长31.9米，墓室长7.5米，宽6.7米	可能为周平王
晋	山西曲沃县北赵村	春秋早期	M93	"中"字形	南北全长32.6米，墓室口长6.3米，宽5.1米	可能为晋文侯
西虢	河南三门峡市上岭村	西周末春秋初	M2009	"口"字形	墓室口长5.6米，宽4.4米	西虢国君虢仲

续表

国别	位置	时代	编号	墓型	大小	墓主人
芮	陕西韩城市梁带村	春秋早期	M27	"中"字形	南北全长60.9米，墓室口长9.3米，宽7.1米	芮桓公

在考古抢救挖掘和海内外追缴的大堡子山随葬品中，除了常见的礼器、车马器、玉器、陶器，还有西周、春秋早期墓葬罕见的大量黄金饰片。这些黄金饰片或是作为棺椁的装饰，或是作为车马的装饰，甚至还有几套人穿的铠甲上的装饰，无不做工精美，其中尤其以"鸱鸮"（chī xiāo，猫头鹰）形饰片最令人瞩目。

关于"鸱鸮"形饰片的用途，最初有学者猜测是装饰在秦公棺椁上的，后来考古人员在山西北赵晋侯墓地车马坑中也发现了类似铜饰，人们这才恍然大悟——这些金片都是马甲上的装饰，具体说是放在马面两侧的。用"鸱鸮"形金饰片装饰马甲再次证明了东夷之后的秦人对神鸟的崇拜。现在我们可以想象，当时的秦襄公应该是本人身着耀眼的金甲（皮甲外装订金箔），座下战车也装饰金片，并由披着黄金马甲的骏马拉拽，宛如天神般威风凛凛。

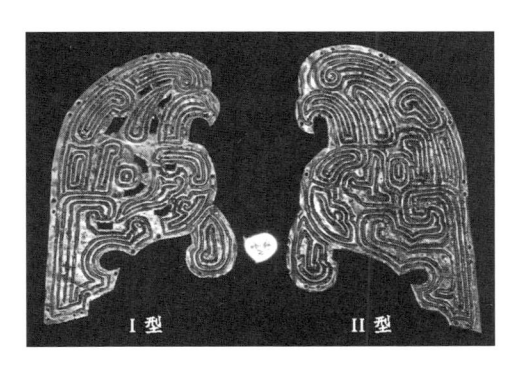

"鸱鸮"金饰片（分为镂空、不镂空两种类型，均高52cm、宽32cm）

通过对比殷墟墓葬，我们可以知道把黄金做成金箔片来装饰的做法也是商人的习惯,西周周人墓中的黄金多是作为首饰、带饰、摆件存在的。不过还有一个问题,那就是秦君墓中金饰品的原料——大量黄金,秦人是从哪里得到的?

当时秦人刚刚立国、面临危局,花费巨资去与外邦外族交换黄金显然不可能。其实鲜为人知的是,《山海经·西山经》中所记的"皋涂山"就盛产黄金。一些学者考证,皋涂山就在今天甘肃岷县东[1],也即礼县以西。而现代地质勘探,发现今天的甘肃礼县和隔壁的岷县一带属于"礼岷金矿带",估计黄金资源近300吨[2],20世纪八九十年代时,当地农民运气好时一锄头下去就能刨出金矿石。在秦代封泥中,还有"西采金印""西采金丞"等字样。众所周知秦人所说的"西"就是西垂,所以两周之交的秦人应该已经开始在都城西垂周边开采金矿,秦墓中的黄金主要是秦国自产。本书第二章曾介绍,西垂之地牧场丰饶,盐业也发达,现在我们又知道当地还盛产黄金,不由得让人感叹老天对秦人不薄。这些宝贵的自然资源和矿藏,为秦人的发展奠定了最初的物质基础。

像腊祭一样,秦君墓远大于其他诸侯墓,甚至大于洛阳天子墓,秦人用黄金装饰棺椁、甲胄等,在当时也算是有违周礼的僭越行为,可见秦人骨子里就有蔑视权威的强悍性格。也正是这种与生俱来的、敢于反传统的强悍性格,让秦人从甘陇一带一步步向东挺进,创造了秦族、秦国、秦朝的辉煌发展史,给予中国历史以深远影响。

不过另一方面,考古学家也在大堡子山发现了一种令我们今人觉得极其残忍的现象——两座秦公墓里共挖出二十七具殉葬者的遗骸,有的殉葬者是杀死后埋入的,有的则是活埋,因为他们的尸骨明显呈痛苦挣扎状。我们知道,殷墟发掘显示,商人贵族死后盛行杀人殉葬,

---

[1] 周运中:《〈山海经·西山经〉地理新释》,《古代文明》,2012年第1期。
[2] 见新浪网报道《甘肃礼县:盛产黄金的贫困县》。

主要是杀近亲、近臣、近侍等，好在死后依然有"人"侍奉，一般中型墓葬有一到数个人殉，大型墓葬则有数十人甚至上百人。但周公"制礼作乐"后"敬德保民"思想抬头，这种野蛮之风逐渐呈消退趋势，西周时期贵族墓葬虽也偶有殉人，但比商代已经大为减少，只有东夷地区（今天山东一带）还较多保留此习俗。随着西周王朝的崩溃，为周礼所不容的人殉恶俗居然又在中国大地上兴起，而且东夷之后的秦人在西方建国后，不但把它拾了起来，还后来居上，人殉之风"冠绝天下"，愈演愈烈，连秦国中小贵族甚至平民墓都常有殉人。这一现象，又显示了秦国作为后起之国的野蛮性和落后性。

秦文公迁都"汧渭之间"

秦襄公去世后，因为国不可一日无君，其子继位，这就是后世所称的秦文公。

文公在位初期，仍居住在秦人"圣都"西垂（西犬丘）的西垂宫中。他也是一位有雄心壮志的君主，念念不忘夺取平王"赐予"的岐山以西之地，打破戎人的包围，完成秦国的东扩大业。不过要实现这一宏图，他再继续以陇山以西的西垂为都显然有些偏西了，不利于秦国向东方开拓。至于父亲襄公一度居住的陇东汧邑（在今陕西陇县东南），文公对其各方面条件并不满意。于是秦文公三年（周平王八年、周携王八年，即公元前763年）年底，文公带了七百将士出宫东行，对外说是去东方打猎，实际则是寻找适合建立新都的地方。

文公为什么不"实话实说"呢？显而易见，自周成王时被贬谪到邾圉算起，秦人已经居住陇西二百多年，贸然迁都到陇东，估计会招致很多保守秦人的反对；而且秦襄公东进伐戎死于军中，可能也让很多秦人蒙受了心理上的打击。所以文公就玩起了"明修栈道，暗度陈仓"的把戏。

在"打猎"的名义下，文公一行一路上仔细考察山川地貌、物产情况和戎族分布，逐渐越过陇山，进入渭河平原的西端。秦文公四年年初，盘桓近半年的他们来到了"汧渭之会"，也就是汧水（今名千河）和渭水的交汇处，在今天陕西宝鸡市一带。

两河交汇处的三角洲，土地自然十分肥沃。文公见了，抚今追昔良久，对左右说道："昔日周天子正是在此地将秦邑封赏给我的先祖非子，这是我们秦人发迹的起点，后来我们才终于成为一方诸侯的啊。"

接下来文公就让人占卜在这里建都是否吉利，最后的结果是大吉。于是文公拍板，命令在汧渭之会修造宫室房屋。完工之后，文公就在此居住下来。这时西垂依然保留秦人的宗庙，不过秦国的政治重心实际已经东移了。

20世纪后期以来，考古工作者在今天千河东西两岸发现很多春秋时期的遗址，但大多不大（5万平米左右），只有千河东岸的陈家崖遗址达到20万平米。2011年，因村民取土，考古工作者又在陈家崖北侧的魏家崖村发现了一座春秋早期的大夫墓（墓主拥有五鼎），因此参与此次考古活动的学者梁云（后曾担任早期秦文化联合考古队领队）认为秦文公所建的都城就在陈家崖一带。[1]

到了秦文公十年（周平王十五年即公元前756年），文公也学父亲襄公，在汧渭之会的鄜（fū）地（具体位置不详）建造了祭天的畤祭场所——鄜畤，用来祭祀白帝也即少昊氏。

关于鄜畤的来历，《史记·封禅书》里还记载了一个神异故事：秦文公住在汧渭之会的宫殿中时，有一天晚上突然做了一个怪梦——

---

[1] 梁云：《西垂有声》，北京：生活·读书·新知三联书店，2020年版，第94—98页。

春秋前期西部地区形势图

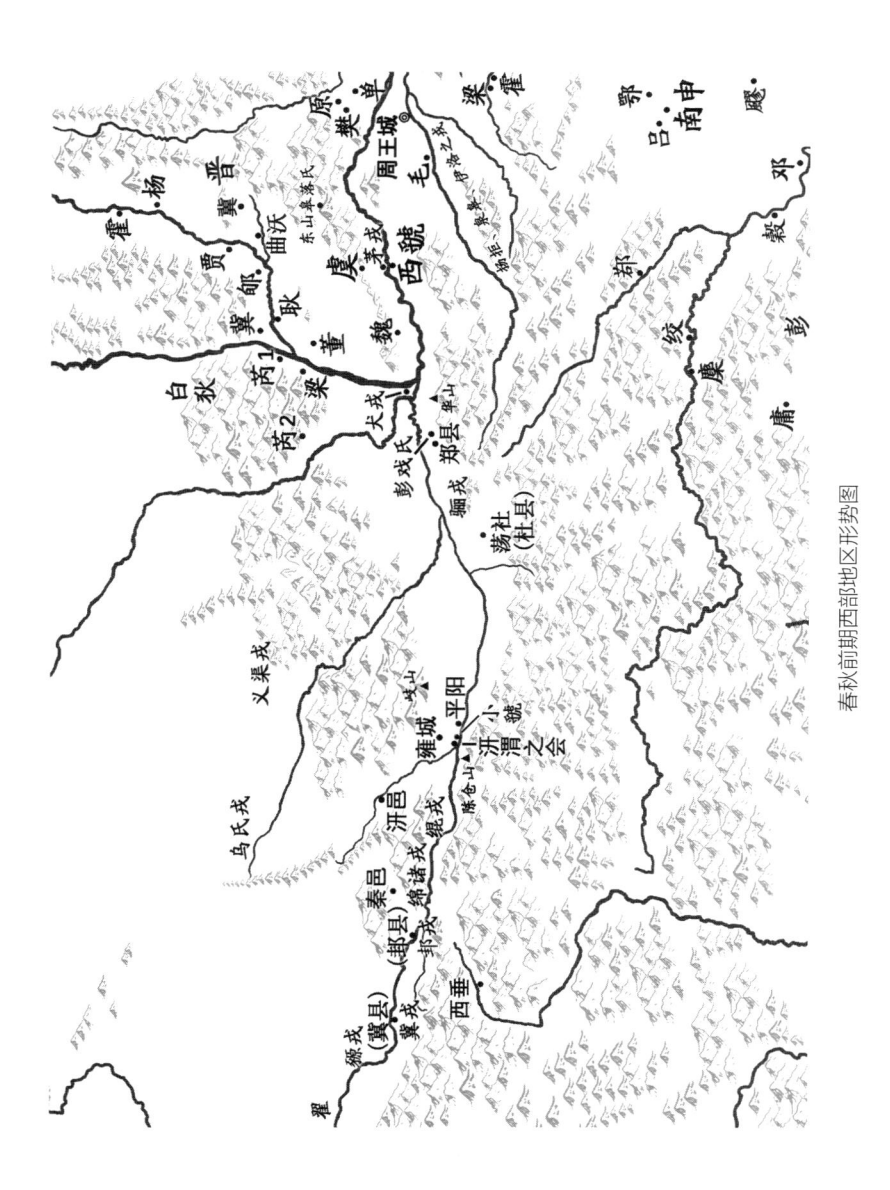

他梦见一条黄色大蛇从天上降下，蛇身仍连着天，而蛇嘴正好落到鄜地的山坡上。文公不知道这梦是啥意思，第二天就把一位名叫敦的史官喊过来，让他给自己解梦。史敦听了文公的梦境后就说："这是上帝显灵的征兆，您赶紧祭祀它吧！"于是文公就在鄜地修筑了鄜畤，用三牲来祭祀白帝。

文公迁徙到陇东周人旧地后，秦人开始大规模吸收周文化并飞速进步。秦文公十三年，秦国学习周朝和中原诸国，确立了史官记史的制度。秦国史书《秦记》就是从这一年开始有连续记载的（秦文公十三年之前的秦人历史都是后来史官追记、补记的）。其实史官的职责不只记言记事，还包括为国君解疑答惑、建言献策（如上面那位史敦），为贵族百姓普及教育。秦人出自东夷颛顼部族，在商代也曾跻身贵族圈，耳濡目染商文化，但自周初被贬谪邾圉，丧失贵族身份混迹于西戎之中百余年，没机会学习新朝的周礼，倒沾染了很多戎狄之俗，现在终于得以致力于文化建设。

当然文公迁都陇东最大的目的是打破戎人包围、开拓陇东土地，所以十多年来，文公从未停止伐戎的脚步。经过多次征战，到秦文公十六年时秦国伐戎终于取得了阶段性的重大胜利：岐山以西的各戎人部族基本都被秦人逐走或收服，而当地的周人遗民也大都归附了秦国，秦人总算把岐山以西的地盘大致收入囊中，自己把周平王当初许的空头支票给坐实了。这期间秦人一定克服了很多艰难险阻，打赢了无数硬仗恶仗，只不过因为史料残缺，那些惊心动魄的史诗般故事我们今人已经无法得知了。

这下子不但秦国的战略态势大大好转，领土和人口也大幅增加，而且扩大的地盘是比陇西更好的土地——渭河平原西部的膏腴之地，增加的人口不少是掌握较先进礼乐文化和农耕、手工业技术的"高端人口"——周人遗民。说来好像是天道轮回：以前秦人是周人的附庸，为周人御边、养马，现在倒了个个儿，秦人变成了周人的主人，周人要为秦人服役、劳作了。这为秦国文化、经济、军事的进一步发展奠定了坚实的基础。

比如唐代曾在今陕西宝鸡市凤翔区三畤原发现一批秦国刻字石鼓,世称"石鼓文"。这批石鼓每个之上都镌刻诗歌一首,形式为四字一韵,与《诗经》相同,内容为记述秦公祭祀尤其是游猎等事;石鼓文的字体,上承西周金文,下启秦代小篆,线条圆润浑厚,结构对称平正。总的来说,秦国石鼓文不论是诗歌水平还是书法水平都达到了相当高度。石鼓文作为中国遗存至今的最早石刻文字,学者们对其产生的具体年代尚有争议,一般认为是在春秋中期。但它的产生,显然是秦人努力学习周文化的结果。

秦 石鼓文(作者摄)

秦人的学习成绩也得到了时人的认可。秦文公之后约二百年,吴国公子季札出使中原,在鲁国观看周朝礼乐。当鲁国的乐师们演奏了《诗经》中的《秦风》后,季札感慨说:"这就是华夏之音啊!只有华夏的音乐才能如此博大精深。这是周人发祥地的传统音乐吧!"可见经过多年学习浸润后,到春秋中后期秦人的诗歌和音乐已经被认定是得到了周人的嫡传。

在春秋秦国贵族墓地中还经常出土一种青铜短剑,被考古学家张天恩命名为"秦式短剑"。这种秦式短剑的特点是剑格部位都装饰兽面纹,更讲究的还在剑柄上装饰蟠螭纹,一般认为它就是由西周兽纹

> 块炼铁是指在较低温度（800～1000℃）下，用木炭还原铁矿石得到的杂质多、质地疏松的海绵状铁块；经过锻打，挤出夹杂物，改善机械性能而制成的铁器称为块炼铁锻件。由于铁的还原未经液态，所以又称为低温固态还原法。如以块炼铁为原料锻成所需物件，并在炭火中长时间反复锻打，减少杂质、增加碳含量，使其变硬，即块炼渗碳钢技术。块炼铁技术最早于公元前19世纪出现在西亚地区，公元前15世纪至公元前14世纪被今天土耳其安纳托利亚半岛的赫梯帝国当作秘密技术掌握。赫梯帝国灭亡后该技术被亚述人学去用于大量制造铁兵器，建立了强大的亚述帝国。公元前8世纪至公元前7世纪，两河流域地区率先进入了铁器时代。

柄短剑发展演变而来，所以这应该也是秦人收拢周遗民的产物。整个春秋时期，秦国贵族就是手持这种融周、秦文化于一体的秦式短剑讨伐戎狄，参与中原争霸战争的。

尤其值得一提的是，考古发现一些秦式短剑为铁身铜柄（或金柄），其中年代最早的约为春秋早期。科技人员经检测证明剑身所用铁不是陨铁，而是块炼铁或块炼渗碳钢。这说明至迟在春秋早期秦国已经掌握了块炼铁技术，是周代较早运用该技术的诸侯国。那么秦人的冶铁技术是从哪里来的呢？要说截至目前中国发现的最早的人工冶铁兵器，要数河南三门峡姬姓西虢国墓地出土的玉柄铁剑和铜内铁援戈等，时间为西周末期。所以秦人会冶铁，很可能又是跟关中周人遗民学的。不过当时块炼铁产量低、杂质多、铁质绵软，故而铁身秦式短剑还都是贵族炫耀身份的"奢侈品"，并没有大规模普及。直到秦始皇统一天下时，秦国军队和六国军队的装备仍以青铜武器为主。

回过头来。话说扩了地、得了人之后，秦文公也玩了一把小幽默，他上书周平王，说秦国把岐山以东的土地都献给平王朝廷。可众所周知，当时岐山以东不少地方也被戎人占据，根本不在秦人手里。不过既然当年周平王赏了秦人一张空头支票，现在我们秦人也回敬周平王半张空头支票吧！

那当时周平王那边的情况又怎么样呢？我们前面提到过，在秦文公十六年（晋文侯三十一年、周平王二十一年，即公元前750年），晋文侯仇决定力捧周平王，把他从一个叫少鄂的地方迎接到宗周，让他住进了镐京的旧王宫内。

联系上面的时间节点我们会发现，秦文公给周平王开空头支票、说要给朝廷献上"岐东之地"，正是周平王刚被晋文侯接到镐京的时候。可能秦文公就是拿这个空头支票给周平王当"还于旧都"的"贺礼"的吧！

当然周平王在镐京并没有住多久，因为历经二十多年战乱，镐京早已经残破，而且戎族遍布四周，镐京城三天两头就有警报。于是三年后的秦文公十九年（周平王二十四年、晋文侯三十四年，即公元前747年），晋文侯又保护周平王东迁到成周的王城。在平王东迁时，可能秦文公看到平王这只原本的"垃圾股"有走高的趋势，所以他就转变态度，也带兵参与了护送，只不过因为东周初年的史料散失，所以《史记》误记为秦襄公护送平王东迁。

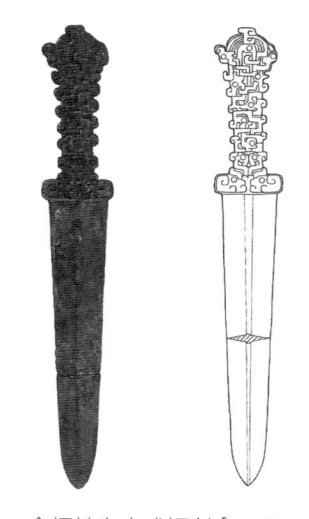

金柄铁身秦式短剑 [1992年出土于宝鸡益门村春秋晚期秦墓。通长35厘米（春秋前期和中期各国之剑普遍较短），身长24.6厘米，柄长10.4厘米，肩宽3.7厘米，重343.6克。金柄有镂空蟠螭纹和饕餮纹，镶嵌绿松石。]

陈宝与南山大梓树的神奇传说

据《史记》等书记载，在秦文公十九年即文公护送平王东迁的这年，文公还得到一样好宝贝——"若石"，又名"陈宝"。文公得了它之后，就在陈仓山（今陕西宝鸡市区东南鸡峰山）北坡造了座祠堂，郑重地把它供奉起来，并用"一牢"即一份牺牲来献祭。

这"若石"或"陈宝"是个啥玩意儿呢，让秦文公如此看重？原来它是一块褐色的陨石，当年从东南方向闪着耀眼光芒、带着轰隆雷声落到陈仓山一带，把山中的野鸡惊得乱飞乱叫了半夜。古人迷信，尤其是作为广义殷商遗民的秦人，对这样一块从天而降的石头，自然要当作神物了。当然秦文公为神石造祠，恐怕还有利用神异现象营造秦国"神权中心"的心理，以此来凝聚新归附的各部族的人心。其实不但秦人一直重视祭祀陈宝祠，就是后来的汉朝皇帝们，对"陈宝"也很崇信，多次亲临祭祀。后世人们不断添油加醋，越传越离奇，到晋代的《晋太康地记》《搜神记》等书里，"陈宝"的故事已经变成了如下的"豪华"版本：

秦文公时，陈仓有个猎户猎到了一只怪兽，像彘（猪）不是彘，像羊不是羊。因为见这怪兽很稀奇，他就赶着想去献给国君。走到半道，猎户遇到了一男一女两个小孩儿。俩小孩见了怪兽模样，就对猎户说："这玩意儿叫媦（wèi），经常钻在地下吃死人脑子的！"猎户一听害怕了，就想拿棍子把这怪兽给拍死。没料到这时怪兽突然开口说话了："那两个小孩儿是陈仓之宝，如果得到雄的，就能称王天下；如果得到雌的，也能称霸天下。"猎户一听，就撇了怪兽去追那对童男童女，童男童女当然撒腿就跑，跑着跑着就见他们变成了雉鸟也就是野鸡，飞进了树林里。猎户大为惊奇，赶紧跑去报告秦文公，文公就带了大队人马去树林里围猎，最后雄的没找到，只找到了一只雌的。可这雌野鸡被秦人抓住后，又突然变成了一块石头。于是秦文公就在陈仓山北坡建了祠堂，把这块石头供奉了进去，所以一百多年后秦文公的玄孙秦穆公得以称霸西戎。至于那只雄野鸡，据说跑到了东南方向的今河南南阳，但它还念念不忘自己的夫人，经常来陈仓探望，每次来的时候就见一道丈余的光芒从东南飞入陈宝祠，同时伴随着鸟鸣声。王莽时期，光武帝刘秀起于南阳、统一天下，传说就是因为有那只雄野鸡落户南阳的缘故。

> **早期骑兵**
>
> 约公元前13世纪，两河流域的亚述帝国出现了最早的骑兵，但只担任传令等任务；公元前8世纪亚述人发明马鞍，骑兵开始大量出现在战场上。
>
> 在中国，考古人员于殷墟挖掘中曾发现一人一马合葬墓，显示商代后期已出现单人骑马的骑乘方式。西周和春秋时期的战争以车战为主，春秋初年秦国因为善于养马又接近西戎，建立了少量骑兵部队；到战国赵武灵王"胡服骑射"，骑兵开始上升成为一个兵种。但高桥马鞍到西汉时期才出现，马镫实物晚至东晋十六国时期才出现，所以战国时期骑兵还不能担当冲锋陷阵的任务，其战术主要是利用机动性进行侦察活动或骚扰、偷袭敌军。

就这样，在神话中"陈宝"就跟神鸡联系了起来。到了唐肃宗时期，据说当地又有神鸡显灵，在山中鸣叫，声传十余里。当时正值朝廷平定"安史之乱"之际，唐肃宗为了讨吉利，就将古地名陈仓改为"宝鸡"，这便是宝鸡地名的由来。

到了秦文公二十七年，秦国又发生了一次著名的神异事件。《史记》对这次神异事件只写了八个字："伐南山大梓，丰大特（特，古指公牛）"，让人有点摸不着头脑。好在南朝宋《录异传》等书有更详细的注解，大家来瞧一瞧：

秦文公时，陈仓南山上有一棵活了千年以上的大梓树。可能是文公想用它做木料，就派了一队人来砍伐。谁知道工人刚砍了几斧头，天上立马狂风暴雨，紧接着树被砍开的口子居然自动就愈合了。这下子可把工人们吓坏了，他们只得先退了回去。当天梓树附近的村庄里刚好有个人病了，可能是病痛熬人，他在夜里离开家到山上走走转转，这一转碰巧就转到大梓树附近。这时他突然听见有人在对话。一个声音说："秦文公派人来砍你，你怕不怕啊？"另一个声音答："秦文公能拿我怎么样？"头一个声音又说："秦文公要是让人披头散发，用红线缠在树上，然后再砍，你有啥招？"后一个声音就没再响起。第二天，这个病人就把听到的话一五一十向秦文公禀报，秦文公当然就命人如法炮制再去砍梓树，这下大梓树终于被砍断了。可令人不可思议的是，断了的大梓树中间突然闪出头大青牛，见人就狂奔而去，钻入东方的丰水里。后来青牛从水里出来，秦文公派骑兵去追，追了一段路没追上。有个骑士掉到马下，发髻开了，头发披散下来。大青牛一见又害怕了，就再次跳进丰水里，怎么也不上来了。秦文公看披头散发居然能吓退青牛，于是就在秦军中设置了一队披头散发的特殊骑兵，起名为"旄头骑"，作为君王仪仗队的先驱。后来汉朝、曹魏、晋朝也沿袭了这种做法。至于梓树精所幻化的那头大青牛，后世有人说，老子所骑的青牛就是它。

时光荏苒，一晃二十一年过去，时间到了秦文公四十八年。因为文公在位时间太长，这年他的太子被熬死了，不过秦人依旧给这个倒霉的太子上了个谥号叫静公（《史记》作"竫（jìng）公"）。

又过了两年到秦文公五十年（周桓王四年即公元前716年），文公这个老寿星终于逝世，秦人也将他运回陇西的西垂安葬，现代学者多认为礼县大堡子山两座"中"字形秦国大墓中的一座就是秦文公的。对秦国来说，虽然襄公立国功不可没，但文公才是定都陇东的第一位君主，也正是文公真正让秦国在渭河平原西部站稳了脚跟，从而奠定了秦国独霸关中的基础。谥法说,"经天纬地曰文"。秦文公能得到"文"的谥号,可见在秦人心中他对秦国的贡献和影响有多大了。

当然,在表述秦文公的功绩之余,我们还要指出他出台的一项"恶法":秦文公二十年,秦国制定了诛灭三族的族诛法令。这也是文献上首见中国古代政权就此立法。上一节我们介绍了东周初年立国后的秦人在学习周文化方面的成绩,而本节有关秦文公的这些神话传说和立法记录,则体现了殷道也即"尊神尚鬼重刑"的商代立国特点对作为广义殷商遗民的秦人的深刻影响。

群雄初觉醒

我们一直强调,秦国的发展本是东周时代列国争强这场大戏的一部分。所以本节我们再来看看秦文公后期也即春秋前期中段的"天下局势"。

首先还是要说说气候这只看不见,但对人类历史有重要影响的"大手"。春秋前期,西周中后期的寒冷期结束,温度迅速回升。气候好转,西北戎狄南下的脚步放缓,中原农业也得到一个良好发展时机,各国人口增长、城市繁荣,必然会带来思想文化和制度的变化,又一个新的时代即将到来。

在各方力量中,我们先说说东周朝廷。周平王东迁后,虽然丧失了西王畿大部分土地与人口,诸侯也大都不再向王室进贡,但周朝还拥有东王畿约六百里土地和西王畿东部的少部分土地。按说这面积比当时的一等诸侯国还要大很多(当时东方大国齐国方圆不过二三百里),而且伊洛一带的自然环境也非常优越——气候温润、河流纵横、

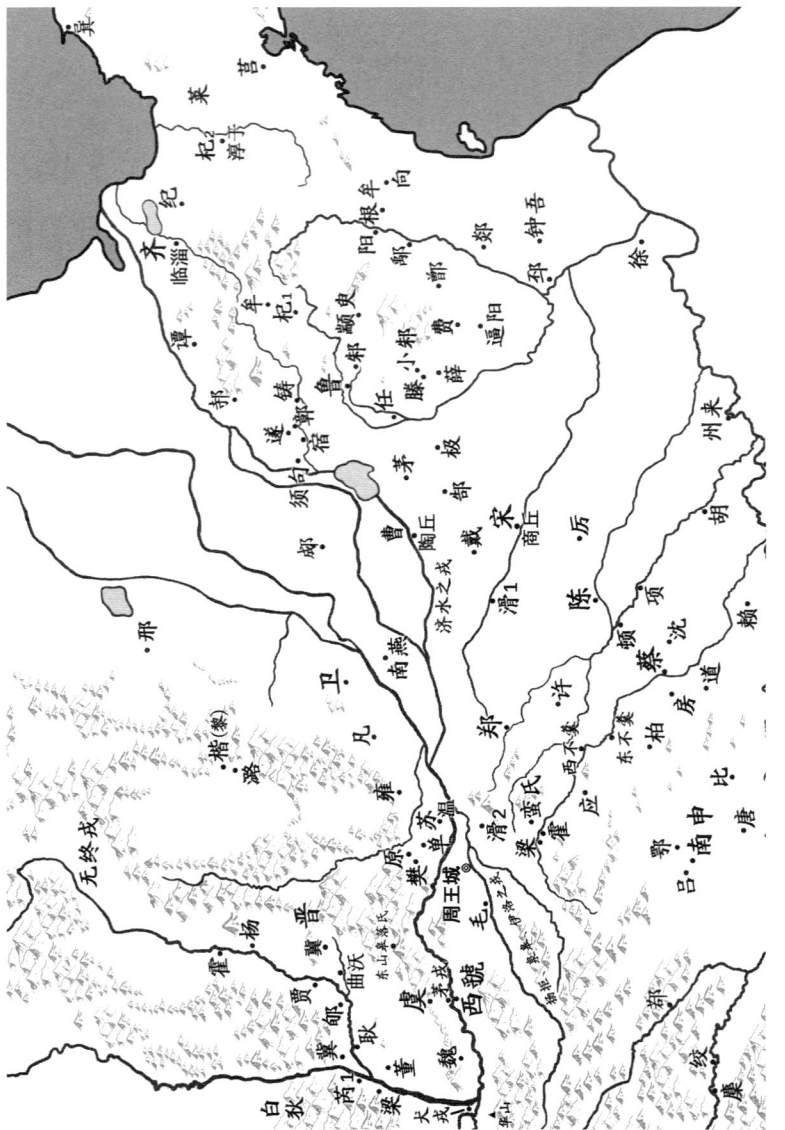

春秋前期中原地区形势图

土质肥沃，又是天下之中、交通枢纽，百货荟萃、商贸发达。如果能真正控制、妥善经营，振兴大周朝并不是完全没有希望。要知道商朝中期经历了持续近百年的"九世之乱"后，又有"武丁中兴"，使得商朝继续做了二百多年中原霸主。但可惜的是平王素无威望，能力又在中人之下（《汉书·古今人表》把他排在"下下愚人"之列）。尤其是东迁时西王畿很多贵族世家如周、召、毛、单、南宫等族跟着涌进东王畿，导致东王畿内一时贵族满街走、人满为患。周平王为了奖励他们的"从龙之功"，安抚他们的不满情绪，不得不把东王畿内的大批土地分封给他们，所以六百里东王畿再次被分割得支离破碎，其中真正由天子控制的王邑所剩无几，因而周朝国势一直不能恢复。唯一值得周平王庆幸的是，因为西周三百年的余威尚在，尤其是礼乐文化对人们观念的影响束缚尚强，春秋初年多数国家对王室仍怀着一定的尊敬之心。

平王上位的最大支持国是晋国，它也是西周时期真正意义上的"诸侯"中的第一等——侯爵国。但平王东迁的第二年（周平王二十五年、晋文侯三十五年，即公元前746年），也就是秦文公制定族诛法令的那一年，一直鼎力帮助周平王的晋文侯去世。周平王失去了他人生最大的支柱，晋国也失去了一位政治强人。接下来，位于曲沃（在今山西曲沃县，后南迁到山西闻喜县北）的晋文侯弟弟曲沃桓公和桓公之子曲沃庄公，不断进攻晋国都城翼都（在今山西翼城县北）中的晋文侯后裔。东周朝廷可能也是不愿见到诸侯国强大、威胁王室，乐得见到晋国内斗，先是支持曲沃小宗讨伐翼都大宗；见翼都大宗力不能支后，反过来又支持翼都大宗打击曲沃小宗，使得刚刚在东周政治舞台上崭露头角的晋国陷入数十年战乱，自然失去了控制影响东周朝廷的良机。可怜晋文侯在周平王身上下的本钱都白费了。

晋国内乱，便宜了护送周平王东迁的另一个姬姓诸侯国——郑国，即在西周时期本没有爵位，也不在狭义"诸侯"之列的畿内采地政权。

> 西周从事商业的人以殷商遗民为主，故称"商人"。当时"工商食官"，即手工业和商业主要以服务官府和贵族为主，没有生产经营自主权，工商业者也由官府和贵族供养。

据清华简《郑文公问太伯》记载，郑桓公并没有像《史记》所讲的那样在骊山为保护周幽王而战死，而是趁着周朝"二王并立"的混乱时期东奔，反噬"恩人"，先后灭掉了允许他寄存族人和财物的中原鄶国、东虢国，并迁都于郑父之丘（在今河南新郑），重建了郑国。为了在乱世中迅速积累财富、增强国力，郑桓公与跟随自己一起东迁的西王畿商人盟誓："尔无我叛，我无强贾（gǔ），毋或匄（同"丐"）夺。"意思就是你们商人不背叛我，我决不强买强卖、巧取豪夺。因为善待商人并授予他们一定自主权，郑国的商业迅速发展起来，官府也获得丰厚的税收。在以农立国的周朝能有这样的商业意识，不得不说郑桓公的头脑十分灵活。

不久郑桓公离世，他的儿子郑武公继位，并于周平王十年（秦文公五年）时娶了申国之女为夫人，政治立场悄然转变，改为拥护周平王。所以他后来与晋国联手，在周平王二十四年保护平王东迁洛邑。因为平王东迁后没两年晋文侯就死了，于是郑武公作为王室近支（他是周厉王之孙）、"东迁第二功臣"，顺理成章地被周平王任命为东周王朝的卿士，也即执政大臣，执掌起朝廷军政大权。

几年后，郑武公病死，他的儿子郑庄公寤生又继续把持东周朝政。郑庄公这人极负谋略，他假公济私，利用执政的身份和东周王师的力量大玩"远交近攻"，一面结好齐、鲁两国，一面打着替王室讨伐不臣的名义攻击宋、卫等国，不断扩大郑国的版图和影响力，开启了春秋时代"挟天子以令诸侯"的先河。那时候其他国家尚未兴起，因此郑庄公在东周初年的政治舞台上纵横驰骋，史称"郑庄公小霸"。多说一句，所谓的"霸"，并不是霸蛮、霸道的意思，古时它的本字其实是"伯"，即老大哥也就是一方诸侯之长的意思，春秋时指主持诸侯盟会的诸侯。所谓"小霸"即"小伯",就是指能主持小型盟会的诸侯。当然"小霸"的出现也是"礼崩乐坏"的表现之一,因为本来按周礼规定,只有天子才有权召集并主持诸侯盟会。

到了周平王四十九年(秦文公四十四年)时,郑国也出现了一次内乱,郑庄公寤生驱逐了有不臣之心的弟弟共叔段,这就是"多行不义必自毙"的成语故事。又过了两年(周平王五十一年、秦文公四十六年),窝囊半辈子的周平王驾崩,不过他也熬死了自己的两个儿子,只能由孙子林继位,这就是周桓王。年轻气盛的周桓王上台后,不满郑国把持朝政、操纵王师却常干"损公肥私"的事情,就想把执政的位子交给西虢国国君虢公林父。本来任命、罢免执政卿是作为天子的当然权力,但郑庄公知道后很生气,他一方面认为王室忘恩负义,另一方面更舍不得丢掉给郑国带来巨大政治优势的卿士地位。实现"小霸"后的他也逐渐变得飞扬跋扈,居然用派人抢割周王畿麦子的嚣张方式向天子示威,周、郑之间于是交恶。

再说当时中原的另一个大国卫国。前面介绍过,卫国始封君是周公旦最信任的九弟康叔封,周初曾有"孟侯"的称号,"孟"即老大的意思,可见其地位之尊崇。当年耄耋之年的卫武公率军西进援救周幽王,虽然没赶上,也在驱逐犬戎出镐京一事上出力颇多,据《史记》记载,他因此被周平王封为"公爵",可笔者怀疑卫武公更可能是被周携王封为携王朝廷卿士的(前文辨析过,公不是爵位而是卿士的尊称)。

十几年后,也就是周平王十三年、秦文公八年(即公元前758年)时,卫武公去世,其子卫庄公、其孙卫桓公相继继位,不过他们都没啥建树。到了周桓王元年、秦文公四十七年,卫桓公被他的弟弟州吁弑杀。州吁篡位后穷兵黩武,好在卫国老臣石碏"大义灭亲",联合陈国杀了州吁和州吁的宠臣、自己的儿子石厚,平定了卫乱。此后卫国迎接卫庄公之子公子晋回国继位,这就是后来以荒淫著称的卫宣公——他给儿子娶媳妇,见媳妇长得漂亮,居然就自己笑纳了。

因为卫国君主越来越不上道,国家又屡遭戎狄侵袭,国势日衰,逐渐从西周时期的"诸侯之长"沦落到二流国家的地步,对天下局势再无多大影响。

接着说东方齐国。齐国是周初太师吕尚、民间俗称姜子牙的封国,也是西周时期正儿八经的侯爵国,周成王时就获得"五侯九伯,汝实征之"的方伯权力,又有鱼盐之利,基础较为雄厚。周平王时期,齐国国君齐庄公、齐僖公延续姜太公的立国政策,继续发展鱼盐之利,又重视工商业,齐国国势发展很快。齐僖公还调停郑国和宋、卫之间的战争,召集三国到温邑(在今河南温县西南)会盟,被心怀感激的王朝卿士郑庄公引荐去朝见天子,一时在诸侯中引起很大反响,也成为当时的东方"小霸"。

最后说一下中原南方的楚国。它在西周时期属于服国,国君原本没有爵位,不在狭义诸侯("侯、甸、男")之列。因为是南蛮之国,进入春秋后中原诸国就按约定俗成的"公、侯、伯、子、男"排序,定它为子国。前面介绍过,大约周夷王时楚君熊渠从河南西南部丹水流域迁居到今天湖北南漳、宜城一带,并一度僭号称王,但到周厉王时被厉王的赫赫声威吓得自去王号;"国人暴动"后的"共和行政"时期,楚国再次趁乱崛起,不久又被中兴的周宣王一顿猛削——宣王派大将方叔以三千兵车征南。周幽王死后,周朝

楚都为何都叫"郢"?

郢,清华简《楚居》中记载其本字为"淈",意思是泥泞之处。熊通最初迁居之地本叫"免",后来人口增多,楚人将免附近一个叫"疆淈"的浅水湖泽排干并移居该地,后来就把这块新造的地方称作"郢",即把"氵"换为表示地方之意的"阝"(邑)。自熊通之后,楚君无论居住到何处,都称之为"郢",在楚语中"郢"已经变为"都城""行在"之意。为对楚人众多的"郢"加以区别,人们往往在"郢"之前加上当地的原地名,如"疆郢""湫郢""樊郢""为郢""鄀郢""陈郢"等。

春秋前期南方地区形势图

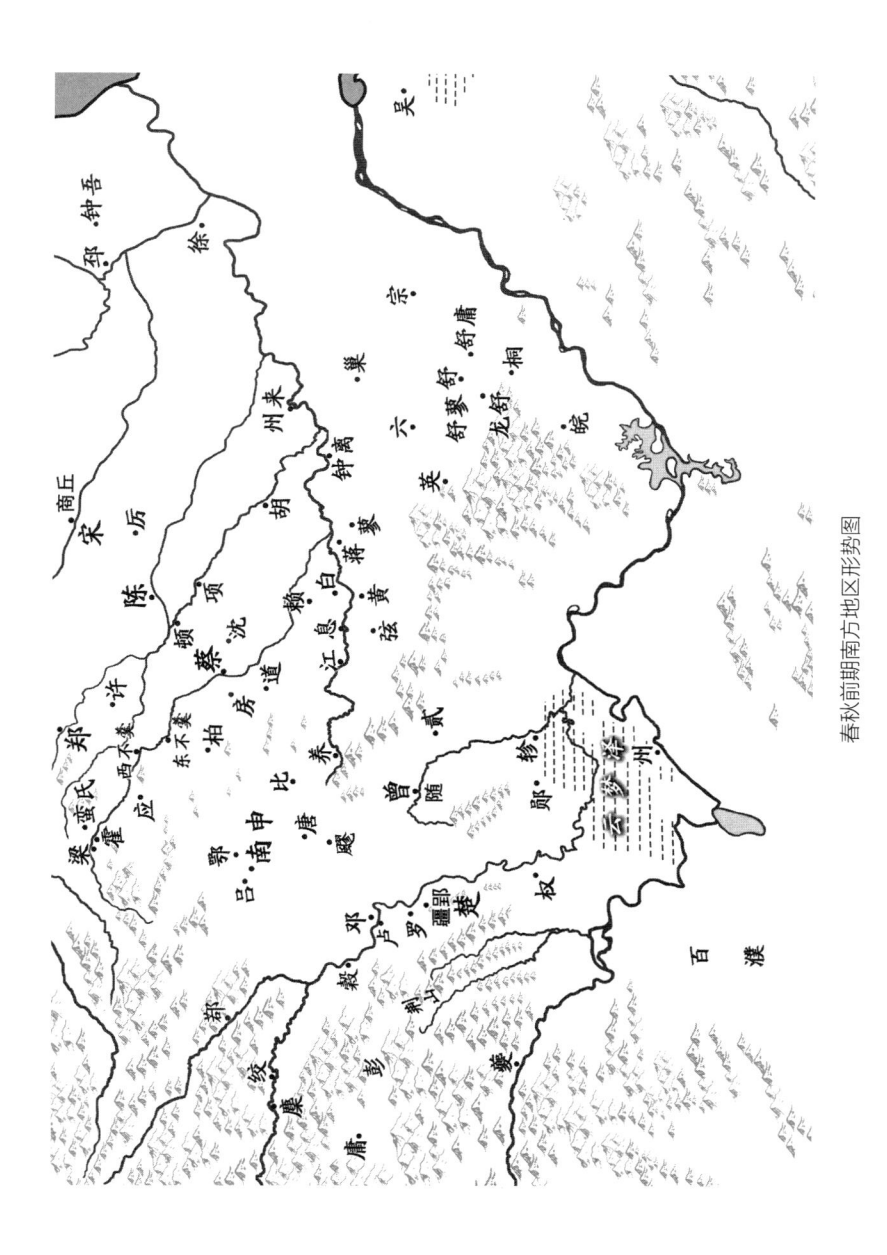

"二王并立",天下诸侯趁机而起,身处南方襄宜平原的楚国自然更不会浪费这个大好时机。幽王末年、平王初年,当时的楚君若敖和其子蚡冒① "筚路蓝缕以启山林",大力拓展楚国的疆域,《左传》记载蚡冒时夺取了陉隰之地(具体位置不详),又开启了对百濮的战争。蚡冒死后,其子宵敖继位,不久宵敖的弟弟熊通杀兄自立为王。熊通这个人更是一个敢作敢为的主儿,他继位后先是迁都于郢(即疆郢,今湖北宜城西南郭家岗遗址②),并于在位第三年(周平王三十三年、秦文公二十八年)攻打周平王母家的分支南申国,虽然没成功,也迫使周平王派兵增援南方。

秦宪公的东扩历程

说完天下局势再说秦国。因为秦文公在位时间太长,太子静公先他而死,所以文公死后由静公十岁的儿子即文公的太孙继了位,这就是《史记·秦始皇本纪》和秦国青铜器铭文中所提到的秦宪公,《史记·秦本纪》误作秦宁公。

因为向东方发展是秦国的既定国策,所以秦宪公二年(周桓王六年即公元前714年),他又在汧渭之会以东30多里处的渭河河谷北岸坡地上的平阳修筑了一座新宫——封宫,并迁居那里。考古工作者在今天宝鸡市陈仓区阳平镇西部发现一处由一圈秦人墓地围成的东西

---

① 据《史记》记载,若敖之后的楚君顺序是宵敖、蚡冒、楚武王(熊通);但据21世纪新问世的清华简《楚居》记载,若敖之后的楚君顺序是蚡冒、宵敖、楚武王(熊通),《史记》颠倒了蚡冒和宵敖的顺序。
② 赵平安:《试析〈楚居〉中的一组地名》,《中国史研究》,2011年第1期。

长约 3.5 公里、南北宽约 0.7 公里的"空白地带",一些学者认为这就是秦都平阳所在,因为古代墓葬一般都是在城市周边的。

值得一说的是,无论在汧渭之会还是在平阳,秦君都是先盖一片宫殿群居住,周围再设一些居民点和手工业区,并没有修筑相应的外郭城墙。这一方面是因为国力有限,另一方面更是受秦人不断追求扩张的精神所影响——秦人正在不停东进,谁知道会在一个地方住多久?接下来,秦宪公追寻爷爷开拓的脚步,继续扫荡渭河平原上的各种敌对势力。

还是在秦宪公二年,宪公派兵东进到荡(tāng)社(今陕西西安南),攻打趁周人东迁盘踞在那里的亳王。这亳王又是什么来头呢?原来他是成汤后裔、一个商人部族首领,只不过当时已经戎狄化了。虽然秦人的祖先飞廉当年曾誓死效忠商朝,但现在三百年过去了,他的子孙对商人早已经没有任何感情。这不,秦人为了争地盘,打起亳王来毫不手软。面对骁勇坚韧的秦军,亳王抵挡不住,只得向西北方向逃窜。第二年也即秦宪公三年,秦人又继续追打亳王,在今陕西兴平西北歼灭亳王军队主力。亳王本人不知是平时积了什么德,居然只身幸免,最后逃到北方戎人部落里了却残生。

不过在扩张的过程中,秦宪公也有受挫的时候。

那是在秦宪公八年(周桓王十二年即公元前 708 年)的秋天,宪公听说上一年姬姓芮国(春秋初年在今陕西韩城东北)发生了内乱,芮国国君芮伯万被自己的母亲芮姜赶跑,寄居在姬姓魏国(今山西芮城),就想趁机讨点便宜,于是发兵远征黄河西岸边上的芮国。

有人可能会好奇,这芮姜怎么会跟自己亲儿子过不去呢?原来她和后来隋文帝的老婆独孤皇后一样,都主张"一夫一妻",见不得男人三妻四妾;偏偏她儿子芮伯万却不肯做"专情好男人",反而纳了很多美女入宫,今天宠这个,明天幸那个。见儿子如此花心滥情,芮姜很生气,后果很严重,爱憎分明、刚强果敢的她当即派人把儿子、芮国国君芮伯万给赶出了国。走在逃亡的路上,这芮伯万心里肯定是万分郁闷:哪个君王不好色,怎么偏偏就我倒霉,摊上了这么一个"虎妈"了呢?

再说秦宪公出兵时想得很美:有道是"国不可一日无君",芮国国君都不在了,打下来还不是易如反掌?因为存在着轻敌心理,秦军没有准备充足就出发了。

说起芮国这个没有正式诸侯名号、只称"伯"的畿内国,可能很多读者和秦宪公一样,不把它当回事,认为这是一个微不足道的小国。其实读过《尚书·顾命》的人会知道,当年周成王驾崩时,病榻前的几位顾命大臣中就有芮伯,而且排名第二,仅次于周初赫赫有名的太保召公奭,可见它跟周王室的关系非常亲密,国家不大但地位不低。秦宪公敢攻打这样的姬姓嫡系之国,可见其不太把王室放在眼里。

可令秦宪公没想到的是,芮国此时的实际当家人芮姜是个比男人还猛的女人,她指挥芮军登城严密防守,以勇猛著称的秦军居然久攻不克。秦宪公明白,顿兵于远离国土的坚城之下是很危险的事,没奈何,他只得下令退兵。

想乘人之危,却一脚踢到铁板上铩羽而归,这下秦宪公的脸丢大了,他怎么也咽不下这口气。他盘算,芮姜是个母老虎,啃不动,那咱就拿她的软蛋儿子芮伯万来出气吧。同年冬天,秦宪公不知向当时的天子周桓王许了什么好处,居然请来了周王师和秦兵一起攻打接纳了芮伯万的魏国。很多人不知道的是,在东周初年周朝还拥有一定的实力,尤其是"天下共主"的余威仍在,有周王师参与围攻魏国,哪怕来几个人,也等于是"师出有名"了,"礼乐征伐自天子出"嘛!那边魏国是一个姬姓小国,哪里敢跟周天子和秦伯对抗?于是只得把芮伯万交给了秦宪公。虽然史书上没说,但是想来秦宪公会拿芮伯万来要挟他妈芮姜。但芮姜既然能把儿子赶出国,又怎么会受秦宪公的要挟呢?最终秦宪公两番兴师动众,只抓住了芮伯万这个下了台的国君回来养着，什么实际好处也没捞到，可谓是赔大了。

当然虽然啃芮国没啃动，但秦国对付比较落后的戎狄还是有把握的。又过了四年到了秦宪公十二年，宪公再次进攻一个叫荡氏的戎狄小国，最终顺利拿下。至此，经过宪公十余年征战，秦国的东界从岐山一带推进到丰镐一带，东扩了约两百里，等于渭河平原的一半都被秦国占领。

可惜就在年轻的宪公准备进一步大展宏图的时候，老天爷却不再给他阳寿。也还是在秦宪公十二年，年仅二十二岁的他突然重病不起，最终不治薨（hōng）逝。这时秦人已经进入陇东的关中之地约六十年，早就站稳了脚跟，与当地有了感情，所以宪公没有被归葬陇西的西垂，而是被安葬在平阳封宫旁。

秦武公设县　秦德公迁雍

宪公死时虽然还很年轻，但因为古人结婚早，他这时已经生有三个儿子：长子武公，次子德公，三子出子。这里的"某公""某子"都是他们死后的谥号，因为他们的本名全失传了。其中武公、德公是一母所生，出子的母亲则是鲁国之女鲁姬子。宪公生前本已经立了武公做太子，但是宪公死后，当时担任秦国大庶长的弗忌和威垒、三父三个权臣为了长期控

> 大庶长，是秦国特有的官职，本为"庶系公族之长"，即管理秦国公室枝庶成员的官员，由秦国公室贵族担任。因为当时是血缘宗法社会，国事与族事不分，所以秦国大庶长又为百官之长，统管行政和军事，相当于中原国家的正卿、楚国的令尹。

国政，废长立幼，拥立了年纪最小、当时仅五岁的出子做了秦君。要知道古人说的岁数都是虚岁，所以出子上台时的实际年龄才四周岁。

秦出子二年（周桓王十八年即公元前702年），可能是芮国太夫人芮姜去世，秦国得以把已经养了六年多的芮伯万送回芮国。芮伯万重新掌权后当然感念秦国的恩德，又慑于秦军的武力，于是就拜秦国做了大哥。不久秦国为了更好地控制芮国，尤其是控制芮国都城附近的黄河渡口禹门渡，要求芮伯万把都城往西边挪一挪，美其名曰是方便秦人照顾芮国。芮伯万不敢不听，于是就把芮国都城从今天的陕西韩城东北的梁带村一带迁到了今天陕西澄城北部的刘家洼村附近，即往西挪了一百多里。

再说随着出子稍稍长大，他开始不满大庶长弗忌等三人把持朝政的行为，还是孩子的他不会掩饰，经常把这种情绪流露出来。弗忌三人一看，这么小就讨厌我们了，那长大了还得了？算了，你还是不要继续长大了。秦出子六年，弗忌等人派遣刺客假装成强盗，在出子外出时杀了他。可怜出子被杀时年仅十一岁，他也是秦国有史记载以来第一位被弑杀的君主。

出子死后，弗忌三人又把几年前被他们废掉的宪公长子武公推上秦君宝座。有人可能会说，弗忌三人是不是脑子出了毛病，怎么转了一圈又把那个年纪大的抬出来当国君？其实武公虽是宪公长子，但他只不过比死去的出子大几岁而已，当时也还是个十来岁的毛头少年。弗忌三人跋扈惯了，所以不认为武公能逃脱自己的控制。不过后来的事实证明，弗忌三人那样想是大错特错喽。经历废立、饱尝了人间冷暖，尤其是见识了宫中的血雨腥风之后，秦武公这个少年已经快速成长，变得深怀城府、颇具谋略。他继位后表面上对弗忌三人毕恭毕敬，暗中则不动声色地逐步加强君权。他的策略之一，就是以对外用兵的方式来抓军权。向东方开拓是秦国的既定国策，弗忌三人自然也不好多说什么。

秦武公元年（周桓王二十三年即公元前697年），武公遣将出征，攻打东方的戎族小国彭戏氏（在今陕西渭南市华州区东）。彭戏氏不敌秦军，向东逃窜，秦军则紧追不舍，一直打到了华山之下。至此，秦国的东界推进到了渭河平原的东部。军事上的胜利，自然也提高了秦武公的威望。

此战之后，秦武公继续悄悄地培植自己的势力。到秦武公三年（周庄王二年即公元前695年），原本唯唯诺诺的武公突然发难，逮捕了弗忌、威垒和三父这三个权臣，并向朝野宣布他们弑君篡权的大罪，最终诛灭了他们三族，给自己和弟弟出子报了仇。随后秦武公进一步加大君主权力，削弱贵族力量，取得良好效果。

武公诛灭权臣一事，我们说起来好像很简单，实际上颇为不易。要知道中国历史上被权臣篡权的君王能翻身的着实不多，由此也可以看出武公的机谋之深、行事之周密。武公的这一记漂亮反击不但在当时大快人心，从长远看，更对巩固秦国国君权力、维持秦国长治久安有重大意义：秦国作为一个新兴的、在四方戎狄包围中杀出来的诸侯国，为调动全国力量应对强敌，其君权本就较重，现在更加强化，而贵族封君的力量一直被抑制在较为弱小的状态，所以在此之后的两百多年间，秦国再未发生过权臣篡权、架空君主的事件。

秦武公真正掌权后，继续任用贤能，积极进取。

秦武公十年（周庄王九年即公元前688年），武公派兵西征，稳固秦国在陇西的固有疆土。这一次秦军打败并征服了西垂附近的冀戎和邽（guī）戎，随后在二戎盘踞之地设置了冀县（在今甘肃甘谷县南）和邽县（在今甘肃天水市南）这两个新的行政区来进行管理。

"县"字西周金文本作"寰"，原本指王畿边缘区域内没有分封给公卿大夫、直属天子所有的地方。西周时诸侯国小的几十里，大的百余里，除去分封的大夫领地，诸侯直属土地不多，自然没必要更没资格设置县。春秋时期各国地盘大幅扩张，天子的威信又下降，于是诸侯开始逾越周制仿照天子的样子,在新开拓的边疆地区设置县。县虽然也是国君委派大夫管理,但县并不是该大夫的采地,而是属于国君,国君可以随时撤换县大夫。由于县在边地,容易受到敌国、异族的攻击,所以功能偏重军事防御方面,无论是秦国还是其他国家都是如此。

武公的这个举动在中国的行政区划史上可是了不得的大事,因为这是中国史书中首次明确提到的建县行为,冀县和邽县于是就成为春秋时代中国最早的两个县[①]。不过这时候的县和后世郡县制下的县仍有一些差别,那就是此时的县以下还是聚族而居,而郡县制下的县以下已经变为以乡、里等地域单位来划分和管理的了。

20世纪80年代,考古工作者在甘肃省甘谷县以西约25公里的磐安乡(现称磐安镇)发现了属于秦文化的毛家坪遗址,并进行了初步发掘。2012年以来,考古工作者又对这个遗址进行了大规模发掘,发现了秦国子车氏家族的大夫级墓地。发掘者认为,这里应该就是秦武公所置的冀县的中心地带。在毛家坪已经发掘的二百多座墓地中,发现了剑、戈、矛、镞(箭头)等大批青铜兵器,证明春秋时的县确实如文献所说,为边地军事重镇。

秦武公十一年,武公又在秦国东部设置了两个县,这就是杜县(在今陕西西安市南)和郑县(在今陕西渭南市华州区)。

杜县也就是秦宪公时期亳王盘踞的荡社,因为西周时期当地有杜伯国(杜伯为帝尧唐国之后),所以武公设县后起名为"杜县"。

至于郑县的得名自然跟郑国有关。我们知道,周幽王时期郑桓公为避祸准备举国向东方迁移,就先把郑国都城从西郑(在今陕西凤翔一带)迁到了镐京东边的拾地,也就是现在的渭南市华州区;到了春

---

① 一说楚武王熊通(公元前740年—公元前690年在位)灭权国设置为县是中国最早,但是《左传》原文仅为"初,楚武王克权,使斗缗尹之"。笔者认为单凭一个"尹"(治理),不能判定楚国是否已经在权地设县。

秋初期，郑桓公又把国都从拾地迁到中原的郑父之丘（在今河南新郑）。说白了，拾地就是郑国从陕西西部迁往中原这个历史过程中的一个中转站性质的都城。不过虽然拾地做郑国都城的时间并不长，但当时人还是按惯例把它也叫作"郑"，因此武公在那里设县后就起名为"郑县"了。

同年，秦武公还灭了一个位于今天陕西宝鸡市陈仓区一带的小国——小虢，并在当地设置了虢县。有人可能疑惑，小虢离秦人的都城平阳这么近，怎么现在才被秦人灭掉？原来这小虢是西周末年畿内国西虢国东迁到今天河南三门峡之后留在当地的支族。所以虽然小虢很小，但它是姬姓之国，而且春秋初年它的母国西虢国一度还很强大，故而尽管近在咫尺，秦人进入渭河平原八九十年也没敢把它怎么样。可是十五年前，也就是秦出子二年（周桓王十八年即公元前702年），担任卿士的虢公林父在周桓王面前诬陷朝廷大夫詹父，詹父向朝廷诉清冤情后，获准率王师讨伐西虢报仇。当时东周王师还有相当战斗力，又是"以上伐下"占据道义优势，所以此战西虢国大败，虢公林父也被迫出逃到附近的姬姓虞国。虢公林父之后的西虢国之君是虢公丑，虢公丑为人更是残暴昏庸。可能是见西虢国无力西顾，所以秦武公再也无需顾忌，就把这个西虢国的支系小国小虢一口吞掉了。

在设县加强对国土控制的同时，秦武公又与东周王室联姻，来提高秦国的政治地位。1978年，考古工作者在当时的陕西宝鸡县（今宝鸡市陈仓区）太公庙村出土了秦公及王姬钟五件、镈（bó）三件，通过上面的铭文历史学家们得知了一件史书失载的大事，那就是秦武公娶了东周王室之女王姬为夫人。这对于昔日担任王室"弼马温"的秦国来说，可是前所未有的荣耀。

从秦武公诛权臣、立县制、与王室联姻等一系列动作来看，他无疑可以称得上是秦国的一代英主。不过颇具才略的秦武公寿数却不算长，他在位二十年，于周釐（xī，同"僖"）王四年（公元前678年）

病逝，享年不过三十多岁。秦武公死后，也像父亲宪公一样被安葬在平阳封宫旁边，具体来说就在今天宝鸡市陈仓区太公庙村。葬礼中，有六十六人给武公殉葬。据《史记》记载，此举开了秦国以人殉葬的先河，其实太史公不知道，早在大堡子山秦襄公、秦文公墓地里，就埋葬了近三十个殉葬者。所以秦武公葬礼中的这一残酷做法，也不过是沿袭祖宗的旧法罢了。但武公墓变本加厉，一个墓用的殉人比两位祖宗的还多，这显示秦人君主越发开始注意讲排场、抖威风，也显示秦人君主的权力越来越大、越来越任性。可见当时的秦人虽然在诗歌、音乐、服饰、建筑等表层实现了"周化"，但骨子里却并不认同"周道"中的人本、节俭等精神，而是还像商人一样迷信鬼神、不恤人命、贪多求大。因此在当时中原诸国眼里，秦国仍不过是披着华服的戎狄而已。

武公之后，秦国继位为君的不是武公的儿子公子白，而是武公弟弟、当时三十三岁的德公，这应该是武公为防止再次出现权臣篡权而做出的政治安排。可见秦人虽然也大力学习周人礼乐文化，但并不是照搬照抄，而是灵活变通，有选择性地加以吸收。在君主继位问题上，他们就没有机械坚持周人的嫡长子继位制，而是保留兄终弟及的选项，这也是前朝殷人的习俗。

当然武公把君位让给弟弟，儿子公子白难说没有怨言。为了安抚侄子，德公上台后就把宪公、出子、武公三君居住的平阳封宫及周边土地分封给公子白作了封邑，自己则另选雍地（在今陕西凤翔南）修筑了大郑宫，作为国君的新驻地。大郑宫之所以叫大"郑"宫，就是因为那里是郑国的始封地。秦德公把旧都让给本有继承权的侄子的做法，很可能是仿效高祖父（爷爷的爷爷）秦襄公把西垂城让给本该继位的大哥世父的先例。

秦德公元年（周釐王五年即公元前 677 年），秦德公正式搬入大郑宫，并向鄜畤献祭三百牢（注意这样大规模杀牲献祭是殷礼）。梁国国君梁伯和芮国国君芮伯听说都前来朝见庆贺。这芮国我刚提到过，那梁国不知大家还记得不，该国是由周宣王时分封的封邑梁邑发展来的，梁邑的始封君是秦仲之子、秦庄公秦其的小弟弟秦康，所以梁国可以算是秦国的兄弟之国。这两国君主尤其是姬姓芮国君主来朝见秦德公，显然说明经过武公二十年发展，秦国在西方已经颇具影响力。

秦德公二年，可能是因为雍地暑热，秦德公下令在六月设置伏日，所谓伏就是"隐伏避盛暑"的意思，中国历法中的三伏日就起源于此，这是秦人的一大贡献。为了祛除新都的热毒恶气，秦德公还让人杀狗挂在大郑宫四门上。为什么祛毒要杀狗呢？原来这和五行思想有关：夏季草木茂密即木气盛，而狗属金，为阳畜，古人认为金能克木。

不过秦德公在秦国历史上是一个过客般的君主，他只在位两年就去世了，享年才三十五岁。可这个短命君主所做的迁都雍地一事，却对秦国影响很大，因为自秦德公之后秦国有二百八十多年都定都于雍（当中只有秦灵公时短暂迁都泾阳），可见他为秦人选了一个好地方。

雍地比平阳好在哪里呢？平阳虽在汧水以东的渭河河谷，交通便利，便于秦人东进，但作为河岸的坡地南北宽仅数百米，地方局促缺乏发展空间，而且有不利于防守的弊端。与之相反，雍地地势辽阔，土地肥沃，西面、北面有灵山、君坡山，东面、南面、西面有塔寺河、凤凰泉河、雍水河及几条现已消失的古代河流，因而又利于防御敌军，所以后世十几代秦国国君也都在大郑宫周围修筑宫殿、宗庙等建筑，一个著名的雍城就这样出现了。不过同样要说明的是，最初雍城也是没有外郭城墙的，只是一片宫殿群附带一些普通居民区和手工业区等，雍城的外郭城墙要到春秋末年的秦悼公在位时期（公元前490年—公元前477年）才修筑。

很多人以前读《诗经·秦风·蒹葭》，可能会奇怪西北之地的秦人为什么会吟唱出"蒹葭苍苍，白露为霜，所谓伊人，在水一方"这样极富江南风味的诗句。现在知道雍地河道纵横，雍城宛如"水上之城"，大家就一定会恍然大悟了。

东周首场变法秀——管仲改革

就在秦宪公和三个儿子闷头苦心经营关中的四十年间,东方也上演了一幕幕精彩大戏。

秦宪公九年(周桓王十三年即公元前707年),秦宪公伐芮失败的第二年,周桓王正式罢免了他讨厌的郑庄公的卿士一职,并以郑庄公心怀怨恨、自此不朝天子为由,于秋天率领东周王师和陈、蔡、卫三国之军讨伐郑国。

郑庄公闻讯自然不甘坐以待毙,他动员国人抗拒天子,双方于郑国都城新郑西南的繻(xū)葛(在今河南长葛市北)遭遇,均按当时的常规战法摆出左中右三方阵的阵形。

鉴于朝廷一方人多势众,郑国方面也不敢大意。为此郑庄公采纳大臣意见,率先攻击由战斗力较弱的陈、蔡、卫军组成的朝廷联军左右翼,果然大获成功。这样由东周王师主力组成的中军沦为孤军,也在郑军三面夹击下大败,周桓王自己肩膀上都中了一箭。

"繻葛之战"的影响巨大,周桓王本想借惩罚郑国来重振朝廷声威,结果事与愿违,周天子的威信进一步下降。尤其是此战成为东周天子第一次也是最后一次亲征,自此以后东周天子再不敢动用王师和称雄的诸侯国较量,"礼乐征伐自天子出"的时代结束了。

不过周朝输了,郑国也没有赢,因为郑庄公自此背负了"叛王"的恶名,彻底失去了号令诸侯的王朝卿士地位,而这正是疆域只算中等的郑国得以率先做"小霸"的重要支撑。六年后(秦出子三年、周桓王十九年,即公元前701年),郑庄公去世,郑国旋即陷入内乱,庄公之子郑昭公、郑厉公先后被大臣祭足(字仲)逐走,随后继位的庄公之子子亹(wěi)、子婴又相继被齐襄公和郑国大夫傅瑕所

繻葛之战进军路线图

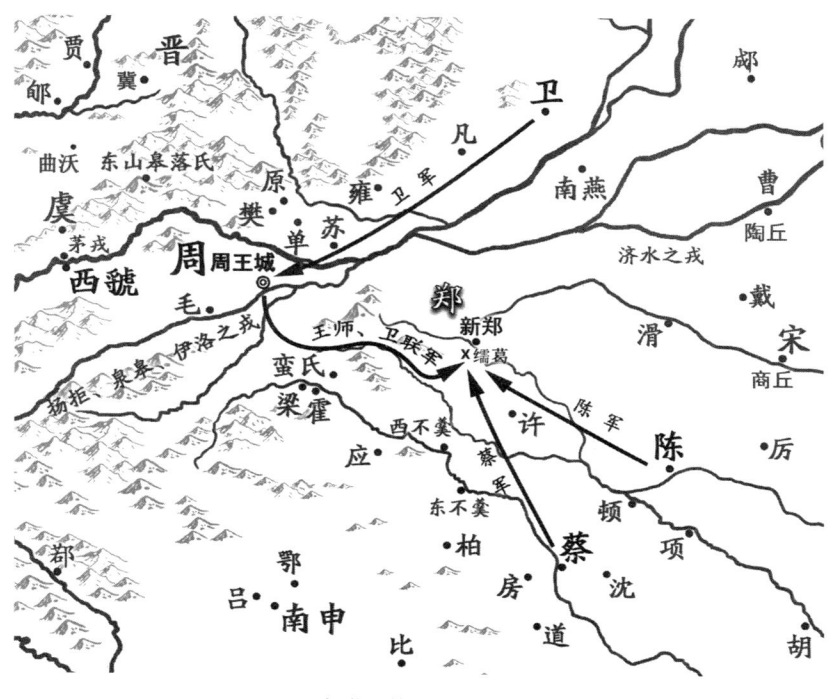

杀，最后郑君之位转了几圈被郑厉公夺回。经过这一番折腾，郑国国势大衰，再也当不成"小霸"了。

除了失去政治优势和内部长期动乱，郑国衰落还有一个重要的地理原因，那就是它处

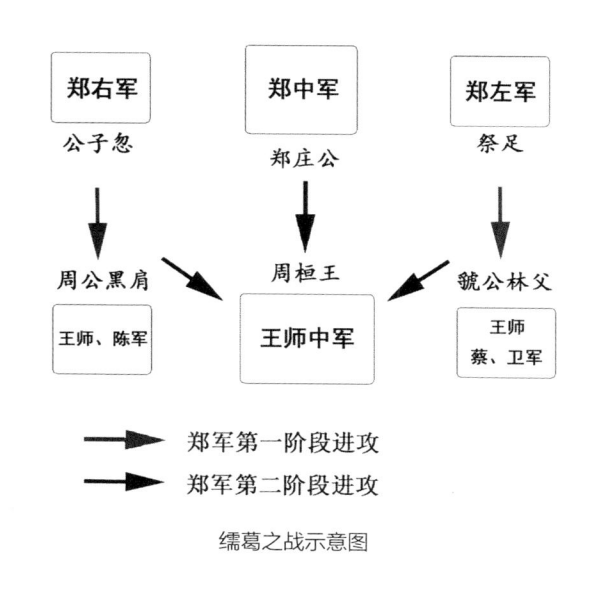

```
郑右军        郑中军        郑左军
公子忽        郑庄公        祭足
  ↓            ↓            ↓
周公黑肩      周桓王       虢公林父
王师、陈军   王师中军      王师
                          蔡、卫军
```

→ 郑军第一阶段进攻
➡ 郑军第二阶段进攻

繻葛之战示意图

在中原腹心地带，当地原来的几个小国被它吞并后，就无法突破瓶颈了——西边的东周王畿它不敢多下手，北、东、南方向的卫、宋、陈、蔡等国又都是中等国家，它吞不下。所以郑国势力正盛时也很难开拓疆土，内部生乱时则容易遭到多国干涉。从此之后在列国争霸中崭露头角的都是地理位置相对边缘的国家，因为它们民风相对彪悍，而且周边大多是非姬姓小国和落后的蛮夷部族，"达"能开疆拓土，"穷"可退守一方。

取代郑国左右中原的是齐国。它就是一个地理上相对边缘的国家——位置偏东，时机有利时方便兼并扩张，形势不好时有南部的泰山、北部的济水作为防御屏障，可以关起门过日子。

齐僖公末年（相当于秦宪公后期和秦出子在位时期），地方广大、物产丰饶的齐国就已经超越郑国，在诸国中初露锋芒。

齐僖公死后，他的儿子诸儿继位，史称齐襄公。本来如果齐襄公举措得当，依仗齐国国力当时就有可能称霸天下。但他却荒淫无道，惹得内外怨恨：对外他飞扬跋扈、欺凌诸侯，居然害死了到齐国访问的妹夫鲁桓公，不久又在多国会盟时埋伏甲兵杀了郑国国君子亹，引起诸侯普遍不满；对内他言而无信、欺辱臣民，让大夫连称、管至父去戍边一年，到期后却违背诺言不派人换防，还让两人继续戍边。结果秦武公十二年（周庄王十一年即公元前686年），齐国爆发内乱，先是齐襄公被连称、管至父支持的堂弟公孙无知（齐僖公弟弟的儿子）弑杀，后是弑君登位的公孙无知又被齐国大臣雍廪弑杀。

话说齐襄公有两个弟弟，一个叫公子纠，一个叫公子小白。齐襄公在位时荒淫残暴，为免杀身之祸，公子纠就在师父管仲的辅佐下逃到娘家鲁国，而公子小白则在师父鲍叔牙的辅佐下逃到莒（jǔ）国。公孙无知死后，因为公子小白跟齐国上卿高子家关系不错，所以齐国两位上卿国子和高子就派人到莒国接他回国继位。鲁桓公之子鲁庄公听说后，当然不愿放弃这个干涉齐国内政的好机会，立即出兵护送鲁女所生的公子纠回国争位,并派管仲去莒国通往齐都临淄(在今山东淄博市临淄区)的道路上伏击公子小白。

管仲半路上瞅见公子小白,二话不说张弓搭箭就射,正中小白的腹部,只见他口吐鲜血仰身就往兵车后面倒。管仲自以为完成了任务,就高高兴兴地回去复命。哪知道管仲一走,公子小白却坐起身来,原来管仲那一箭刚巧射到了他腰间的带钩也就是皮带扣上,他是装死来骗管仲的。那边公子纠以为弟弟小白死了,慢悠悠地往临淄晃;这边小白却快马加鞭,因而领先进入临淄并继位,这就是大名鼎鼎的齐桓公。

齐桓公像很多贵族一样,私生活方面有太多的不良嗜好,好打猎、好喝酒,还好美色。不过他在政治上却拎得清,具有雄心大略,又大度开明。他继位后虽然逼迫鲁国杀死了公子纠,却不记旧怨,在自己师父鲍叔牙的建议下任用差点射死自己的管仲为太宰(相当于宰相),还尊他为"仲父",开始推行旨在"富国强兵"的各项改革,开启了东周列国变法的先河。因为不同于周人"亲亲尊尊"的政治传统,齐国自太公吕尚开始就有"尊贤尚功"的实用主义倾向。据《国语》《管子》等书籍介绍,管仲的改革内容主要有以下三大方面六个措施:

一、政治方面

一是整顿行政系统,具体做法是"叁其国而伍其鄙""四民分业"。所谓"叁其国",就是把齐国的国即城区分为二十一个乡——士农十五乡、工三乡、商三乡,并设立管理农工商的三官,而且规定按职业分区居住,不得混居,以防止四民见异思迁、不安心本业;所谓"伍其鄙",就是把鄙野即都城外的广大区域分为五个部分即"五属",任命五位大夫管理,每属下面又设四个管理层级。这一措施是对周代国野制度("鄙"即"野")的进一步改良优化,理顺了齐国从中央到地方的管理体系,增强了政令统一程度和对人民的控制力,尤其是在一定程度上把管理模式从按血缘（族）管理转换到按地域管理，开启了"编户齐民"的初步尝试。

二是选贤任能，实施"三选法"。首先，齐国基层的乡大夫在每年的述职时，都要向齐桓公推荐本辖区内有一技之长（如勤奋、慈孝、勇武等）的平民；其次，齐国官府各部门长官都要留意有功绩的下属，向朝廷汇报；再次，齐桓公会亲自面试下面举荐上来的人才，量才提拔。就这样，齐国形成了"乡长所荐、官长所进、公所訾（zī）相（面试）"的"初、中、高"三级选拔制度，具有专长的平民可以晋升为士人，政绩突出的官员可以升迁为上卿的助手，这在一定程度上打破了周代的"世官制"，扩大了人才来源。这套做法的精神后来被汉朝继承，形成了所谓的"察举制"。因为齐桓公能够坚持"唯才是举"，所以齐国朝廷上聚集了不同出身的大批人才，比如他手下"五大臣"中的隰朋是齐国公室贵族（齐庄公曾孙）；而宁戚则是卫国寒士，因为在喂牛时放声高歌而被齐桓公发现并重用，这就是"宁戚饭牛"的著名故事。

二、军事方面

一是严密军事组织，"作内政而寄军令"。周代本就是兵民合一的民兵制（当然只有国人才有资格"执干戈以卫社稷"），管仲进一步细化，在国内的乡之下又设连、里、轨三级：五家为一轨、设轨长，十轨为一里、设里长，四里为一连、设连长，十连为一乡、设乡大夫。平时乡大夫、连长、里长、轨长管理民事，战时一家出一兵，轨长就成为管五个士兵的军官，里长就成为管五十个士兵的军官，连长就成为管两百个士兵的军官，乡大夫就成为管两千个士兵的军官。齐国国内有二十一个乡，六个工商之乡不服兵役，十五个士农之乡服兵役，齐桓公亲自管五乡之兵，另由齐国上卿国子和高子两家一家各管五乡之兵，于是就组建了三军，每军有五乡之兵即一万人。前面介绍过,西周时期最大的军事编制单位为师,每师两千五百人,按制周天子拥有西六师和殷八师共十四个师三万五千人,普通诸侯只有一师两千五百人,方伯之国可以拥有二师五千人。而随着人口的繁衍,战争规模的扩大,到春秋前期军取代师成为最大的军事编制单位,齐桓公时齐国三军三万人的军事实力,已经接近西周时期周天子的兵力,自然可以横行天下了。在此前后,郑国、楚国、晋国等国也都拥有了军级的作战部队。

二是充实军资,以罚代刑"足甲兵"。通过上面的"作内政而寄军令",齐国军事组织整齐严密了,不过打仗光有人丁还不行,还得有甲胄武器等装备。据西周金文显示,西周时期国人虽然出人当兵并要负担粮秣等一些军需物资,但装备都是官府统一置办并储备,在战前发放给应征的国人。现在齐国要为三万人置办相应的甲胄武器,可不是件容易的事情。于是管仲规定,犯罪的人可以按罪行高低,分别缴纳甲胄、戈戟、盾牌等来赎罪,齐国的军资很快就充足了。

三、经济方面

一是改革农业税制,"相地而衰(cuī)征"。西周的土地制度是井田制,孟子说八家农户共同在一"井"里耕作,"井"中间的一格是公田,其余八格是私田,私田种出的粮食归农户所有,公田种出的粮食归各级贵族所有,贵族等于是在收"劳役地租"。但一方面人都有私心,慢慢地大家在公田里都出工不出力,而把精力都放在私田里,所以公田里的草往往比苗还多;另一方面随

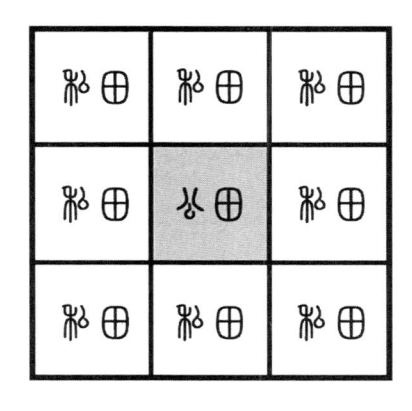

井田制示意图

着社会发展，贵族和农户私下里开垦了很多新田地，却都不上税。西周末年周宣王曾经"不籍千亩"，搞过农业改革，企图变井田制下的劳役地租为实物地租，但执行情况史书没有记载，不久西周也就灭亡了，自然没有了下文。这时随着齐国农业的发展，管仲也把公田分给农户，并按照田地土质的好坏和年终收成的情况来收取不同的田税（"相地而衰征"的"衰"就是"差别"的意思），剩下的都归农户自己所有。这一下农户再也不用去公田里浪费宝贵的农时来磨洋工，私垦的土地也得到承认，生产积极性大大提高，齐国的官、私粮仓当然充盈了。管仲的"相地而衰征"，因此成为井田制瓦解过程中的一个阶段性标志事件。

二是发展工商业，即"关市讥而不征"与"官山海"。"关市讥而不征"意思是关卡、市场只稽核货物而不收税，这自然吸引他国商人到齐国销售货物，也鼓励了本国商人把产品卖到国外，促进了齐国手工业和商业的繁荣；"官山海"，"官"即官办，"山"是指开山采矿冶金，"海"是指取海水煮盐，合在一起就是说由官府管理经营盐业、冶金业。商朝、西周时期的工商业基本都是官营的，管仲的创新处在于官府只控制资源所有权，而把具体生产交给春秋时代新出现的民间商人、手工业者，然后由官府统购统销。这样国家通过垄断，掌握了盐和金属的定价权，获得了更多的财政收入。

管仲的上述改革措施，少部分是创新，如"相地而衰征"，即不一刀切，而是按实际情况差别化收税；但更多是"修旧法，择其善者而业用之"，只是对旧制度加以细化改进。管仲改革之所以以"修旧法"为主，对封建制度并没有多少突破，可以从主客观两方面来解读：主观方面，作为周文王三子管叔鲜的后代（一说周穆王之后），作为春秋前期的政治家，姬姓的管仲在感情和认识上摆脱不了周礼的束缚；客观方面，那时候西周时打造的统治机器还没到分崩离析的地步，尚有维修使用的价值。

不过虽然管仲的改革在创新上突破不算大，但面却很广，再加上齐国国土较广、工商基础较厚，所以齐国官府迅速积累了大量财富，齐国军事实力也倍增。作为进入东周以来主持系统改革的第一人，尤其是又提出过以"生、杀、贫、富、贵、贱"这"六柄"来加强君主权力，管仲因此被后世奉为法家的先驱，他的不少做法和精神也被以后的改革家所借鉴或继承。

齐国富强的同时，齐桓公开始进行争霸活动。他军事和外交手段并用，首先联合宋国打击并收服了鲁国。而为了平定宋国因争位发生的内乱，秦武公十七年（周釐王元年即公元前681年），齐桓公在"北杏（今山东东阿）之盟"中第一次以盟主身份召集宋、陈、蔡、邾四国诸侯会盟。但不久宋国背盟，齐桓公主动借重天子声威，请来王师与齐、陈、曹三国之兵伐宋，宋国不敢违抗王命，只得屈服。接下来三年，齐桓公又召开两次鄄（juàn）之会、一次幽之会，第一次鄄之会上周天子代表单伯参加，而幽之会上有八国诸侯与会，齐桓公霸业初成。

齐桓公之所以"尊王"，是因为春秋时期的周天子虽然日渐式微，西周初年制定的封建制度也越来越不足以维系国与国之间的秩序，但基于历史的惯性，传统的宗法伦理观念仍然是不容公开挑战的，人们依旧把周天子当作"共主"；而且从实力上讲，当时任何一家诸侯都没有取天子而代之的资本。所以霸主即使有自己的如意算盘，表面上仍要讲究旧规矩、老礼数，摆出尊奉周天子并代替周天子维持天下秩序的架势，这样才能取得"合法"的外衣，得到多数诸侯国的拥护。齐桓公也在这方面做得很足，他遵从管仲的建议，倡导周朝仁德爱民的思想，会盟的盟约也体现了"崇明祀，保小寡"的精神。他之后的霸主也多是这样，故而春秋时期无论是外交还是打仗，经常还保持着贵族的风范。

而当时中原诸国之所以服从霸主，还有一个历史背景，那就是东周初年四方蛮夷戎狄入侵中原,"中国不绝如线"(《公羊传·僖公四年》),给诸国带来极大威胁。既然周王室已经丧失保护华夏诸国的能力,人们只能寄希望于出现一个强有力的霸主来作为靠山和支柱,使大家免受异族侵犯。齐桓公为了巩固霸业、安定诸夏,又顺应人心举起了"攘夷"的大旗,通过"存邢救卫""救燕遏楚",保卫了中原诸国,捍卫了华夏文明,因此得到诸国的更进一步拥护。尽管齐桓公在称霸期间也免不了"假公济私",灭国三十五,大大拓展了齐国的疆土,但一百多年后的孔子仍从大局出发,称赞他"正而不谲"(正派而不诡诈),并说"微管仲,吾其被发左衽矣"(没有管仲我们就是戎狄的发式和穿着了),对齐桓公和管仲君臣"尊王攘夷""兴灭国、继绝世、举逸民"的功绩给予了极高评价。春秋战国时代很多有志向的国君、大臣,

> 子贡曰:"管仲非仁者与?桓公杀公子纠,不能死,又相之。"子曰:"管仲相桓公,霸诸侯,一匡天下,民到于今受其赐。微管仲,吾其被发左衽矣。"
> ——《论语·宪问》

也都把齐桓公和管仲当作膜拜的对象,以建立齐桓公那样的霸业为人生的最高追求和最大荣耀。

我是蛮夷我怕谁——熊通称王

上一节提到,齐桓公的一个功绩就是"遏制楚国"。可能有读者会问,当时的楚国已经那么强大了吗?不错,在齐桓公称霸前后,楚国已经悄然成为南方霸主。

楚君熊通继位后，先是北攻南申国、吕国、邓国，但因为自身实力尚不足，再加上周平王派兵助防母国支系南申国，楚人没能占到多大便宜。北上走不通，熊通随即改变策略，转而南下、东进。

大约在熊通三四十年（相当于秦宪公末期），熊通把目标对准了南方的权国。当时权国在今天湖北荆门市东南，为子姓国，是商朝中期南迁的殷人所建。权国地方不大但国力不弱，之前的历代楚君想吞并它，但一直未能得手。此次熊通集中力量大举南下，一鼓作气灭掉了权国，完成了先祖的夙愿。

接下来《左传》记载，熊通命令大夫斗缗"尹之"，也就是治理该地。一些历史研究者据此认为楚国在权地设置了县，权县是楚国乃至春秋各诸侯国的第一个县。但细读《左传》相关原文，里面并无"县"字，不能确定斗缗是以何种身份管理该地的。其实《左传》该段的重点在于下文：不久斗缗可能是受权人的挑唆，起兵反叛，熊通平叛将其斩杀，并将权人迁移到权地东南方一个叫那处的地方。之后楚国为防新地反叛，每征服一国，都照此处理，将其居民另迁他地居住。

还是据《左传》记载，在熊通三十五年（周桓王十四年、秦宪公十年，即公元前706年），熊通又东越汉水入侵随国。

这随国是什么国家呢？原来它就是金文中的曾国。西周末年、春秋时期曾国的国都在随城，所以又称随国。至于这曾国的来历可是非同凡响，它名义上的始封君是周初名臣、"文王四友"之一的姬姓贵族南宫适。大约周成王时，南宫适之子被封在了今天湖北随州一带，朝廷赋予其的使命是"君比淮夷，临有江夏"，同时维护将东南铜锡矿藏输送到王畿的"金道锡行"（金锡通道）。由上可见，曾国是西周时期周王朝在南方封建的支柱国家，其地位堪比东北的燕国、东方的齐鲁、中原的卫国和晋南的晋国；而熊通之所以侵随，除了开疆拓土的常规目的，肯定也有夺取长江中下游铜锡矿藏的意图在里面。

不过由于曾国地位很高、实力较强，熊通兵临随城之下后先进行外交恐吓，要求曾侯派人前来谈判。曾侯没办法，只得让少师做谈判代表，出城进入楚军军营。另据《史记》记载，曾国少师见了熊通君臣，脱口而出三个字："我无罪。"由此可以看出曾人的无奈。熊通的回答则十分蛮霸："我乃蛮夷也！现在天下诸侯都背叛周朝，互相侵凌残杀。我有甲兵，想参与中原政事，还请王室赐予爵号。"

在"口出狂言"之余，熊通又按大臣斗伯比的建议，故意把精锐部队隐匿起来，只让老弱病残在少师面前列队，企图用"示弱"的方式引诱曾军出城来战。

少师回去后将熊通的要求和看到的楚军军容都告诉了曾侯，并建议袭击楚军。不过曾国还是有高人在的，大臣季梁看出楚人是在使诈，劝曾侯切勿出兵，而要勤修政事，团结百姓。曾侯点头赞同。

熊通见曾国不上当，认为强攻坚城不划算，就暂时退军，回到疆郢（今湖北宜城西南郭家岗遗址）。

此次熊通虽然没能在战场上赢得胜利，但也达到了震慑曾人的目的。曾侯惧怕楚人，不久果真派使者将熊通的要求上达周桓王。

上一年周桓王刚在繻葛之战中败给郑国，胳膊上还挨了一箭，现在听说曾攻打南阳盆地姜姓诸国的熊通强请爵号，不由得十分厌恶，当然予以拒绝。

曾侯得到天子的批示后，再把结果转告楚国，时间已经到了熊通三十七年。

熊通听说后勃然大怒，说道："我先祖鬻熊，曾担任周文王之师，只不过去世得早。周成王以子男的田地封我先君熊绎于楚，蛮夷诸国都俯首顺服。既然当今周王不肯加封我爵位，那我自己尊奉自己！"

于是当年夏天，熊通威逼江汉诸国到沈鹿（在今湖北钟祥东桥）会盟，巴、庸、南申、邓、罗、鄀等国被迫前往。熊通在会上自称楚王，史称楚武王。熊通所称的王虽然与之前的"矢王""吕王""丰王"一样，都是"国名＋王"，还不是"天王"或"大王"，比周天子矮了半级，但也是十足的僭越行为了。毕竟人家矢国、吕国、丰国等国是与周朝有特殊关系的国家，而楚国和周朝的关系就极疏远了。这是春秋时期边远诸侯第一次公开称王的举动，自此之后楚国国君就都自加王号。

作为周天子在江汉一带的代表，姬姓曾国当然不能参加沈鹿之会；此外还有一个嬴姓的黄国也不服楚国，没去沈鹿。楚武王熊通一方面派使者去威胁黄国，一方面决定拿最强的曾国开刀，来震慑周围小国，于是再次发兵侵随。

楚军压境后，曾侯赶紧召集群臣商议对策。曾国大夫季梁提议先假意向楚人屈服，以麻痹对方、激发曾人的斗志。曾侯却听信骄傲自大的少师的话，将该方案给否决了，直接出兵与楚军对战。

曾军在野外望见楚军后，季梁又建议曾侯避开楚王所在的楚左军，先攻击实力较弱的楚右军。曾侯再次听信少师的话，要与楚王进行君主之间的对决，径直攻击楚左军。

战争的结果不出所料，曾军大败，连曾侯乘坐的战车都被楚人夺去，好在曾侯本人逃脱了。输惨了的曾人最终只得与楚国签订城下之盟，表示臣服。连汉东大国曾国都匍匐在楚国脚下，江汉地区自然再也无人能够遏制熊通。

在楚武王末年，熊通又先后攻灭了罗国（在今湖北宜城市西北境与襄阳市西南境一带）和卢戎（在今湖北襄阳市西南）等国，征服贰国（在今湖北广水市）、轸国（在今湖北应城市）、绞国（在今湖北郧县西）等国，占领了汉水上中游大片土地。

楚武王五十一年（周庄王七年、秦武公八年，即公元前690年），周庄王召见曾侯，斥责他未能遏制楚国反而承认其称楚王。曾侯十分惶恐，回国后只得与楚保持距离。年逾七旬的楚武王熊通得报后，抱病第三次攻打曾国，却在半路上突发心脏病去世。楚国随征的大臣秘不发丧，继续进兵，再一次迫使曾人臣服。

楚军带着熊通的遗体凯旋后，他的儿子熊赀继位。熊赀后来的谥号为"楚文王",从这个谥字"文",我们就可以知道他对于楚人来说也是一个雄才大略、功勋卓著的君主。

楚文王在位初年,就北上拔掉了周朝安插在今天南阳盆地内的两颗姜姓"钉子":他攻灭了周平王母家分支的南申国,征服南申西边的吕国并将其强制搬迁到淮河上游。楚武王当年收取南阳盆地、叩开中原大门的夙愿,终于在儿子手中实现。

在之后的近十年当中,楚文王又先后灭掉了曼姓邓国(在今湖北襄阳市西北)、姬姓息国(在今河南息县西南)、姬姓应国(在今河南平顶山市西)等国,制服了中原南部的大国姬姓蔡国、妫姓陈国等国,并进攻中原腹地的前"小霸"姬姓郑国,国势日益强盛。

这里要特别提出,楚文王灭南申和息国后,在当地设置了申县和息县,并亲自委派县尹(尊称县公)进行治理。作为边地重镇,申、息两县驻扎大批军队,成为楚国北进和东扩的桥头堡,在春秋时期起了很大作用。

楚文王十三年熊赀卒,其大约七岁的长子熊艰继位,但在位仅五年就被贵族杀死,随后他的弟弟熊恽被大臣推上台,这就是楚成王。楚成王元年(周惠王六年、秦宣公五年,即公元前 671 年),楚国贵族以少年楚成王的名义派人到王城朝见周惠王。周惠王赐楚成王胙肉(祭祀用的肉,于礼本只赐同姓),并说"镇尔南方夷越之乱,无侵中国",等于封他为南方之伯。

周惠王此举也许是想稳住势大难制的楚国,让它不要再胡来,但是这显然没用。年纪稍长后,楚成王任用名臣斗谷于菟(wū tú)(字子文)为令尹(相当于宰相),继续北上,屡次攻打中原地区的前"小霸"姬姓郑国,引起华夏诸国的严重恐慌。为此以"攘夷"为己任的齐桓公多次会盟企图遏制楚国,最终于楚成王十六年(周惠王二十一年、秦穆公四年即前 656 年)春天组织齐、鲁、宋、陈、卫、郑、许、曹八国联军南下。

以齐国为首的中原联军首先攻打已经投靠楚国的蔡国（在今河南上蔡），蔡国很快溃败屈服。随后联军继续向西进发，准备攻打楚国。

听说八国联军气势汹汹杀来，楚成王和令尹子文心中没有一丝怯意也是不可能的，他们一面整顿军马准备迎战，一面派使者前往交涉。

楚使见了齐桓公，替楚成王问出了那段有名的话："君处北海，寡人处南海，这是风马牛不相及也。不料君竟踏入敝国之地，这是何故？"

管仲也替齐桓公斥责说："你们应该进贡给天子的包茅没有按时送上，天子举行祭祀典礼的时候都没办法缩酒。而且当年周昭王南征不返，寡人要质问一下！"

楚使听后回道："不贡包茅，确实是寡君之罪，以后敢不供给？但昭王南征为何不返，你们还是去汉水边上问问吧！"

这里我还得对"包茅"是何物以及"昭王南征不返"事件做一点简要介绍。所谓"包茅"是指扎成束的菁（jīng）茅草，祭祀的时候把香酒倒在上面，象征神喝了酒，这就是"缩酒"。菁茅草是楚地特产，是楚人进贡周王室的贡品，楚人君主自身也是主持缩酒仪式的大巫。说起来楚君的氏也跟他们的特产和职责有关——金文和战国楚简中楚君的氏不写作"熊"，而写作"酓（yǐn）"，就是饮酒的意思[1]。后世把楚君的氏写成"熊"，是通假的写法，很可能是秦人贬斥楚君故意搞出的把戏，我们千万不要以为楚人是崇拜熊这种动物才以之为氏的。只不过因为几千年来约定俗成，本书在写楚君名字的时候就不再将错误的"熊某"恢复为正确的"酓某"了。（楚君之所以不守"称国不称氏"的原则，可能与其不尊周礼有关。）

至于"昭王南征不返"，则是西周前期的一桩疑案：据《古本竹书纪年》记载，周昭王十九年南征渡过汉水，结果"天大曀（yì，昏暗），

---

[1] 张正明、张胜琳：《楚君姓氏辨》，《江汉论坛》，1983年第6期。

雉兔皆震，丧六师于汉"。有传说周昭王南征是针对楚人，但晋代经学家杜预早就指出周昭王时"汉非楚境"（汉水流域不是楚国领土），现代学者尹弘兵考证后也认为周昭王南征攻打的是广义的"楚蛮"而非芈姓楚国[①]。

所以楚使在答话时，认了"不贡包茅"这项罪名，也答应以后要改；但对"昭王南征不返"的责任，他当然不认，还用戏谑的口吻让联军到汉水边打听。

齐桓公和管仲等人见楚使软中带硬，于是下令继续进兵，在陉山（在今河南漯河市东）扎营，摆出一副准备伐楚的姿态。

夏天，深感压力的楚成王派大夫屈完领兵北上布防，但心中无底的他又嘱咐屈完能动嘴皮子尽量别真打。屈完心神领会，到了前线以后再次跟联军接洽，要求进行谈判。

见楚军北上，联军其实也不想动真碰硬，于是退到陉山以北的召陵扎营。听说楚人仍要谈判，齐桓公暗自高兴，不过为震慑楚人，他命令全军列队，由他与屈完同乘一车进行阅兵。

行进中，齐桓公先是表达了希望友好之意，接着又指着诸侯联军炫耀道："以此众战，谁能御之？以此攻城，何城不克？"

屈完不卑不亢地回答："齐侯若以恩德安抚诸侯，谁敢不从？若凭借武力，楚国以方城为城，以汉水为池，就算齐侯人多势众，也无用武之地！"

这里屈完所说的"方城"，是指位于今天河南叶县南的方城山，它是从中原进入南阳盆地的重要隘口。后来春秋后期，楚人先在此处修建了南北走向的长城，把南阳盆地的东侧围上，以抵御来自中原的侵袭，方城于是变成指楚长城；到战国中期，楚人又在南阳盆地的北侧也修筑了长城，形成了"ㄟ"字形的楚方城；战国后期前段，南阳

---

① 尹弘兵：《周昭王南征对象考》，《人文杂志》，2008年第2期。

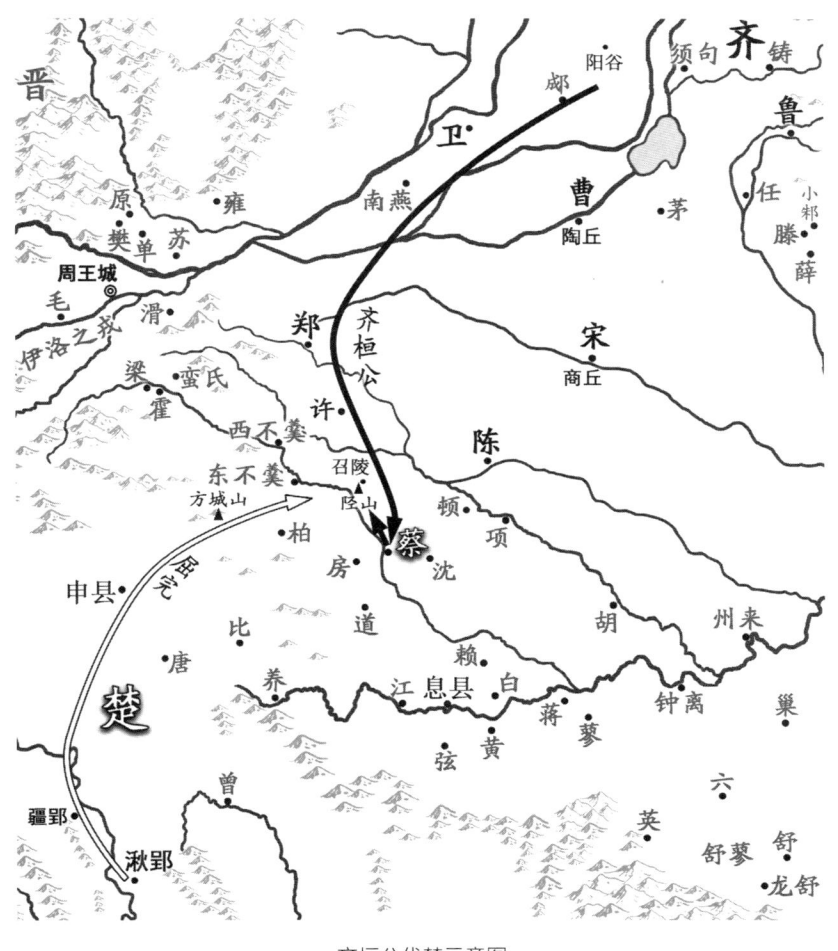

齐桓公伐楚示意图

注：黑色字体国家即伐楚八国；据清华简《楚居》记载，楚成王前期楚都在湫郢（在今钟祥洋梓镇西南）。

盆地一带被韩国占领，韩人为抵御西方的秦人再在南阳盆地西侧建立了南北走向的长城，最终方城变成了"冂"字形长城圈。

再说齐桓公，他明白屈完说的不错，联军如果远离后方，强行攻入楚国腹地，胜算其实并不大。于是双方签订盟约，楚国答应尊奉周王室，联军则退军而去。

召陵之盟后，楚成王君臣忌惮以齐国为首的中原联盟的实力，转而向东北方的江淮一带发展，先后灭掉弦国、黄国、英国等国。就这样，楚国的北上势头暂时被遏制住，中原稍稍得安。

第四章

秦穆公『三置晋君』

首结"秦晋之好"

秦德公迁都雍城（今陕西凤翔南），但在位仅两年就病逝。像父亲秦宪公一样，秦德公也生了三个儿子：长子宣公，次子成公，三子穆公。秦德公二年（公元前676年）德公薨逝后，德公长子宣公就继位成了秦国新君。

秦宣公上台后，采取了与民休息的政策，致力于发展生产。不过这时的周王室却出了大事。

话说东周王朝的第五任天子周惠王继位后，因为剥夺了一些贵族的土地、房产，引起他们的怨恨。秦宣公元年（周惠王二年即公元前675年），利益受侵害的五位周朝大夫就支持周惠王的叔父王子颓发动政变。政变一方最初本来被周惠王镇压下去，但是后来卫国和南燕国也掺和进来，支持并拥立王子颓为天子，于是局面转而对周惠王不利，他只得出逃到郑国。这下子，周朝继平王和携王之后再次出现"二王并立"局面。最后周惠王在郑厉公和虢公丑的支持下，才于秦宣公三年（周惠王四年）击败叛军，杀死王子颓和五大夫，重新登上天子宝座。这次周王室内乱史称"王子颓之乱"，也是东周天子第一次被叛乱势力打出都城，周朝本就不高的威望再一次下降。

回过头说秦国。"王子颓之乱"被平息的次年，也就是秦宣公四年（公元前672年），秦国也发生了两件大事：

第一件大事，那就是秦国与晋国发生了有史记载以来的第一次冲突——"河阳之战"。

原来就在当初齐国崛起之时，晋国也结束了长达六十多年的内战。在秦武公十九年（周釐王三年即公元前679年）即齐桓公"鄄之会"最初称霸的同一年，曲沃桓叔之孙曲沃武公攻杀了晋文侯的曾孙晋侯缗。经济上不宽裕的东周第四任天子周釐王，因为贪图曲沃武公的巨额贿赂，就不顾礼法，正式册封晋国小宗之后的曲沃武公为晋侯，曲沃武公从此正式改称晋武公。小宗取代大宗的"曲沃代晋"事件，是对周代宗法礼制的又一次极大破坏。

晋武公做了晋侯没两年就去世了，他的儿子诡诸继位，这就是晋献公。晋献公元年（公元前676年），正当秦德公二年，也是周惠王元年。晋献公是一个有抱负和胆略的主儿，他上台后首先抓住周惠王继位并大婚的机会，亲自去周王城朝拜天子。要知道东周时期，大多数诸侯已经不再履行西周时期规定的朝拜天子的义务，因此晋献公来朝让周惠王龙颜大悦，特别以王朝卿士即公的超规格待遇招待他。天子的恩宠，无疑提高了晋献公在诸侯中的地位。达到目的后晋献公回国，开始致力于内政建设，并追寻父亲晋武公吞并姬姓贾国（在今山西临汾西南）、郇国（在今山西新绛西）和董姓董国（在今山西万荣南）等国的扩张步伐，不时对外用兵。晋献公五年（秦宣公四年即公元前672年）这一年，晋献公率晋军西渡黄河，攻灭了已经迁到骊山一带的骊戎，并抢得了一名绝世美女，这就是和褒姒齐名的骊姬。

晋国的扩张势头尤其是进入河西的举动，当然惹到了秦国。我们知道，在秦武公时期，秦国已经将国界向东推进到华山一带，华山以东、黄河以西的小国如梁国、芮国等国，多次向秦国朝拜，等于是他们承认了秦国的"区域老大"的地位。所以在秦国看来黄河以西都是自家的势力范围，河东的晋国来抢占河西土地，岂不是不把秦人放在眼里？俗话说"来而不往非礼也"，于是秦军东越黄河回击晋国，导致秦晋两军在河阳也就是黄河以北的今晋南地区发生冲突。史书记载，河阳之战秦军大胜，秦国赢得了两国之间的这"第一战"。此战后，晋国开拓河西的步伐稍稍减慢了一些。

第二件大事，就是秦宣公又在渭河南岸的密地修了一座祭祀天帝的场所，这就是密畤。不过这密畤里供奉的不再是白帝少昊，而是东方之神青帝太昊。秦宣公为什么开始祭祀东方青帝了呢？这其实就与河阳之战有关。河阳之战的对手可不是之前秦人面对的戎狄部族或其他小国，而是姬姓大国晋国，所以秦人极为重视，故而祭祀东方青帝以祈求战争胜利，并进一步向东发展。这表明秦人已经不再满足局限在"西土"，而希望向真正的"东土"开拓，所以要讨好东方之神。

设立密畤、击败晋军之后，秦宣公接下来的任期内再无大的战事。就这样又过了八年，到了秦宣公十二年（周惠王十三年即公元前664年），宣公病逝。

虽然秦宣公有九个儿子，但他却没有传位给其中的任何一个人，而是像他的父辈们一样，把君位传给了弟弟成公。成公元年（周惠王十四年即公元前663年），河西的梁国国君梁伯和芮国国君芮伯听说秦国新君登基，又照例前来朝见祝贺。不过这成公是个短命鬼，在位仅仅四年就一命呜呼。有七个儿子的成公照旧遵循"兄终弟及"的做法，把君位传给了弟弟穆公。

说起秦穆公，很多读者可能会频频点头，因为他算是春秋时期秦国最有名的君主了。据《世本》记载，这秦穆公的本名叫作任好。我们知道秦穆公之前的秦国历代国君的名字基本没有流传下来，是自秦穆公之后，秦国国君的名字才普遍见于史书。还有一点值得一提，那就是秦穆公登基的时间和鲁国的鲁僖公同时，秦穆公元年即鲁僖公元年，也就是周惠王十八年（公元前659年）。

秦穆公即位时，距离他的高祖父秦文公迁都陇东、设置史官，已经约有百年，所以他自小受到与中原贵族一样的诗书礼乐教育，能熟练背诵《诗经》里的三百篇诗歌，并在贵族交往中运用自如。与此同时，秦穆公又保持着秦人特有的勇敢好武、豁达爽朗、好大喜功等优缺点。

像大哥宣公一样，秦穆公早已经不满足于占领渭河平原，一心想向黄河以东地区发展势力、扩大影响。但秦宣公后期和秦成公时期这十余年间，晋国已经急剧壮大、今非昔比。原来在此期间，晋献公把都城迁到西周时期晋国的旧都绛城（在今山西翼城、曲沃之间的天马—曲村遗址）。为了防止"曲沃代晋"这样的公族争夺君位的祸事在晋国重演，心狠手辣的他通过大肆杀戮曾祖父曲沃桓公、祖父曲沃庄公的其他后裔，巩固了君权（当然这也为晋国公室衰弱、异姓异氏大夫专权埋下了伏笔）。解决了内部问题后，晋献公毫不顾忌周边大都是同姓的姬姓之国，开启了兼并邻国的疯狂模式，先后灭掉了同姓之国霍国（在今山西霍州）、魏国（在今山西芮城）、耿国（在今山西河津）以及赤狄（喜穿红衣的狄人）之国东山皋落氏（在今山西垣曲皋落镇）等国，基本统一了今天晋西南地区，并占领了黄河以西即今天陕西合阳、大荔、华阴一带的八座城池，为晋国日后称霸奠定了最初的基础。这样一来，晋国不但在一定程度上阻挡了秦人东扩的步伐，甚至对秦国本身都造成了威胁。

秦穆公元年，穆公为了打破晋国的封锁，展示秦人的实力，烧了自己即位后的第一把"火"——他亲自带兵东出崤函古道，继而北渡黄河，攻打活动于茅津（今山西平陆县西南）一带的戎族茅戎，并大获全胜。

茅戎就在晋国南边不远的地方，秦人的这个举动，对晋人自然是一个震动。第二年，也就是秦穆公二年，晋献公听从大夫荀息的建议，让人带了宝马、玉璧送给晋国南边的虞国（在今山西平陆县北），请求虞公借一条道给晋军，好让晋军翻越中条山，去打虞国南面的西虢国。这西虢国当时横跨黄河两岸，其都城在黄河南岸的上阳（在今河南三门峡），河北则有它的重镇下阳（在今山西平陆县南）。秦国所讨伐的茅戎，正位于虞国之南、虢国以北的中间区域。

晋国借道时，公开说的理由是虢国以前总帮着晋国大宗打曲沃，现在还收留晋国出逃的公子，并经常侵略晋国；但联系当时的局势，晋献公伐虢应该也有占据黄河南北两岸军事要地以进一步阻遏秦国东进的战略意图。利令智昏的虞公收了宝物，不但喜滋滋地答应了晋献公的请求，让晋军从本国通过，还派了虞国军队替晋军做前锋，真是被人卖了还帮人数钱的主儿。这次晋虞联合进军，一举拿下了西虢国孤悬在黄河北岸的重镇下阳城。

秦军上一年刚刚攻打了西虢国下阳城以南的茅戎，下一年晋献公马上就借道虞国攻占了下阳，秦穆公不可能不认为这两件事存在一定的因果关系。明白晋国也不是好惹的以后，秦穆公不得不改变策略。秦穆公四年（公元前656年），他派人到晋国求亲，想用联姻的方式来交好晋国。秦穆公的算盘打得很精，一旦秦晋两国成为"亲家"，晋国碍于亲戚关系就不好再继续向河西扩张领土了，对秦国东进的封锁说不定也会放松。和亲能办到的事情，何必诉诸武力呢？

当时的晋献公同样想称霸一方，也乐于交好在西方颇具实力的秦国，于是就把自己的大女儿、太子申生的姐姐伯姬嫁给了秦穆公。这伯姬嫁给秦穆公后，后世人们就按其本来的姓氏和穆公的谥号，改称她为穆姬。这样一来，晋献公与秦穆公就成为了翁婿关系。后世有个成语叫"秦晋之好"，用来代指两家联姻，而秦晋之间的第一次联姻，就是这次。

不过就在秦穆公盘算如何利用与晋国的联姻关系扩大秦国势力时，晋献公已经开始了下一步的扩张行动。

秦穆公娶穆姬的第二年，也即秦穆公五年（晋献公二十二年即公元前655年），晋献公又让人送礼给虞国，请求再次借道去攻打西虢国。

见虞公还想答应，虞国的大臣宫之奇赶紧跳出来劝谏说："虢国和虞国互为表里，虢国如果亡了，虞国也就跟着完了。上次借道已经不对，可不能一错再错了。俗话说'唇亡齿寒，辅车相依'，用来形容虞国和虢国的关系太贴切不过了！"

傻兮兮的虞公却不肯相信，收了宝物，又让晋军从本国通过。宫之奇摇头叹气，保不了国的他只能选择保全家族，带着家人离开了虞国。

晋军过了虞国后又南渡黄河，在当年八月将西虢国都城上阳团团围住，然后发起猛烈的攻击。

眼看西虢国命在旦夕，刚当上晋献公女婿的秦穆公坐不住了。他与晋国联姻，本来是想稳住晋国，并借助晋国的力量发展自身。但现在晋国夫人虽然娶到家了，可老丈人依然猛攻位居黄河南岸、控制崤函古道的西虢国，要是他成功了，秦国东出崤函古道就极为困难了！这时他不惜与刚结亲的老丈人翻脸，于秋天亲率秦军东攻晋国、支援西虢。据《史记》记载，秦晋两军在河曲也即黄河在今天山西省西南部的大折角处（今山西芮城县境内）大战了一场。这次大战的胜负情况史书并未明言，但是有一点是清楚的，那就是秦穆公救援西虢国的战略目的并未达到——晋军主力依然包围上阳城不松口，并于当年冬十二月攻入城中，虢公丑狼狈逃往东周王朝都城周王城，在周朝诸侯中辈分很高的西虢国（开国始祖为文王三弟虢叔）就此灭亡。

晋军攻灭西虢国后，班师途中路过虞国，搂草打兔子，顺带也把虞国给灭了。那虞公比虢公丑还惨，毫无防备的他直接被晋军俘虏了。晋国之前送给虞公的宝马、玉璧等宝贝，又重新回到晋献公的手中。以上就是著名的"假虞灭虢"的故事。

为了让东周朝廷承认晋国灭亡虞国的既成事实，晋献公命人把虞国该交给周王室的那份贡赋照样交给周惠王。两个至亲之国被灭，没落的东周朝廷也没有办法，只得闷不作声。

很多人可能没意识到，晋国灭亡西虢一事，对东周朝廷的影响是巨大的。自西周后期开始，西虢国国君就经常担任王朝卿士，虽然两周之际西虢国最初是拥立周携王、反对周平王的，但是自周桓王与郑庄公闹翻，周桓王就一直拉拢西虢国来牵制郑国，所以之后的七八十年间西虢国和东周王朝的关系再次亲密：周天子任命西虢国国君担任朝廷卿士，并依靠西虢国的军事力量来征讨不臣，以勉力维持朝廷的权威；而西虢国也回报以忠诚，充当朝廷的爪牙，屡屡为王前驱。比如：

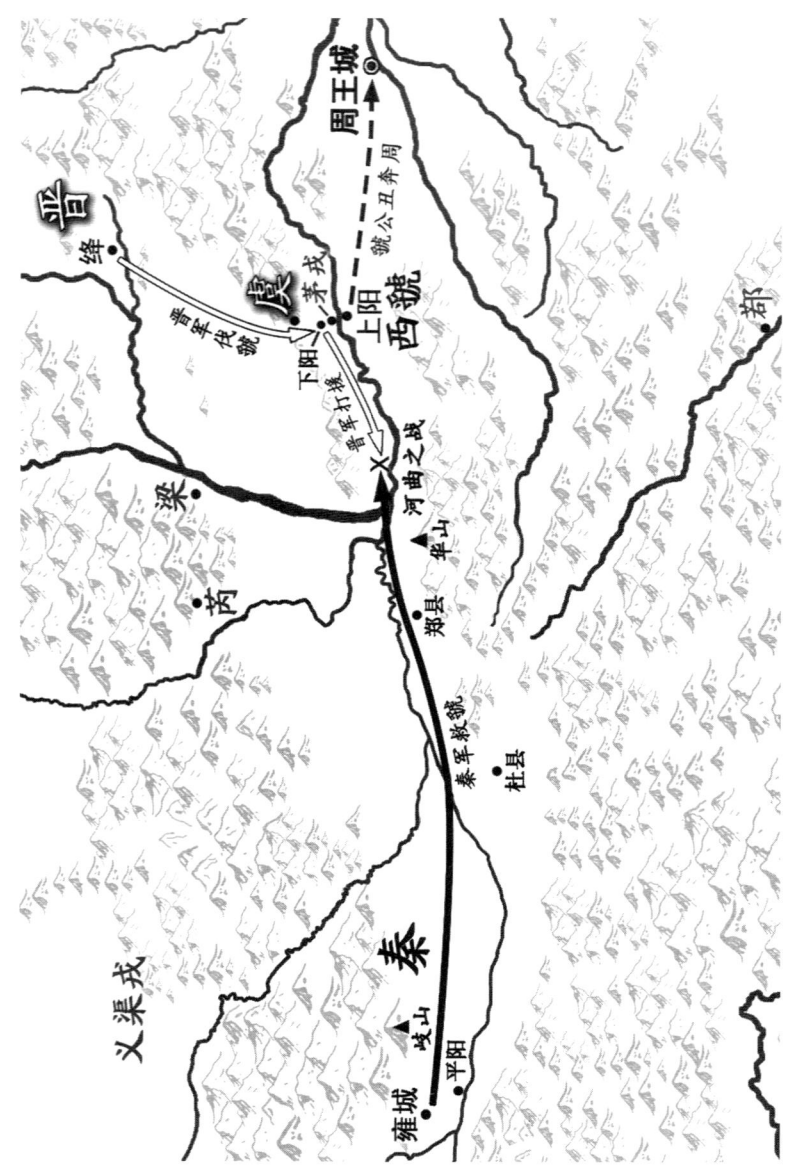

重耳、夷吾逃亡及秦、齐送夷吾入绛示意图

晋国曲沃小宗和晋侯大宗内战时，西虢国多次奉周天子之命帮助其中一方（主要是帮助晋侯大宗）；周郑之间的繻葛之战，虢公林父以卿士的身份站在周桓王一方参加了战斗；周惠王初年的王子颓之乱，也是虢公丑与郑厉公联手平定的；就在晋国初次向虞国借道伐虢的六年前，东周大夫樊仲皮反叛周惠王，周惠王还是命令西虢国出兵，活捉了樊仲皮，得以平定这次叛乱。现在西虢国被晋国灭掉，周天子等于被砍掉了一个臂膀。此外，西虢国之地是连接周朝东西两王畿的通道。东周初年，西王畿虽然大部分沦丧，但还有东部少部分城邑属于东周朝廷。现在西虢国被灭，东周朝廷与西王畿土地和人民的联系几乎被完全切断，恢复西王畿再无半分希望。

其次，晋国灭亡西虢国和虞国，对秦国的影响也不言而喻：晋国的领土已经横跨黄河两岸，秦国如果再想走崤函古道东进，晋军就可以通过原虢国的下阳和上阳南下，切断崤函古道，后来的历史也证明了这一点。

当然老子有一句话，"祸兮福之所倚，福兮祸之所伏"。晋国灭虢、虞，除了给秦国带来不利影响，还意外地给秦国送来了一位堪比管仲的贤臣。

五张羊皮换贤臣

据《左传》记载，晋国灭掉虞国后，在俘虏虞公的同时，还俘虏了一个叫井伯的虞国大夫。说起井伯，很多人可能一脸茫然，但是他的另一个称呼知道的人应该就比较多了，那就是百里奚。其实百里奚是这位大夫后来在秦国成名后的称呼，最初他还不叫这个，只不过为了照顾大家的习惯，我们就提前叫他百里奚吧。

话说金文显示，西周时期在西王畿内有一个封地在井（大约在今陕西宝鸡一带）、号称"井氏"的显赫世家，一些学者认为它可能是邢国的分支。前面我们在讲周穆王西游时曾提到一位叫井公利的随驾大臣，他就是当时井氏家族的宗长。在西周末年的大动荡中，部分井氏族人可能为避祸东逃到相对安定和平的晋南地区，被虞国接纳，百里奚就是他们的后裔。当然到了春秋前中期，井氏已经更加败落了。这百里奚空有一身才能，在虞国却得不到重用。无奈之下他想起了"人挪活，树挪死"这句话，于是决定周游列国，希望能碰上个识货的明君赏给自己一官半职。百里奚年轻时，正相当于东周第三任王周庄王（周桓王之子）的中期。那时晋国还处在晋侯与曲沃一系的内战中，中原"小霸"郑国则陷入四公子争位之乱，中原另一老牌大国卫国也因为卫宣公夺儿媳杀太子，导致他死后儿子卫惠公被驱逐。因此百里奚思来想去，决定穿过中原到东方的大国齐国去碰碰运气。

不过长途跋涉到了齐国后，百里奚的盘缠却已经用尽，又没有人替他在齐襄公面前举荐，所以他陷入进退两难的困境，只得以乞讨为生。好在"吉人自有天相"，百里奚流浪到宋国铚（zhì）地（在今江苏沛县）时，碰到了一个叫蹇叔的好人。这蹇叔也满腹经纶，和百里奚一番谈话后，觉得这个乞丐谈吐不俗，于是把他给收留了下来。当然蹇叔家也不是太宽裕，百里奚不好意思整天吃闲饭，就出去找了份放牛的工作。有能耐的人干啥都能干出成绩，因为百里奚做事周到细心，他养的牛都膘肥体壮，众人见了无不夸赞。

就在百里奚整天与牛为伍的时候，齐国恰巧发生了一场政变，给满身牛粪味的百里奚带来了一丝希望，这就是之前提过的"公孙无知之乱"——连称和管至父两位齐国大夫因齐襄公违背一年换防的诺言，勾结齐国宗室贵族、齐襄公的堂弟公孙无知发动政变，杀了齐襄公，并拥立公孙无知当了齐君。

公孙无知知道自己得国不正，也想改善形象，于是摆出礼贤下士的样子，贴出了招贤榜。饥不择食的百里奚立马就想去应聘。这时幸亏蹇叔拉住了他，说公孙无知不得民心，而襄公有几个能干的弟弟都在国外，他在国君宝座上还不知道能坐多久，你还是别去蹚浑水。果然没过几个月，公孙无知就也被齐人杀掉。

那边百里奚见公孙无知不得好死，不由得十分佩服蹇叔的先见之明。眼见当时齐国的局势还不明朗（公子纠和公子小白又争位），百里奚于是准备换个地方求职。这时他听说周庄王的小儿子王子颓很得宠，而王子颓又喜欢养牛当宠物，给他养牛的家臣都待遇优厚，非常动心，就想入周碰碰运气。

二人来到周王城，百里奚找到王子颓的府上，对门房把自己的养牛特长一说，很快受到召见。王子颓听了百里奚的"养牛经"，颇有相见恨晚之感，马上表示会录用他。这时蹇叔却在城里听到不少街谈巷议，就又暗暗把百里奚给拉住了，对他说："那王子颓作为小儿子却很得宠，又暗中培植自己的势力，早晚会生出不臣之心，行篡逆之事。你要是投了他，恐怕到时候也得被殃及。"

百里奚本来舍不得放弃这已经到手的好工作，但一想蹇叔上次的预言就很准，再加上离家多年思乡心切，他最终听从了蹇叔的第二次劝告。王子颓的结局前面也介绍过，后来他发动政变，驱逐了自己的侄儿周惠王自立为王，最终却因郑国和西虢国干预，失败被杀。百里奚因为听了蹇叔的话，又逃过一劫。

回过头来，话说百里奚自放弃王子颓家臣这份工作后，言谈中流露出思乡之意。蹇叔就好人做到底，陪着他回到阔别多年的虞国。可能百里奚在外游历了一圈有了点名气，虞公在人推荐下准备封他为大夫。

不过这时候蹇叔第三次出来阻拦，他说虞公为人贪婪糊涂，肯定不会重用百里奚。但这次百里奚来脾气了，他穷困了那么久，人穷志短，想翻身已经想疯了，眼睛只盯着那不菲的俸禄，甚至觉得蹇叔是见不得自己好，再不愿意听蹇叔的话。蹇叔没办法，只好对朋友送上祝福，一个人返回故乡。

再往下的事情大家就知道了，虞公贪图宝物，两次为晋国伐虢借道，虞国最终被晋军灭亡，百里奚也成了晋军的阶下囚，据说那时他已经七十多岁了。

却说晋献公得了这些虞国的俘虏后，想起自己宝贝女儿去年嫁到秦国时陪嫁的奴仆还不够多，生怕委屈了女儿，于是就从虞国俘虏中拨出一部分人，派人送到秦国，这其中就有百里奚。有人会问，秦穆公不是刚给岳丈大人捣乱，在晋军围困上阳城的时候援助西虢国的吗？怎么这时候晋献公又不计前嫌了呢？其实东周时期，诸侯国之间为了利益，今天可以同盟联姻，明天就能大打出手，后天说不定又如胶似漆，这都是很寻常的事情。

这支奴仆队伍上路后，因为百里奚白发苍苍，护送的晋军士兵对他也不在意。哪知道这百里奚人老了腿脚还挺利索，不甘为奴的他趁着晋军不备偷偷离开队伍，然后顺着商於古道（从今陕西商洛市到河南内乡县）歪歪倒倒一路向东南方向逃去。那时候还没有什么边境线、边防哨卡一说，他最终逃到了东周初年原本属于南申国但二十多年前被楚国占领的宛城（即楚国申县县治，今河南南阳宛城区）。

不过百里奚正庆幸时，宛城群众见他鬼鬼祟祟，以为他是来楚国搜集情报的外国间谍，于是就把他给抓起来送了官。虽然百里奚极力辩解，但当地官员还是判罚他为官奴。就这样，绕了一大圈后，百里奚又重新变成了一个牛倌。

再说秦国那边，秦穆公救援西虢国不成，又得罪了新岳丈，两头没落到一头好，正在懊恼，突然听闻晋献公要给自己夫人再送些陪嫁奴仆，知道这是晋国有意和解示好，也只得就坡下驴。不过等晋国陪嫁奴仆队伍到达秦都雍城后，秦穆公一看表单，发现少了一个人——七旬老翁百里奚。他不禁有些好奇，这么老的奴仆为什么还要跑呢？

经过一番询问,他知道了百里奚的大概故事。据《吕氏春秋·孝行览·慎人》记载,这时秦国宗室贵族公孙枝又极力在秦穆公面前举荐百里奚,说他如何贤能。秦穆公刚在跟晋国的争斗中败了一局,明白偏处西方的秦国多的是悍不畏死的勇将,但缺乏能深谋远虑、全盘谋划的谋臣,正求贤若渴,希望日后翻盘。不过对公孙枝举荐的这个百里奚,他却不以为意。确实,直到此时,百里奚还从来没有在政治上表现出任何高超过人之处,甚至连他自己的祖国虞国也保不了,秦穆公怎么会贸然信用这样一个人呢?

那秦穆公后来又是怎么改变想法的呢?东汉以后的史书中又多出了如下一个情节:当时秦国还有个叫禽息的大夫,他也向秦穆公举荐百里奚。见秦穆公不听从自己的话,禽息居然玩起了惨烈的"尸谏"。有一次穆公出游,他在宫门前拦住穆公车驾说:"我活着也于国无益,不如死了算了!"就当着穆公面以头猛撞宫门中的木柱,脑浆迸裂而死。穆公一看这阵势惊呆了,心说你推荐个人我没用,也不至于死给我看吧?不过静下心来,他又为禽息的忠心感动,继而寻思,禽息以死推荐的人,应该真有两把刷子吧?最终他决定听从劝谏,起用百里奚。

不过这百里奚现在人在何处呢?秦穆公派人四处打探,不久得到回报,说那个虞国前大夫百里奚,逃到楚国宛城后被楚人罚做官奴,正满山坡放牛呢。

秦穆公一听,立马就想出重金去赎人。这时穆公身边有人提醒他说,你出大价钱去赎一个奴隶,楚人肯定感到很奇怪。如果他们发现百里奚是个大人才,到时候说不定就不肯放人了。

秦穆公一听确实是这样,于是他就派人到楚国宛城对当地官员说:"晋国送给我们秦国的陪嫁奴仆中有一个叫百里奚的老头,听说现在逃到你们这了,我们国君想用五张黑公羊的羊皮把他赎回来,你们看怎么样?"楚人听了很爽快地同意了。百里奚就这样被秦国使者带回了国。

百里奚到了雍城后,秦穆公马上让人把他当作贵宾请到宫中,并向他请教国家大事。

老头百里奚活了一辈子也没受过这样的待遇,一下子蒙了,连忙谦虚说:"我只不过是一介亡国之臣,哪劳秦公您向我请教国事?"

秦穆公却诚恳地请求道:"您的事情我也听说过一些,都是因为虞公不信用您,才招致亡国之祸,这不是您的罪过。还请不吝赐教。"

百里奚见秦穆公这样高看自己,心里也非常感动,于是敞开心扉,向穆公讲起了天下形势和治国安邦之道。穆公听了连连点头,颇有相见恨晚之感,拉着他一连谈了三天。三天谈完后,秦穆公大赞百里奚是治世贤臣,立即封他为大夫。《史记》记载秦穆公给百里奚的封号是"五羖(gǔ,黑羊皮)大夫",不过这种称呼很有些戏谑的意味,穆公应该不会这样做。"五羖大夫"的名号最有可能是秦国老百姓叫出来的。那么百里奚的正式封号是什么呢?笔者以为应该是"百里大夫"。因为一些古书如东汉应劭《风俗通》记载,百里奚在秦国的封邑是一个叫"百里"的地方,所以他的名号前面应该冠以"百里"二字,后来"百里"也成为百里奚的新氏名(前面说过他的旧氏名是"井")。那"百里奚"这个称谓中的"奚"是什么意思呢?从甲骨文来看,"奚"字就像一只手抓住一个人的发髻,说白了"奚"就是男奴隶的意思(女奴隶是"妾")。所以百里奚这个名字,其实也并非井伯的真名,而是他入秦为官后的外号罢了,因为他入秦前的身份就是楚国奴隶,也即"奚"。至于井伯的真实名字叫什么,这早在战国时就已经失传了。

却说秦穆公要封百里奚的时候,百里奚却一再谦让,他说:"我不如我的朋友蹇叔啊。蹇叔这个人才是真正有本事的人,只不过世人不知道罢了。"

接着百里奚就把蹇叔三次阻拦自己出仕、自己听了两次躲过祸患、有一次没听就倒霉的事情向穆公道来。秦穆公听后眼睛一亮,于是又命人备了厚礼去铚地聘请蹇叔。蹇叔听说秦穆公求贤若渴，而且好朋友百里奚已经被封官加爵，因此答应出山。蹇叔来到秦国后，秦穆公也立马封他为上大夫。

话说秦穆公得了百里奚、蹇叔两位人才后，用人不疑、疑人不用，很快把国家大政交给他们主持。百里奚和蹇叔自然是感念知遇之恩，尽心为秦国谋划：他们对内整顿吏治、倡导文明教化，对外则紧盯天下局势、为秦国图谋霸业。

"骊姬之乱"与秦穆公"一置晋君"

一转眼四年过去了，时间到了秦穆公九年（周襄王元年即公元前651年）。这一年天下发生了两件大事：一是霸主齐桓公大会诸侯于宋国葵丘（在今河南民权，非齐国葵丘），受其鼎力支持才得以继位的周襄王（周惠王之子）派人前去赏赐祭祀用的胙肉，标志着齐国霸业达到顶峰；二是秦穆公的老丈人、晋国的一代雄主晋献公死了，晋国陷于内乱。晋国作为与秦国相邻的大国，它的国事变化对秦国的影响十分巨大。不过要说清这晋国的内乱，还得从头说起。

秦穆公的大哥秦宣公在位时，晋献公曾率晋军西渡黄河，讨伐了骊山一带的骊戎，并抢得了一个名叫骊姬的绝世美女。晋献公得了骊姬后，自然集所有宠爱于她一身。骊姬的肚皮也争气，在几年后给晋献公生了个儿子，这就是公子奚齐。晋献公之前本已经有六个儿子了，其中三个还很有贤德之名，如他跟自己庶母齐姜（齐桓公之女）生的太子申生，跟狄人狐氏姐妹生的公子重耳、夷吾。但自打奚齐降生，晋献公就再也不待见其他儿子了，一心想把奚齐扶为太子。为了达到这个目的，晋献公很早就以看守曲沃宗庙、加强边疆防务为由，让太子申生离开都城绛城（在今山西翼城、曲沃交界处）出居曲沃，让重耳、夷吾出居临近西方秦国的蒲邑（在今山西永济西南）和临近北方戎狄的屈邑（在今山西吉县东北）。

到了晋献公二十一年（秦穆公四年即公元前656年），也就是晋国第二次向虞国借道伐虢的前一年，骊姬暗中在太子申生送给父亲晋献公的祭肉中下了毒，然后故意让晋献公发现。晋献公不辨真伪，勃然大怒，杀了申生的师父杜原款，申生听说后也于当年十二月自杀身死。第二年，即晋国灭掉西虢国、虞国的那一年，骊姬又在晋献公面前说公子重耳、夷吾的坏话，晋献公就出兵攻打两人所在的蒲邑和屈邑。蒲邑很快被晋军攻下，年仅十七岁的重耳被迫逃亡到母家狄人那里；夷吾所在的屈邑在百姓的大力协助下坚守了一年多，但最终也在次年被晋军攻破，夷吾在师父郤（xì）芮的建议下逃到了靠近秦国的河西梁国。

梁伯知道这位晋国公子夷吾未来有可能竞争晋君之位，是只"潜力股"，对他非常礼遇，还把女儿嫁给了他。不久，梁伯之女为夷吾生下了一双儿女。可能那时候就有取贱名好养活的说法，因此夷吾给儿子取名叫"圉"（囚禁之意），给女儿取名为"妾"（女奴之意）。

两年后（秦穆公八年、晋献公二十五年，即公元前652年），晋国为了追捕公子重耳而发兵攻打狄国。不过狄国却表现得很硬气、很聪明，采取了"你打你的、我打我的"策略，也发兵袭击晋国的啮（niè）桑这地方。晋军不得不停止对狄国的攻击，解围退去。

又过了一年，到了秦穆公九年的夏天，在位期间灭国十七、服国三十八，为晋国开拓了数倍疆土的晋献公得了重病。他知道自己来日无多，十分担心自己死后年仅十四岁的小儿子奚齐不能掌握局面，于是就把当年首先提出"假虞伐虢"计策的大夫荀息招到病床前，问他说："我让奚齐做继承人，但他现在年龄还小，众大臣一定不服，恐怕会引起祸乱,能劳辱你扶立奚齐吗?"

荀息为人忠诚,要不然晋献公也不会想托孤于他。他见晋献公这样问自己,立即回答说:"臣下定会竭尽全力,事之以忠贞。能扶保成功,那是君上您在天上有灵;如果扶保不成,我就以死谢罪。"

晋献公对荀息的态度非常满意,于是任命荀息为正卿(首席执政),掌管国事,辅佐奚齐。

当年九月,晋献公病逝。晋献公生前的忧虑一点没错,晋国以里克、邳郑为首的一帮大臣,恨骊姬害死太子申生、逼走公子重耳和夷吾,因此联合了三位公子的支持者准备发动政变,除掉骊姬和她的儿子奚齐,迎立逃亡在外的公子重耳。里克等人先去争取荀息,但忠直的荀息不为所动,里克于是就在十月突袭奚齐,把他杀死在守丧的草庐中。

荀息见自己没能保护好奚齐,内心十分自责,就准备自杀向晋献公之灵谢罪。这时他的手下拦住了他,劝他不如改立骊姬妹妹所生的儿子卓子。哪知荀息改立卓子后,里克等人又在十一月突袭朝堂杀死了卓子,并在百般羞辱骊姬后用鞭子把她活活打死。荀息见此情景号啕大哭,自感无法弥补的他于是自杀身死,实现了他对晋献公的诺言。

荀息以死践行诺言的精神着实可敬,但他的死确实如里克所说,对晋国的政局来说是没有意义的,因为他保的奚齐、卓子真的不得晋国民心。当然说到底,晋国这场内乱的根源其实在晋献公身上,他凭着自己的爱好一意孤行、废长立幼,不但害了原太子申生,还害了自己宠爱的夫人骊姬、小儿子奚齐、卓子。

再说里克、邳郑等人,他们其实也是忠诚之人,只不过有一点和荀息不一样,他们是忠于国家而不是忠于某一位君主。杀掉了奚齐、卓子和骊姬后,里克等人派大夫屠岸夷到北面的狄国迎接公子重耳,准备立他为君。没想到重耳听从了舅舅狐偃的劝告,拒绝了这天上掉下来的大好事。他对屠岸夷说:"我当年违背父命出逃,父亲死了又没有在灵前尽孝道,哪里还敢回国呢?请大夫另立他人吧!"

在屠岸夷出使狄国的同时，留在晋国国内的公子夷吾的心腹吕甥和郤称（郤芮弟弟），也派了一个叫蒲城午的人前往河西梁国，劝夷吾重重地贿赂秦穆公以争取得到秦国的支持回国继位。跟在夷吾身边的郤芮也赞同这计划，夷吾于是就答应了。

吕甥得了夷吾的回信后，到晋国朝堂上假装公正无私地对众大夫说："先君薨逝，我们做臣子的不敢自作主张拥立新君。但国家群龙无首，时间长了恐怕诸侯们要图谋我国；可大家都从国外找一位公子送回来继位，那时各人有各人的心思，恐怕会加重国家的动乱。秦国是与我国相邻的大国，秦伯又是先君的女婿，我们何不请他来帮助议定新君呢？"众大夫听了，不由得纷纷点头。于是晋国就派大夫梁由靡出使秦国，请求秦穆公为晋国挑选一位合适的继承人。

再说秦国那边，其实秦穆公早就在密切关注晋国内乱，准备借机扩大秦国对晋国的影响。他接见了晋使梁由靡，听说晋国请求自己来确定晋君人选，心里不由得乐开了花，但表面上他却不动声色，推辞了一番才答应。

送走梁由靡后，秦穆公决定先派儿子公子絷以"慰问"的名义去晋国两位公子也即他的两位小舅子那儿去做一番考察。

公子絷出了秦都雍城一路向东，首先来到北方的狄国。他见了晋公子重耳后，试探地说道："您出亡在外，又逢父丧，寡君特派我来慰问。寡君听说，得国常在丧乱中，失国也常在丧乱中。时不可失，因为丧事也不可能持久，公子要好好考虑啊！"

重耳借口有事回到堂后，问舅舅狐偃该怎么办。狐偃说："现在不能在公子絷面前答应回国之事。逃亡在外的人无依无靠，只能以'诚信''仁德'来争取民众支持，这样做了国君才会安稳。现在您父亲刚去世，灵柩还停在堂上，就要争权夺利，大家会认为您是'仁德'之人吗？晋国诸公子都有继位的权利，我们侥幸获得外国支持得位，大家会认为您有'诚信'吗？民众认为我们不仁不信，就算坐上君位又岂能长久？"

于是重耳回到厅堂，拜谢公子絷说："谢谢贵国国君遣使吊问并支持我回国为君的好意。但是重耳流亡在外，父亲去世都没能回去参加丧礼在灵前痛哭，又怎么敢有非分之想来辱没秦伯的义举呢？"说完他拜了两拜，起身后泪流满面，呜咽着命人送客。

公子絷一开始以为重耳是表演给众人看的，但结束公开会面后他在驿馆里待到第二日，也不见重耳来做"私下沟通"，明白重耳是真的不准备回国继位，于是离开狄国，南下来到同姓的梁国。

公子絷见了晋国公子夷吾后，把不久前对重耳说过的话又对夷吾说了一遍。夷吾也回去请教师父郤芮，郤芮说的话却跟狐偃完全相反："既然秦国来问，公子得赶紧抓住时机。逃亡在外的人，就不要假清高了，清高有啥用呢？重重的贿赂才有用，您赶紧倾其所有把能拿出手的都拿出来，不要小气。既然晋国诸公子都有继位的资格，您得到外力帮助继位，这不也是应该的吗？"

夷吾回到堂上，也对公子絷表示了谢意。他不但拜了两拜，还以丧主也即晋献公继承人自居，向公子絷行了稽首礼，即双手作揖至地，头也叩在地上（拜，双手作揖到半空，头只需贴在手上即可）。但起来的时候，他不但一滴眼泪也没流，还面露喜色。

正式会面结束后，公子絷回到驿馆。没过多久，夷吾就悄悄前来拜见。夷吾对公子絷说："晋国中大夫里克愿意支持我，我答应封给他汾河以北的良田万亩；大夫邳郑也同意支持我，我答应封给他负蔡之地的良田七千亩。秦伯如果支持我，那谁当晋侯就无需看天命了。流亡之人只要能回国祭扫宗庙、安定社稷就满足了，用不着多大的国土。那时晋国就是秦国的郡县（此时晋国的郡是指设在边地、比县更小的行政单位），我们还会把河外五座城池奉上。这不是

东周秦晋重量单位

一两 ≈ 15.8 克

一斤 = 十六两 ≈ 253 克

一镒 = 二十两 ≈ 316 克

说秦国缺地，而是让秦伯东游渡河时方便找渡口。流亡之人也没什么好东西，现有黄金四十镒、玉饰六双，实在拿不出手，不敢献给公子，就请您的左右随从收下吧。"

公子䌻听了夷吾的这番话，心中暗笑，不过嘴上没有点破，还把礼物都收下了。回到秦都雍城后，公子䌻面见了父亲秦穆公，把出使的见闻详细做了汇报。

秦穆公静静听完，然后说："我觉着公子重耳人品不错，他是个有仁德的人。他不以丧主自居，下拜而不叩首，说明他不稀罕做晋国继承人；起身后哭泣，说明他对父亲有感情，重孝道；正式会面后不再私下来往，说明他不贪晋国之利。"

公子䌻却反驳说："父亲，您这话可不对。如果您立晋君是想让晋国好，那确实该立仁德的重耳。但您立晋君如果是为了成就秦国的威名，那就该立那个缺仁少德的家伙来扰乱晋国，这样以后我们还有机会再次操控晋君的废立。"

秦穆公笑了笑，其实他心里自然也明白这道理，秦国要东进就不能有强大的晋国，何况立夷吾还有那五座河外城池可拿。

秦国内部达成共识后，秦穆公派公孙枝统领秦军前往梁国，接了夷吾后护送他东渡黄河，进入晋国地界。

另一边，天下霸主齐桓公听说晋国内乱，也率领诸侯之军前来平乱。不过齐桓公来到晋国高梁（今山西临汾市东北）这地方时，听说秦军已经护送晋公子夷吾入晋，就停止了前进。齐桓公不想让秦国独占扶立晋国新君的功劳，但也不愿跟秦国起直接冲突，就让齐国大夫隰朋带了一队人马与秦军会合，两方一起护送夷吾进入晋都绛城。

秦穆公九年十二月，二十岁露头的夷吾在秦、齐两国军队的支持下登上君位，这就是后世所说的晋惠公。虽然齐国强行掺和，但世人都明白晋惠公是秦穆公送上位的，这也是秦穆公一生三次定立晋君中的第一次，所以史书称这次为"一置晋君"。晋惠公上台伊始，就任

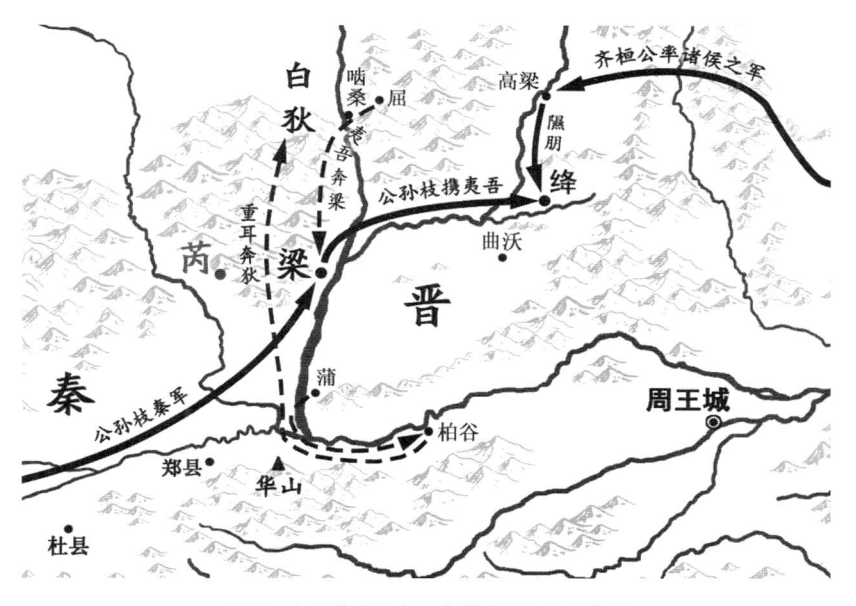

重耳、夷吾逃亡及秦、齐送夷吾入绛示意图

命自己的亲信吕甥、郤芮主持朝政。齐桓公见晋国已定，于是自高梁打道回府，绛城的秦、齐军队也先后撤离。

晋惠公赖账

话说当初夷吾在梁国时，为了能回国继位什么都敢许，反正当时那些土地也不归他所有；但是他回国成为晋侯后，晋国河山都是他的了，再让他割地给秦国、封地给里克和邳郑，就好像从他身上剜肉，他顿时感到疼得很，于是就准备赖账了。

晋惠公经过一番思考，找来大夫邳郑，任命他为出使秦国的使者，叫他去通知秦穆公，晋国暂时不能兑现割让河外五城的承诺。

虽然当时是春天，空气中还残留一丝寒意，但邳郑一听这任务，汗都快滴下来了。他寻思，这种烂活让我去干，秦穆公一生气，就算不剁了我，也得把我扣起来啊！于是他大起胆子对晋惠公说："您的位子还未稳固，就对秦国出尔反尔，这样不好吧？再说我到了秦国，该如何解释啊？"

晋惠公道："你就对秦伯说，我们君主本来是想如约献上河外五城的，奈何朝中大臣们一齐反对，他们说土地是先君所遗留下来的，在外流亡之人无权擅自许给他国。我们君主也跟大臣们争了很久，但最终没争过，所以只能向秦国致歉了。"

邳郑没办法，不得不遵命使秦。离开绛城后，邳郑一路都在盘算，如果秦穆公发怒，他该如何才能保命脱身。

且说秦穆公自打立了夷吾之后，一直在等他兑现诺言，交割河外五座城池。听说有晋使前来，他以为就是办这事儿的，赶紧召见。

宾主行礼后，邳郑硬着头皮先把晋惠公教他的话向秦穆公说了一遍。本来满怀希望的秦穆公一听，知道小舅子夷吾翻脸不认人，顿时脸都快气歪了。

邳郑见秦穆公要发火，马上把自己撇得干干净净："外臣只是奉命来告，其实这都是晋侯的心腹吕甥、郤芮、郤称等人的主意，是他们撺掇晋侯违背诺言不把河外五城交给秦国的。他们不遵守诺言，我也感到很丢人，但我在晋侯面前也说不上话。实际上晋国人并不想让夷吾做国君，而是都属意重耳。外臣这里有一条计策——您可以下重礼请吕甥、郤家兄弟来秦国访问，等他们来到后您就把他们扣住，夷吾就等于失去了臂膀；到时您再派军队护送公子重耳入晋，我在晋国国内做内应，这样一定能把夷吾赶下台，扶重耳上位。"

秦穆公正在气头上，一心要报复晋国君臣，就赞同了邳郑的计划，把他放回国。

另一边，就在邳郑出使秦国期间，晋国国内又发生了一系列事件。

晋惠公元年（秦穆公十年即公元前650年）的四月，当朝天子周襄王派王朝卿士周公忌父、大夫王子党出使晋国，并带来了天子册命夷吾为晋侯的册命文书。周襄王怎么主动掺和到晋国内政里了呢？原来周襄王在上一年刚刚继位，地位并不稳固，正想扩大王室的影响力。虽然周襄王是得到霸主齐桓公的支持才上台的，但作为天子他并不愿看到齐国一家独大，而希望平衡诸侯势力由自己居中驾驭，作为姬姓大国的晋国，就成为他拉拢的对象。怎么拉拢呢？秦国、齐国有军队硬实力，能派兵拥立夷吾；周朝虽然实力大衰，但是天子有软实力——可以下发代表合法性的"委任状"啊！

却说晋惠公夷吾得到天子册命后，自感地位牢固了，年纪轻轻的他越发胆大妄为。大夫里克弑杀了两君迎立了他，他怕天下人说他是弑君得利者，更怕里克架空他甚至再杀了他，于是就准备先下手为强，宰了里克，这样连许给里克的万亩良田都可以省了。

说干就干。晋惠公派兵包围了里克的府邸，并传话给里克，说："没有你我坐不上君位。尽管如此，你毕竟弑杀了两位君主，还杀了一位大夫，现在我做你的君主不是太为难了吗？"

里克一听就知道晋惠公动了杀心，于是骂道："没有我杀奚齐、卓子，你怎么上位？欲加之罪，其无辞乎？想让我死，我从命就是了！"随后里克就抹脖子自杀了。后世的成语"欲加之罪，何患无辞"，就是从里克所说的"欲加之罪，其无辞乎"这句话演化而来的。

邳郑从秦国回来刚进入晋国地界，就听到里克被逼死的消息。作为里克的同党，他预感不妙，正犹豫要不要再往前走，路上正好碰到一个叫共华的大夫。这共华也是平日里跟里克走得比较近的人，邳郑就问他说："我还能回国吗？"

共华说："国内跟里克关系好的人也没见受株连，你出使秦国回来，自然要向国君复命。"

听了共华的话，邳郑这才壮着胆子回到绛城。他入宫面见晋惠公后，夸说自己一番巧舌如簧，把五座城池给赖掉了，秦穆公也没把自己怎么样。晋惠公一听很高兴，还把邳郑夸奖了一番。当然夸归夸，之前流亡梁国时允诺给邳郑七千亩良田的事他再也没提，邳郑自然也不敢吭声。

邳郑回来不久，晋惠公为了收买人心，倒是干了一件正事——以礼改葬了哥哥太子申生，并给申生上了个谥号为"恭"。不过在开墓启棺时，申生的遗体散发出了异常的恶臭。这本来也是自然现象，不满晋惠公为人的晋都百姓却编了歌谣骂他，说是他让圣洁的太子变得如此不堪。

据《左传》记载，在这年的秋天，晋国还发生了神异之事。原来重耳、夷吾的外公，晋国大夫狐突有事前往曲沃，居然看见了太子申生的鬼魂驾车而来。申生的鬼魂喊他登上车，并对他说："夷吾无礼，我已经奏请天帝同意，把晋国交付给秦国，秦国将祭祀我。"狐突对此很不解，说："我听说，鬼神是不吃异族的祭品的，百姓也不会祭祀非本族的鬼神。这样做，您不就绝祀了吗？再说夷吾有罪，晋国百姓何罪？您还是好好考虑一下吧！"申生的灵魂沉思了一下，听从了狐突的建议："好吧，我重新向天帝请求一下。七日后在曲沃西边，我将附身在一个巫师身上，你再来听信儿。"说完申生的鬼魂就不见了。过了七日，狐突如约来到曲沃城西，发现真的有一个巫师站在那里。他走到巫师面前，巫师口中发出了申生的声音："上帝允许我惩罚有罪之人，他将在韩原大败。"

晋惠公败于韩原是怎么一回事，这个我们以后会讲到。至于上面这个鬼故事，显然是后来的好事者编造出来的。不过编故事也得有点依据，历史上晋惠公不是以礼改葬了太子申生了吗，为什么编故事的人会说他对申生无礼呢？这又要从晋惠公回国时说起。

话说秦穆公派公孙枝护送夷吾回国继位时，秦穆公夫人、夷吾的大姐穆姬曾托公孙枝带话给弟弟夷吾,让他做了晋侯后要好好照顾他哥哥太子申生的遗孀贾君,并准许所有流亡在外的晋公子回国。结果夷吾登基后,怕兄弟们回国威胁自己的地位,自然就把这个承诺抛到脑后;更荒唐的是,他垂涎寡嫂贾君的美色,居然把她照顾到床上去了。正因为如此,对夷吾极为不满的晋国人,后来才会编出申生鬼魂诅咒他败于韩原的故事。

转眼到了这年冬天,秦穆公听说很多晋人不待见晋惠公,准备实施春天邳郑来访时提出的计划。他派秦国大夫泠至出使晋国,作为邳郑使秦的回访,并邀请吕甥、郤家兄弟到秦国访问。泠至见了吕甥、郤家兄弟后送上厚礼,邳郑也从旁帮腔,说由他们做使者对秦国进行回访是再合适不过的了。

那郤芮也是个聪明人,他隐约觉察出不对劲,就对吕甥和郤称说:"邳郑出使秦国是去赖账的,带给秦人的礼物也很微薄,为什么秦使回访时带的礼物那么重?这一定是邳郑在秦伯面前说了我们坏话,他们想诱骗我们去秦国然后杀了我们或扣住我们。如果不杀邳郑,他一定会作乱!"于是郤芮等人就入宫把自己的想法禀报了晋惠公。

晋惠公一琢磨,很多事情想来确实可疑:邳郑去秦国赖账,秦穆公怎么会那么轻易就放过他?现在秦使来了,邳郑为什么又一个劲儿劝吕甥等人去秦国?这里面一定有问题!虽然还没有确凿证据,但是宁可错杀,不能放过,万一邳郑私通秦国一事是真的,自己的君位和脑袋可就不保了!于是晋惠公决定先下手为强。他派吕甥、郤家兄弟领兵,诛杀了邳郑以及与里克、邳郑交好的七位大夫。那大夫共华的名字也在七大夫之列,晋军本来最后去的他家,他有机会逃跑,但他自责自己让邳郑回来害了他,就留了下来,与邳郑同死。

邳家被灭门的时候,他的儿子邳豹侥幸逃了出来,渡河跑到秦国。报仇心切的他对秦穆公说:"晋侯不得人心,对您出尔反尔赖掉五城,对内背信弃义杀掉扶立自己的里克,并且不信用他流亡时留在晋国的众大臣，大家都对他很不满。现在他又杀了我父亲和七位大夫，晋国朝廷几乎空了一半。您若是出兵讨伐，晋侯一定能被赶下台！"

秦穆公到底是政治家，他没有盲目相信邳豹的话，而是说："如果晋侯不得人心，怎么能杀掉那么多大夫？看样子他还能协调晋国上下。报仇的事你别急，等我从长计议。"虽然秦穆公没有立即出兵攻打晋国，但他知道邳豹十分了解晋国的内情，也很有才干，于是在好言安慰之余，把他留在身边加以重用，当然对外是保密的。

联手平周乱　　输粮赈晋灾

且说晋国那边，晋惠公夷吾的运气确实还没有到头。第二年（秦穆公十一年、晋惠公二年，即公元前649年）春天，周襄王又派召武公和主管册命诸侯、卿大夫的内史过到晋国赏赐晋惠公爵服命珪。晋惠公刚杀光了国内的潜在敌对势力，又得天子赏赐，一时间有些忘乎所以。在召武公主持的命爵典礼上，他双手执玉珪时不是举到胸前而是抱在腹部，行礼时只拜了两拜（拱手至半空），而未稽首（拱手至地、叩头至地）。按周礼，晋惠公这些行为都是对天子大不敬。典礼上宣读命爵文书的内史过瞥见了晋惠公的违礼行为，心中不忿。他回朝后把情况向周襄王做了汇报，并对周襄王预言说，晋国即便不亡国，这个晋侯也必定无后。

不过内史过的预言准不准，当时周人还不能知道。他们能知道的是，周人自己的麻烦已经来了——当年夏天，已故周惠王的小儿子、当朝天子周襄王的小弟弟王子带，招引了居住于伊水、洛水之间的扬拒、泉皋、伊洛之戎进攻王畿，京师大乱。

这王子带为什么会吃里扒外呢？原来周惠王生前和爷爷周庄王一样，十分宠爱小儿子——周庄王宠爱王子颓，周惠王宠爱王子带。周庄王宠王子颓，给周朝带来一次内乱即王子颓之乱；作为受害人的周惠王居然不长记性，重蹈覆辙，一度准备废了太子郑也就是后来的周襄王，立王子带为太子。太子郑求助于齐桓公等畿外诸侯，才勉强保住了太子地位。周惠王死后，因为王子带在王畿的势力强大，太子郑先是秘不发丧，又是得到齐桓公支持后，才正式继位。尽管如此，王子带依旧不死心，于是就出现了上面他勾引六地之戎攻打周朝的一幕。

周襄王那边，他手底下的周王师无力抵挡戎人的大举进攻，王城被攻破，东门也被焚毁。无奈之下他只得求援于诸侯，向晋国和秦国发出告急文书。

秦穆公和晋惠公得报，都下令出兵勤王。毕竟当时周朝还有一定的号召力，而且齐桓公靠树立"尊王攘夷"的旗帜称霸天下，诸侯们也开始明白"尊王攘夷"的好处。秦晋两强国同时力挺周襄王，王子带和戎军自然不是对手，最终败退而去。晋惠公又从中斡旋，调解周朝与戎人的关系，虽然没谈成，但周戎双方也暂时息兵。当然秦晋襄助天子，在政治上也都有得分，一定程度上提高了本国的威望。

次年（秦穆公十二年、晋惠公三年、周襄王四年，即公元前648年），趁戎人与周朝谈判之机，周襄王发动反击，攻打王子带的封邑甘邑（在今河南洛阳南）。这回变成王子带不能抵挡，被迫于秋天出奔，逃到了霸主齐国境内。齐桓公派管仲再次调解周朝与戎人的关系，并派大夫隰朋调解晋国与戎人的矛盾，又劝周襄王看在亲情分儿上不要对王子带赶尽杀绝，周襄王最终答应了。周朝的内乱，就此告一段落。不过经过此次之乱，周朝的防御能力进一步减弱。眼看周朝面对戎人势力无力自保，第三年也就是秦穆公十三年、周襄王五年的秋天，齐桓公又发动诸侯轮流派兵到王畿戍守。

一转眼秋去冬来。秦穆公十三年冬天，穆公正在宫中游玩，突然得到报告，晋国派使者来了。这晋使是为何事而来呢？原来这年秋天晋国遭遇天灾，庄稼几乎绝收，所以到了冬季爆发了严重的饥荒。晋惠公没办法，只好觍着脸派人来秦国求购粮食。

秦穆公当然是很讨厌晋惠公这有恩不报、言而无信的小舅子的，但他知道卖不卖粮给晋国是国事，不能个人感情用事，所以他决定广泛征求大臣们对此事的看法。

秦穆公首先向宗室贵族公孙枝询问。

公孙枝说："应该卖粮给晋国。您上次已经帮晋惠公回国继位；这次卖粮，等于再次帮了他大忙。上次他出尔反尔，有恩不报；这次再帮他，如果他还不回报我国的话，晋国的老百姓都会骂他忘恩负义。老百姓不支持他，我们要是讨伐他，一定能成功。"

秦穆公点点头，接着又征询百里奚的意见。

百里奚说："天灾常有，今年在这国，明年跑那国，谁也不敢说本国就不会有。救援灾区，帮助邻居，这是道义所在。按照道义行事，一定会有福气。"显然百里奚也赞同卖粮给晋国。

不过这时有位大夫跳出来反对卖粮，这个人就是邳郑的儿子邳豹。他对秦穆公说："夷吾对您无礼，天下无人不知。晋国前几年有内乱，现在又连续饥荒。以往失人心，现在老天都厌弃他了，可谓灾祸连连。我们应该顺天应人，赶紧讨伐他，给什么粮食！"

穆公听了不以为然，说："夷吾不是东西，但晋国百姓有什么罪过呢？我们不能因为他坏，就惩罚晋国的老百姓。"最终秦穆公拍板决定卖粮食给晋国。

于是，秦国派了大量船只载了粮食，从秦都雍城出发，先经渭水进入黄河，再溯黄河而上进入汾水和浍水，最终抵达晋都绛城。当时运粮的船只挤满八百里渭水，不见首尾，极为壮观。历史上就把这次秦国运粮救济晋国一事当成一场大战役，称之为"泛舟之役"。

秦国粮食运到晋国后，挣扎在死亡边缘的晋国老百姓一下子得救

泛舟之役示意图

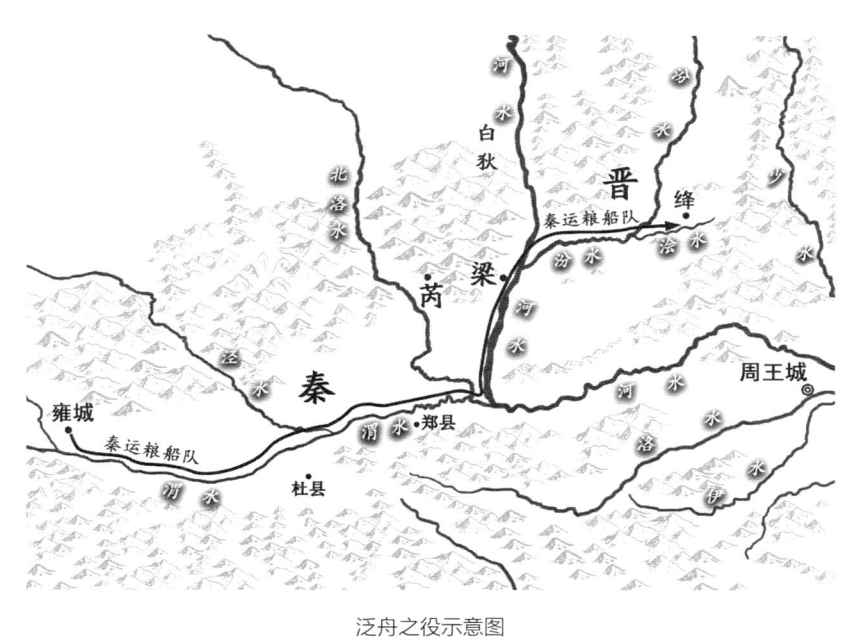

了。天下人尤其是晋国人都夸赞秦穆公仁义，能够不计前嫌、扶危助困。

韩原之战

晋国到秦国买粮时，百里奚曾说天灾无常，没想到很快就应验了。"泛舟之役"的次年，即秦穆公十四年（晋惠公五年即公元前646年），秦国也碰上了天灾。这一年晋国倒是丰收，秦穆公庆幸上一年卖了粮食给晋国，于是就命人去晋国买粮。

晋惠公接见完秦使，同样召开一次小会讨论是否卖粮给秦国。

会上，晋国大夫庆郑主张卖粮，理由很简单：上次秦国帮助晋惠公回国继位，这个情都没还（五城没给），去年晋国饥荒秦国还又送粮过来。

这时大夫虢射却说："没给秦国五城，已经深深得罪秦国了。就算给他们粮食，也消除不了秦国的怨恨，不如不给，省得资敌。"虢射的逻辑很奇葩，那意思是既然得罪了，就得罪到底吧。

庆郑争辩说："不可！背弃秦国的恩德是无情，幸灾乐祸是不仁，贪图吝啬财物是不祥，激怒邻国是不义。四种德行都没有，怎么守住国家？"

虢射说："土地好比皮，粮食就像皮上长的毛，土地都不给人家，给粮食有用吗？皮之不存，毛将安傅？"成语"皮之不存，毛将焉附"，就是打这里演化来的。当然虢射打的这个比方怎么看都感觉有点牵强附会。

庆郑愤愤地说："如此背信弃义，以后晋国有难，还有谁肯施以援手？不顾恩德，幸灾乐祸，这样的行为老百姓都厌弃。假如我是秦国，一定会来讨伐晋国报复的。"

晋惠公一开始还有点想给秦国粮食，因为怕人议论，现在见有虢射主张不给，胆立刻壮了，决心拒绝秦国。他冲庆郑摆摆手说："这事不是你庆郑所了解的。"

庆郑只得退席离去，临走时撂下一句话："国君您一定会为此事后悔的！"

且说秦穆公在雍城盼星星盼月亮，盼秦使带着粮食从晋国尽快赶回，好缓解秦国的饥荒。没承想最后秦使是回来了，但一粒粮食都没有带来。穆公君臣得知晋国拒绝卖粮给秦国后，无不大骂夷吾一伙忘善背德、见危不救，发誓要讨伐晋国教夷吾好好做人。

当然，骂归骂，因为本年秦国饥荒，穆公君臣只得先把这仇恨暂时放下，筹划如何渡过难关。好在前些年经过百里奚、蹇叔等人的治理，秦国还有些家底，穆公又比较仁义，老百姓肯同甘共苦，秦国最终把这个荒年熬了过去。

第二年，秦穆公十五年（晋惠公六年即公元前645年），秦国否极泰来、风调雨顺，迎来了一个丰收年。仓廪充实后，秦国君臣一致决定出兵讨伐晋国，新账老账一起算。

秋高马肥之时，秦穆公亲自率军伐晋，从征的秦国大臣将领有执政百里奚，宗室贵族公孙枝，穆公之子公子絷，蹇叔之子白乙丙、西乞术，晋国亡人邳豹，等等。

出兵时，秦国一个叫徒父的卜人占卜，对秦穆公说，此战大吉大利，三破晋军以后必将俘虏晋侯。秦军上下听说后，士气自然大振。

秦人本就彪悍，这几年晋国又多次对秦国以怨报德，秦人无不憋了一肚子火。所以战争爆发后，嗷嗷叫的秦军跟晋军交锋三次，仗仗取胜。随后秦军并未停止脚步，而是东渡黄河继续向晋国内地挺进。

绛城中的晋惠公听说秦军入侵、晋军屡战屡败，有些坐不住了。这时大夫庆郑正好在旁边，晋惠公就问他道："秦军已经深入晋境，现在如何是好？"

庆郑没好气地回答说："您加深秦人的仇恨，人家自然就深入晋境啰。至于怎么办，这也不是我庆郑能知道的，您还是问虢射吧！"去年秦国饥荒，晋惠公不但听虢射的话不卖给秦人粮食，还训斥庆郑不懂事儿，庆郑可一点儿没忘。

有人读到这里可能会怀疑，你这是戏说吧，臣子敢这么怼君主吗？对此笔者要说，秦汉以后的臣子确实很少敢这样（除非是权臣对傀儡君主）。可春秋时期封建制度虽然日趋松动，但社会结构仍未改变，贵为一国之君的诸侯并不直接统治全国，而是靠分封的卿大夫们来间接统治国家，就如周天子并不直接统治天下，而是靠诸侯间接统治天下一样。当时君权远没有秦汉以后强大，拥有世袭领地的大夫们对君主也没有那么依附和敬畏，所以庆郑敢直接怼晋惠公。这种事情在春秋时期并不少见。

当然庆郑此举,在春秋时期也算是无礼的。晋惠公也来气了,训斥他道:"你太出言不逊了吧?"停了一下,他又反过来讽刺庆郑说,"你说不知道咋办,是不是不通军事啊?"

春秋时代的对话,有时就是这么有趣。

晋惠公又和诸大夫会商秦军大举入侵一事,最后决定留大夫吕甥等人留守国都,自己亲征御敌。

接下来,晋国按周制在国人中每家征发一名正卒当兵,同时向国人收集军赋,当然也少不了征发野人做后勤杂役。据《周礼·乡大夫》所载,国人服兵役是从身高满七尺(约1.62米)开始,到六十岁免役;而野人从身高满六尺(约1.39米)就要服杂役,到六十五岁才可免役。可见官府对国人的优待,毕竟国人是自己人。

出师前按照惯例,晋国史官用占卜的方式为晋惠公选择车右。占卜的结果显示,庆郑做晋惠公的车右大吉大利。但晋惠公讨厌庆郑,就没有依卜行事,而是指定一位名叫家仆徒的大夫做了自己的车右,指定一位名叫步扬的大夫做了自己的驭手,并选了郑国赠送的四匹马来驾车。

庆郑见了,又出来说话了:"古人出兵作战,都是选择本地产的马来驾乘,因为生在本乡本土,能通晓本国人的心性,听从指挥,而且熟悉道路。现在您选用外国来的马打仗,一旦受惊失态,人就不容易控制了。紧张之下它们鼻孔胡乱喷气,体内血液沸腾,身上血管暴突,外表看似很强壮,骨子里却无力怯懦(原文作"外强中干"),最后进退周旋不听指挥。到那时您一定会后悔。""外强中干"这成语,就是出自庆郑之口。

庆郑说的这番话本来也有一定道理,怎奈晋惠公已经讨厌他这个人,一听他说话本能地认为这小子又跟自己作对,所以想也没想就把他给斥了下去。

晋惠公出师后不久，于当年十一月（周历，夏历九月）壬午日与深入晋境的秦军在韩原遭遇，双方隔开数里对峙起来。话说这韩原在哪里呢？原来它就在今天黄河东岸的山西河津市一带。韩原附近有两座山峰夹黄河而立，仿佛一座门阙，合称龙门山，就是传说中大禹治水时劈山开水道的地方。

大战在即，晋惠公还不知秦军虚实，于是就派大夫韩简去侦察一番，韩简当即领命而去。这韩简是谁呢？您没猜错，他就是春秋时期晋国韩氏家族的族长。春秋时期以车战为主，但是也有少量骑兵，主要是用于侦察。韩简搞侦察应该就是骑马去的，毕竟战车目标太大、行动也不灵活。

韩简跑到秦军附近观察打探后，回来向晋惠公做了汇报："秦军的总人数比我们少，但是勇悍的斗士看起来却比我们多一倍。"

晋惠公问："为什么他们的斗士比我们多得多？"

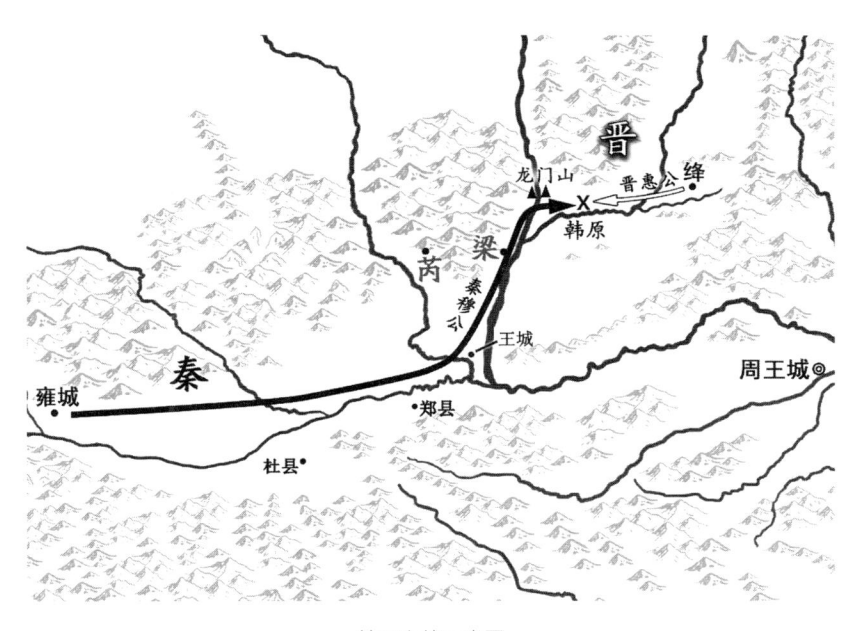

韩原之战示意图

韩简回答:"国君您逃亡时接受过秦国的资助,回国继位也是靠的秦国的力量,晋国饥荒时我们又吃的秦国的粮食。受了秦国三次恩惠我们晋国都没报答,所以秦国人个个义愤填膺,我们则理亏缺乏斗志。说他们的斗士比我们多一倍,都说少了。"

晋惠公一听脸都快绿了,又不好发作,只得强词夺理说:"秦军都打上门了,我们要是不迎战退敌,那将是国家之耻。一介匹夫都不能受辱,何况是堂堂晋国?"说完又让韩简去秦军那里挑战。

韩简于是策马再次跑到秦军阵前,向秦穆公转达晋惠公的话。他喊道:"敝国君主说,当初贵国的恩惠,他不敢忘。但他既然集合了大军,就不能轻易解散。秦伯如果退军,那是敝国君主之愿;要是不退军,他无法回避只能应战。"

秦穆公听了,派公孙枝上前替他回话说:"当年贵国君主在外流亡时,我很替他担忧;后来他回国继位但未坐稳江山时,我依旧很为他担心。现在他位子稳固了,就请他整好行伍,让我也好好看一看他的成就。"

秦穆公的话显然是讽刺晋惠公忘恩负义,韩简自然也听得出。返回的路上,颇有羞耻感的他不禁叹道:"我们理屈,他们理直,这仗打下来我能落个被俘的下场已经不错了!"

公孙枝送韩简时,可能也发现晋军在人数上占有优势,回到本阵里他就劝穆公说:"当初也是您选择不立有德的重耳,而立觉得好控制的夷吾。后来立了夷吾他不听控制,现在如果跟他交锋再不能取胜,不是惹天下诸侯笑话吗?不如我们等待更好的时机再来教训他吧。"

这时秦穆公的脾气上来了,他说道:"你说的没错。我是没立有德之人而立了一个觉得好控制的人。不过话说回来,想立重耳人家当时也没答应啊,我有什么办法?现在夷吾那厮对内杀掉了迎他回国的大臣们,对外背弃资助他回国的国家,他绝情寡义而我屡施恩惠。他要是能赢我,那还有天理吗?如果老天有眼,我一定会战胜他!"说完,秦穆公向秦国众大夫拱手施礼道："此战仰仗诸位了！请诸位登车尽力一战，我亲自为大家擂鼓助威！"众大夫无不高声应诺，登车驰回本部。

双方列阵完毕，随着雷鸣般的鼓声响起，一场大战就此爆发。

话说秦穆公在阵中擂鼓，想起夷吾气不打一处来，于是越擂越起劲。战了半日，秦军虽然人少但是气多，晋军虽然人多但是气少，战事逐渐有利于秦军。秦穆公见了也更加兴奋，命令驭手赶紧往前冲。

那边晋国大夫韩简的驭手梁由靡在乱军中望见秦穆公，于是驾车载着韩简和车右虢射来截击。梁由靡冲到秦穆公战车旁，在两车交错之际，伸手抓住了穆公的左骖（战车四马中左边内侧的马）；与此同时，晋军勇士路石持戈猛击穆公，把穆公穿的七层皮甲击穿了六层。

眼见穆公就要玩完，危急时刻，后面突然涌出三百多不着衣甲的秦军，不顾生死地向韩简所部杀来。俗话说"软怕硬、硬怕愣、愣怕不要命"，韩简所部晋军一下子被这支生力军打蒙了，他们抵挡不住纷纷后退。

这三百多没有衣甲的秦军是什么人呢？这还得补叙一个故事。

原来秦穆公喜好宝马，著名的相马高手伯乐就投在他麾下，给他找到了不少好马。前几年，秦穆公有一次出行路过岐山脚下，他的座驾突然坏了，驾车的右服马（四马中最右侧的马）趁机跑掉了。这匹马也是不可多得的良驹，于是穆公派人满山去找。可没多久找马的人回来报告，说那匹右服马已经被岐山南面的三百多野人抓住杀死并吃掉了。

这里的"野人"当然不是我们现在说的"神农架野人"的那个"野人"，而是指与"国人"相对的概念，也即住在郊野之外的被统治族群。具体说，秦国的"国人"自然就是指西迁而来的嬴姓飞廉后裔和少量较早被接纳入统治集团的周人、戎人上层贵族，而秦国的"野人"

就是指下层的周人、戎人等族群。

秦穆公听说自己的宝马被野人吃了,一开始气得七窍生烟,立马就想调兵把这些不知好歹的下贱野人都宰了。但停了一会儿他转念一想,杀了这些人自己的马儿也不能起死回生,为马杀人还有损自己的名声。最终他不但没派兵,反而好人做到底,给那三百野人又送去几十坛美酒,并让人带话说:"我听说吃马肉不立即喝酒,对身体不好,就再给你们送点酒喝吧。"三百野人听了,无不感激穆公的恩德。这次秦军伐晋,那三百野人也作为军中仆役跟来,看见穆公遇险后,他们就舍命相报,救出了穆公。

韩简等人正和秦军那三百死士激战,这时又一辆战车突然冲到。众人定睛一看,原来是晋国大夫庆郑。这庆郑却没有加入战团,而是远远地对韩简等人大喊:"晋侯危急,赶紧回来救晋侯!"韩简等人吃了一惊,只得彻底撇下秦穆公和三百野人,跟着庆郑去救晋惠公。

晋惠公那边到底怎么回事呢?原来双方交锋不久,不到三十、年轻气盛的晋惠公见秦军某处薄弱,就想去抢点人头、装备,于是命令驭手步扬朝那个地方猛冲。步扬挥鞭疾驰,一下子把后面的晋军大队人马给甩得老远。晋惠公斩了几名秦军后,见自己已经孤军深入,连忙让步扬回转车头靠近大队。令人没想到的是,步扬转弯掉头的时候因为车速降低,战车车轮意外地陷入烂泥中,怎么也走不动了。对面秦军见了,立即大喊着杀过来要捉晋惠公。晋惠公急得直跳脚,惊慌中他看见大夫庆郑的战车恰巧在附近,于是大喊:"庆郑救我!"

庆郑这时仍旧怨恨晋惠公,回道:"不听人劝,也不按占卜来选人用人(指晋惠公没按占卜的结果选自己为车右),失败是自找的,还逃什么逃呀?"说完他径自驱车走了。

不过庆郑自己虽然不愿去救晋惠公,但他也没完全撇下晋惠公不管。他走开后不久碰见韩简等人正在跟秦军交战,估计他也不知道韩简等人围攻的是谁,上来就喊他们去救晋惠公。

韩简等人跟着庆郑回到刚才晋惠公战车被陷住的地方，却不见了晋惠公和驭手步扬、车右家仆徒的踪影，原来他们早被秦军俘虏走。韩简等人不由得搥胸顿足，十分后悔：要是早知道救不了晋惠公，不如那时拼死去抓秦穆公，战后也能做个交换，现在说什么都晚了。

这时晋国国君被俘的消息已经在战场上传扬开来，本就处于颓势的晋军听说后再无斗志。秦军此时趁机掩杀，晋军大败溃退，尸横遍野。就这样，韩原之战以秦军大胜并俘获晋惠公而结束。因为韩原临近龙门山，所以此战又称"龙门之战"。

秦穆公"二置晋君"

韩原之战结束后，秦穆公留下部分兵力戍守已占领的河东晋地，然后带着秦军主力、押着晋惠公班师凯旋。

另一边，战败的晋国大夫们逐渐收拢散兵溃卒，聚合在一起。国君被俘，以后该怎么办呢？晋国大夫们商议了一番，最终达成共识：没有保护好国君，众人罪责难逃，为今之计，只有跟从国君入秦，生死与共，以赎罪孽。于是他们让人带了残部回国，自己则放下武器，脱下甲胄，披散头发，追上班师的秦军并尾随其后。

秦穆公得到秦军后队的报告，也敬佩晋国大夫们的忠心，于是叫人带话给他们："诸位为何那么悲戚呢？我随晋君西行，只不过是晋国的妖梦应验罢了。秦国怎么敢对晋君太过分呢？"

秦穆公说的"晋国的妖梦"，就是指先前提到过的申生鬼魂诅咒晋惠公败于韩原的那个鬼故事。

晋国众大夫听了，三次叩头至地拜谢道："秦伯您脚踩大地、头顶青天，皇天后土可都听到您的话了，我们也都听到了，希望您不要食言。"谢完，他们站起来又继续跟随而来。秦穆公只得随他们了。

秦军西渡黄河，来到王城时天色已晚，就在此宿营。这个王城可不是东周天子居住的周王城，而是今天陕西大荔县朝邑镇以东的一个城池。此城因为是两周之交时期周携王的王庭所在，所以也被人称为王城。

在王城休整期间，秦穆公集合众大臣，商议如何处理晋惠公夷吾。

穆公儿子公子𫀊首先发言，他算来算去说还是把晋惠公杀掉最有利。

秦国宗室公孙枝却不同意，他说："不能这样干。我们已经在战场上让晋国的大夫们蒙受了战败之耻，杀了晋君会使仇怨更深。到那时儿子想报父仇，臣子想报君仇，这样的情况一旦发生，不说秦国了，哪个诸侯国不害怕？"

秦穆公听了公孙枝的话，不由得频频点头。

公子𫀊见了穆公的表情，连忙补充说："我又不是说杀了晋君就完事了，我的计划里接下来还要扶持晋公子重耳为君。晋君无道，天下皆知，而重耳的贤名也是天下无人不晓。我们在战场上战胜晋国这大国，可以证明我国勇武；杀无道昏君，立有道明君，可以彰显我国的仁义；取胜而免除后患，可以显示我国的睿智。"

公孙枝仍不以为然："让晋国蒙受战败之耻，又要给人家换个有道明君，这恐怕行不通吧？如果晋国不接受，必为诸侯所笑。打了胜仗却被诸侯笑，算不上'武'吧？杀掉了弟弟而立他的兄长，如果兄长感激我，等于说他忘记了亲情，人家会骂这兄长不仁义；如果兄长不忘亲情，那就不会真心感激我国，不会服从我国的意愿，等于我国重蹈覆辙，这就不能说明智了。"

秦穆公觉得公孙枝说得有理，就问他具体该怎么办。

公孙枝说："不如带着晋君回国，要挟晋国跟我们和谈，让晋国把太子送来做人质,然后放晋君回国就不怕他再耍花招了。"

秦穆公一听,觉得目前这个办法算最优,于是决定把晋惠公带回秦国。

大军晓行夜宿,不日抵达秦都雍城郊外。这时突然有宦官穿了丧服来到军前迎驾。秦穆公纳了闷,定睛一看这宦官是夫人穆姬身边的人,忙问这是怎么回事。

宦官叹气说:"夫人听说您俘虏了晋侯归国,就穿上了丧服,带着太子䓨(yīng)、公子弘和公主简碧登上宫中高台,还让人在台上台下堆满了柴火。她让我转告您,上天降灾,让两国国君刀兵相见,如果您要是带着晋君入都城用他献祭太庙,她就带孩子死给您看。她说请您看着办!"

秦穆公一听哭笑不得,只得命人把晋惠公和跟来的晋国大夫们软禁在雍城外的离宫灵台中,自己赶紧入雍城去见夫人。

秦穆公到了宫中,向台上的穆姬赌咒发誓绝不会杀小舅子夷吾,穆姬才带着三个儿女从高台上下来。这真是可怜天下老姐心!虽然穆姬也生夷吾这个荒唐、自私、好色的弟弟的气,希望丈夫教训他一下,但她没想到夷吾作为晋侯居然会在战场上被俘,于是姐弟亲情一下子涌上心头,生怕穆公把弟弟杀了,无奈之下居然像普通妇人一样玩起了"一哭二闹三上吊"的把戏。其实她不知道的是,早在秦军凯旋的路上,穆公君臣就商定不杀夷吾了。

秦穆公搞定了老婆后,派人告诉灵台中的晋惠公君臣,秦国愿与晋国讲和,但晋国得把太子送过来做人质,并把当初允诺给秦国的河外五城交割过来。晋惠公君臣一听,简直喜出望外。他们简单商议后,决定派大夫郤乞回晋国向留守的吕甥传达秦国的讲和条件,并让吕甥按约准备。

郤乞回国见到吕甥把话一说,吕甥的心顿时放下了一半。他知道,要让晋惠公回来,当务之急是凝聚国内人心。于是他教给郤乞一番说辞,并请他配合演一出大戏……

第二天,郤乞把都城里的人都集合起来,并以晋惠公的名义把井田制下晋国公室的公田赏赐给他们,来邀买人心。这就是史书上所说的"作爰田"。

在前面我们多次提到井田制,也说过周宣王和管仲都曾对之加以改革。但西周末年的周王畿和春秋初年的齐国是经济发达的地区,因此才最先发生这样的制度变革。而春秋时期包括晋国在内的大部分诸侯国,因为经济发展相对落后,实行的依然是井田制。这次吕甥为了营救晋惠公,借花献佛把晋君的公田分给国人,晋国也成为春秋时期第二个掀起"土地革命"的诸侯国。晋国农民和齐国农民一样,多分了地,省去了被迫到公田里服劳役的时间,积极性提高了;而对于晋国来说,官府收入也比井田制时增加了很多。所以"爰田制"等于是晋君和晋人"双赢",为后来的晋国称霸奠定了物质基础。这点恐怕是吕甥始料未及的,历史有时就是这样"无心插柳柳成荫"。

回过头来说郤乞。他分完国君的公田后,按吕甥教他的内容装腔作势地对众人说道:"我来时国君让我转告大家,就算和谈成功他能回国,也已经让社稷受辱了。他请大家改立太子圉为晋君吧!"太子圉,就是晋惠公流亡梁国时娶梁伯之女所生的儿子。

晋国国人刚得了国君天大的好处,突然听郤乞说国君准备让位给太子,不由得都痛哭失声。

吕甥见大家的情绪被煽动起来了,赶紧趁热打铁说:"国君颠沛流离,不为自己担忧,却一心想着大家伙,这真是无上的恩惠啊。我们身在国内的人,该为君上做些什么呢?"

国人七嘴八舌纷纷附和:"是啊,我们该为君上做些什么呢?"

吕甥压压手让众人安静,自己高声道:"我看应该征收赋税(古代赋以养兵,税以养政),整训军队,大家一起尽心辅佐太子。诸侯们听说我国失了旧君又有了新君,群臣和睦团结,兵器甲仗精足,跟我们关系好的国家会勉励我们，与我们不对付的会害怕我们。这样应该对国家有益。"

大家都觉得吕甥说得对，齐声赞同。

因晋军在韩原之战中遭受重创，国内现存的兵力严重不足。于是吕甥下令"作州兵"（"州"是乡中的一级单位），即改革军制、扩大晋国服兵役的国人范围：以前国人每户出一名正卒，也就是只有家长当兵，现在羡卒即每户中未分家的成年弟弟和儿子都要当兵。[1] 如此一来，晋军军力迅速得到了恢复。

当年十二月，吕甥来到王城与秦穆公会面。秦穆公了解到晋国国内团结和睦，知道不能逼迫晋国太甚，就与吕甥订立了和平盟约。会盟后，秦穆公立即让人给晋惠公等人换了高级馆舍，并按接待诸侯的规格送去牛、羊、猪各七头作为食物。

> **周代乡的具体划分**
>
> 《周礼·大司徒》称，按周代乡遂制度，国都和城边的乡之下又有比、闾、族、党、州五级单位，具体为：五家为比，五比为闾，五族为党，五党为州，五州为乡。

接下来，晋国如约向秦国交割了河外五城。这五城，东起旧虢国，西至华山，秦国有了它们，就方便进出中原了，数代秦君的愿望终于得以实现。不过晋国却以太子圉有病为由，请求暂缓送他过来当人质。吕甥等人显然是怕秦国得了晋国太子又不送还晋惠公，因此留了一手。

对于太子圉没有如约来秦国做质子一事，秦穆公也很大度，毕竟他此时已经得到五城，秦军又占领着河东部分晋土。于是次年（秦穆公十六年、晋惠公七年，即公元前644年）正月，秦穆公把晋惠公放

---

[1] 杜正胜：《编户齐民：传统政治社会结构之形成》，中国台北：联经出版事业公司，1990年版，第51页。

河外五城大致位置示意图

回了晋国。这就是秦穆公第二次确立晋国国君,史称"二置晋君"。

韩原之战和礼送晋惠公回国这一连串事件,让秦国一下子名声大噪。在此之前,秦国虽然屡败戎狄,迫使梁国、芮国这样的小国来朝,但从东周天下格局来讲,它一直处在边缘地带,几乎不被中原诸国注意。而在此之后,秦军的声威震动诸侯,秦穆公的雍容气度也为天下传颂,从此秦国开始进入天下人的视野,政治地位和影响力大幅提升。

秦并梁芮

却说晋惠公被秦穆公礼送回国,踏入晋境的第一件事,就是杀了屡次对自己出言不逊甚至在战场上见死不救的大夫庆郑。当然,晋惠公明白自己能回国纯属侥幸,于是他进入绛城后,也一改前貌,开始改善政治，注重教化。他听说他被囚时秦国一度又想立公子重耳为晋君，这时为绝后患，就命人到狄国去暗杀重耳。重耳听说后，不得不从狄国出走，流亡到其他国家去了。

秦穆公十六年（晋惠公七年即公元前644年），也即晋惠公回国的那年秋冬，晋国收成不好又发生了饥荒。秦穆公则再次向世人展现自己的"仁德"，施以援手，送粮救济晋人。当然可能为了补偿，他在秦军占领的河东晋土上设置了官吏，并在占领区征收赋税。

又过了一年，到秦穆公十七年的夏天，不敢再耍花招的晋国终于把太子圉送往秦国做质子。显然这晋惠公自从被秦穆公放回国后，是彻底被秦穆公的"威德并济"给制服。不管他内心如何想，直到他死，再也没有敢公开挑衅秦国。

秦穆公见到太子圉之后很高兴，为了笼络这位未来的晋君，达到长期操控晋国的目的，他给太子圉和晋国送了份大礼——把占领的河东晋土归还给了晋国，还把女儿怀嬴嫁给太子圉为妻。当然"怀嬴"并非是穆公这位女儿的真名[①]，因为太子圉后来的谥号是"晋怀公"，所以史书才称他老婆为"怀嬴"，即"丈夫谥号＋本姓"的模式。我们知道秦穆公的夫人是晋惠公的大姐，所以太子圉与怀嬴显然是表兄妹关系，故而这又是亲上加亲。这里要多说一句，当年夷吾是在秦穆公六年出奔到梁国的，太子圉即便在次年出生，到穆公十七年也不过才十一虚岁，所以结婚时太子圉和怀嬴还是俩小屁孩。

就在秦穆公为制服晋惠公，又把晋国下一任国君握在手心而扬扬自得的时候，天下局势也有了重大变化。晋国太子圉到秦国做质子这一年的冬天，春秋第一霸主齐桓公薨逝。

别看齐桓公英雄一世，可他的死却是无比憋屈。原来齐桓公夫

[①] 笔者怀疑怀嬴的本名就是"简碧"，秦穆公俘虏晋惠公回雍城时夫人穆姬威胁要自杀时带的那位公主。

人和如夫人（小老婆）娶了十来个，不过先后几任正夫人没一个生儿子的，如夫人们倒是给他生了十几个儿子，导致齐国没有嫡子，庶出公子却一大堆，为后来埋下隐患。齐桓公中期，他又宠信三个小人——听桓公说没吃过人肉就把自己儿子煮了献上的厨师易牙，自请入宫侍奉、不惜自己把自己阉了的宦官竖刁，父母去世都不回家奔丧的卫国公子启方（汉代避汉景帝刘启的名讳改写为"开方"即后来的卫文公）。管仲、隰朋等贤臣活着的时候，还能制约这些小人。可是秦晋韩原之战那年，管仲和隰朋先后去世，年老昏聩的齐桓公就逐渐被三小人给包围了。秦穆公十七年冬，在位达四十三年的齐桓公一病不起，易牙、竖刁这两个曾不惜一切讨好齐桓公的人，却把宫门给堵塞上，禁止任何人出入，可怜一代霸主齐桓公居然被活活饿死。因为几个公子在外面争位打得不可开交，无人给齐桓公收尸，桓公的尸体挺在床上六七十天，尸臭弥漫宫中，生出的蛆虫一直爬到宫墙外。齐桓公死后，易牙和竖刁立公子无诡继位；不过没过几个月，宋襄公又兴兵护送公子昭入齐，齐人杀了无诡接受了公子昭，这就是齐孝公。因为这一系列的动乱，齐国的霸业就此终止。没有了霸主的天下，更加动荡不安。

在这诸侯又纷起争霸的大背景下，秦穆公也不想闲着。

好像是为了配合秦穆公，黄河西岸的梁国国君梁伯恰如其时地开启了"作死"模式。据《穀梁传》记载，梁伯为人荒淫好色，贪杯嗜酒。《左传》记载，秦穆公十八年（周襄王十年即公元前642年），梁伯不知道是想学大国开疆拓土，还是有感于秦国的潜在威胁，决定在都城少梁（在今陕西韩城西南）西南方七八十里处修筑一座新的城邑。梁伯的想法可能不为过，但梁国毕竟是个寡民的小国，劳动力稀少，筑城应该量力而行。可梁伯为了加快工程进度，却不顾百姓死活，把梁国的老弱病残都逼上阵，驱使他们没日没夜地开辟荒野、运送土石、夯筑城墙，以至于不少人活活累死在工地上。城好不容易建起来，梁伯把它命名为"新里",又想移民充实它,但凑来凑去也没凑上几个人。那边秦穆公一看,好嘛,你梁国在西部边境筑城,不是防我是防谁?那我倒要试试你能不能防得住。把梁国行为视为挑衅的他,于该年年底下令出兵攻打新里,结果当然丝毫不出人意料——秦军毫不费劲就把这座人丁稀落的城邑打了下来。

新里失陷,更加大了梁伯对秦国的恐惧心理。他为加强防御,在第二年年初召集国人在都城里的梁国宫室外挖掘壕沟。梁人之前修筑新里城已经筋疲力竭,现在都还没缓过气来,听说国君又要上马大工程,个个都往后面躲。梁伯见使不动人,就吓唬大伙儿说:"秦国人马上要打过来啦!"谁知道梁伯不说这话还好,一这样吆喝,梁人惊恐万状,又都不想为这荒淫无道的国君卖命,顿时一哄而散,全部逃命去了。秦穆公听说梁国自己崩溃了,感觉不笑纳都对不起老天,就派兵占领了它,梁国就这样可笑地灭亡了。

有人可能还记得,这梁国可是秦仲之子、秦庄公弟弟秦康的封国,梁国和秦国是如假包换的同姓兄弟之国,因此可能会怪秦穆公不顾同姓之情。可一来在春秋列国兼并的大背景下,同姓之情早就变得可有可无了,君不见晋献公灭国十七,大部分都是姬姓之国;二来梁国灭亡,也是梁伯自己荒淫残暴自找的。

对于这第二点,有人会怀疑,是不是史书在袒护秦穆公、丑化梁伯,来为秦国吞并梁国找借口。众所周知《左传》成书于战国时期,其史料主要来源于三晋,三晋人粉饰晋国还有较大动机和可能,粉饰秦国和秦穆公实属没必要,不丑化秦人就算好的了;而且不但《左传》中提及梁国灭亡是梁伯自掘坟墓,连《穀梁传》和《公羊传》都众口一词这样记载,可见此事毋庸置疑,总不能所有史书的作者都串通起来黑梁伯吧?

秦穆公二十年(周襄王十二年即公元前640年),秦军又一鼓作气,把梁国西边不到百里的姬姓芮国(在今陕西澄城北)灭掉了。就这样,黄河以西的区域，基本都被秦国收入囊中。

不过梁国被灭，对于晋惠公尤其是太子圉来说，那心中就颇不是滋味了。晋惠公是梁伯的女婿，太子圉则是梁伯的外孙，他们与梁伯的关系比秦穆公要近得多；而且梁国被秦国所得，等于晋国失去了一个对秦缓冲区。如此一来，他们心中怎能不恨秦穆公？只是恨归恨，但也无可奈何罢了。

重耳的流亡生涯

斗转星移，秦穆公二十二年（晋惠公十三年即公元前638年），年纪才三十多岁的晋国国君晋惠公突然得了重病，卧床不起。消息传到秦国后，在这里做质子的晋国太子圉坐不住了。秦穆公虽然对他不错，但太子圉以大国太子自居，一直把晋国战败、自己被迫到秦国做质子一事当作深深的耻辱，因此内心里对秦人十分抵触。在春秋时期，公子争位往往靠母亲之国做外援，现在梁国已经被秦国灭亡，太子圉等于失去了一支重要的援助力量。因此他担心父亲晋惠公一旦猝然离世，秦国又不让自己及时回国，瞧不起自己的晋国诸大夫会立其他有外援的公子为晋君，于是准备偷逃回国。

逃跑的念头在心中萌生后，年方十五的太子圉看到身边的小妻子怀嬴，忽然又有点割舍不下。他明白怀嬴是秦穆公派来笼络自己也是监视自己的，可毕竟做了五年夫妻，他和怀嬴也有了感情。犹豫良久后，太子圉还是把要逃走的想法告诉了怀嬴，并劝怀嬴跟自己一起走。

怀嬴见太子圉这样信任自己，也很感动，不过她还是说："您是晋国的太子，受委屈到秦国做质子，现在想回国也是应该的。但秦君之所以让我来侍奉您，就是想让您安心在此住下。如果我跟您逃走，就是违抗了君命，因此我不能这样做。但您放心，这事儿我也决不会告诉别人，不会出卖您。"

太子圉听了，只得别了妻子，只身逃走。不过太子圉历尽艰辛逃回晋国后，晋惠公的病却好了。虽然如此，太子圉当然也不愿再回秦国当质子，就留在了国内。

且说秦国那边，等发现太子圉不见了，他已经逃出了秦境。秦穆公听说太子圉跑了，不由得十分生气——我对你这么好，可你想回国却不跟自己商量，反而偷偷逃走，这说明你内心从来没把我这老岳丈当"自己人"啊。尤其是太子圉小小年纪就如此排斥秦国，以后他要是继了晋君之位，肯定也不愿受秦国的"影响"了，这还得了？于是秦穆公心中就有了搞掉这个不听话的小女婿的念头。

不过若搞掉太子圉，秦国该扶立谁做晋惠公之后的晋君呢？秦穆公首先把晋惠公的其他儿子都排除在外了，因为自己跟他们更不熟。随后他马上又想到了一个老候选人，这就是一直颇有贤名的晋公子重耳。秦穆公当年曾担心有能力的重耳不愿受秦国控制，但现在掐指算算，重耳这时已经流亡国外十七八年了，如果在他近乎绝望的时候力挺他坐上晋君宝座，他对自己的感激之情一定会如滔滔江水！人选定下之后，秦穆公立刻派人去打听五六年前离开狄国的重耳的行踪。

话说这几年重耳跑到哪里去了呢？原来当年重耳因晋惠公派人刺杀他，就抛下在狄国娶的两房夫人和生下的两个孩子，带着自己的一帮亲信臣属离开居住了十二年的狄国，然后经卫国五鹿（在今河南清丰西北）来到了霸主齐桓公的齐国。齐桓公对重耳非常尊重礼遇，不但把齐国宗室女嫁给他当老婆，又给他配了二十辆豪车，重耳就在齐国住了下来。两年后，齐桓公去世，齐国经过短暂动乱，最终由桓公之子齐孝公继位。齐孝公和父亲一样，对重耳也很优待。这时的重耳，因为十几年不能回国继位，早已经意志消沉，只想做个富家翁了此残生,故而"乐不思晋"。

重耳沉浸在温柔乡里不能自拔,一晃又三年过去,这时跟他出生入死十几年的亲信们可不答应了。他们抛家弃子跟着重耳过流亡生活,不就是认为他为人贤能,希望扶保他登上晋君宝座后,自己也能跟着沾沾光,光耀家族、成就自己的生前身后名的吗?本来到齐国是希望借助霸主的力量回国,可现在齐国早已经雄风不再。如今重耳自甘堕落,难道他们要跟着他一事无成地蹉跎老死?于是狐偃、狐毛(狐偃哥哥)、赵衰、魏犨(chōu)等人就聚在一棵大桑树下,秘密商量采用什么方法能让重耳离开齐国。这里我们要特别提一下赵衰,他正是造父之后,具体说是曾在千亩之战中护卫过周宣王的叔带的七世孙。周幽王时期,叔带的封邑赵城被晋文侯吞并,所以叔带的后人就成了晋国人。

狐偃他们自以为谈话神不知鬼不觉,谁料到树上就有双耳朵,把他们所说的一切都听见了——原来重耳的齐国夫人姜氏的一个女奴,之前正爬在这棵桑树上采桑呢。这采桑女奴等他们商量完,立马爬下树,把听到的都告诉了姜氏。姜氏听后愣了半响,说声知道了,让女奴先出去。哪知女奴刚转身,姜氏就拿出匕首,插入了她的后心!

杀死了采桑女奴后,姜氏来见重耳。重耳见她浑身是血,吓得说不出话来。姜氏说:"您的属下想要和您一起离开齐国,有个女奴听说了你们的计划,所以我把她杀了。"

重耳不知她有何用意,连忙摆手否认:"我们哪有什么计划?"

姜氏叹气说:"您还是走吧!眷恋妻室,安于现状,是会毁掉您的功名的!"

重耳还是摇头,说自己真的不愿走,只想留下来和夫人厮守。

姜氏没办法,就和狐偃定下了一个计策。

某天晚上,姜氏故意劝酒,把重耳灌醉,然后把他塞入车中,让狐偃等人带出齐国。重耳醒来,发现已经快要出齐境了,立即明白是怎么回事。他大发脾气，跳起身抢了一支铜戈就去追舅舅狐偃，边追还边骂："如果以后事业不成，我吃了老舅你的肉都不解气！"

狐偃见了撒腿就跑，边逃嘴上还一句不肯吃亏："如果你以后失败了，我都不知道死在哪条沟里，你能跟豺狼争死尸吃？如果你以后成功了，好吃好喝的都享用不尽，我的肉又腥又臭，你才不会吃哩！"

重耳追了半天，没有赶上，只得接受现实，重新踏上漫漫流亡之路。

出了齐国后，重耳又先后来到了卫国、曹国、宋国、郑国。在同姓的卫国、曹国和郑国，重耳都没有得到礼遇。尤其是那曹君，听传言说重耳的肋骨长得贴在一起（文言文叫"骈胁"），居然无礼到去偷看重耳洗澡。倒是宋国的那位后来被人笑话迂腐的宋襄公，送了重耳二十辆车以表心意。

从郑国离开后，重耳向南进入了楚国。

当时的楚君是谁呢？原来他就是楚武王之孙、楚文王之子楚成王。之前介绍过，他在位初年曾屡次北上中原争霸、攻打郑国，但在召陵之盟中被齐桓公震慑，不得不避其锋芒开拓江淮。不过等到齐桓公身死，他终于扬眉吐气，再次北上中原。在重耳来楚前，楚成王刚在泓水之战中击败梦想接替齐桓公霸业的宋襄公，一时间威震天下。

当时的楚都在哪里呢？据清华简《楚居》推测应在"为郢"[1]，也就是文献中常见的"鄢郢"（"为"与"鄢"古音相近可通），即今天湖北宜城东南的楚皇城遗址[2]。楚国第一个把为郢（鄢郢）当作都城的君王是楚文王，从那之后直到战国前期，三百年间楚国的十几位君王大都曾在为郢居住过，为郢前后加起来至少做过一百多年的楚都，是《楚居》中提到的楚国十几个"郢"中最重要的一个。

晋国公子重耳到为郢（鄢郢）时，楚成王已在位三十四年了，历

---

[1] 魏栋：《清华简〈楚居〉阙文试补》，《文献》，2018年第3期。
[2] 赵庆淼：《〈楚居〉"为郢"考》，《古籍整理研究学刊》，2015年第3期。

经过大风大浪，见惯了各色人物。他看重耳志向远大，其臣属都忠诚勤奋，认为重耳一定能回国继承晋君之位，于是就用公侯之礼招待他。

宴会上楚成王借着酒劲问重耳："如果公子将来能回国为君，会拿什么来报答寡人哪？"

重耳回答："美女玉帛，您这有的是；至于翎羽、牦牛尾、象牙、犀牛皮，这都是楚地所产。我能拿什么报答您呢？"

楚成王不甘心，追问道："虽然如此，我还是想听听您想怎么报答我。"

重耳躲不掉，只得说："如果托您的福，我能回国继位，假如不幸楚晋两国发生战争，我一定会指挥晋军退避三舍（一舍合30里）。要是这样仍得不到您的谅解，我只有手持马鞭和弓箭，陪您比画一番了。"

当时楚国令尹子文已经把位子让给了弟弟成得臣（字子玉）。成得臣觉得重耳这话说得太狂，劝楚成王杀了他，楚成王却喜欢重耳的不卑不亢不谄媚，没有答应。

重耳在楚国住了几个月，正巧秦国那边发生了晋国质子太子圉私逃回国一事。秦穆公见太子圉还是个少年就不肯听话，一怒之下决定换马。他多方打听，得知晋公子重耳人在楚国，就派使者前来迎接。重耳见了秦使简直是喜出望外，没想到秦穆公还记得当年拒绝了他好意的自己，当然这次重耳再也不敢浪费机会了，因为流亡的生活他实在是受够了！楚成王则好人做到底，在重耳上路时又送给他大批礼品。

秦穆公接回重耳后，因为把"宝"也即继续长期影响晋国的希望全押在他身上，所以再次祭出了美色笼络这一招。而且可能是吸取了怀嬴一女没有拴住太子圉的教训，他加大了"剂量"，一次性送给重耳五名秦国宗室美女做妾，其中也包括被太子圉撇下的女儿怀嬴。

不过对于怀嬴，重耳却有点不愿接纳。倒不是重耳嫌怀嬴跟过别的男人，因为东周时期还没有贞洁概念，这得到理学大盛的宋元以后

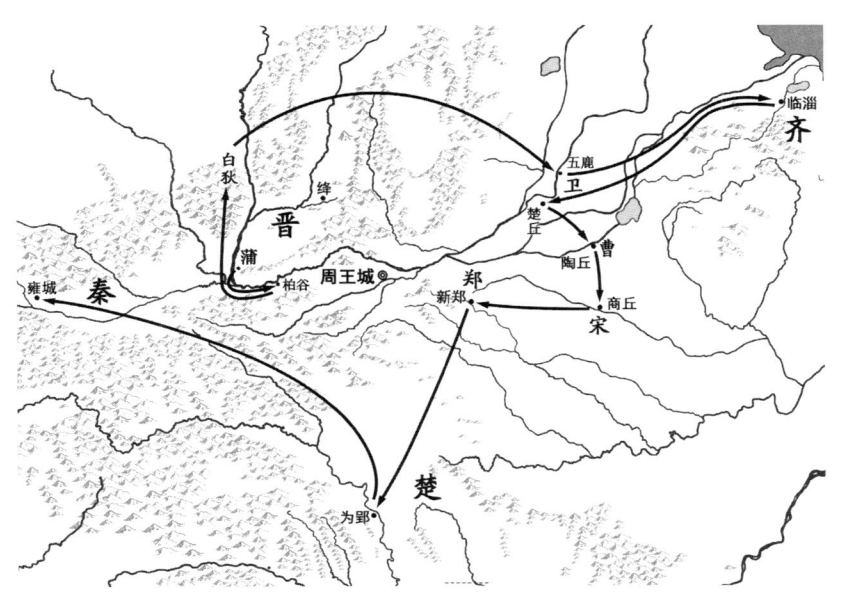

晋公子重耳流亡历程示意图

才有；而是重耳知道怀嬴是自己侄子太子圉的女人，要算自己的侄媳妇了，叔叔纳侄媳妇在那时也算是件荒唐事。

有一次重耳要洗手，见怀嬴在旁边，就让她拿着盛水的器具往自己手上倒水。洗完后，重耳下意识地挥挥手，让怀嬴退下。谁知重耳这些举动，一下子把也是娇生惯养的公主怀嬴给惹恼了。她发脾气道："秦国和晋国是同等的国家，你怎么能这样把我呼来喝去？"

重耳知道现在不但是寄人篱下，更只有仰仗秦国的力量才有可能结束看不到头的流亡生涯、回国继位，所以秦国公主是万万得罪不起的。故而他一面赶紧向怀嬴赔不是，一面摘掉冠冕换上素服、自己把自己囚禁起来，并派人向秦穆公请罪。

秦穆公听说后，虽然心中可能掠过一丝不快，但他毕竟是个老牌政治家了，自然知道该怎么做。他让近侍带话安慰重耳说："怀嬴这孩子，是我嫡夫人生的女儿中最有才德的。太子圉在秦国做质子时，我曾经让她给太子圉做女官。我本来想把她嫁给你,只是怕她跟过太子圉,现在若嫁你,有损于你的名声。所以我不敢要求你明媒正娶她,只是让她跟其他四女一起来伺候你。如今因她让公子受辱,这都是寡人的过错。现在收不收留她,全听凭公子处置。"

秦穆公的近侍走后,重耳就想把怀嬴"退货":留着她,叔叔纳侄媳,把自己半辈子积累的贤名都毁了;何况自己本是穆公内弟,现在娶了姐夫姐姐的女儿,这不是差辈儿了吗?最后,有没有才德不知道,这怀嬴的脾气倒不小,留下来自己真受不了。

见重耳要退怀嬴,他的一帮子亲信急了。他们你一言我一语,纷纷劝重耳接纳怀嬴,理由如下:

其一,重耳和太子圉虽然血缘上是亲戚,但德行不同,就像少典氏的两个儿子黄帝和炎帝德行不同就互相打仗,从德行上来说重耳和太子圉也是形同路人,所以重耳娶太子圉不要的女人也没什么。

其二,退一步讲,反正咱们要抢太子圉的君位,还怕别人说抢他老婆吗?

其三,咱们现在有求于人,巴结讨好秦穆公让他支持咱们回国还来不及,怎么能不留怀嬴,让秦穆公觉得不识抬举呢?

重耳听罢,沉吟半晌,最终接受了大家的意见。不过既然要讨好秦穆公,那就得拍到位。重耳让人先把怀嬴送回秦宫,然后派人送聘礼给秦穆公,以表示是正式求婚,穆公当然是笑纳了。到了占卜确定的良辰吉日,重耳又亲自上门,把怀嬴娶回了自己居住的秦国馆舍。怀嬴做了重耳的夫人后,史书对她的称呼也改了,大家知道重耳死后的谥号是"晋文公",所以"怀嬴"就变成了"文嬴"。

秦穆公见重耳如此"懂事",心中一块石头暂时落了地。不过几天后,他又派人请重耳入宫赴宴,对他做进一步考察。

当时的贵族宴会虽说是钟鸣鼎食,极其奢华,不过要顺利吃完一顿饭也不是容易的,因为宴会上宾主都要赋诗言志,没文化的人是要闹笑话、被鄙视的。何况重耳要借助秦人力量回国继位,一句话答错拂逆了秦穆公,那可就前功尽弃了。重耳不由得有点儿怯场,就想带着舅舅狐偃一起去,遇事好有个人能帮衬自己一下。狐偃却表示自己水平也不够,推荐一群人中最长于辞令的赵衰,重耳听从了。

宴会上,秦穆公用对待国君之礼招待公子重耳,并诵诗道:"采菽(shū,豆子)采菽,筐之莒之。君子来朝,何锡予之?虽无予之,路车乘马。又何予之,玄衮及黼(fǔ)。"

重耳紧张,一时没反应过来。赵衰见了连忙悄声提醒他,这是周天子欢迎诸侯的诗《采菽》,秦穆公这是将其比作诸侯,应该马上下堂拜谢,并对以《黍苗》一诗。重耳立即全部照做。

原来这《黍苗》本是赞美周宣王大臣召伯虎成功营建谢邑的诗,其中有"芃芃(péng péng,茂盛)黍苗,阴雨膏之"的诗句。重耳以此回应秦穆公,秦国君臣听了,就会明白重耳是谦虚地自比黍苗,而将秦穆公比作雨水,意思是自己的一切都要仰仗秦穆公的雨露恩德。

重耳诵诗完毕,赵衰又站出来趁热打铁说:"如果秦伯能够像雨露滋润禾苗那样资助我家公子,渡河东征,使他回到晋国主持宗庙祭祀,并助周室振兴,晋国一定对秦国言听计从,四方诸侯也无人敢不听命!"

秦穆公心中得意,嘴上却谦虚说:"这是公子得天眷顾,岂是寡人之力?"随后他又吟诵《鸠飞》(又名《小宛》)一诗,夸赞重耳在颠沛流离中仍然保持君子德行。

重耳听了,忙回以《河水》一诗,表示万河归海,称颂秦国的强大,进一步强调自己将唯命是从之心。

秦穆公十分满意,于是再赋诗《六月》。

《六月》一诗颂扬的是周宣王时期名臣尹吉甫北征大破狁狁、为周朝立下殊勋的故事。赵衰听了心中暗喜,明白秦穆公已经下定了帮助重耳复位的决心,赶紧让重耳再次拜谢。至此,重耳终于成功通过了秦穆公的所有考察。

读上一段文字的时候，如果不看对各首诗的解读，大家一定不知道秦穆公、重耳、赵衰等人在打什么哑谜，没办法，这就是春秋时期贵族交往的方式，所以一百多年后的孔子才会教育儿子孔鲤说："不学诗，无以言。"而且大家应该都能看出，在诗歌应对中连中原姬姓之国的贤公子重耳都有一时蒙圈的时候，而秦穆公却始终用诗及时得体，可见当时的秦人贵族对中原礼仪文化的掌握之熟练。说明自秦文公东迁到陇东以后，经过一百二三十年的主动学习，秦国上层在外在层面上已经高度"华夏化"。

秦穆公"三置晋君"

再说晋国那边，太子圉逃回国的第二年、也即秦穆公二十三年（晋惠公十四年即公元前 637 年）九月，晋惠公再次得了重病，这次他没能像去年那样上演奇迹，而是撒手西去。随后十七岁的太子圉继位，史称晋怀公。晋怀公因为长期在秦国做人质，在国内没有什么根基，所以他上台后只得继续依靠父亲的亲信吕甥、郤芮等人，任命他们主持晋国大政。

晋怀公坐上国君宝座后，听说秦国那边已经找到自己的伯伯重耳，并企图送他回晋国跟自己争位，不由得寝食难安。想来想去，他觉得既然动不了身在秦国的伯伯重耳，那就从剪除他的羽翼下手吧。于是他下令，晋人不得追随逃亡在外的晋国诸公子，凡是跟随诸公子逃亡的人必须限期回国，家属有劝说的责任；否则逾期不归，就实行连坐法，诛灭他们在晋国的家族。

晋怀公想得很美，伯伯重耳再有能耐、再有外援，但如果他的左膀右臂如狐氏兄弟、赵衰、魏犨等人都不在了，还能成什么大事吗？谁知道晋怀公的命令下达后，很多晋国贵族都不把他当领导，没有派人去劝流亡国外的族人回国，这其中就有晋怀公的曾外公狐突。

　　狐突就是那个传说见到了太子申生鬼魂的晋国大夫。他的两个女儿嫁给了晋献公分别生下了公子重耳和夷吾，所以算起来晋怀公要叫狐突一声曾外公。狐突的两个儿子也就是重耳的两个舅舅狐毛和狐偃，一直追随在重耳身边，是重耳的重要帮手。于是晋怀公为了杀一儆百，就让人把大夫狐突抓到朝堂上来。

　　晋怀公对狐突说："你赶紧派人把你两个儿子召回国，我就把你放了。"

　　已到耄耋之年的狐突两手一摊，说："儿子去做官，父亲就要教导他以'忠诚'为本，自古以来都是这样。一旦做了人家臣子，却三心二意，这就是大罪过。我两个儿子追随重耳有十多年了，我如果把他们喊回来，叫他们背叛自己的主人，我以后还怎么侍奉君上您？"

　　见狐突拒不从命，晋怀公恼羞成怒，就命人把曾外公狐突给斩了。狐突虽死，但他教子"忠臣不事二主"的故事却流传千古，受到后世历代王朝的褒扬，他本人后来也成了民间神话传说中的司雨之神。

　　话说晋怀公本想杀人立威，可事实恰恰相反，晋国贵族们见这小孩子啥能耐没有只知道杀人，连自己须发皆白的曾外公都能下得了手，更加离心离德。大夫栾枝、郤縠等人甚至暗中主动派人去秦国联络重耳，请他回国执政，并告诉他国内愿意给他做内应的人多的是。

　　当年十二月，秦穆公探听到晋国国内的局势，不由得十分兴奋。他将群臣召集到朝堂，意气风发地说道："当年晋献公和寡人交好，天下无人不知。后来晋献公不幸病故，至今已经十多年了。现在晋国新君不成器，我恐怕晋国江山失守，社稷无人祭祀。如果寡人不去管，那就有违交友之道了。寡人想帮颇有贤名的晋公子重耳回国，助他登上晋君之位，诸位以为如何？"

秦穆公插手晋国内政，当然不是因为和晋献公的什么交情，但是政治人物在公开场合的讲话，又怎么会不冠冕堂皇呢？群臣听了，自然心领神会，无不高声附议。

一切准备停当，秦穆公亲自率领大军护送重耳等人回国继位。据《韩非子》一书记载，此次穆公一共带了战车五百乘，畴骑（精锐骑兵）两千，步卒五万人，显示此时的秦军已经成为车、骑、步齐全的合成部队。注意其中"畴骑"这一项，这是古籍中提到的中国最早的成规模骑兵部队，比中原国家要早得多。从出动兵力数字之大，也可见秦穆公这次为了重耳成功继位是下了血本的。

据《毛诗序》记载，大军临行前，穆公之子太子罃（yīng）赋诗一首送别舅舅晋公子重耳，这就是《诗经·秦风》中的《渭阳》。诗云：

  我送舅氏，曰至渭阳。
  何以赠之？路车乘黄。
  我送舅氏，悠悠我思。
  何以赠之？琼瑰玉佩。

秦军出了雍城一路向东，渡过北洛水，来到王城以东的黄河蒲津渡西岸边。这时晋国史官董因已经渡河前来迎接重耳，并对他说，天象预示重耳渡河成功，大吉大利。重耳听后自然喜不自胜。

秦穆公率军从蒲津渡泛舟渡河来到黄河东岸，阔别祖国十九年的重耳终于再次踏上了晋国的土地，他离国逃亡时还是十七岁少年，如今已经是三十六岁的中年人[①]。再往前，就是晋国的设防城邑。这时

---

① 依据《左传》和《国语》，重耳离国年龄为十七岁；《史记》称重耳离国之时四十二岁，误。

重耳自告奋勇，派手下前往招抚。没多久，令狐（línghú）、臼衰、桑泉三个地方（在今山西临猗、运城一带）的晋国守土官员就纷纷派人前来投降，秦穆公不战而下三城。

那边绛城的晋怀公听说秦军已经护送重耳东渡黄河，非常惶恐，连忙派吕甥、郤芮率领晋军前往御敌。

秦穆公二十四年（晋文公元年即公元前636年）二月四日，吕甥、郤芮率军来到庐柳（在今山西临猗北），扎下营寨，与西南方向涌来的秦军对峙起来。

秦穆公决定先礼后兵，他派公子絷出使晋军营寨，劝说吕甥、郤芮认清内外形势，不要做无谓的抵抗。其实无需公子絷提醒，吕甥、郤芮都明白晋军上下还笼罩在韩原之战的阴影中没有走出来，而且晋国人心大部分向着重耳，如果硬要抵抗，恐怕仗还没有打起来，自己就被部下射了黑箭。于是他们向公子絷表示不愿与秦军和重耳为敌，为展示诚心，将带领晋军后退到郇地。

公子絷探明了吕甥、郤芮的态度后，马上回来把情况向秦穆公做了汇报。与此同时，哨骑来报，晋军果然已经拔营后退。秦穆公和重耳大喜，决定趁热打铁。

二月十一日，秦穆公派公子絷、重耳派舅舅狐偃一起来到郇地与吕甥和郤芮见面。公子絷、狐偃向二人表示，只要他们转而拥护重耳，并交出军权，保证既往不咎，以后还大有封赏。吕甥、郤芮这时已经别无选择，当即点头同意。接下来，三方四人歃血盟誓，表示如有违约，天诛地灭。第二天，晋公子重耳带领臣属进入郇地，顺利接管了晋军的指挥权。

再说绛城那边，晋怀公本就对吕甥、郤芮能不能靠得住没有把握，现在听说他们已经与秦军及重耳和谈，如遭五雷轰顶，无计可施的他只得逃出绛城，躲避到高粱（在今山西临汾市东北）去了。这个高粱，就是当年晋献公死后，齐桓公带诸侯之兵前来平定晋乱时驻扎的地方。

秦穆公见重耳已经掌握了晋军，知道大势已定，于是向重耳告别，自己率军班师回国。

秦穆公西渡黄河后，却没有立即返回雍城，而是驻扎在距离黄河不远的王城密切关注晋国动向。接下来，有关晋国国内情况的报告不断摆上他的案头：二月十六日，重耳率部属进入曲沃，祭祀曲沃一系的晋国先公；二月十七日重耳进入晋都绛城，即位于祖庙——晋武公庙内；二月十八日，重耳派人到高梁，杀了侄子晋怀公。

这晋怀公死时还不满十七周岁，坐上晋君宝座都不到半年，而且他也并非什么大奸大恶之徒，只不过是被老岳丈秦穆公认为不听话、被伯伯重耳认为挡了自己上位之路，就惨遭厄运。怪不得后来南朝宋时期被皇帝哥哥赐死的十岁小王爷刘子鸾哀叹，希望以后再也不要托

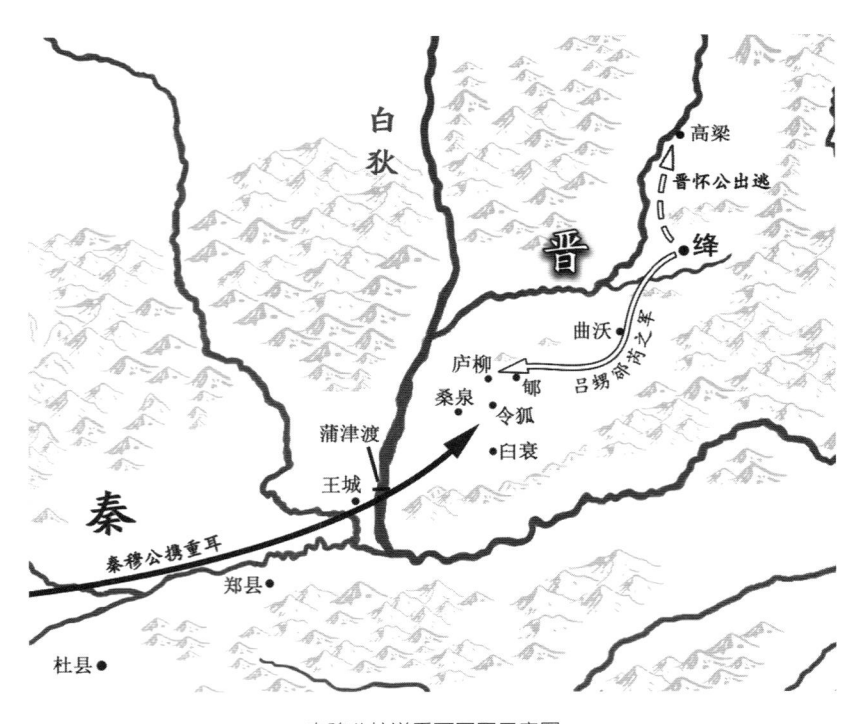

秦穆公护送重耳回国示意图

生在帝王之家。

回过头来再说秦穆公，他见重耳已经坐上晋君宝座，就派人去雍城接女儿文嬴（也就是怀嬴），准备把她送到重耳身边去。哪知文嬴还没到王城，三月初的一天，晋文公重耳突然风尘仆仆地出现在秦穆公面前，而且是单车微服。

秦穆公一见重耳这副模样，心说不妙，连忙问："晋国国内出了什么事？晋侯怎么突然到此？"

晋文公叹了口气，把个中原委向秦穆公一一道来。

原来晋文公杀死侄子晋怀公一事，触动了吕甥和郤芮两个人的敏感神经。他们聚在一起一合计，认为自己毕竟是晋文公的对头晋惠公的亲信，哪怕晋文公日后不违约找自己麻烦，他们在晋国朝堂上肯定也要靠边站，等于政治生命终结；前些日子是因为秦军压境，不投降立马就有性命之忧，现在秦军已经撤出了晋国，重耳在国内也没有什么根基，不如搏一把，把他杀了。商议完，他们立即召集同党，准备在三月十九日放火焚烧晋宫，趁乱杀死重耳。

如果他们的计划得以实施，晋文公即便不被烧死，也得被杀死，基本是在劫难逃了。不过吕甥、郤芮的同党里有一个叫勃鞮（dī）的宦官，在知道了他们的计划后，就准备去向重耳告密。

这勃鞮是谁呢？原来他就是十九年前晋献公派去攻打蒲城导致重耳流亡狄国的人，也是八年前晋惠公派去狄国刺杀重耳迫使重耳流浪各国的人。所以勃鞮去见晋文公重耳的时候，晋文公很来火，心说这种人我不杀已经对得起他，居然还敢来求见，于是让他回家闭门思过。

勃鞮却让人带话给晋文公："我以为君上已经懂得了为君之道，才得以回国继位，现在看来，您估计又要流亡了。俗话说得好，做臣子的就要忠心不贰，做君主的则不能讲个人恩怨。我当年是献公、惠公的臣子，自然要尽心竭力为他们办事，否则才是不忠。现在您做了国君，我一样会尽心忠诚于您。众所周知，那管仲辅佐公子纠时，曾一箭射中公子小白的腰带,差点把小白射死,但小白继位为齐桓公后,却不念旧恶,始终重用管仲,这才称霸天下。您做了国君,也应该宽宏大量啊。如果人家来投靠您,您却往外赶,这样君位能坐久吗?我只不过是一个受过刑的罪臣,您不见我也没什么损失,不过您以后可别后悔哦。"

晋文公一听,认为自己刚刚继位,确实需要展现宽宏气度,将更多人聚拢在身边,于是就接见了勃鞮,并向他承认自己胸襟不够宽广,表示以后定会改正。

勃鞮见晋文公能对自己说出这样的话,觉得他确实不负贤名,就把吕甥等人的阴谋一股脑地倒了出来。

晋文公听后大吃一惊,赶紧找来狐偃等几个心腹密商对策。晋文公本来想把吕甥、郤芮等人召进宫杀掉,但众人一致认为吕甥、郤芮在晋国执政十余年,党羽和耳目遍布朝野,一旦走漏了风声,逼得他们提前动手,那就十分不妙了。最后他们商定,为安全起见晋文公先到秦国躲避,其他人则留在国内,制造文公依然留在晋宫之中的假象来迷惑对手,引蛇出洞,最后晋文公再率秦军与国内亲信里应外合平叛。

秦穆公听完晋文公的讲述后,对他好言安慰,并立即命令秦军加强战备,密切注意河东晋国的情况。

不久就到了三月十九日,也即吕甥、郤芮发动政变的日子。当天晚上,绛城的晋侯宫室果然燃起熊熊大火,随后吕甥、郤芮等人率领同党趁乱杀入宫中,与赵衰、狐毛等文公亲信所率的晋侯卫队和族兵激战。不过他们在大火中杀了几圈,惊愕地发现,晋文公活不见人死不见尸。这时有人告诉吕甥和郤芮,说看见晋文公已经逃出绛城,正向西方疾驰准备躲到秦国去。两人不知是计,带领党徒一直追到黄河边上。这时埋伏在河边的秦军一涌而出,手起刀落,就把他们统统送到姥姥家去了。这场晋文公继位初期的叛乱,就又在秦国的协助下得以平定。

晋文公和秦穆公联手定乱的同时，文嬴也被秦军护送到王城。平叛之后，秦穆公怕晋国再有反叛，就送给小舅子兼女婿晋文公三千甲兵作为卫队，让他们跟随晋文公和文嬴一起返回晋国。就这样，秦穆公第三次成功干预晋国的内政，为晋国定下了君主，史称"三置晋君"。

秦穆公帮助晋文公平叛、巩固了其晋君之位后，不禁为自己下的这手大棋而扬扬自得，这才从王城起驾返回雍城。

再说另一边，晋文公带着文嬴第二次回到绛城后，随即册封文嬴为第一夫人，文嬴也成为晋国第一位秦国夫人。接下来，自感虚度十九年时光的晋文公抓紧时间改革内政，振兴晋国。他一面改善农工器具、奖励耕织、招引商旅、减轻赋税，以发展农、工、商业；一面救济贫苦、重用国中旧族、擢拔有才能的寒微之士，连勃鞮那样以前得罪过自己的人也量才录用，得到了晋国上下的一致拥护。当然，他更忘不了跟随自己流亡十九年的心腹们，先后给予他们封地，比如分封舅舅狐氏于贾邑，分封箕郑于箕邑。这些人也都更加忠心为国。就这样，晋国在他的领导下，呈现出一片欣欣向荣的景象。

西边的秦穆公看到晋国日渐富强，说实话心中很有点不是滋味：重耳是他扶上晋君宝座的，晋国现在发展势头兴旺，不知道重耳和晋人会不会一直感念自己的好？如果晋国再这样富强下去，对秦国是福是祸呢？但事已至此，他能做的也只有期待秦国能与晋国共存共荣了。

第五章

东方不亮西方亮

秦穆公错失良机　晋文公获赐南阳

春秋之世，天下纷争不断。就在晋文公忙着烧上任后头三把火的时候，东周王室那边又出大事了。

东周王室的这场祸乱，还是由以前提到过的周惠王之子、周襄王之弟王子带引起的。有人应记得，这王子带因为从小被周惠王给宠坏了，不满哥哥周襄王继位，曾在秦穆公十一年（周襄王三年即公元前649年）招引戎人发动过叛乱，结果被周襄王请来的秦、晋两国军队打败，并于次年逃亡齐国。既然如此，他怎么又兴风作浪了呢？

原来在秦穆公二十二年（周襄王十四年即公元前638年），也就是晋国太子圉从秦国逃跑的那年，经东周大臣富辰劝解，周襄王同意让流亡齐国达九年的王子带返回周朝。不过王子带却像《农夫与蛇》故事中的蛇一样，不知感恩，一心反噬。他回到周朝没多久，就给自己仁慈的哥哥周襄王戴了一顶绿油油的帽子——他跟周襄王新娶的王后、自己的嫂子狄后（狄国之女）私通上了。俗话说得好，"世上没有不透风的墙"，很快周襄王就知道自己被绿了。一怒之下，他下令废去狄后的王后称号。不过他这一废后不要紧，当初给周襄王牵线做媒的周朝大夫颓叔、桃子两个人害怕了，他们倒不是怕周襄王，而是怕狄人不肯干休，于是干脆联络狄人共同支持王子带争夺王位。

秦穆公二十四年（周襄王十六年、晋文公元年，即公元前636年）秋天，王子带、颓叔、桃子引狄军前来进攻周王城，王师大败，周朝大臣谭伯战死，周公忌父、原伯贯、毛伯、富辰都被俘虏，周襄王不得不逃到郑国的氾地（在今河南襄城县南）。事情到了这种地步，周襄王只得拉下脸通告各路诸侯并请求援助。郑国得知消息后，本来和周襄王有过节的郑文公（郑厉公之子）亲自去氾地问候并检查供应情况，随后鲁国鲁僖公也派人前往慰问。

却说那边周朝大夫左鄢父奉王命来到秦国，向秦穆公通报了王子带再次反叛一事。秦穆公认识到这是一个"尊王攘夷"的好机会，如果勤王成功，不但能得到好名声，而且能借机向东发展，所以立即下令动员军队，准备东进勤王。

次年春天，秦穆公带领大军来到黄河西岸边，企图东渡黄河通过晋国入周平乱。按照当时规矩，他派人去见晋文公，向晋国借道。秦穆公本以为这次借道就是走个过场，晋文公一定会同意。谁知道没多久晋国使者来见他，说晋国即将出兵南下为天子解忧，就不劳秦伯渡河远征了，请秦伯静候晋侯佳音。就这样晋国把秦国的要求婉言拒绝。

原来周襄王的另一路使者大夫简师父也到了晋国求援。晋文公继位刚满一年，正想做一番事业，于是接受了舅舅狐偃的建议，准备出动倾国之兵勤王。在这种情况下，他自然是不愿把功劳分一半给秦穆公的。

秦国君臣听了晋使的说辞后，都有些不高兴。不过秦穆公觉得不宜因为这件事和晋文公闹僵，就大方地预祝晋国入周平乱马到成功。随后，秦穆公领兵返回了雍城。

再说晋国那边。晋文公拒绝了秦穆公的借道要求后，马上带领晋军从太行八陉的第一陉轵关陉穿过王屋山，于当年三月抵达周邑阳樊（在今河南济源）。随后他兵分两路，右路军东进包围了王子带和狄后居住的温邑（在今河南温县西南），左路军则南下郑国迎接周襄王返国。四月初，左路晋军护送周襄王进入王城，右路军顺利攻克温邑生擒王子带，随后把他杀死在隰城（在今河南武陟西南）。周朝一场大乱，就这样被晋国三下五除二地独自平定，晋国声威大振。

颠沛流离半年多的周襄王重新坐到王城的王宫中，心情大好，于是大摆宴席招待晋文公。

席间，周襄王赐给晋文公命服、祭肉，并说想再赐地给他。

不知道是晋文公得意忘形，还是他觉得天子拿不出什么像样的土地，总之他表示不要地，而希望"请隧"。

晋文公说的"隧"，旧时注家都说是指通入墓坑的斜坡式墓道。这些注家还进一步解释说，周代规定周天子的棺椁是通过斜坡墓道运到墓坑中的，而诸侯棺椁则是绳子吊下去的。其实这种说法早已经被几十年的考古发现所否定，因为西周时期包括晋国在内的诸侯国的大型墓葬普遍都有墓道，从四条墓道到一条墓道都有，可见西周时期根本没有仅天子专用墓道的规定。晋文公如想死后用墓道，学他祖宗直接开挖就是了，何必请示周天子？

有人问，那这"隧"到底指什么呢？其实这里的"隧"应通"遂"，就是周代"乡遂制度"的"遂"。西周时期周王畿分为六乡六遂，大国三郊三遂，小国一郊一遂。所以晋文公是向周襄王请求在晋国多设置"遂"这种行政区。

果然周襄王一听晋文公的请求，知道他欺负周朝衰弱，有僭越之心，颇有点不悦。虽然他是靠着晋国的武力才得以还朝的，但在有关天子威仪的礼制问题上仍丝毫不松口，予以婉拒。不过为了补偿晋文公，他大笔一挥，把王畿内太行山以南、黄河以北的八个城邑即阳樊、温、原、州、陉、绛（chī）、鉏（xú）、攒（cuán）茅赏给了晋国。古人把山南、水北之地称为"阳"，该地又在晋国的南面，所以晋人把该地区称为"南阳"。

有人可能会骂周襄王傻，东周王朝这时直辖的地方越来越少，所以国力才越来越弱，他怎么为了礼制的虚名，而把实实在在的大片土地划给了晋国？

其实这问题，可以从两个方面讲一讲：

其一，那时人的观念就是这样，认为名分、礼制这些东西比实际的利益还重要。《左传·成公二年》中有个故事，说新筑人仲叔于奚救了卫国上卿孙桓子，卫国要赏给他城邑，仲叔于奚不要，只要代表

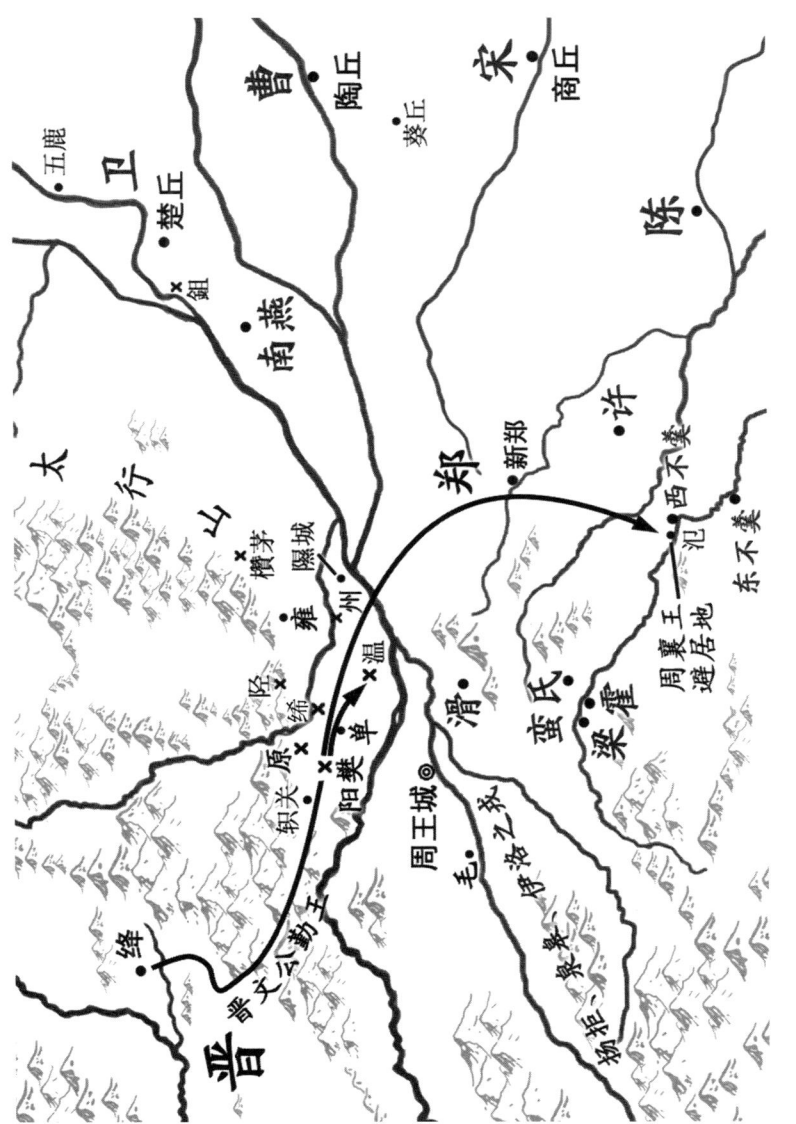

晋文公平定第二次"王子带之乱"示意图，图中×代表周襄王赐给晋文公的八邑

身份的礼器和饰品，卫穆公最终同意了。孔子听说了这事，说了一句著名的话："唯名与器不可以假人"，说卫国不该在礼制上开口子，该多给仲叔于奚一些地来感谢。周襄王的想法，显然与后来的孔子一样。

其二，其实在王子带之乱前，周襄王赐给晋国的南阳八邑就都已经长期不受周天子控制了。比如温邑，原属周初大臣苏忿生的封邑，第一次王子带之乱时被狄人占领，第二次王子带之乱时是王子带的居住地；再比如原邑，也是周初就封给了周武王之弟原伯做封国。所以周襄王等于像周平王把"岐西之地"赐给秦襄公一样，只是把名义上属于周王畿但实际上管不了的地方送给了晋文公。因此周襄王也并不是傻到为了虚名不顾土地的地步。

晋文公"请隧"不得，却意外得到了南阳八邑名义上的所有权，不知道他当时是高兴还是沮丧。半年后他是诉诸武力，才真正把那八邑拿到手里的。不过得到南阳八邑，对晋国未来的发展和扩张，却有重大深远的意义。我们知道，晋国领土本来在今天山西西南部，要进入中原，得通过太行山的几个陉口，并不方便和容易。现在晋国拥有了南阳八邑，等于在中原拥有了一片前进基地，东向可以对抗齐国，南向可以对抗楚国，战略态势一下子有了质的改善，这恐怕是晋文公得地之初都没有想到的。这真是"有心栽花花不开，无心插柳柳成荫"。试想一下，如果当初周襄王答应了晋文公"请隧"的要求而不再赐地，不知道后来晋国还能不能迅速称霸。历史有时就是这么充满戏剧性。

晋文公独自勤王名利双收，尤其是获赐南阳八邑的消息传到秦国，不知道秦穆公心中是什么滋味。遥想十四年前，也就是秦穆公十一年时，秦穆公曾和晋惠公联手，平定了第一次"王子带之乱"，不过那次叛乱规模不大，平乱后周襄王并没有给秦、晋两国什么像样的封赏；没想到如今晋文公平定第二次"王子带之乱"，周襄王居然赏赐了晋国那么多城邑。秦穆公心中应该既后悔又嫉妒，早知如此，那时厚着脸皮也得争着抢着去勤王啊！不过事已至此，一切也都晚了。

合兵伐鄀国

秦穆公也许是没从周王室内乱中得到好处，心中不甘，于是在晋文公平定周乱的那年（秦穆公二十五年、晋文公二年，即公元前635年）秋天，他决定向西南开拓，攻打位于今天河南淅川县一带的鄀国。

当然秦穆公不想孤军作战，因为鄀国虽小，却是南方大国楚国的小弟，他觉得到了考验一下他的小舅子兼女婿晋文公是否知道感恩的时候了——他派使者去晋国拉晋文公一起出兵。晋文公可能出于报答秦国、把秦国开拓方向导向西南、利用秦国牵制楚国等种种考虑，最终答应派晋军协同秦军作战。

说起来鄀国大哥楚国的谍报工作做得真是不赖，秦晋两军刚出动没多久，消息就被楚国探子探得。楚成王于是命令楚国申县县公斗克和息县县公屈御寇率领两县的楚军增援鄀国。因为距离相对近些，两县楚军在秦晋两军之前赶到了鄀国，驻守在鄀国北部边境的析邑（在今河南西峡县）。

以秦军为主的秦晋联军风尘仆仆来到鄀国时，听说鄀国已经加强了防守，楚国援兵也进驻了析邑。尽管处在不利的境地，秦军统帅却并没有被吓退，而是眉头一皱，想出了一条妙计——他指挥秦晋联军绕过楚军驻扎的析邑，直插背后的鄀国都城商密（在今河南淅川县南）。黄昏时分，联军来到商密城外，还押解了很多被五花大绑的"楚国俘虏"。夜幕降临后，联军点起了火把。商密城墙上的一些鄀国守军发现，秦国将领和几个穿着楚国衣甲的人在城外不远处的一个坑前歃血为盟，随后双方按当时礼仪把盟书埋进了坑里。这些鄀国士兵大吃一惊，以为秦军已经占领了析邑，楚国将领斗克和屈御寇被俘后背弃了鄀国，转而跟秦人结盟。这消息一传十、十传百，很快传遍了整个商密城。

鄀国国君听说后，顿时目瞪口呆。他心说，既然楚军都不是秦晋联军的对手，已经背叛了鄀人与对方讲和，小小商密城又如何能守得住呢？于是他连夜命人与联军接洽，然后打开城门投降了。

其实大家恐怕已经猜到，上面这一切都不过是秦人的诡计罢了，那些楚国俘虏都是秦兵假扮的。不过等到鄀国人发现上当，为时已晚。

联军使诈拿下商密后，带着鄀国君臣和大批俘虏又回过头来攻打析邑。析邑的楚军见联军押着鄀国国君，知道此次出兵的任务已经失败，顿时失去了斗志。联军架起云梯攻城，很快就打进析邑，真的把楚将斗克、屈御寇俘虏了。

伐鄀之战大胜后，秦晋联军兴高采烈地押着鄀国、楚国的俘虏以及大批战利品回国。败报传到楚国后，楚成王大怒，急忙命令令尹成得臣率大军前来追击。不过等他们赶到鄀国的时候，联军早已经安全撤到各自国内了，楚军连个影子也没有看见。

说起来，秦晋两国这时为什么都想惹楚国呢？其实除了眼前利益外，还有深刻的时代大背景。

我们前面介绍过，自西周后期以来，南方的芈姓楚国就逐步壮大，春秋前期楚国更是四处扩张、疯狂灭国，成为南方小霸王：楚武王熊通时灭掉汉水西部的权国、罗国、卢国等国，征服了唐国、曾国（随国）等国；楚文王、楚成王时又先后灭掉汉水以东的鄖国、厉国、鄝（liù）国、贰国、州国、西黄，彭水流域的榖国、绞国，汉水以北、汝水以南的南申国、应国、邓国，淮河流域的息国、弦国、黄国、英国、皖国、蒋国，征服了蔡国、许国……当时楚国的国土空前广阔，已经成为天下最大的诸侯国。中原出了霸主齐桓公后，楚国北上的锋芒暂时被压住，转而开拓江淮；后来齐桓公身死，中原无主，楚成王再无畏惧，

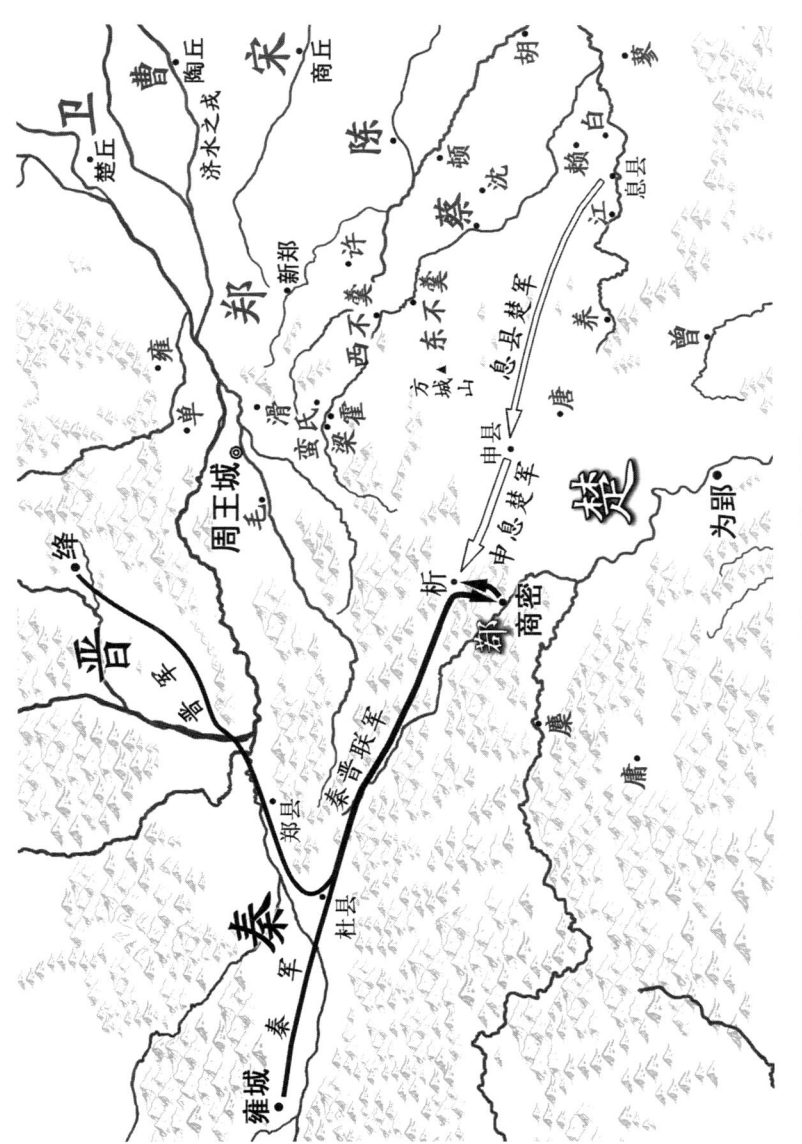

秦晋联军伐郧、楚军救郧示意图

又先后灭掉道国、柏国、房国等国，将楚国北疆推进到方城（在今河南叶县南）以外，直抵郑国南境。秦穆公二十一年（楚成王三十三年即公元前639年），只是二流强国国君的宋襄公自不量力，想接过齐桓公的霸主旗号，哪知在盂地会盟中被楚成王抓住，遭其好一番羞辱。宋襄公被放回后幻想报仇，第二年底又在泓水之战中坚持等楚军渡河列阵完毕才开打，被楚成王打败并挨了一箭，不久伤重而死。因为宋国败于楚国，宋襄公之子宋成公不得不暂时向楚国屈服。就这样在齐桓公死后的短短几年间，原来齐桓公盟国中的郑国、宋国、鲁国、卫国、曹国、鄫国、陈国、许国等国，出于种种原因都倒向楚国。到了第二次王子带之乱后，楚国几乎控制了黄河以南的所有中原诸侯国，只有秦国、晋国、齐国保持独立。因此汉代古籍《说苑》形容齐桓公死后的天下局势为："上无明天子，下无贤方伯，强楚主（盟）会，诸侯背叛，天子失道，出居于郑。"

但我们知道，中原诸侯服的是楚国的蛮力，其实从心底深处根本瞧不起这"南方蛮夷"，所以很多中原诸侯暗地里都希望能有人继齐桓公之后再次举起"尊王攘夷"的大旗，领导华夏诸国对抗凶蛮的楚国。故而秦穆公、晋文公联手攻郜，捋楚国的虎须，实际上有挺身而出对抗强楚、在中原诸国面前露脸立威、争当华夏国家领袖的意图在。伐郜之战后不久，秦、晋、齐三国真的又与楚国正面激烈交锋上了。

城濮之战不是以弱胜强

北方三强联手对楚这事儿，还要从鲁国招引楚国攻打齐国和宋国讲起。

众所周知,春秋时期齐、鲁两国因为紧挨着,所以关系纠结,时和时战。齐、鲁两国在春秋初年本来基本算是势均力敌、平起平坐的,但齐桓公用管仲改革后齐国国势日强,鲁国逐渐落在后头,不得不依附齐国。不过风水轮流转,齐桓公死后齐国霸业不再,而鲁国在鲁僖公执政下国力上升,鲁僖公还插手齐国内政,支持齐国四位公子与宋国力挺的公子昭争位,结果是公子昭取胜坐上齐君宝座,这就是齐孝公。鲁国怕齐国报复,就在秦穆公二十五年、二十六年(晋文公二年、三年)两次跟卫国和莒国会盟。齐孝公见鲁国结盟对抗自己,心里越发恼怒,于是在秦穆公二十六年的春、夏两季接连两次发兵攻打鲁国。鲁国情急之下也不管是不是引狼入室,就向南方的楚国求援,请求楚人出兵攻打齐国和宋国。

　　楚成王见鲁国来请兵,心中暗喜,认为这是一个北上中原打击旧霸主齐国和口服心不服的宋国的好机会。于是秦穆公二十六年(晋文公三年即公元前634年)冬天,楚成王发兵围攻宋国北部的缗邑(今山东金乡县),并趁齐孝公突然病死、其弟潘杀死孝公之子自立为齐侯(即齐昭公)的大好时机,配合鲁军攻占齐国的谷地(今山东东阿县),还和鲁僖公一起把齐桓公之子公子雍安置在那里建立了一个"伪齐"政权;次年冬天,楚成王又亲率楚军和陈、蔡、郑、许四国军队围攻宋都商丘(在今河南商丘南),宋国一时间危在旦夕。这时宋成公眼见晋文公继位后励精图治,又平定周乱名声鹊起,认定晋国必将是楚国的强有力对手,于是忙派大夫公孙固向晋国紧急求援。

　　晋文公得报后,想起当年途经宋国时宋襄公赠车的恩情,更明白宋国位于中原腹心地带,战略地位仅次于郑国,一旦有失,整个中原局势都难以收拾,立即召集群臣商议。

　　大夫先轸认为这是千载难逢的良机,率先发言说:"报答恩德,解救危难,立威天下,确定霸业,就在此一举了!"

　　先轸的意见得到多数人的认同,但晋文公却有点犹豫。这倒不是他不想与楚国争霸,而是他当年流亡楚国时曾受过楚成王很大的恩惠,他害怕留下"忘恩负义"的恶名。

还是晋文公的舅舅狐偃了解外甥的心理,他站出来说道:"楚君曾善待君上,我们不宜主动去迎击楚军,落下忘恩负义的名声。楚国刚刚得到曹国归附,又跟卫国联姻,而君上流亡曹、卫时两国国君都很无礼。我们如果以此为由出兵讨伐曹、卫,楚国一定来救援,那就不是我们主动要与楚军作战了。楚军过来援助曹、卫,对宋国、齐国的威胁自然也就解除了。"

晋文公一听,心中的顾虑完全打消了,于是下令扩军备战。因为之前晋国大臣吕甥已经"作州兵",扩大晋国服兵役的国人范围,所以此时晋军兵力得以从晋献公、晋惠公时代的上、下两个军扩编为上、中、下三个军,晋文公又规定每军设主将和副将各一人,一共就是六员高级将领,以中军主将为"元帅",即排名第一的将领,这就是"元帅"一词的由来。春秋时期各国还是民兵制,晋国六将战时领兵作战,平时管理政务,"出将入相",晋国的"六卿"即发源于此,中军主将因为拥有最强大的军力,后来就成为正卿,也即第一执政。扩军的同时,晋文公第一时间派人通报秦国,请求秦穆公出兵帮助。

六卿最初名单	
中军将	郤縠
中军佐	郤溱
上军将	狐毛
上军佐	狐偃
下军将	栾枝
下军佐	先轸

秦穆公接到晋文公的求援信后,与众大臣一番商议,也认为如果再纵容楚国,中原全面沦丧,秦国亦必将受害,最终决定派儿子小子慭(yìn)率秦军助战。

小子慭领兵东渡黄河来到绛城面见晋文公,晋文公得到秦国鼎力支持当然十分高兴。一切准备停当后,晋秦联军出绛城往东北方向进发,穿越后来所称的上党地区,大约通过太行八陉中的滏口陉翻越太行山,来到卫国以北的区域。①

秦穆公二十七年（晋文公四年即公元前633年）十二月，晋文公派人向卫国借道，声称要通过卫国教训当年曾偷看自己洗澡的曹共公。卫国和曹国现在都投在楚国门下，而且卫成公知道自己父亲卫文公当年也很怠慢晋文公，怕晋文公又学他爹晋献公的"假虞灭虢"，来个什么"假卫灭曹"，自然不敢答应。其实晋文公还就巴不得他不答应，正好可以甩开了膀子打他。于是晋文公命令晋秦联军后撤东进，从五鹿（在今河南清丰县西北）北方的某地渡过黄河，主力南下猛攻曹国，又分出一旅偏师西进攻打卫国。

第二年（秦穆公二十八年）正月，晋秦联军攻占卫地五鹿。二月，齐国新任国君齐昭公赶到五鹿附近的敛盂和晋文公会面，双方结成联盟。卫成公听说后，急忙递去橄榄枝，也想加盟，却被晋文公断然拒绝。

这时卫国国人为了自保，就在大夫元咺（xuān）的带领下把卫成公逐出国都，拥立卫成公的弟弟叔武为代理国君，并宣布倒向晋国。

眼见卫国转向，那个把楚国招引进中原的鲁国也想明白了。鲁僖公赶紧派人杀了率鲁军在卫国帮助卫人守城的鲁国公子买，来向晋国示好，晋国当然是笑纳了。

晋文公与齐昭公会盟后一个月，那小小曹国也被晋秦联军攻破，偷看晋文公洗澡的曹共公被俘虏。就这样转瞬之间，黄河下游局势发生巨变。

不过虽然晋秦联军破曹收卫，但引诱楚军来援的计划却破产了——楚国只派了一点偏师救卫，压根没派人救曹，楚军主力依旧猛

---

① 晋军到卫国的行军路线史书上没有明确记载，传统多认为晋军是通过轵关陉、太行陉或白陉经南阳地区来到卫国西部，但该种说法与史书叙述后来晋军首先攻打卫国北部五鹿的情形不符。所以本书在这里采用孙铁林、屈军卫合著的两篇论文《城濮之战晋国进军路线考辨》《再论城濮之战晋国进军途中渡河地点》中的观点，认为晋军是通过滏口陉来到卫国北境的。

攻商丘。这时宋国实在顶不住了，再次派大夫门尹般携带丰厚礼物来告急求援。

眼见楚军势大、盟军众多（陈、蔡、郑、许四国），晋文公一时也没有必胜把握，有些无奈地说："宋国来告急，不去救它它一定会彻底倒向楚国而与我绝交；而我要请求楚国解围，楚国又必定不会答应。但真要跟楚国交战，齐、秦不知道会不会助我一战，这该如何是好？"

这时晋国第一代元帅郤縠（hú）已不幸病逝于军中，职务由先轸接替。他帮文公出了一个主意："我们可以叫宋使把带来的宝物分别送给齐、秦两国，让齐、秦两国去请求楚国停止攻宋。当然，我们也不希望楚国答应齐、秦的要求，这样功劳就全成他们的了。我们可以把曹国、卫国的大片土地划给宋国，楚国见了一定会恼怒，自然不会接受齐、秦的调停。齐、秦丢了面子，必定会怨恨楚国，那时就会答应出兵助我，与楚军决一高下。"

晋文公连声称妙，就让宋使门尹般把礼物送给齐昭公和秦军统帅小子慭，两国得了好处，果然派使臣以中间人的身份想调停楚宋战争。但这时候晋文公也早已经按先轸的计策把曹、卫的很多土地送给了宋国，楚国当然不肯罢兵。秦、齐的使臣灰头土脸地回来，把情况分别向小子慭和齐昭公做了汇报，两人也大怒，决定要跟晋文公联手，给楚国一点颜色看看。

再说楚国那边，楚成王眼见北方三大国联合起来对付自己，决定好汉不吃眼前亏，"知难而退"（该成语即出自这里）：楚成王先率部分楚军返回楚国申县，在回程路上，他还下令驻守齐国谷地的申县新任县公叔侯和围攻商丘的令尹成得臣一并撤回国内。

不料成得臣接到楚成王的命令后那是很不服气，派人向楚成王请战说："我不敢说一定成功,但愿以此来堵那些挑拨离间的小人的嘴！"

成得臣干吗这样说呢？原来他出身于楚国著名的若敖氏，这若敖氏是西周末年、春秋初年楚国国君若敖的后代，故名。楚武王、楚成王期间若敖氏家族接连多人执掌楚国大权，因此惹得楚国其他贵族十分嫉恨和不满，再加上成得臣刚愎自用，所以很多人在楚成王面前说他的坏话。

楚成王看完成得臣的奏报，心中又气又急：气他不识大体，居然要拿国家大事来证明个人能力；急的是大批楚军在他指挥下，一旦他打了败仗，对楚国的国力和声威是巨大的损失。所以综合权衡一番后，楚成王还是决定给成得臣增兵，但仅仅是少量兵马，即把自己的卫队"东西广"中的"西广"（拥有兵车三十辆）和东宫卫队（略少于"西广"）加派给了成得臣。

成得臣见得到的增援兵力不多，心中也有些犹豫，就先派使者去见晋文公，声称只要晋国恢复了曹、卫两国，楚国就从宋国撤兵。晋文公却使了花招，扣下了楚使，私下里允诺曹、卫复国，但条件是它们必须跟楚国绝交。成得臣听说使者被扣，又见曹、卫派人来送绝交信，不由得暴跳如雷，失去主帅应有理智的他，下令撤掉对宋都商丘的包围，全军北上攻击晋军。

晋文公得报后，按照当年流亡楚国时许下的"退避三舍"的诺言，北撤九十里退至城濮，也就是今天山东鄄（juàn）城县西南一带。晋文公以君避臣，赢得了道义上的支持。楚军将士多数也不想真打，就劝成得臣得了点面子就收手。哪知成得臣一意孤行，非要干这一仗证明自己的能力，稳固自己的令尹地位，强令楚军和一众盟军也紧追晋军到城濮。

秦穆公二十八年（晋文公五年、楚成王四十年，即公元前632年）四月初四，以晋国为首的中原集团与以楚国为首的南方集团进行了一次盛大的会战，这就是春秋时期著名的城濮之战。

据《左传》描写，城濮之战开始后，晋军下军把虎皮蒙在马身上，首先击败楚军右翼陈、蔡两国军队。随后，晋军上下两军伪装成主力退却，引诱楚军左翼军追击，然后晋军中军和上军联手将其击溃。这样，楚军左、右翼均被打败，成得臣见大势已去，只得率领尚未出动的中军狼狈撤退。在回国途中，楚成王派人传话给成得臣："你若回国，有何面目见申息两县百姓？"成得臣于是畏罪自杀。

　　因为《左传》关于晋军战术的描写绘声绘色、深入人心，很多人都误以为城濮之战就是晋军为一方，楚军、陈军、蔡军为一方，将《左传》前面提到的晋国盟军全给忽略掉了，甚至很多战史书籍都把城濮之战说成是晋国以少胜多、以弱胜强的战役。其实综合《春秋》《左传》《国语》和21世纪新出世的清华简《系年》等古籍的记载，可知双方的真实兵力对比如下：

中原集团：
晋国晋文公亲率的晋军七百乘；
秦国公子小子憖所率的秦军（兵力不详）；
齐国大夫国归父、崔夭所率的齐军（兵力不详）；
宋国宋成公亲率的宋军（兵力不详）；
亲晋群戎之师（兵力不详）。

南方集团：
楚国令尹成得臣统率的楚军（若敖氏族军六卒，西广、东宫甲士，申息两县之军）；
郑国军队（兵力不详）；
陈国军队（兵力不详）；
蔡国军队（兵力不详）；
许国军队（兵力不详）；
亲楚蛮夷之师（兵力不详）。

城濮之战形势图

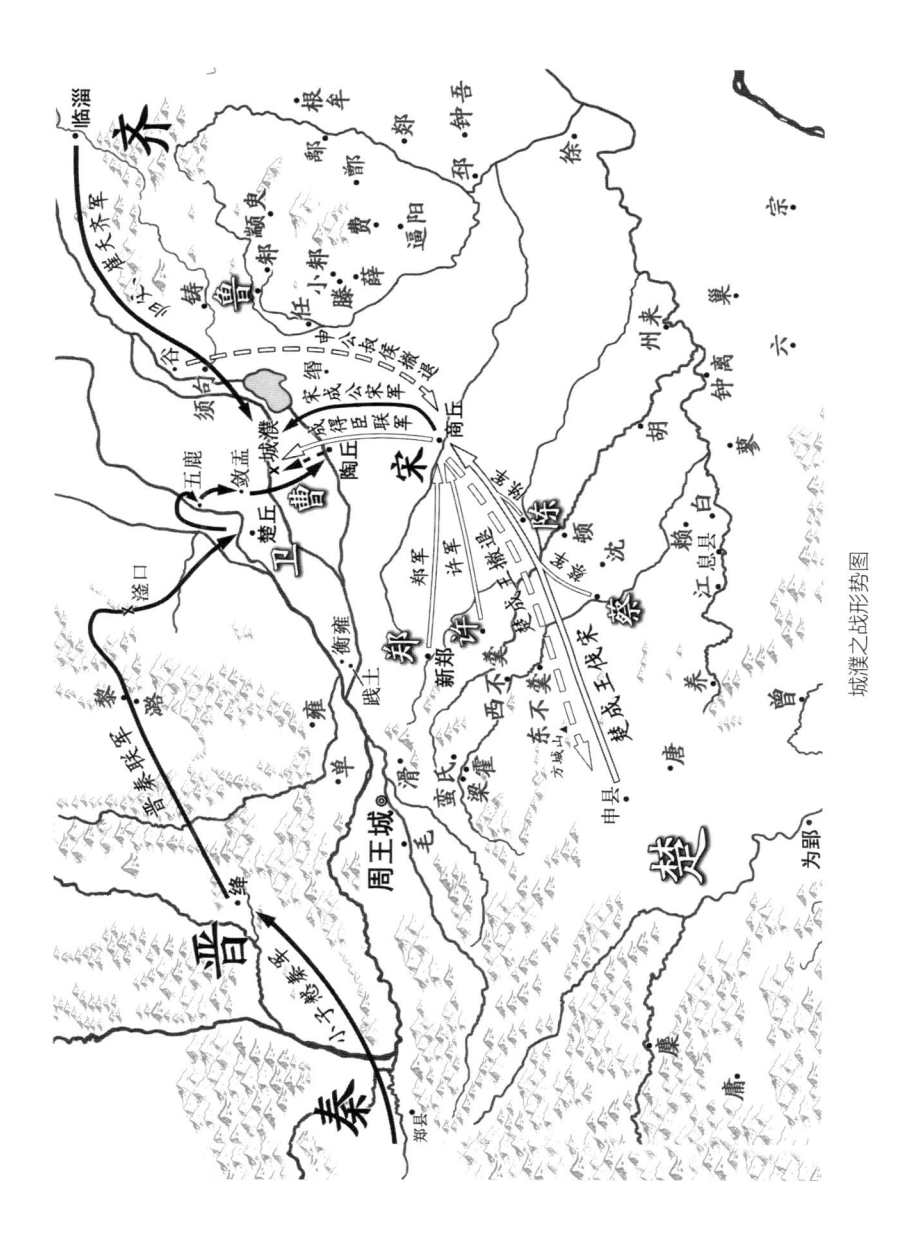

从上面的列表可以看出，《左传》在具体战争过程描写中，对中原一方忽略了秦军、齐军、宋军和亲晋戎族军队的作用，对南方一方则丝毫没提郑军、许军和蛮夷军队。其实从两个集团的成员组成我们能发现，虽然南方集团的国家数量多出一个，但中原集团成员的实力则更强大。因为当时的天下总共只有四个一流强国，也就是晋、秦、齐、楚，现在晋、秦、齐都站在一起，等于三大国联起手打一大国，那胜负自然就可知了。所以在真实的城濮之战中，以晋国为首的中原集团的实力是胜过以楚国为首的南方集团的，最差也是双方旗鼓相当，根本不是晋国以少胜多、以弱胜强。《左传》只提晋军，应该是采用了晋国的史料。

城濮之战的意义极为重大，晋、秦、齐三大北方强国联手击败楚军及其仆从国，扼制了楚国的北进势头，稳定了岌岌可危的中原形势，奠定了晋文公称霸中原的基础。

秦晋失和

城濮之战结束后，晋文公率领晋军西行来到郑国的衡雍（在今河南原阳县西）。他听说周襄王想来劳军，就命令众将士在附近的践土加紧修筑天子离宫。为了抖晋国的威风，建立霸业，他还广撒英雄帖，召集各国诸侯前来会盟。

郑文公得知晋军得胜并进入郑国境内的消息，不由得惊出一身冷汗，立马再次转向，跑到衡雍抢先与晋文公单独会盟。"匹夫无罪，怀璧其罪"，郑国作为占据中原要冲的中等国家，只能选择谁强大了就跟谁的墙头草政策。

秦穆公二十八年（晋文公五年、周襄王二十年，即公元前632年）五月，晋文公在践土向周襄王献捷，而周襄王正式册命晋文公为伯，晋国的霸业就此开始。

晋国的称霸其实也是水到渠成的事情。西周时期晋国就是晋南大国、一方方伯，当时周天子经常征调晋国兵力征伐四方，所以东周初年晋文侯才能够"定天子"，只是因为随后爆发长达数十年的内战，晋国一时衰落；曲沃代晋后，晋献公加强君主集权，尤其是并国十七，使得晋国疆域、人口大大增加；晋惠公时，吕甥为应对韩原大败，"作爰田""作州兵"，在诸国中较早改革了土地制度和兵役制度，扩大了财源和兵源；晋文公继位后稳定了政局，并选贤举能，终于修成正果。

在践土之盟上，晋文公、齐昭公、鲁僖公、宋成公、蔡庄侯、郑文公、卫国执政叔武（卫成公二弟）、莒国国君莒子等八国诸侯或代表发誓，齐心扶保王室、不互相攻击，周朝卿士、周襄王叔父王子虎代表天子监盟。原本被楚国打服的陈穆公听说后也屁颠屁颠地赶来参会，却没赶上盟誓。

不过有两个国家，自始至终没有来参加践土之会：一个是战败国许国，一个是战胜国秦国。那许国当时位于今天河南许昌市东部一带，老霸主齐桓公在时，许国曾忠心耿耿地一直紧紧追随齐国，但齐桓公死后，许国就投靠了楚国；虽然城濮之战楚国战败，但许僖公可能觉得晋国只是一时占上风，楚国还将卷土重来，所以没敢像蔡国一样来参会。奇怪的是，盟主晋文公的姐夫兼老丈人秦穆公为什么也没来参会呢？显然秦穆公看见原本受自己提携才出头的晋文公如此风光，一时间羡慕、妒忌、恨等各种滋味交织在心头，故而借故拒绝了这次晋文公称霸之会。

践土之会上，卫国执政叔武一个劲儿替哥哥卫成公求情，希望晋文公准许哥哥回国。但会后叔武回到国内，却被多疑的卫成公杀死。

晋文公闻报大怒，为处理卫成公，当年冬天他又请周襄王驾临这时已经属于晋国的温邑（在今河南温县西南），这就是温之会。因为这次晋文公"以臣召君"，被后来的孔子讥讽，《春秋》为了掩饰，只得写"天王狩于河阳"，愣是表述为周襄王是主动去黄河北岸打猎的。

参加温之会的诸侯，基本上是上次践土之会的那帮人，只不过陈穆公死了由他儿子陈共公替代，此外又多了两国诸侯，这就是邾国国君邾子和秦国秦穆公。秦穆公这次怎么又来了呢？可能半年来他静下心思考，明白晋国称霸的事实已经无法改变，所以不如承认现实，借着晋国的声威为秦国谋利。这次秦穆公参加晋文公主导的温之会，也是秦国自建国以来第一次参加中原盟会。僻处西方的秦国，终于顺着晋文公的东风，踏上了"国际舞台"的中心。

温之会上，晋文公让卫国老臣元咺和卫成公对质，最后判卫成公有罪，把他拘押到周王城，元咺回卫国又另拥立了公子瑕做了卫君。（两年后卫成公通过鲁国贿赂周天子和晋文公得以返国，杀了公子瑕和元咺重新登位，这是后话。）

温之会后，晋国带领参会诸侯国一起讨伐没有参加践土之会的许国。这许国不过是一个小国，当然不是诸侯联军的对手，被迫俯首投诚。

第二年也就是秦穆公二十九年（公元前631年）夏天，晋国又邀请各国到狄泉（在今河南洛阳东北）盟会，秦穆公这次派了上回参加城濮之战、熟悉中原情况的儿子小子慭前往。狄泉之会，周朝方面还是卿士王子虎做代表，各诸侯国则主要是派大夫参加，如晋国大夫狐偃、宋国大夫公孙固、齐国大夫国归父、陈国大夫辕涛涂以及秦国大夫小子慭，只有鲁国是国君鲁僖公亲自驾临。盟会的内容是再次重申践土之会的誓言，另外因为这一年多来郑国在参加晋国盟会的同时还跟楚国藕断丝连，所以晋国在会上又密谋讨伐郑国，企图将其彻底打服。

果然在秦穆公三十年（公元前630年）春天，晋人向郑国发起了一次试探性攻击。在探知了郑国的防御情况后，晋文公以郑国当年对流亡中的自己无礼和归附楚国为由，邀请秦国一起伐郑。秦穆公出于在中原扩大声威和影响的考虑，答应亲自率兵前往。

当年秋九月，晋文公率军抵达郑国都城新郑（在今河南新郑）的北郊，而与此同时秦穆公也率军进抵新郑的东郊。郑国在当时只是和宋国相当的中等国家，哪能抵挡得了两个一流强国的联手攻击？听说晋、秦大兵压境，郑国上下不由得慌作一团。

这时郑国大夫佚之狐站出来对郑文公说："现在国家已经到危急关头，恐怕只有请烛之武出来，才能劝退敌军。"

烛之武是谁呢？明代冯梦龙小说《东周列国志》里说他是郑国养马的小官"圉正"，历经三代郑君均不得重用，当时已经是须发皆白、腰弯得快对折的七旬老翁。其实烛之武的事迹只在《左传》中提到过简单几句，书中并未交代烛之武的具体官职、年纪、体态形貌，只是说他年老又不曾得郑国重用而已，冯梦龙的描写不过是小说家的想象。而且《左传》还曾提到二十年后烛之武出使晋国的事迹，那么显然这时候的烛之武不大可能有七十高龄，应该顶多五六十岁罢了。

据《左传》记载，郑文公听了佚之狐的推荐，就派人把烛之武找来，请他去游说晋、秦两国退兵。

烛之武却推辞道："我当年年轻的时候，能力都不如旁人，现在老了，哪里还有用呢？"

郑文公赶紧致歉："寡人以前没能及早用您，现在到了危急时刻才请您出山，是寡人之过。但是您是郑国人，郑国若亡了，您不是也将受害吗？"

烛之武这才答应下来。

因为不敢开城门，到了夜里，郑国士卒用绳子把烛之武从城头缒下。落地后，烛之武首先来到了城外东郊的秦军营地。

秦穆公听说郑国方面派来了使者，想听听郑国想跟秦国谈什么，于是就召见了烛之武。

烛之武见了秦穆公，行礼之后开始了他的精彩表演。他对秦穆公说："秦、晋两大国包围郑国，郑国知道必然要亡国了。如果郑国亡掉能对秦国有利，那也不枉您大动干戈一番。但是秦国和郑国并不接壤，中间隔着一个晋国。秦国要想占有郑国土地并设置机构管理，您知道这是很难办到的事情，所以郑国灭亡后土地只能便宜晋国，您为什么要灭掉郑国来增强您邻国的国力？邻国国力增强，不就等于秦国的国力下降？"

秦穆公一听这话，不由得陷入沉思。

烛之武趁热打铁说："如果您能放过郑国，让郑国做'东道主'，以后秦国使者往来中原，有什么需要的，我国随时都可以供应，这对秦国不也有利吗？""东道主"这个词，就是源于烛之武的这段话。

见秦穆公不吭声，烛之武又继续说道："再说晋人哪里是靠得住的？您曾经帮晋惠公回国继位，他当初曾答应割让焦、瑕等五城给您，结果早上渡河回国，晚上就在边境加强防御，这事您一清二楚。尤其那晋国贪得无厌，哪有满足之时？他们打下郑国扩张了东部边界后，肯定又要扩大西部边界，它不从秦国身上抢地盘，还能从哪儿抢呢？所以像这种灭掉郑国、损害秦国利益来壮大晋国的事情，还请您仔细考虑一下！"

秦穆公在晋文公称霸后，已经对晋国暗暗生了戒心，烛之武的一番分析正戳中了秦穆公的痛点，他不得不为可能来临的秦晋交锋早做准备，明白只有保存郑国、不让晋国再次壮大，才对秦国有利。于是他来了个180度大转弯，不但不再攻打郑国，还要帮助郑国抵御晋人。接下来他与郑国盟誓修好，并派杞子、逢孙、杨孙三位大夫率军帮助郑人守城，自己则带着秦军主力拔营班师。

就这样，持续多年的秦晋联盟至此破裂。表面看，这是烛之武"巧舌如簧"挑拨离间的结果，但实际上秦晋两大国接壤，又都有称霸的野心，分道扬镳是早晚的事情。

秦穆公与郑人结盟、留下秦兵帮助郑国守城、自己率军返国的一系列消息很快传到了晋军营地中。晋国大夫们都很愤怒，狐偃当即请求晋文公发兵攻击撤退中的秦军。晋文公却摆手拒绝了，他说："没有秦伯，我走不到今天这一步。依靠秦国的力量即位却去攻打它，这是不仁；失去友好邻邦，这是不智；以分裂代替和睦，这是不武。我们也撤兵吧！"显然晋文公认定楚国才是晋国那时候的主要敌人，而且自己刚刚登上霸主之位，根基尚不牢固，不想跟秦国撕破脸。

当然，晋国要撤军，也得找个台阶下。于是晋文公派人去见郑文公，说晋国也可以与郑国讲和，但是郑国必须要立公子兰为太子。这公子兰是谁呢？原来他是郑文公的一个庶子，当时正流亡在晋国。郑文公没得选择，只得接受条件，发誓一定会把君位传给亲晋的公子兰。就这样，晋国不但得了面子，还成功地把郑国的储君换成了自己人。

弦高犒师与殽之战

秦穆公率军离开新郑返回秦国后，正为自己取得在郑国的合法驻军权、成为郑国保护国而得意，没承想从东方又传来消息，说郑国已经按晋国的要求把亲晋的公子兰接回国并立为太子。从表面上看，秦、晋各得一分；但从长远着眼，郑文公年事已高，他死后继位的公子兰必定较为亲附晋国，所以等于秦穆公这局又输给了晋文公。秦穆公不禁心中抑郁，但也无可奈何。

一年半后，也就是秦穆公三十二年（公元前628年）的春天，在位达四十五年的郑文公果然去世，亲晋的公子兰继位，这就是郑穆公。

郑穆公上台后，留守在郑都新郑的秦国三大夫的处境一下子变得非常尴尬了——虽然郑穆公作为弱国之君不敢得罪秦国，但他对秦国三大夫显然也并不友好热情。那时候驻郑秦军的补给，按当时惯例都是由当地也就是郑人提供的，可以想见，三大夫和部属们时常会吃了上顿没下顿。

这样的情况持续了几个月后，在当年冬天，突然一个惊天的消息传遍了天下，也传到了郑国——年仅四十四岁的天下霸主晋文公因病去世了。相对于称霸天下达三十七年之久的前任霸主齐桓公来说，晋文公做霸主的时间要短得多，从城濮之战取胜、周襄王封他为伯算起，他称霸天下仅仅才四年。杞子、逢孙、杨孙这三大夫听说晋文公死了，不禁喜出望外，他们自认为受鸟气的日子终于熬出头了。杞子等人偷偷派人回国告诉秦穆公，新郑北门的钥匙握在自己手中，现在晋国正值国丧无暇他顾，如果秦国这时出兵偷袭郑国，一定能顺利拿下。

再说秦国国内，秦穆公听说了晋文公的死讯，胸中的郁气也是一扫而空。他内心肯定在说：重耳啊重耳，虽然你能力强尤其是运气好，但是你的命却是不长啊！得到杞子等三大夫的密报后，秦穆公更是眼睛一亮：如果真能占领中原要地郑国，以之作为稳固基地，定能有效扩大秦国在中原的影响力，甚至实现称霸中原的梦想！不过决定这样的大事前，他照例又去咨询一下蹇叔、百里奚的意见。

哪知道蹇叔听说杞子的计划后极力反对。他说："劳师动众奔袭遥远的国家，这是从来没听说过的事情。秦军长途跋涉，郑人不可能不知道。到时候师旅疲惫，人家又做好防御准备，这仗还怎么打？"

原来对蹇叔几乎是言听计从的秦穆公，这次脸上却现出不悦的神情，他冷冷地说道："你们不了解情况，出兵之事我自有决定。"

从蹇叔家回来后，秦穆公就下令拜百里奚之子孟明视和蹇叔之子西乞术、白乙丙三人为将（三人的称呼均是前两字为字、后一字为名），让他们率领战车三百乘偷袭郑国。按一车甲士步卒三十人计算，此番秦军将出动约万人。

今天的很多人可能会奇怪,秦国和郑国之间明明隔了很多国家(如晋国、东周朝、滑国等),蹇叔讲的显然很有道理,怎么原本颇有头脑也肯纳谏的秦穆公会突然变得如此糊涂和顽固呢?其实要理解秦穆公为什么下达袭郑的命令,我们应该明白两方面的事情。

一是秦穆公当时的年纪已经不小了,他自感时日无多。

虽然史书并没有记载秦穆公到底出生于哪一年,但从他的哥哥宣公、成公先后在位十六年来推算,穆公继位时至少也得有二十多岁。所以秦穆公三十二年时,他最小也有五六十岁了。我们知道,古代医疗卫生条件差,人的寿命普遍偏短,"人生七十古来稀"是真实的写照。对于秦穆公来说,他自继位以来就梦想有朝一日能把秦国的势力扩张入中原,但他费尽心机三十余年都未能如愿。现在他也已经满头华发,肯定觉得,如果不抓住这次秦人掌握郑都城门钥匙、晋国又值国丧的千载难逢的机会,恐怕这辈子就再也看不到"秦"字大旗扎根于中原、秦国称霸天下的那一天了。

二是春秋时期中国还处在从"邑制国家"向"领土国家"转变的"转型期",方便跨国袭远。

春秋时期人口虽然比夏、商、西周时期大幅增长,但以后世的眼光看依旧是地广人稀。据《左传》记载,一直到春秋后期,中原较发达的郑国和宋国之间都还有六块无主荒地,所以当时人虽然初步有了一点领土意识,一些国家有时也在边疆要地驻军,甚至开始在险要处建关,但边境上仍有不少地方是开放的,可随意穿行。何况当时还是民兵制,如果征召国人去长期驻守边地,也容易引起反抗。所以清代历史学者顾栋高曾提出著名的"春秋列国不守关塞论",说"然是时禁防疏阔,凡一切关隘厄塞之处多不遣兵设守,敌国之兵平行往来如入空虚之境"。因此秦国和郑国之间虽然隔了不少国家,但是通行是没有问题的,这种状况是后世处在"领土国家"阶段的人们难以理解的。

秦国本有三大夫在郑国做内应,如果运气好,郑人没有防备,拿下郑国都城不是没有一点希望。

因此急于在有生之年完成夙愿的秦穆公,认为跨国袭郑虽然冒险(距离太长),但还是有一定胜算的,决心要抓住这次难得的机会。

到了卜定的吉日,秦穆公率众大臣送孟明视、西乞术、白乙丙三将和秦军出雍城东门。这时人群中的蹇叔却边哭边说:"孟子啊,我能看见你们出师,却再也看不到你们返国了!"

秦穆公见蹇叔尽说丧气话,不禁勃然变色,派侍从过去训斥他说:"你知道什么?一把年纪还不去死,你要是六七十岁的'中寿'就死,现在你墓上的树都能两臂合抱了!"

秦穆公是于在位第五年时听了百里奚的举荐把蹇叔请来秦国的,现在已经是他在位第三十二年的年底,时间又过了整整二十七年,所以这时蹇叔已到八九十岁的耄耋之年了,故而秦穆公才这样骂他。

蹇叔抽泣着回答穆公侍从:"我不敢哭国君的军队,只不过哭自己的儿子罢了。"

穆公侍从离开后,蹇叔继续对孟明视等人说:"晋国人一定会在崤山设下埋伏。崤山上有南北两条山谷道路,南道上有夏后皋的陵墓,北道上有当年周文王避风雨的旧址,两道地势都十分险要,你们一定将葬身其间,我以后会到那里为你们收尸。"

孟明视等人听了觉得十分晦气,但是建功立业的美梦更诱惑着他们,所以他们也并没有把蹇叔的话太当一回事。

秦军万人出了国都,一路晓行夜宿,顺利穿越了无人设防的天险崤函古道,于秦穆公三十三年(公元前627年)初春进入了周王畿,从周王城的北门外经过。依据当时的礼节,诸侯之兵过天子居所,应该全体摘掉头盔、脱下甲衣、收起兵器,车兵还要下车步行,以示对天子的尊敬之意。但当时秦军却只是摘掉头盔意思一下就算了,车兵虽然下了车,不过走了几步就纷纷上车,而且仿佛在比赛谁更敏捷,他们都是在战车行驶中飞身跃上车的。

听说秦军过境，周朝一些贵族登上城头观看。这时周襄王的孙子王孙满还是个小孩子，他见了秦军的举动，回到王宫就对爷爷襄王说："秦军轻佻无礼，一定会失败。轻佻就会缺乏智谋，无礼就会粗心大意。进入险地还粗心大意，又不能认真谋划，能不失败吗？"

却说秦军过了周王城向东南行进，不久来到滑国地界。这滑国也是姬姓国家，初封时都城位于今天河南睢县西北，后来迁到现在河南偃师南部的缑（gōu）氏镇。滑国距离郑国都城新郑有二百多里路程，如果秦军急行军的话，大概再过几天就可以到达目的地。孟明视等三将仿佛看见胜利就在眼前，心情不禁十分轻松愉悦。

不过正当他们满怀希望时，前军来报，有郑国使者求见。三将一听，顿时如被一桶冰水从头浇下——我们行军速度已经够快，难道郑人已经知道了秦国的偷袭计划？沮丧之余，三将还是决定召见使者，弄清他的来意。

郑国使者自称叫弦高，他见到三将，施礼后命人送上熟牛皮四张、活牛十二头，然后说道："我们国君听说诸位率军东进将要途经敝国，特命我前来慰劳众将士。敝国虽然不宽裕，但很体恤将士们长途跋涉之苦。所以我们国君说了，贵军在敝国停留居住一天，我们就提供一天的粮食柴薪；哪天要离开了，我们头天晚上会派兵为你们站一晚岗，好让将士们踏踏实实睡一觉，以便第二天上路。"

孟明视、西乞术、白乙丙三将本就心中有鬼，听了郑使的这番"外交辞令"后，感觉其弦外之音是说郑国很清楚秦军的目的，他们的头发里不禁冒出汗来，但表面上又不能表现出什么，只得连声道谢。

送走弦高后，孟明视对西乞术、白乙丙说："郑国已经有了防备，没法再实施偷袭计划了。强行攻打坚城的话，就目前这点兵力肯定打不下；如果围城的话，咱又没有后援。我们还是撤兵回国吧。"

西乞术、白乙丙都赞同孟明视的看法。但是跑了上千里路，受了那么多跋涉之苦，还消耗了大量粮秣物资，就这样一无所获地回去，他们实在心有不甘。三人一合计，不如就地抢劫一把再走，也算是给将士们、给秦穆公一个交代吧。

说干就干。三将趁着滑国没有防备，指挥秦军突然杀进城去。滑国人少兵弱，以前一直都被郑国欺负，这时哪里抵抗得了发动突袭的剽悍的秦军？很快，滑人的微弱抵抗就被肃清。这个可怜的姬姓小国谁也没敢得罪，却这样莫名其妙地遭到了灭顶之灾。

孟明视等三将指挥秦军在滑国大肆烧杀抢掠，直到他们看见战车上堆满了货物财宝、步卒背上的包裹再也塞不下任何东西了，这才下令封刀。随后三将收拢队伍，宣布班师，带着秦军沿着原路返国。

回过头来再说郑国，真的提前得知了秦国的阴谋了吗？其实根本没那回事！原来那弦高是郑人不假，但他却并非郑国的官方人士，而只是一位民间商人——贩牛的牛贩子而已。牛贩子弦高那阵子正离开郑国到周王城去卖牛，西行途经滑国时恰巧遇到了东进的秦军。虽然秦国三将不会傻到大肆宣扬此行的目的，但架不住秦军人多嘴杂，想必有爱吹牛的秦军士兵说漏了嘴。

我们知道与当时大多数国家不同，商人在郑国的地位颇高。郑国开国之君郑桓公东迁之初就曾跟商人盟誓，只要商人不背叛郑国，就决不强买强卖、巧取豪夺，郑国一直以来都注重保护商人的合法权益。国护商人，商人心中自然有国。弦高听说秦军将去袭击自己的祖国，不禁大吃一惊。冷静下来后，他作为商人的冒险精神和表演天赋就显现出来了：他一面派人兼程回国通报秦军来袭的消息，一面自己冒充郑国的使者去"警告"三将，没想到居然没被识破，一举成功。他也凭着自己的爱国心和大胆机智，成为中国历史上有名的爱国商人之一。

却说郑国国内的郑穆公接到弦高的报告后，连忙派人去偷偷查看驻郑秦军的动向。这一查看不要紧，探子向郑穆公回报，杞子等三大夫和他们的部下都已经扎好了行李、磨快了兵器、喂饱了战马。郑穆公倒吸了一口凉气，立马命令郑军做好应变准备，并派大夫皇武子去向杞子等三位秦国大夫下逐客令。

皇武子来到杞子等人居住的宾馆中，对他们说道："诸位朋友背井离乡驻扎在敝国已经有些年头了，敝国是小国，粮食牲畜都快被吃尽了。听说你们要走了，我们也没有什么好送的，但郑国也有像秦国一样的野生动物园林，诸位自己去打些麋鹿带着路上吃吧，也好让敝国喘口气儿。"

秦国三大夫一听，知道郑国人已经发现了己方的异动，只得仓皇逃命。郑国人不想把事情做绝，也不堵截追赶。但三大夫怕受秦穆公责罚，不敢回秦国，最终杞子逃到了齐国，逢孙、杨孙逃到了宋国。

再说晋国那边，也得到了秦国三将袭郑不成、攻灭劫掠了滑国后准备回国的消息。当年在城濮之战中担任晋军元帅即中军主将的先轸火冒三丈，在晋国朝堂上说道："秦伯不听蹇叔的忠言，贪图利益劳师远征，这是老天爷赐给我们的好机会啊。老天爷给的机会不能不把握住，敌人不能轻易放走。因为放纵敌人必生祸患，违背天意也不吉祥。我们一定要阻截秦军！"

当时在位的晋君是晋文公和南燕国之女偪姞（jí）所生的儿子公子骦（huān），死后谥号为晋襄公。因为晋文公的正夫人文嬴没有生下嫡子，而公子骦是晋文公诸子中年纪最长的，所以他得以继位。

晋襄公还没说话，那边晋国下军主将栾枝发表了不同意见："没有报答秦伯帮助我先君继位的恩德，却发兵攻打他的军队，这是不是有点目无先君？"

先轸回击说："秦国不哀悼我国国丧反而派军队攻灭了与我同姓之国，是秦国无礼在先，还报什么恩德？我听说，'一日纵敌，数世之患'。攻打秦军正是为子孙后代负责，这才是替先君着想！"

因为当时晋文公还没有下葬，按周礼国丧期间晋国不能兴兵动武，但晋襄公深恨秦人不把自己放在眼里，于是对先轸的主张表示赞同：

"秦国欺负我守父丧不能动兵，趁机攻灭我同姓友邦，不能不给他们点颜色看看！"

随后他下令，截击回国的秦军，并特地动员了晋国南部善于山地作战的姜姓戎人部落。

当年夏四月，晋国中军主将先轸率晋军南渡黄河，在崤山北道的险要地段（在今河南三门峡市以西）设下了埋伏，还在服丧期间的晋襄公亲自督军。因为在军中穿丧服不吉利，所以他让人把白丧服染成了黑色。

归国途中的秦军，却对晋国的动向一无所知。四月中旬，孟明视、西乞术、白乙丙三将率部进入崤山北道。因为山道狭窄，只容单车通行，所以拥有三百辆战车的秦军队伍拉成了一字长蛇，蜿蜒数里。当初来时，路虽然也是这样的路，但秦军是轻装而行，前进速度较快；现在因为在滑国抢的东西太多，车满载、人满负，队伍中还有秦军掳掠来的滑国壮丁和妇女，所以行进速度极为缓慢。三将见此情形不禁皱起了眉头。过了今天的渑池县一带后，山路更加崎岖艰险。有人说，前面道路南侧的山就是文王山。三将想起了蹇叔的话，心中有些惊恐，于是传令部队加强警戒，不过为时已晚。

这时只听两旁山上鼓声大作，密林中冒出无数"晋"字旗帜，继而滚木礌石与箭雨齐下。秦军战车、人马在山道上挤作一团，躲无可躲、避无可避，顿时就死伤近半。三将忙指挥秦军向前冲，企图脱离险地，但前面的道路早被晋军堵住了；他们又想往回撤，后队报告，退路也被披头散发的戎人给封死了。至此，秦军彻底成了瓮中之鳖。接下来，晋军和戎人呐喊着从山上冲下来，杀入秦军的队伍中。秦军车辆在狭窄山路上无法回旋和布阵，步卒背着大包小包也不能奔跑腾挪，所以很快被截为无数段。下面的战斗毫无悬念，惊恐疲惫又凌乱分散的万余秦军被晋军全歼，无一人漏网，孟明视、西乞术、白乙丙三将也被晋国生俘。秦军从滑国抢来的子女玉帛，自然也都成为晋人的战利品。

殽之战示意图

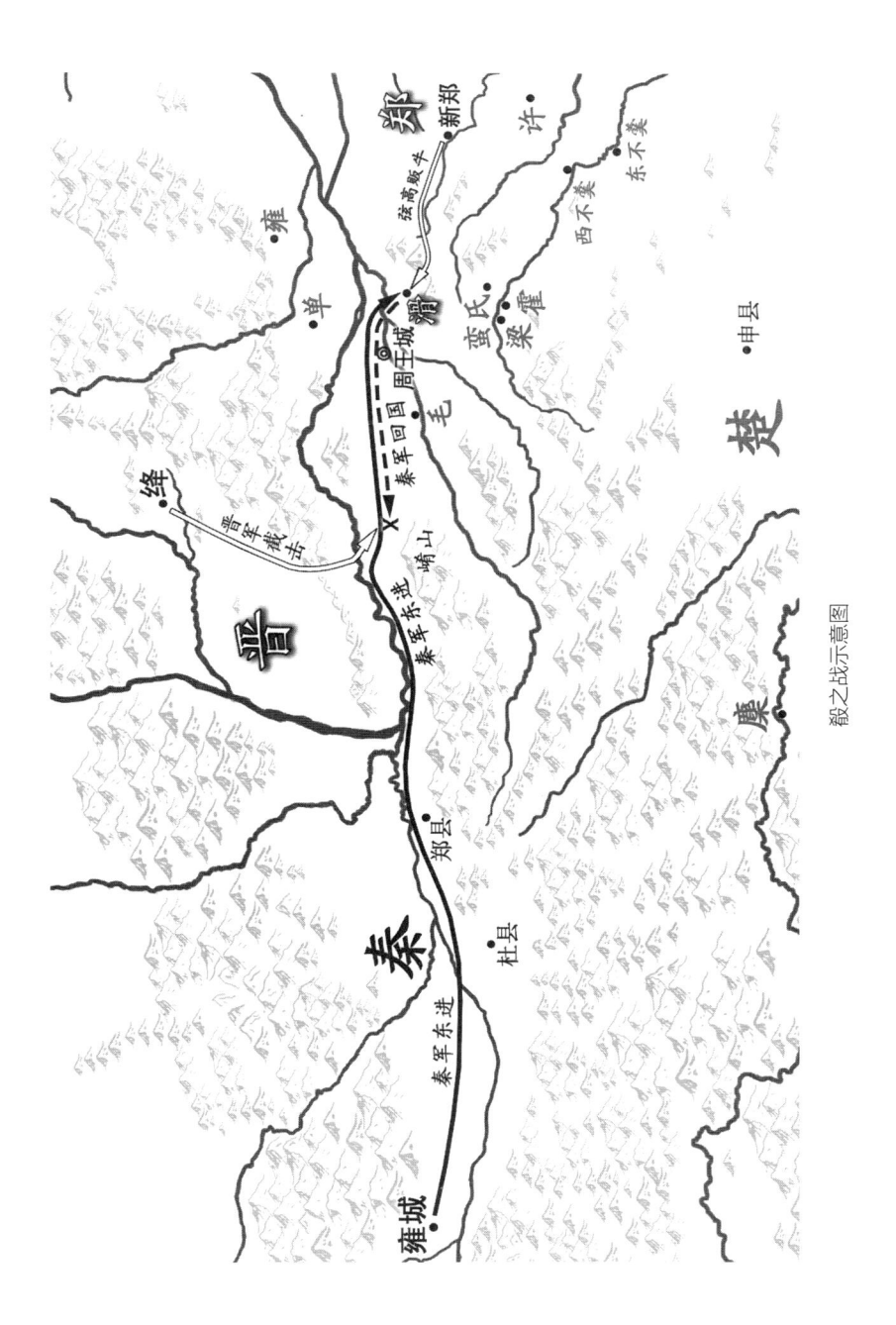

崤山之战，标志着有"秦晋之好"美称的秦、晋两国公开翻脸。秦穆公向东扩张的野心再次被晋国成功阻遏，晋襄公则向世人证明：晋国不是齐国，没了父亲晋文公，自己同样能维持霸主地位。

三用败将　封尸崤山

崤山大胜后，晋襄公身着黑衣返回都城，用从秦军死尸上割下的耳朵、抓获的秦军俘虏来祭奠亡父晋文公，然后将其风光大葬。自那以后，晋国就把原来白色的丧服改为黑色。

听说秦军在崤山全军覆没、三位主将被活捉，晋国有一个人坐不住了，她就是晋文公的遗孀、秦穆公之女文嬴。俗话说"最亲不过娘家人"，文嬴于是跑到晋襄公的面前，想求他放了三人。不过文嬴到底是公主出身，颇懂语言的艺术，她不是直接求情，而是对晋襄公讲："孟明视三人可恶至极，他们擅自胡为破坏了两国关系，秦君若是得到了他们，肯定把他们杀了吃肉都不解恨。所以用不着脏了你的手去惩办他们。不如把他们放回秦国，让秦君杀了他们，怎么样？"

晋襄公当然明白文嬴的真实意思，虽然文嬴不是他的生母，但也是他的嫡母即名义上的母亲，他总要给一些面子，于是答应放孟明视三人回秦国。文嬴把三人接出大牢后，也不敢多留他们，立即派人备好车马送他们上路。

孟明视等人走后没多久，先轸有事面见晋襄公，无意间问起了秦国三将的事。晋襄公回答说："老夫人请求释放他们，我已经答应下来，把他们放走了。"暴脾气的先轸一听，立马像爆竹被点了引线，他气急败坏地说："将士在战场上奋战抓来的俘虏，妇人一句话就给放了。

毁弃战争成果，助长敌人的势力，国家快要亡喽！"他越说越激动，最后不顾礼节，一口唾沫啐在地上。

晋襄公被先轸喷得脸上发烧，但自知考虑欠妥，也没有怪罪先轸失礼，而是连忙亡羊补牢地命令大夫阳处父去追拿秦国三将。

阳处父带兵出了绛城，一路向西飞驰。他一直追到黄河边，才看见三将的踪影，但他们已经在河中的船上了。阳处父想骗三将回来，就解下战车左边的骖马，对河中大喊道："孟明等一下，我家君上有良驹相赠，你且上岸来！"

孟明视不是傻子，上了船哪肯再回去？他在船上对着东岸下拜叩头，然后回答道："多谢晋君大恩，没有把我们这些被俘的败军之将杀了衅鼓，而是放我们回秦国接受惩处。秦君就是杀了我们，我们做鬼也会记得晋君的恩惠。如果托晋君的福，我们回国能免死，三年之后定会回来报答！"

> **衅鼓**
> 古代出师前或凯旋后，要杀人或杀牲用其血涂在战鼓上，名曰"衅鼓"。古人靠敲击战鼓来指挥军队和鼓舞士气，战鼓在古人的心目中具有神圣地位，战前衅鼓祈求祖先保佑，战后衅鼓感谢神灵护佑。

阳处父知道孟明视是说三年后要来报仇，但当时河边并无其他船只，也只有眼睁睁看着三将登上西岸离去。

三将从晋国逃回的消息很快就传到秦国朝堂上。不知是想替领导推卸责任，还是嫉妒孟明视受到重用，很多外廷大臣和内廷近侍，都说这次秦军出征全军覆没全是因为孟明视等人指挥无方，要求秦穆公杀了他们。秦穆公内心明白崤山之败的根源在自己决策错误，也勇于公开认错并承担责任。他穿上丧服住在郊外迎候三将，并对着东方哭泣说："寡人不听蹇叔之言而导致军队损失、几位将领受辱，这是我的罪过，是我太贪心了，他们何罪之有？何况我不会因为一次失败，就抹杀了他们以前的大功。"

数日后，秦穆公迎到了逃归的三将，君臣相拥而泣。秦穆公对他们好言宽慰，说错都在自己，不但恢复了他们的官职、让孟明视重新主持朝政，还对他们更加信赖。孟明视三人自然是十分感激，越发尽心竭力地发展生产、整训军队，来报答秦穆公的"再造之恩"。所以说，虽然是秦穆公一时的糊涂决策导致了秦军崤山之败，但他不推卸责任、敢于重用"败军之将"的做法，胜过了后世不少政治人物，依旧当得起"政治家"的称号。

为了在战略上牵制晋国，秦穆公还把八年前秦晋联合攻打鄀国时俘虏的楚国若敖氏贵族、申县县公斗克释放回国，并通过他与楚国建立友好关系，这标志着秦国的外交政策由"联晋东出"变为"联楚制晋"。在后续的晋楚争霸中，秦国给晋国制造了不少麻烦。春秋时期的天下格局，就此又发生了重大变化。

两年后，也就是秦穆公三十五年（晋襄公三年即公元前625年）的春天，对败给小辈晋襄公颇不服气的秦穆公，再次任命同样报仇心切的孟明视为主将，令他举兵伐晋。晋襄公听说后，以先轸之子先且居为中军主将、赵衰为中军副将，自己亲自督军，西渡黄河迎战秦军。

有人会问，大名鼎鼎的先轸怎么没担任中军主将呢？原来先轸一直为当着晋襄公的面吐唾沫的失礼行为而自责，晋襄公没怪罪他，他却过不去这个坎，于是在殽之战次年晋军与狄人的战斗中发动自杀性攻击——摘掉头盔冲入敌阵，最终战死沙场。

再说秦晋之战。二月甲子日，秦、晋两军相遇于秦国东部边境城邑彭衙（在今陕西白水县东北），随即分别摆开阵势。激越的战鼓声响起后，两军将士展开了激烈的厮杀。

最初双方几乎是势均力敌，不分胜负。战事正胶着之间，晋军中突然冲出一员勇将，带领部下不顾生死地冲入秦军阵中。这勇将是谁，他为何要这样拼命呢？原来他名叫狼瞫（shěn）。在殽之战前，狼瞫还是无名小校一个。殽之战第二天，晋襄公命令自己的车右莱驹用铜戈去斩一名被俘的秦军（明代冯梦龙在小说《东周列国志》里给这个俘虏取名叫"褒蛮子"）。这秦军战俘虽被绑住，但十分蛮勇，见莱驹准备挥戈，双眼圆睁猛地一吼，声如猛虎。莱驹吓得身子一抖，连手中的戈都掉地上了。秦军战俘趁机起身要跑，狼瞫正好在旁边，瞬间拾起莱驹掉在地上的戈，一下把那战俘的头砍掉。然后他弯腰拾起秦军战俘的人头，起身后又胳膊一伸把呆若木鸡的莱驹夹在腋下，走到晋襄公的战车前献上秦军首级。晋襄公恼那莱驹空有勇名其实无用，见狼瞫如此果决力大，就让他代替莱驹做了自己的车右。但殽之战的第二年，先轸率晋军与狄人作战时（先轸即死于此战），却撤了狼瞫晋侯车右的职务并让其他人顶替，这让狼瞫感到莫大的羞辱。这次彭衙之战狼瞫率部玩命般猛冲秦军，就是要向晋襄公、向天下人证明自己的勇武，以恢复自己的名誉。

孟明视所率的秦军战斗力虽然也很强悍，但面对狼瞫这样不要命的打法，也有点招架不住。狼瞫的英勇行为更带动了全体晋军，他们争先恐后地向秦军杀去。在这种情况下，秦军战线终于全盘崩溃，孟明视等秦将不得不落荒而逃。晋军取胜后嘲笑说，原来孟明视就是以这种送秦军人头的方式报答晋国当年的不杀之恩的啊。

多说一句，此战中，那位以拼命打法鼓舞起晋军斗志的勇将狼瞫，却真的把命拼掉了，他于晋军全面胜利前夕战死。

话说逃跑路上的孟明视，此时他内心无比的懊丧和抑郁——本想复仇，可是旧仇未复，又打了败仗，折损了那么多将士，还被晋人羞辱。逃回雍城后，自责不已的他主动请求秦穆公处分自己。

确实，如果说上次殽之战战败是秦穆公决策错误导致秦军陷于险地造成的，那这次彭衙之战，秦军可是在平原上两军堂堂正正的对阵交锋中失败的，孟明视真的是怨不得别人了。秦国上下当然也有很多人要求严惩再次战败的孟明视，但秦穆公又一次展示了他的豁达胸襟——他不仅赦免了孟明视战败的罪责，还继续让孟明视主持朝政。能遇上这样的明主，也算是孟明视三生有幸了。感激涕零的孟明视在接下来的执政期间，进一步修明政治，施惠百姓。经过他这一番大力整顿，秦国内部的政治气象有了明显改变，军队的战斗力也有了大幅的提升。

晋国中军副将、嬴姓的造父之后赵衰听说了秦国君臣的所作所为后，对同僚们说："如果秦军再来，我们一定要避开了。他们能心怀畏惧、增厚德行，是无法抵挡的！"不过赵衰的话，当时很多晋人却不以为然。

这年冬天，晋襄公为了报复年初秦国挑起彭衙之役，以霸主的名义征集了宋、陈、郑三国军队伐秦。以晋国为首的四国联军西渡黄河，先攻占了位于黄河西岸、北洛水东岸的秦国边境城邑汪邑（在今陕西澄城），然后又向西北方向行进，在上次取胜的彭衙战场溜达了一圈，

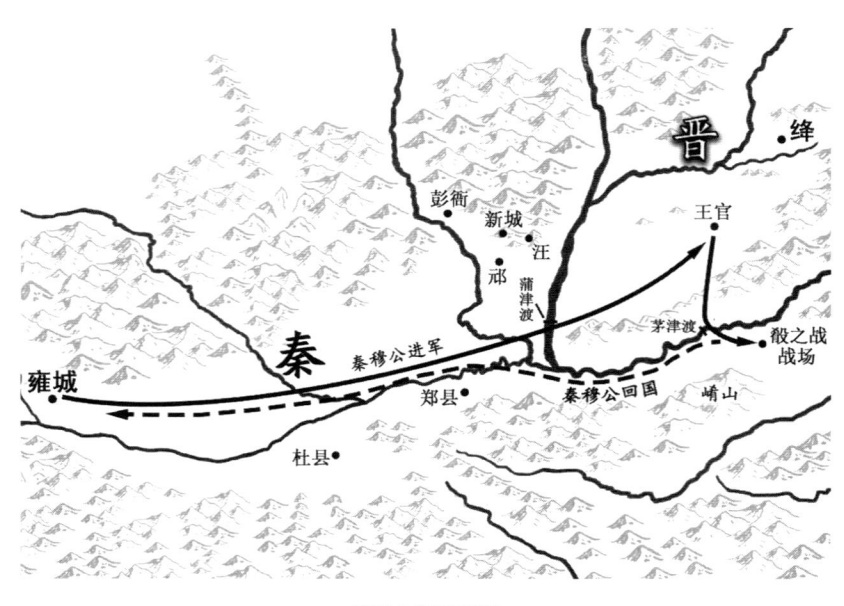

王官之役示意图

最后才返回晋国。

秦穆公作为政治强人，哪能咽得下这口气？他精心准备了几个月后，于第二年（秦穆公三十六年即公元前624年）的夏四月，第三次以孟明视为主将，自己亲自督师，大举讨伐晋国。

秦军沿着十三年前护送重耳回国继位时的进军路线，从晋西南的蒲津渡一带东渡黄河。过河之后，孟明视下令把所乘的船只全部焚毁，以示不胜不归之心，然后率部向东北方向的晋国腹地杀去。后世楚霸王项羽"破釜沉舟"中的"沉舟"，应该就是学的孟明视。

这时晋国早已经得到秦国东侵的消息，晋襄公听说孟明视渡河后烧了舟楫，知道这次秦军来者不善，于是听从了赵衰的意见，采取坚守不出的策略，没有出动晋军主力与秦军决战。

在这种情况下，秦军顺利地攻占了晋地王官（在今山西闻喜县西南）和鄗（位置不详），史称"王官之役"。见晋人依旧据城而守、避战不出，秦穆公和孟明视自觉已经赢了面子，于是就率军南下，穿过晋国南土、翻越中条山，从茅津渡（在今山西平陆南）南渡黄河，再东行进入崤山地区。

孟明视带着秦军找到三年前殽之战的旧战场，只见山道中和山坡上的残车、断戈尚在，而秦军尸体早已经化为森森白骨，散落在石缝和草丛间。秦穆公和孟明视命令众将士收殓安葬了白骨，并隆重祭奠，三军将士无不痛哭失声。做完这一切后，秦军才班师从崤函古道凯旋。

由余归秦

王官之役时，秦军从晋国西部蒲津渡一带入境，从晋国南部茅津渡一带南渡黄河，又到崤山溜达一圈才西行回国，等于在晋国境内横行近千里，可算是风光了一把。但风光归风光，因为晋国坚壁清野，实际上秦军也未取得多大的战果。故而在王官之役的第二年（秦穆公三十七年即公元前623年）秋天，实力没啥损伤的晋襄公又派晋军东渡黄河伐秦报复，一度围困了秦国的边境城邑邧邑、新城（都在今陕西澄城附近，新城即旧梁国修筑的新里）。就这样，秦、晋两国开启了你报复我、我报复你的"互相伤害"模式。

秦穆公这时不得不承认，晋国的国力已经足够强大，其霸业并不会像齐国那样因齐桓公身死就败落，因此秦国东出中原在短期内已然无望。

不过有句话说得好，"上帝给你关上一扇门，定会给你开启一扇窗"。因为一位贤臣的到来，秦穆公得以"失之东隅，收之桑榆"。

那是秦穆公后期（大概在秦晋彭衙之战前后），一个西戎部族的戎王听说秦穆公贤能，决定派人出使秦国考察学习、打探虚实。为了不丢本族的面子，顺利完成任务，戎王把这个出使任务交给了一个十分熟悉中原礼仪文化的人——由余。原来由余虽生长在草原上，祖先却是晋国人，因为当初晋国晋侯一系与曲沃桓叔一系连年相争、内战不断，他们家族为了避祸才西逃到戎地。

由余到了秦国后，秦穆公可能是想夸耀秦国的富强、让戎狄地区来的人开开眼，于是就带他去观看秦国巍峨高大的宫室和堆满财物的府库。据现代考古证实，春秋中期秦国雍城面积已经达到7平方公里（当时周天子居住的周王城面积也就10平方公里），其中宫殿、宗庙、墓葬的规模都十分宏伟高大、富丽堂皇，尤其是秦人早已经修筑了原本只有天子才能享用的"五门三朝"形式的宫殿建筑群，秦穆公确实有资格嘚瑟一把。

在雍城转完一圈后，秦穆公正扬扬自得，准备听由余说些惊叹的话，谁知道由余看后却说："这些东西如果是鬼神所为，那肯定得劳鬼伤神；如果是人为的，必然劳民伤财啊。"

秦穆公一听，立马觉着这个戎人使者不是凡人，于是收起骄矜的神情，谦恭地请教道："寡人也曾听说一些治国之道，但并未看见成效。您能告诉寡人，古代的明君为何得天下、为何失天下吗？"

由余回道："我听说，古代明君常常因为简朴而得天下，因为骄奢而失天下。"

> "五门三朝"指从南到北五进院落式的宫殿建筑群。五门分别为皋门、库门、雉门、应门、路门。三朝即外朝（从南数一二两院落）、中朝（中间院落）、内朝（第四五两院落），外朝处理外交、战争等事宜，中朝处理内政，内朝处理君主家族事务。按周礼，"五门三朝"为天子之制，诸侯仅可享受"三门三朝"（诸侯三门为库门、雉门、路门）。

> 先秦以前，交趾泛指广大南方地区，后来汉武帝灭南越国，在今天越南北部一带设"交趾郡"，因此汉代以后交趾才特指今越南北部。

秦穆公对由余的回答有些不满意："寡人问治国之道，这简朴不简朴，跟能否治理好国家有关系吗？"

由余解释说："我听说上古帝尧做天下之主时，吃饭用土碗、喝水用土瓶，南到交趾，北到幽冀（河北），东西日月所照之地，莫不宾服。等到帝舜继位后，开始用精致的木碗；大禹在位时，更是用起了精美的漆器，车上的坐垫也用丝绸制成。诸侯见了，不服从的逐渐多了起来。等到了商朝，商王制作了豪华的马车、九条飘带的旗帜，饮食器具无不精雕细琢，宫殿墙壁台阶都刷了白灰作装饰。随着商王日益骄奢，反叛的诸侯多达五十余国。可见君主们越是奢华，臣服的诸侯就越少。所以我说，治国之人首要在简朴。"

秦穆公听了，默不作声。他本想在戎人面前炫一把富，没想到却被由余拐着弯数落了一通。

把由余等人送到宾馆后，秦穆公派人把担任秦国内史一职的官员廖给叫了过来。前面我们介绍过，内史本是周朝职官，主要是负责为周天子册命诸侯、卿大夫，其实他还有传达王命、考核官吏等职责。进入春秋以后，各诸侯国日益壮大，也大都学着周朝的样子设置了内史，职责跟天子的内史差不多。

秦穆公见到内史廖后，将自己刚才与由余的对话告诉了他，然后担忧地问道："寡人听说，邻国有圣人，是敌对之国的忧患。这由余就是一个圣人，我害怕他在戎人那里为官，会对秦国不利，该怎么办呢？"

内史廖略一思索，计上心来："我听说戎王居住的地方十分遥远偏僻，从没听过中原的曼妙音乐。您不如试着送些舞女歌姬给戎王，让他沉迷其间。同时我们向戎王请求让由余延期回国，叫由余不能及时劝谏他。时间长了，他们君臣之间必定产生嫌隙，那时候我们就好操作了。"

秦穆公听后不由得连连点头，于是选了十六名舞女歌姬派人送给戎王，并找了个借口请求让由余在秦国多待一段时间，戎王也很爽快地就答应了。

正如内史廖所料，原本生活单调简朴的戎王得了秦国美女后，立马就被她们的曼妙舞姿和婉转歌喉迷倒，整日就知道饮美酒、赏歌舞，再也不管其他事情。他们部族的牛马把当地草原的草都快啃光了，戎王也想不起来带领族人重新寻找水草丰美之地。

再说由余，他被秦穆公留下后，受到良好的款待。他几次要求回国，秦穆公都让他再多住两日，深入了解一下秦国的风情。转眼大半年过去，由余再也待不住，强烈要求回国，秦穆公才赠给他大量礼品送他回去。

等到由余回到部落中，惊愕地发现部落里的牛马已经死了近半，而戎王却躲在帐篷里天天饮酒作乐，啥事也不问。由余不禁心中有气，就几次三番劝谏戎王不要贪图享乐，忘了政事。戎王见由余刚回来就唠唠叨叨坏了自己好事,自然是厌烦得很,让他有多远滚多远。

这时秦穆公得知离间计奏效,就悄悄派人去戎地请由余,说自己对由余非常钦佩,希望由余能来秦国发展,自己一定重用。开始时由余没有答应,但秦穆公很有耐心,不断地派人来相请。秦穆公的礼贤下士和戎王的拒谏漠视形成鲜明对比,由余不由得长叹一声,最终选择跟随秦国使者再度入秦。

"China"的由来

由余来到雍城,秦穆公十分高兴,以贵客之礼招待,并向他请教西戎的地理形势和兵力情况等问题。由余既然决定仕秦,自然也是知无不言、言无不尽。

秦穆公自封尸崤山后,已经明白东进在短期内难有出头之日,这时又得了由余,把西戎的内情摸得一清二楚,于是决定调整战略、调转方向,向西方拓土。我们知道,自周代秦政权建立以后,主要的作战对象一直是戎人。到秦穆公时,秦人虽然基本肃清了陇东渭河平原核心区域的戎人,但是在渭河平原的边缘地带,尤其是北部、西部的山区,还残存大量戎族部落。至于陇山以西,戎人依旧占据大片地方。所以秦人还有在西方拓展开发的空间。

秦穆公三十七年(公元前623年),秦穆公任命孟明视为主将,出师讨伐西戎。因为由余早将西戎的地理和虚实相告,西戎诸部在秦人面前已经完全"透明化"了,所以孟明视西征时能够做到避实击虚、出其不意。就这样,义渠戎、绵诸戎、獂(huán)戎、乌氏戎等十二个戎族部落先后向秦军投降(各戎族位置参见第三章第四节《春秋前期西部地区形势图》），秦国得以拓地千里。据西汉参与平定七国之乱的名将兼学问家韩安国说，秦国新得的地方主要就是后来秦朝的北地郡和陇西郡一带，即今天的甘肃东南和宁夏南部等地区。上述戎族部落被秦人控制后，首先秦国能够掌控的人口大增，不过更重要的是打开了秦人与西方交流的通道。

众所周知，如今的甘肃省西部有著名的"河西走廊"，"走廊"东端的戎族与西部的今新疆、中亚地区多有交往，甚至一些戎族就是以前从中亚迁徙过来的。秦穆公降服诸戎后，一方面秦人或中原的产品如丝绸等能卖到西方，如1977年中国考古学者在今新疆阿拉山东口的塞人（西方称斯基泰人）墓葬中发现了春秋战国时期中原的丝织品和漆器，20世纪中期苏联考古学者在俄罗斯戈尔诺阿尔泰省（与哈萨克斯坦、中国新疆、蒙古国西部接壤）的古墓中发现了秦式铜镜[1]；另一方面西方的技术和产品也传播到秦国，如《孔丛子》一书记载，"秦王（战国时期秦昭王）得西戎利刀，以之切玉，如割水焉"，显然这"利刀"应为西方传来的钢刀。随着秦国日渐强大，早期丝绸之路西端的各国各族朦胧地听说东方有个叫"秦"的强国，因为不了解当时中国诸侯林立的详情，他们就把"秦"作为整个中国的代称。现在我们该恍然大悟了，拉丁文的"Thin"、英文"China"、法文"Chine"，其实就是"秦"的译音。

秦穆公威震西戎、拓地千里的消息传到中原后，周襄王立即派大臣召公过前来赏赐金、鼓。这鼓是战场上指挥前进用的，大家都知道，那此处的金指的是什么呢？它就是"鸣金收兵"中的"金"，也即战场上指挥后退时敲的铜钲。所以周襄王赏赐秦穆公铜钲、战鼓，和商周天子赐予方伯弓矢斧钺等兵器的意义差不多，都是表示授予秦穆公代天子征伐之权，等于是承认了秦穆公西方霸主的地位。

---

[1] 沈福伟：《中西文化交流史》，上海：上海人民出版社，2017年版。

有人会奇怪,当时东周王朝都已经很衰落了,周襄王干吗要凑这份热闹,不远千里来刷存在感呢?其实这就是周襄王在玩"帝王之术"。对于古代帝王来说,要维护权威、控制臣下,最好当然是拥有超越臣下的绝对实力。但当实力不足的时候,该怎么办呢?他们的办法常常就是在群臣之间挑起内斗,自己居中搞平衡,大臣们互相牵制谁也不敢乱动,帝王自然就安全了。当年周襄王刚继位,恰逢春秋第一霸主齐桓公在葵丘大会诸侯,晋献公想去参会,周襄王的执政大臣周公忌父在路上遇到他,却劝他不要去。为什么?因为东周朝廷上下都不希望齐桓公一家独大,尽管齐桓公一直打着"尊王"的旗号,并对周襄王有拥立之恩。现在也是一样,晋国一家独大,东周王朝当然不安,所以抬高其他诸侯的地位牵制晋国,不失为最佳选择。这应该就是周襄王要赐金、鼓笼络秦穆公的原因。

不过秦穆公称霸西戎后,他本人也垂垂老矣。人到暮年,不由得多愁善感起来。

有一天秦穆公在宫中举行宴会,与大臣们饮酒同乐。众人喝到兴头上,涨红了脸的秦穆公举起酒杯说道:"但愿我们君臣能'生共此乐,死共此哀'啊!"

他手下有子车氏三兄弟奄息、仲行、鍼(qián)虎,都有贤能之名,也全是性情中人。喝得晕晕乎乎的他们听了穆公的感慨后,一齐高声叫"好",并当着穆公和诸大臣的面发誓说,待到穆公百年之后,他们一定殉葬,不让穆公一个人孤独地奔赴黄泉路。

穆公听后十分高兴,又命人继续添酒,秦国君臣们个个喝得东倒西歪,才散席而去。

转眼过了两年,时间到了秦穆公三十九年(周襄王三十一年即公元前621年)。这年夏天,年迈的秦穆公不耐暑热,得了重病,一代雄主最终撒手而去。根据秦穆公的遗命,秦人在他的葬礼中杀了一百七十七个他平素喜爱的近臣、近侍给他陪葬,陪葬人数

> **国风·秦风·黄鸟**
>
> 交交黄鸟，止于棘。
> 谁从穆公？子车奄息。
> 维此奄息，百夫之特。
> 临其穴，惴惴其栗。
> 彼苍者天，歼我良人！
> 如可赎兮，人百其身！
>
> 交交黄鸟，止于桑。
> 谁从穆公？子车仲行。
> 维此仲行，百夫之防。
> 临其穴，惴惴其栗。
> 彼苍者天，歼我良人！
> 如可赎兮，人百其身！
>
> 交交黄鸟，止于楚。
> 谁从穆公？子车鍼虎。
> 维此鍼虎，百夫之御。
> 临其穴，惴惴其栗。
> 彼苍者天，歼我良人！
> 如可赎兮，人百其身！

是他伯父秦武公的近三倍（秦武公死后用六十六人殉葬）。子车氏三兄弟奄息、仲行、鍼虎因曾发誓与穆公生死相随，所以也在那一百七十七人之中。

三兄弟当年虽说是"自愿"陪葬穆公，但恐怕也是被酒场上的热烈气氛挑得一时兴起，现在穆公突然真的死了，三人被带到穆公墓坑边上，面对已经准备好的毒酒，也不由得浑身发抖。当然，这时候说什么也晚了。

围观的某秦人贵族看了，心中极为不忍，为三贤臣就这么死了感到惋惜，于是做了一首诗哀悼他们，这就是《诗经·秦风》中的《黄鸟》一篇。诗中说，如果能赎下三贤臣的命，就是用一百个人来换也值得。说白了这秦人贵族并不反对人殉，只是物伤其类，觉得不该拿贵族尤其是贵族中的贤良者去殉死。《左传》的作者更是义愤填膺，为此事把秦穆公骂了个狗血喷头，说秦穆公死都死了，还要把贤臣的命带走，活该一辈子当不上中原盟主。这作者还预言，秦国能干出这种事，看样子东出中原是永无指望的。

在此笔者无意为秦穆公辩护，只不过想提醒大家：秦穆公并非秦国用人殉葬的"始作俑者"，秦国自立国起，襄公、文公就大量采用人殉，到秦穆公死时，这种以人殉葬的做法已经持续了近一百五十年，成为了深入人心的习俗（尽管是恶俗），考古发现连秦国普通贵族死后都普遍用人殉葬。所以指望秦穆公在这点上能跳出历史和时代背景，对他也是有些苛责的。虽然秦穆公人生的这个尾儿结得比较坏，但纵观其一生，他仍不失是礼贤下士、豁达爽朗、知错能改、进取有为的一代春秋雄主。

本节最后，我们还要讲一件事，那就是秦穆公算不算"春秋五霸"之一。虽然介绍秦国尤其是秦穆公的书籍、文章中，几乎众口一词地说他是，但其实"春秋五霸"的版本自古以来足有近十个，有的版本中有秦穆公，有的则没有，所以我们有必要就这个问题来简单探讨一番。

中学历史课本上介绍的两个"春秋五霸"版本：

版本一：齐桓公、晋文公、楚庄王、吴王夫差、越王勾践（见战国时期的《荀子》《墨子》两书，这种说法也是目前所见的时代最早的说法）；

版本二：齐桓公、宋襄公、晋文公、秦穆公、楚庄王（见唐代史学家司马贞《史记索隐》）。

要说秦穆公算不算"春秋五霸"之一这个问题，我们可以先从"霸"字说起。我们先前说过，"霸"这个字看起来、听起来很牛，其实它在"霸主"一词中，最初不过是"伯"的假借字。也就是说，"伯"才是正字。所谓"伯"，又称"方伯"，在商末和西周，指的是一方诸侯之长的意思。如史书说周侯昌就曾被纣王命为"西伯"。从这个标准看，称雄西方又被周襄王赏赐金、鼓的秦穆公，确实能算是"方伯"，也即一方之霸。但是后人在讨论"春秋五霸"时，其要求普遍要更高一截，一般是指能在诸侯盟会中做盟主、号令天下诸侯的君主，而不是指仅能号令一方诸侯的人。虽然自战国到现当代，有关"春秋五霸"的版本有近十个，但各种版本全都公认的霸主就两位，那就是齐桓、晋文，因为他们是被周天子明确封为"伯"的，他们也确实多次主持诸侯盟会，能号令天下多数诸侯。所以按这个高标准来衡量，秦穆公显然还达不到要求。因为秦国偏处西方，中间隔着强国晋国，又倒霉地与齐桓公、晋文公这两位天下大霸处于同一时代，饶是秦穆公处心积虑了一辈子，也没能控制、号令中原诸侯，更别提在中原诸侯盟会中做盟主了。秦穆公一生，所能控制、号令的仅仅是西方小国而已，而且这些小国多数还都是非华夏的戎狄之国。

尽管本书是讲述秦人故事的，但笔者依然认为，虽然秦穆公的功业也很盛大，可他在春秋时期的地位还是不能与天下霸主齐桓公、晋文公并列的，说白了他不应算是"春秋五霸"的一员。

第六章

春秋末段的低潮期

失败的"四置晋君"

秦穆公三十九年（公元前 621 年）夏天穆公薨逝后，他的儿子罃（yīng）继位，并于次年改元，这就是后世所称的秦康公。

巧得很，秦穆公去世仅仅几个月，他晚期的对手、大约才三十岁的晋襄公也于当年秋八月病故。算起来，秦穆公等于熬死了晋国五位国君——晋献公、晋惠公、晋怀公、晋文公、晋襄公，也是值了。而晋国因为晋襄公早逝，又陷入一场政治危机中。

话说晋襄公本有太子，名叫夷皋，他是晋襄公的夫人、秦国宗室女穆嬴的儿子。可这夷皋那会儿年纪太小，还是个散发着奶香味的小孩儿。虽然晋襄公咽气前曾要求当时担任晋国中军主将即正卿一职的赵盾（赵衰之子）辅佐太子继位，但因为晋国正与楚国争霸，又常跟秦国和周边戎狄交锋，所以晋国的卿大夫们一致认为，立一个小孩当国君肯定撑不住场子，应该立一个成人为君，也即从晋文公的儿子、晋襄公的兄弟中再挑一个出来继位。但是到底该立谁呢？晋国人又争吵起来。

赵盾主张立当时在秦国担任亚卿（副执政）一职的公子雍。这公子雍是晋文公排行第四的夫人杜祁（旧杜国祁姓之女）所生。当时杜国（在今陕西西安东南）早已经灭亡，其地属于秦，所以公子雍要算是秦国异姓贵族之女的儿子。

赵盾对众大夫说："公子雍在襄公弟弟中年纪最大，品行也端正，当年先君文公就很喜欢他。而且秦国是大国，又是晋国的旧友，立公子雍为君，一旦晋国有事，方便借助强秦的力量。"

这时晋国中军副将、第二执政狐射（yè）姑（狐偃之子）却站出来，推荐秦国宗室女辰嬴所生的儿子公子乐。他解释说："辰嬴曾跟过怀公，后来又跟了文公，得到过两位先君的宠爱，她的儿子继位人们一定会拥护。"

赵盾听了一脸嫌弃地说："辰嬴地位低下，在文公后宫里只排到老九而已，她的儿子能有什么威仪？她被两位先君宠幸，只能说她淫荡！何况公子乐现在人在陈国（都城在今河南周口市淮阳区），陈国是遥远的小国，公子乐和晋国以后根本指望不上它帮忙。而公子雍是秦国杜祁所生，杜祁原本在文公夫人中位居第二，但她为人谦让，让了襄公母亲偪姞，又让了狄国季隗，才排名第四。杜祁深明大义，故而儿子公子雍受到文公宠爱；秦国国力强大，又与晋国相邻，以后定能成为晋国的有力外援。所以立公子雍为君，才是晋国更好的选择！"

赵盾说完，不等狐射姑说话，表示就这么定了，随即派了先轸的弟弟先蔑、祁姓的士会一起到秦国去迎接公子雍回国继位。这士会我们有必要多介绍两句，因为他和公子雍的母亲杜祁一样，也是原西周杜国之后。周宣王晚年时，曾因听信谗言杀了杜国国君杜伯，杜伯之子东逃到晋国，被晋侯任命为士师（执法官），于是后代就以士为氏。不过后来士会又被封在范地（今河南范县），所以又称范武子（谥号）。

且说先蔑领命后，正收拾行囊准备出发，大夫荀林父却赶来劝阻他说："先君夫人和太子都还在，却到外面找国君，这事怎么能成？您还是称病推辞了这差事吧，否则恐怕会有祸事惹上身。"先蔑不以为然。荀林父又再三劝阻，先蔑还是没有听从，而是与士会一起出了绛城，直奔秦国而去。

见赵盾独断专行派人去秦国迎接公子雍，狐射姑大大地不服气，于是也偷偷派了自己的属下去陈国迎接公子乐。赵盾知道消息后大为光火，这是不把自己当领导啊！于是他让人埋伏在从中原进入晋国腹地的要道、太行八陉中第一陉轵关陉的入口郫（pí）邑（今河南济源西）附近。公子乐随狐射姑的属下从陈国回来时毫无觉察，当即被伏兵杀死在郫邑山道上。

狐射姑听说公子乐回国路上被杀，自然明白这是赵盾干的。他受不了处处被赵盾压一头，于是在当年九月派族人狐鞫（jū）居扮成盗贼，刺杀了赵盾的盟友、晋国太傅阳处父，也就是当年追赶孟明视三将到黄河岸边的那位。与赵盾亲近的晋国官员有不少，狐射姑为什么先选阳处父下手呢？原来狐射姑与阳处父还有一段旧怨：晋襄公后期，最初是选狐射姑担任中军主将也即第一执政的，赵盾只是中军副将、第二执政，但阳处父跑到晋襄公面前说赵盾更贤能而狐射姑不受国人待见，所以晋襄公把狐射姑和赵盾两人的职务调了个个儿。明白了这其中的缘由，大家就能理解狐射姑为什么要处心积虑跟赵盾作对，又为什么要刺杀阳处父了。

世上没有不透风的墙，赵盾也很快查出狐鞫居是杀害阳处父的凶手，就在安葬了晋襄公后，于当年十一月把他逮捕处死了。狐射姑见事情败露，敢惹不敢撑，慌忙逃出晋国，先后流亡到了狄国和潞国（赤狄之国，在今山西潞城东北），最终老死于潞国。可怜狐突为晋文公而死，狐毛、狐偃兄弟二人又一生追随晋文公立有大功，狐氏家族却这样过早地退出了晋国政坛。

回过头再说先蔑和士会（范武子）那边。他们跋涉月余来到秦都雍城，秦康公听说晋人要迎立公子雍为君，自然十分高兴，因为公子雍要是坐上晋君宝座，即便不受秦国控制，也会大大改善两国关系。公子雍见了晋使，更是如同被天上掉下的馅饼砸中，喜形于色。他向秦康公表示，如真能回国继位，定会致力于两国友好。不过因为当年秦穆公去世，秦国还在国丧期间，按周礼不能动兵，所以秦康公只能等过了年再统兵送公子雍回国。

转眼冬去春来，时间到了秦康公元年（公元前620年）的春天。这时狐射姑逃出晋国，主张立公子雍为晋君的赵盾全面掌握权力的消息又传到秦国，秦康公觉得可以送公子雍回国了，公子雍也认为应该动身了。

细心的秦康公首先选派了一批精兵送给公子雍做亲兵卫队，并对他说："当年晋文公回国，就是因为身边没有靠得住的嫡系人马，才有吕甥、郤芮阴谋作乱，所以给公子您多配一些护卫还是必要的。"公子雍听了不禁十分感激。

　　紧接着，秦康公又选将调兵，护送公子雍及其家人东归。为防意外，他还让先蔑、士会先行回绛城进行接洽。

　　因为知道赵盾掌握了晋国局面，所以秦国大军出发后，公子雍一行人和秦军士卒如同春游踏青一般，一路上都十分轻松惬意。非止一日，大队人马东渡黄河、进入晋国境内。这天秦军走到令狐（在今山西临猗县）一带时，天色暗了下来，于是统兵的秦将下令扎营休息。

　　第二天凌晨，众人还没起床，突然间喊杀声四起，紧接着晋军已经破营而入。因为毫无思想准备，秦军一下子傻掉了，很多人没等披甲拿戈，已经做了刀下鬼。剩下的秦军啥也不顾，弃营四散奔逃，只恨自己少生了两条腿。晋军则一直追到接近黄河岸边才收兵。至于那欢欢喜喜而来、已经以晋君自居的公子雍的下场，史书未有提及，而且从那以后他就从历史上消失了，因此明代小说《东周列国志》写他死于令狐的乱军之中，这种情节设计是很合理的。

　　大家看到这可能也蒙了，这剧情反转得也太快了吧，瞬间喜事变丧事，这到底是怎么回事呢？

　　原来在晋国国内，自打赵盾派使者赴秦国迎接公子雍后，晋襄公的遗孀穆嬴就整天抱着太子夷皋跑到朝堂上哭闹，并质问晋国众大夫："先君有何罪过，太子有何罪过？放着嫡出的太子不立，到外面去找国君，那准备把太子置于何地？"众大夫们无言以对。

　　穆嬴知道晋国最有实权的是赵盾，于是过了几日又转移战场，抱着儿子堵到赵盾的家里去。她见到赵盾就跪下磕头，边哭边说："先君生前把太子托付给您，还说：ّ这孩子以后要是成才，我感谢您的恩赐；要是不成才，我就要怨恨您了。'如今先君刚走，言犹在耳，您就抛弃了太子,这是为什么呢?"赵盾也无法应答。

穆嬴抱着太子这样到处跑、天天闹,都城里的晋国国人也议论纷纷,觉得赵盾等人欺负孤儿寡妇。赵盾和众大夫们被穆嬴缠得没办法,又受到民间舆论的压力,不得已只得出尔反尔,立太子夷皋为晋君,这就是晋灵公。

再说赵盾被迫立了晋灵公,国内的问题是解决了,可是秦国和公子雍那边怎么办呢?这又是一个令人头疼的问题。赵盾等人正在想辙,忽然得到报告,派往秦国的使者先蔑和士会回来了。

先蔑和士会回到绛城,得知晋国在他们走后已经立了太子夷皋为君,顿时感觉被赵盾给卖了。他们见到赵盾后,责备他言而无信、说变就变,让自己变成了"骗子",并告诉赵盾秦军已经护送公子雍进入晋国国境,问赵盾怎么办。

赵盾先把为何改立夷皋一事解释了一番,然后说,事已至此,只能"水来土屯、兵来将挡",击退秦军了。因为赵盾明白,就算自己现在见风使舵,重新拥立公子雍,公子雍上台也不会再信任自己,那时自己的执政地位必然不保,甚至有性命之忧,所以只能硬扛到底了。

先蔑和士会余怒难消,但也无可奈何。

接下来,赵盾下令由上军主将箕郑留守都城,自己亲率上中下三军迎击入境的秦军。为取得出其不意的效果,赵盾让大军夜晚出发行军,悄悄极速前进,终于在令狐一举击败了毫无准备的秦军。

以上就是公子雍和秦军突然遭到晋军袭击背后的故事。

秦康公的报复

令狐之战后,侥幸逃生的秦军退回了秦国境内。秦康公闻报十分惊愕,虽然他也料到公子雍回国继位可能会有波折,但没想到这波折来得这么快、这么猛烈,以至于公子雍还没沾到绛城的边儿就一命呜呼了。当然惊愕之余,他更深恨赵盾出尔反尔,把自己当猴耍。好在紧接着他又得到报告,之前来迎接公子雍的晋使先蔑和士会因为不满赵盾背信弃义,离开晋国前来投奔,得到两位人才的秦康公心下这才稍稍宽慰。

再说先蔑和士会二人,他们愤然叛晋归秦,一方面说明春秋时期的很多贵族士人,确实是重诺重义、珍视荣誉;另一方面通过两相对比也可以看出,晋国执政赵盾虽然在历史上颇有贤名,但在派人迎立公子雍又袭杀了他这件事上,确确实实是做得太不地道了。我们知道,赵氏是造父的后人,也是嬴姓,但赵盾的行为,不但使晋、秦两国丧失了一次和好的机会,更深化了两国之间的仇恨。

春秋时期的人,都是血气方刚、有仇必报的。被赵盾摆了一道,秦康公自然不会善罢甘休。

秦康公二年(晋灵公二年即公元前619年),为了报令狐之仇,康公命秦军东攻晋国,夺取了黄河西岸的晋国城邑武城(在今陕西渭南市华州区东北)。

秦康公三年(楚穆王八年即公元前618年),楚成王之子楚穆王趁晋国新君晋灵公年少,接连出兵北上攻打郑国、陈国,迫使两国跟楚国结盟,又派使者联络鲁国,企图挖晋国的墙脚。晋国曾出师救援郑国,结果迟了一步,徒劳无功。

秦康公四年(晋灵公四年即公元前617年)的春天,晋国又报复前年的武城之役，攻占了秦国的少梁，也即以前的梁国都城。同年夏，秦康公再次报复，攻占了晋国的北征（在今陕西澄城县西南）。楚国也没闲着，这年冬天楚穆王带着蔡国和新投楚的郑国、陈国进逼宋国，迫使宋国归附楚国。

从上面可以看出，秦、楚之间有意无意形成了战略配合的态势，一个西、一个南，从两个方向轮流挑战、敲打晋国。有人可能会问，春秋中期天下不是有晋、秦、楚、齐四个一等大国吗？秦、楚斗晋的时候，昔日的旧霸主齐国在干什么？原来从城濮之战到秦康公中期这二十年间，齐国都是齐昭公在位。他实行亲晋的政策，积极参加晋国召开的所有盟会，所以当时的齐国并没有成为一极独立的力量。

为了分化以晋国为首的中原联盟，秦康公也大打外交战，他"挖墙脚"的对象依旧是中原联盟中的鲁国。

秦康公三年，秦康公派人到鲁国，给正在位的鲁文公已逝的父母——鲁僖公及夫人成风送寿衣。其实鲁僖公死于秦穆公三十三年（公元前627年），鲁僖公夫人成风死于秦穆公三十八年（公元前622年），这时他们的尸体在地下早就化为白骨了，秦康公这丧礼送得实在是太晚了些。可见除了笼络鲁国，没法解释秦康公为啥这时要给鲁国送丧礼。

果然三年后，也即秦康公六年（晋灵公六年即公元前615年）的秋天，秦康公又派西乞术出使鲁国。这次来，西乞术没有掖着藏着，他先向鲁国执政东门襄仲（鲁文公叔叔）献上玉器，然后明白地告诉他，秦国将要攻打晋国。

鲁国和晋国虽然也有矛盾，但其追随晋国的基本国策没有改变过，东门襄仲知道这礼物可不好收，只得赶紧辞让。

西乞术却笑着说："微薄礼品，何必推辞？敝国国君希望向周公和鲁公（第一代鲁侯伯禽）来求取福分，以待奉贵国。这薄礼是两国通好的信物，敝国国君还希望用它来缔结友好呢。"

见西乞术这样说，东门襄仲只能收下秦国礼物。不过他回赠给西乞术的礼物要更加丰盛，显然鲁国不想欠秦国的人情。秦国分化晋国盟国的外交活动，并没有达到预想的目的。

尽管外交活动不如人意，西乞术回国后，秦国还是于当年冬天集结大军攻晋。秦康公亲自率军从风陵渡东渡黄河，攻占了晋国城邑羁马（在今山西永济南）。赵盾得到边境警报，也以元帅身份集结晋军南下迎敌，与秦军在羁马附近的河曲相遇。

河曲这地名不知道大家还记得吗？四十年前晋献公第二次假虞伐虢围困西虢国都城上阳时，秦穆公也曾出兵与晋军在河曲大战，那次河曲之战的胜负情况史书上没有记载，但西虢国最终还是被晋国所灭。

回到眼前。赵盾遥遥望见秦军后，本想立即与其决战，这时上军副将臾骈凑上来劝阻说："秦军远道而来，不能持久，我们不如深沟高垒，坐等他们粮草不济、士气低落再出兵，岂不事半功倍？"赵盾其实也并无战胜秦军的把握，听了此话后连连点头，下令依计而行。

臾骈的这主意确实高明，一下子打在了秦军的七寸上。眼见晋军避而不战，秦康公不禁焦急起来。他询问几年前投秦、熟悉晋国内情的原晋国大夫士会（范武子），怎么样才能让晋军出战？

士会回答说："赵盾新任命了一个叫臾骈的属下来做上军副将，坚壁不出一定是他出的主意，企图让我军师老兵疲。不过赵盾有个堂弟名叫赵穿，他是晋襄公的女婿、当今晋侯的姐夫。赵穿年纪轻轻，恃宠而骄，不通军事，还好勇轻狂。不过他目前只是晋国上军里的普通将领，因此对臾骈升任上军副将、位列自己之上十分不服和嫉恨。要是派一支人马攻打赵穿所在的晋上军营地，然后佯装撤退，一定能引诱赵穿出战。"

秦康公听后大喜，到黄河边以玉璧沉河，祈祷河神保佑秦军得胜。

十二月初，秦康公按士会的计谋，派轻兵袭击晋上军营地，打了几下就下令撤退。赵穿年轻气盛，果然不顾劝阻，带领自己的部属出营门追击。臾骈坚壁不出的战略就这样被打破。赵盾闻报又气又急,对众将说:"如果赵穿有失,等于秦国俘虏了晋国一个卿大夫,我怎么向国君交代?"于是命令全军出击。

见晋军出来,秦康公十分高兴,终于可以好好打一架了。双方在河曲的旷野中摆开堂堂阵势,随着鼓声响起,两军冲杀在一起。不过秦、晋两军势均力敌,几个回合下来,谁也不能占得上风,最后秦康公和赵盾只得各自鸣金收兵。

回到营中,秦康公见难以迅速战胜晋军,大军远离后方、输送军粮困难,战士也日益思归,不得下了班师回国的决心。但是军队前进容易、撤退不易,尤其是敌前撤退,一旦敌人尾追攻击,很有可能全军覆没。经过集思广益,秦康公最终想到一个办法。

夜晚,一位秦国使者来到晋军营寨外,要求面见晋国元帅赵盾。赵盾升帐接见了秦使,问他所为何来。秦使说:"今天白天的战斗,双方将士都没有大的损伤,所以敝国国君想约元帅明日再战!"赵盾答应下来。

秦使走后,晋上军副将臾骈对赵盾说:"这位秦使说话时目光闪烁,音调奇怪,一定有问题!应该是秦军害怕我们,准备连夜逃走,所以故意派人来稳住我们。现在我们立即发兵追击,把秦军逼到黄河边,定能取得大胜!"

赵盾赞同臾骈的见解,命令晋军立即做好出击的准备。不过赵穿和晋下军副将胥甲却都极力反对,他们说只有在明日与秦军堂堂正正的决战中击败对手,才能显示晋军的勇武。见赵盾不理,这哥俩居然跑到大营门口挡住出路,对晋军士卒大喊道:"死伤的将士还没有收拢,丢下他们不管太不仁义了!约战的时间没到,就突袭敌人把他们逼入险境,这是懦弱无勇气的表现!"

赵盾拿他们没法,当然主要是管不住自己的宝贝堂弟、当今晋侯晋灵公的姐夫赵穿,只得放弃了出击计划。

再说另一边，秦康公确实正如臾骈所料，正在连夜撤兵。好在有赵穿和胥甲这两个"愣人"阻拦晋军，秦军终于得以安全撤回国内。

之所以"愣人"一词加引号，是因为笔者认为这两个人的行为，并不能简单地用"愚蠢""迂腐"等词来形容，他们身上其实还有可爱、可敬之处：他们像春秋那个时代的很多人一样（如宋襄公），都还保持着古老的"贵族传统"，那就是轻生死、重荣誉，以堂堂正正公平决斗为荣，以用阴谋诡计偷袭敌人为耻。当然，到春秋中期，像他们这样"讲老礼"的贵族也越来越少了。等再过百年到春秋末期，军事家孙武在《孙子兵法》一书里，已经完全摒弃了贵族时代的战争规则，公开宣扬"兵者，诡道也"了。

秦康公回到国内，还是心有不甘。很快他又派兵进入崤函古道，攻下了古道中段的晋国瑕邑（在今河南三门峡市陕州区西南）。不过因为不易防守，秦军打下瑕邑后就撤军离去。据《左传》记载，次年（秦康公七年即公元前614年）春天，晋国特派大夫詹嘉来到瑕邑，以防守桃林要塞（在后来的秦函谷关西侧），这是在崤函古道险要处驻兵戍守的最早记录。詹嘉驻防一事之所以被惜墨如金的史书记载，就是因为"邑制国家"时代各国原本不在险要处设防，春秋前期这种事情也不常见。这也说明在春秋中后期，人们的国防意识确实有了相当大的变化，开始从"不守关塞"向"守塞设防"转变。

见秦国屡屡进犯，晋人深感头疼。秦康公七年夏天，晋国六卿聚到一起商讨对策。

赵盾首先发问："士会在秦国，狐射姑在潞国，灾祸天天来，咱们该怎么办？"

荀林父说："不如把狐射姑请回国。狐射姑擅长外交，而且是功臣之后。"

我们知道，那狐射姑是赵盾的死敌，赵盾听了荀林父的话，自然是十分不高兴。这时当年晋惠公宠臣郤芮之子郤缺说道："狐射姑好犯上作乱，而且当年杀死阳处父罪大恶极，不如把士会请回国。士会即使在卑贱中也能保持羞耻心，貌似柔顺但却不容侵犯，聪明智慧足堪大任，而且本无罪过。"

赵盾等人不由得连连点头。但怎么把士会请回晋国呢？六卿你一言我一语，最终定下一计。

再说秦国那边。某天雍城的秦康公突然接到边境报告，晋国魏县（即旧魏国，在今山西芮城县北）大夫魏寿余渡河前来投奔秦国。秦康公连忙命人带魏寿余入朝。

在秦国朝堂上，秦康公问魏寿余为何要投秦国。魏寿余说，他对晋国不满，被人告发，连同妻子儿女都被抓到晋都绛城，后来自己侥幸趁夜逃出，就投奔秦国来了。他还表示，愿意用自己的影响力，把自家的封地魏县献给秦国。

秦康公听了满心欢喜，当即决定出兵再征晋国，夺取魏县。

就在秦康公于朝堂上和众大臣商议用兵的细节时，魏寿余不经意地踩了士会一脚。士会是何等聪明的人，立即明白魏寿余此次投秦的原因绝非他说的那样……

秦国大军集结完毕后，秦康公带着包括士会、魏寿余在内的诸大夫向东进发，不日来到黄河西岸。这时魏寿余对秦康公说："我准备先到魏县去联络旧部，请您也派个人跟我一起去。最好派个河东人，能与魏县现在的官员说得上话的。"

河东人，又能和晋国官员说得上话，秦国随征大臣里符合这条件的除了士会还有谁？秦康公也没多想，就挥手让士会跟魏寿余一起去。

士会却推辞说："晋人跟虎狼一样凶残狡诈，万一我去了被扣下杀了，您见我不回来，以为我背叛秦国，再把我妻儿老小杀了，那我就家破人亡了，对秦公您也没一点好处。"

秦康公道："你放心，如果你真被扣下，我就把你妻儿送过去让你们依然能团聚。"

见秦康公这样说，秦国大夫绕朝赶紧在后面拉了拉他的衣襟，但是秦康公却没有理睬。随后秦康公又对着黄河发了誓，表示一定不会食言，士会这才领命跟魏寿余一起出发。

绕朝无奈，追上走出不远的士会，说要送他一把马鞭。士会停下后，绕朝边递上马鞭边轻声说："你们走了，但不要觉着我秦国无人，不能识破你们的小计谋，其实这根本瞒不了我，只不过秦公不听我的话罢了。"

士会接过马鞭笑了笑，道了声谢，转身离去。虽然他当年气赵盾背约、陷他于不义之地，因而投奔秦国，但他毕竟是晋人，在秦国多年越发思乡，所以决定跟魏寿余返国。

士会和魏寿余乘船到了黄河东岸，一队人马涌出接了两人，然后他们大声说笑着离去。

河西的秦康公，等了一天又一天，也不见士会和魏寿余回来，终于明白是上了当。他虽然有些气恼，更为失去了士会这个人才而惋惜，但作为秦人的君主，他毕竟还有该有的气度。所以秦康公不但没有杀士会的家人，还践行誓言，派人把他们礼送回晋国。不过士会有个叫士雃（jiān）的儿子不知什么原因留在了秦国，后来还按夏代时祖先刘累的名字改为刘氏，并更名为刘轼。这里为什么要一再讲述士会和他儿子刘轼的故事呢？因为四百年后他们的一个后代灭亡了秦朝，这个到时候本书还会细说。

三国灭庸国　　赵盾弑其君

士会归晋的这一年，晋国的运势不错，不但秦国被耍，积极进取中原的楚国楚穆王（楚成王之子）也病死了，继位的楚庄王还是个少年。人走茶凉，第二年（秦康公八年、楚庄王元年，即公元前613年）六月份，晋国在宋国新城（在今河南商丘市西南）召开"新城之会"，原来归附楚国的很多诸侯如陈国、郑国、宋国又倒向了晋国。

楚国的霉运远未结束。新城之会后没多久，楚国的公子燮和斗克（援助郜国被秦国俘虏后又被送还的那位）不满自己不被重用，因而发动政变，挟持楚庄王逃往商密（在今河南淅川南）。幸亏楚国庐邑大夫辑黎诱杀了这两个叛臣，此次叛乱才被平定。晋国可抓到了好机会，又在秦康公九年、楚庄王二年攻打没参加新城之会的楚国盟国蔡国，迫使其投降。

屋漏偏逢连夜雨。秦康公十年、楚庄王三年，楚国遭遇大饥荒，北方伊水、洛水之间的戎人大约是受了晋人的唆使，从西、东两个方向侵入楚国境内。见楚国内外交困，楚国西边的附庸国庸国和麇（jūn）国也怂恿周围的蛮族部落和百濮部落起而叛楚。当时庸国的都城在今湖北竹山县，麇国的都城在今湖北十堰市郧阳区西部，两国的地盘包括今天湖北省西北部、重庆市东北部和陕西省东南部，其中尤以庸国实力较强。当年周武王伐纣时有八家盟国相助，排名第一的就是这庸国。这样一来，楚国就陷入十分危险困难的境地中，如果中原诸国再趁机入侵，楚国就亡定了。所以楚庄王连下两道紧急命令：一是将都城从为郢（在今湖北宜城市东南）南迁到几十里外的蓝郢（在今湖北钟祥市西北），二是关闭北部边境的申、息二县的城门，封锁中原入楚的通道。

随后楚庄王采纳大夫蒍（wěi）贾的建议，选择实力最强的庸国作为镇压反攻的主要对象，以震慑其他各方。楚国出兵反击后，麇国和百濮果然被吓退，楚军于是全力攻打庸国。不过庸国位于汉水上游的群山之中，占据地利，庸军的战斗力也非常强悍，所以处于下游、被迫仰攻的楚军进展缓慢，一度损兵折将。楚庄王一面示弱，施以"骄兵之计"，一面派使者分别赶赴秦国和巴国（在今长江上游），请求两国发兵从后方攻打庸国。

入秦的楚使见了秦康公，送上厚礼说明来意，并表示灭庸之后愿与秦国、巴国分享庸国的土地。秦康公让楚使先下去歇息，随后大会群臣，商议对策。经过一番讨论，秦国上下达成共识，认为楚国如果被削弱，晋国的压力就会减轻，从而不利于秦、晋斗争，何况助楚灭庸，秦国还能得到土地的实惠。最终秦康公下令，发兵攻打庸国。

与此同时，出使巴国的楚使也进展顺利，搬来了巴军。

见时机成熟，楚庄王紧急赶往前线，调集全国军队并分为两路，与西北方的秦军和西南方的巴军四面围攻庸国。原来依附庸国的众多蛮族部落，哪头风大往哪头倒，也都纷纷抛弃庸国，改与楚国结盟。陷于孤立境地的庸国最终被楚、秦、巴三国联手灭掉，国土也被三国瓜分：秦国占领了庸国西北部的一角（大约今陕西石泉县、紫阳县一带），巴国占领了庸国西南部（今重庆市梁平区、万州区、开州区、云阳县、奉节县一带），当然楚国占领了庸国的大部分地区。不久楚国又灭了参与反楚的麇国，并以占领的庸、麇两国土地设置了上庸（原庸国都城）、钖（yáng）县（原麇国都城）等六个县。

这次秦康公助楚灭庸，可以说帮了楚国一个大忙。从楚、秦、巴三国合作才灭掉庸国我们可以看出，庸国实力不弱，而且庸国与楚国关系不好，它的存在对楚国来说是一个不小的隐患。庸国灭亡后，楚国遭四面围攻的被动局面被打破，楚国的西部后方也得到巩固，楚人大大松了一口气，从此以后就可以集中全部精力进取中原了。当然楚国北上与晋国争霸，对于秦国也是好消息。表面看秦国并没有从灭庸中获得多少土地收益，但秦康公在楚国困难、危急的时候施以援手，用实际行动证明自己是楚国的"铁哥们"，秦、楚两国的战略盟友关系得到确认，秦国的战略态势也更加改善。

助楚灭庸两年后，也即在秦康公十二年（公元前609年），一代

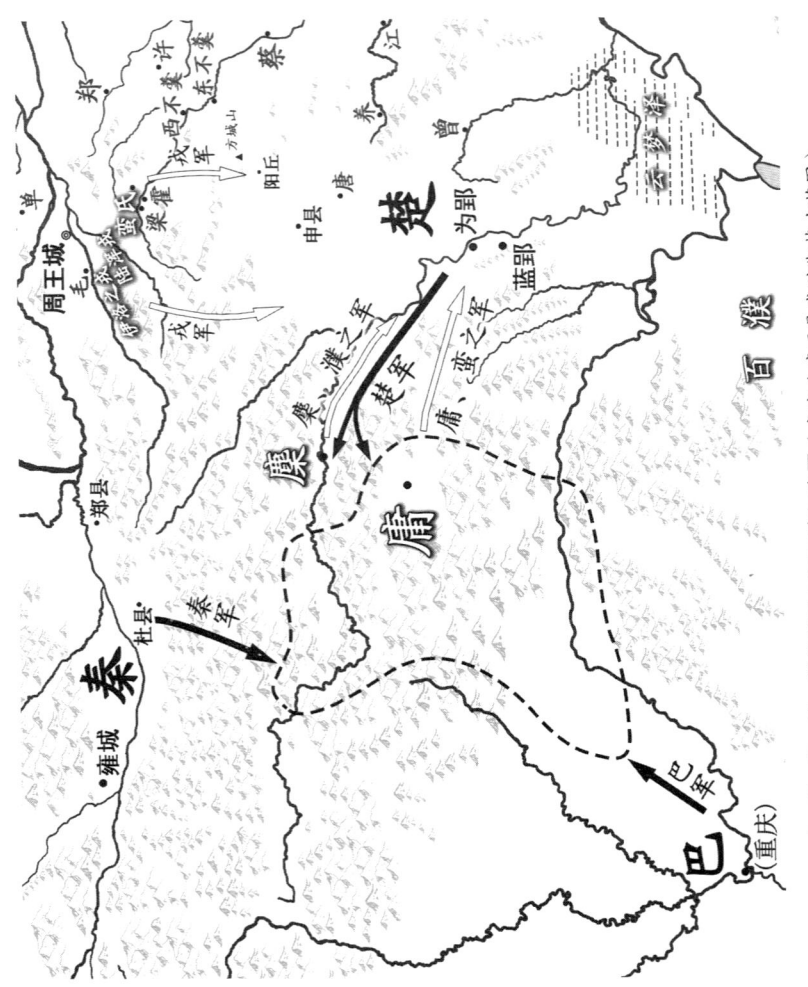

戎、庸、蛮、麇、濮伐楚及三国灭庸示意图（虚线为庸国鼎盛时期势力范围）

守成之君康公薨逝。他的儿子稻继位，次年改元，这就是秦共公。

秦共公元年（公元前608年），经过楚庄王改革实力大增的楚国又北上中原，讨伐与晋国结盟的宋国和陈国。晋国作为中原老大，自然不能坐视小弟被打，赵盾于是亲率晋军援助宋、陈，并攻打楚国的小弟郑国。楚国派蔿贾救郑，在北林（今河南新郑北）打败了晋军，俘虏了晋国大夫解扬。

晋国在楚国那里吃了亏，为集中全力对楚，就想与西方的秦国和解，免得屁股被踢，同时也希望拆散秦楚联盟。本来要和解，直接遣使通好就行了，但不知是晋国人要面子还是咋的，他们不愿这样做。

这时赵盾的堂弟、晋灵公的姐夫赵穿出了个主意："不如我们去攻打秦国的友邦崇国（当时可能在今陕西大荔一带），秦国必来援救。他们如果请求我们撤兵，我们正好借此机会与他们商谈和平问题。"

赵穿的想法，显然是要向世人营造不是晋人求秦人，而是秦人求晋人的观感。赵盾同意了他的建议。

随后赵穿率晋军袭击崇国，但事情没像他设想的那样发展——秦共公并没有派人来求和。其实赵穿的计策根本就不靠谱，晋、秦交锋多次，秦国哪次因晋国来袭而求过和？倒是第二年春，秦共公直接派兵攻打晋国，并包围焦邑（在今河南三门峡市西），用这种方式来回应晋国袭崇。

秦国围焦的这年，晋国发生了一件大事，那就是晋灵公被赵家弑杀了。

关于晋灵公的死，《左传》等书是这样记载的：晋国国君晋灵公是个问题少年，年纪轻轻不学治国理政，只知享乐，并为此横征暴敛。他行事十分荒唐，经常在高台上拿弹弓打人取乐，因厨师烧的熊掌没烧熟就把厨师宰了。为此士会（范武子）和赵盾多次劝谏晋灵公要做个好国君，晋灵公嘴上答应，实际上该怎么玩还怎么玩。赵盾十分气恼，于是跟晋灵公磕上了，见到就喋喋不休地说他。晋灵公被赵盾说烦了，为了今后能无忧无虑地玩耍，就萌生了杀人之心。他先是派了一个叫鉏麑（chú ní）的刺客去刺杀赵盾,没想到鉏麑被赵盾的公忠体国所感动,居然在赵府院里撞大槐树自杀了。晋灵公不甘心,又摆了"鸿门宴",埋下了伏兵和恶犬,准备杀不死赵盾也要咬死他,结果赵盾又在自己车右提弥明和受过赵盾恩惠的晋宫卫士灵辄的保护下逃得了性命。赵盾的堂弟赵穿一见小舅子要杀堂哥,觉得还是堂哥亲,于是举兵攻杀了晋灵公。这时赵盾还没逃出晋国国境,听说晋灵公死了就回来了。

按《左传》等书的说法,晋灵公之死完全是咎由自取,而赵盾则是一心为国的。但如果多思索思索,这种认识恐怕不是真实的历史。

晋灵公也许真的如史书所载,很荒淫奢侈,但他要杀赵盾的主因,应该不是烦他打扰自己玩,而是认为赵盾十几年把持朝政,架空了自己,威胁到了君权。说白了,赵盾虽然能节俭奉公、注意整饬政纪,大体维持了晋国霸业,但也并非没有私心:他在晋国朝廷上大肆排斥异己、安插亲信,已经成为一手遮天的专政权臣,也是晋国有详细历史记载以来的第一位权臣。因此古今中外的任何君主,坐到晋灵公的位子上,恐怕都要除他而后快。虽然书上说弑杀晋灵公的直接凶手是赵穿,但幕后是不是赵盾指使,当时就有人怀疑。晋灵公死后,晋国史官董狐就在史策上留下了"赵盾弑其君"的记载。一句话来形容赵盾,他就仿佛后来汉朝的霍光一般。

晋灵公死后,赵盾把居住在东周王畿的晋襄公的弟弟、晋灵公的叔叔公子黑臀（这名字也是醉了）接回国,立他为晋君,这就是晋成公。晋成公上台后很识趣,老老实实地做名义上的国家元首,一切但凭赵盾做主。晋成公还下令（应该是赵盾的主意）,赐予晋国卿大夫嫡子土地,并封他们为"公族大夫",赵盾就推荐了自己同父异母的弟弟赵括（不是战国后期"纸上谈兵"的那位）做了一名公族大夫。

公族,顾名思义就是诸侯的同族,因为不论什么爵位的诸侯在本国都可被尊称为"公";公族大夫,顾名思义就是管公族的官,自然也得是公族出身才行。在晋国，本该只有姬姓的晋侯后裔能算公族，公族大夫之前也确实是由晋侯后裔担任，但五十年前晋献公为避免小宗取代大宗的祸事在

> **晋国曾担任六卿的家族**
> 晋国的卿虽然多数时间固定为六个，但曾经担任过卿的家族多达十一个，分别有姬姓狐氏、姬姓先氏、姬姓郤氏、姬姓胥氏、姬姓栾氏、祁姓范氏、姬姓中行氏和智氏、姬姓魏氏、姬姓韩氏、嬴姓赵氏。

晋国重演，为把骊姬之子奚齐扶上位，大杀曲沃桓公、庄公之后，又逼死太子申生、驱逐了重耳、夷吾等公子，并规定晋国不继位的公子都要到外国居住，晋国国内就不存在近支公族了，也不再设立公族大夫了。现在晋成公任命姬姓但非晋侯近支的贵族以及非姬姓的贵族（赵括是嬴姓赵氏）担任公族大夫，等于将卿大夫后裔的地位抬高到与晋侯近支同等的高度，使晋国卿大夫的势力稳固下来。自此以后，晋国六卿轮流执政已经成为定制，连国君也无法干预了。原来在理论上，晋君能封给这些卿封地，也能把封地收回；但因为晋君势弱，卿大夫累代拥有封地，并对封地内的百姓施以小恩小惠，慢慢地这些封地就成了世家大族的家族私产，国君也不能染指；俗话说"贪得无厌"，就这样卿大夫们还不满足，不断侵吞原来由晋君所有的公邑，国君直辖的土地和人口日渐减少。原来周天子被自己分封的诸侯欺凌的一幕，逐渐在晋国以及其他一些诸侯国重演，只不过被欺凌的对象由天子变成了诸侯，逼君者由诸侯变成了卿大夫。

因此对于赵盾的弑君立君一事，历史大家童书业评价说："自此而晋国政权渐下移，大夫专政，以致内政多门，霸业不竞，卒致三家分晋之局。"[1] 从这个意义讲，晋国的掘墓人其实就是赵盾！

---

[1] 童书业：《春秋左传研究》，北京：中华书局，2006年版，第56页。

晋楚持续争霸　秦齐屡起屡仆

在晋国内乱的当口，楚国进一步向中原扩充势力。秦共公三年（晋成公元年即公元前606年），楚庄王出兵讨伐洛阳西南方的戎族部落陆浑之戎。

这陆浑戎又名九州戎，允姓，原居瓜州（"瓜""九"古音近似），大概即今天陇东或陕西秦岭一带。秦穆公中期，秦穆公夺取了瓜州，但却要地而不想要人，就把原居于此的陆浑戎踢给了曾被他俘虏又释放回国的妹夫晋惠公处置。晋惠公当然也不愿用晋国的地盘收养这些戎人，就与秦穆公合谋把陆浑戎东迁到今天河南嵩县东北，也即周天子都城周王城的南郊。秦、晋的这招其实颇为阴损，就是往王畿掺沙子，让陆浑戎跟周人争地盘、搞摩擦，以遏制周朝的复兴——试想如果王室重振声威，天下再回到西周的局面，哪里还有下面诸侯们争霸主、抖威风的份儿？再说那陆浑戎，后来秦、晋闹翻后，他们选择依附晋国，殽之战时跟着晋军一起伏击秦军的戎族军队里就有他们的身影。在晋楚争霸中，晋人也利用陆浑戎来对抗楚国，楚庄王三年时他们曾参与攻打楚国的北境。所以楚庄王这次北上攻打陆浑戎，一是报五年前陆浑戎攻楚之仇，二是削弱晋人的臂膀。

堂堂南方霸主出手打一个小戎族，当然是没有悬念的。楚庄王取胜之后，在东周王畿内搞了次大阅兵炫耀武力。周人虽然不喜欢陆浑戎，但更惧怕楚人，所以当时的周天子周定王（周襄王之孙、周顷王之子、周匡王之弟）不得不派人去慰劳楚军。派的谁呢？就是二十一年前孟明视三将千里袭郑时，那个见秦军过王城跳跃着上战车就预言他们一定会打败仗的王孙满。

楚庄王前几年北上中原，击败晋军一次（北林之役）、逼退晋军一次（赵盾攻郑报复时），颇有些志得意满，就问王孙满象征王权的周朝九鼎是啥样，有多大多重。这就是成语"问鼎中原"的来历。

王孙满知道楚庄王轻视周王室，并有取而代之的野心，先不卑不亢地阐述了一番天命"在德不在鼎"的道理，最后说道："当年周成王将九鼎安置在郏鄏（在今河南洛阳），占卜显示周朝可传君王三十世、享有天下七百年，这就是天命。周德虽衰，天命未改。鼎之轻重，未可问也！"

要知道在春秋时期，王室虽然衰落但在观念上仍高高在上，哪怕齐桓、晋文这样显赫的霸主也只敢借"尊王攘夷"来提升自己的名望地位，而丝毫不敢有"取而代之"之心。楚人虽然自称"蛮夷"，这时亦不敢造次，楚庄王挨了王孙满的"当头棒喝"只得哑口无言，怏怏而回。尽管王孙满用自己的机智给周王室争得了几分颜面，但是周人这个当年伐纣革商命、东征平天下的"战斗民族"，如今已经沦落到只能靠嘴炮来度日，不禁让人唏嘘。

不过楚庄王回国后，担任楚国令尹的若敖氏成员斗越椒因杀了司马蒍贾（献计灭庸国并在北林击败晋军的那位），并发动大规模叛乱。楚庄王在皋浒（在今湖北襄阳西、汉水南岸）之战险胜斗越椒，趁势灭了威胁楚王室的若敖氏一族，巩固了王权。不久楚庄王将都城迁回为郢（鄢郢），自此以后几代楚王都居住在那里。

楚庄王灭若敖氏的同年（秦共公四年即公元前605年），秦国秦共公去世，在位仅仅四年[①]，成为春秋中期最没存在感的秦君。随后，共公之子继位，次年改元，这就是秦桓公。

秦桓公上台后，沿袭既定国策，对内发展生产，对外联楚抗晋。当时在今天的陕北东部、晋西北地区，分布着狄人的一些部落，

[①] 此据《左传·宣公四年》，《史记》误称秦共公在位五年，所以《史记》中秦桓公的在位年数少了一年，且推后一年。

因喜穿白衣，被称为"白狄"。白狄夹在秦、晋之间，跟两国都常有冲突，当然也有联合甚至联姻。秦桓公四年（公元前601年）的春天，白狄不知什么原因，又跟晋国讲和。晋国就趁机联合白狄，于当年夏天攻打秦国。秦军仓促应战，打了一场败仗。这显示，自秦穆公去世后，秦、晋之间的国力差距慢慢拉开，秦国在与晋国的斗争中吃亏多、占便宜少，这还是在晋国一直跟楚国争霸的背景下。

还是在这一年，晋国发生了一件大事——晋国权臣赵盾死了。接下来赵家的同盟者郤缺主政，废掉了下军副将胥克，硬把赵盾之子赵朔提拔为下军副将，塞进六卿之中；次年晋成公卒，其子獳（nòu）继位，是为晋景公。

秦桓公八年（晋景公三年即公元前597年），因为墙头草郑国这时又倒向晋国，楚庄王亲率楚军大举伐郑，晋国则以荀林父为中军主将救郑，双方在郑国邲河一带（今河南荥阳市北）大战，这就是继城

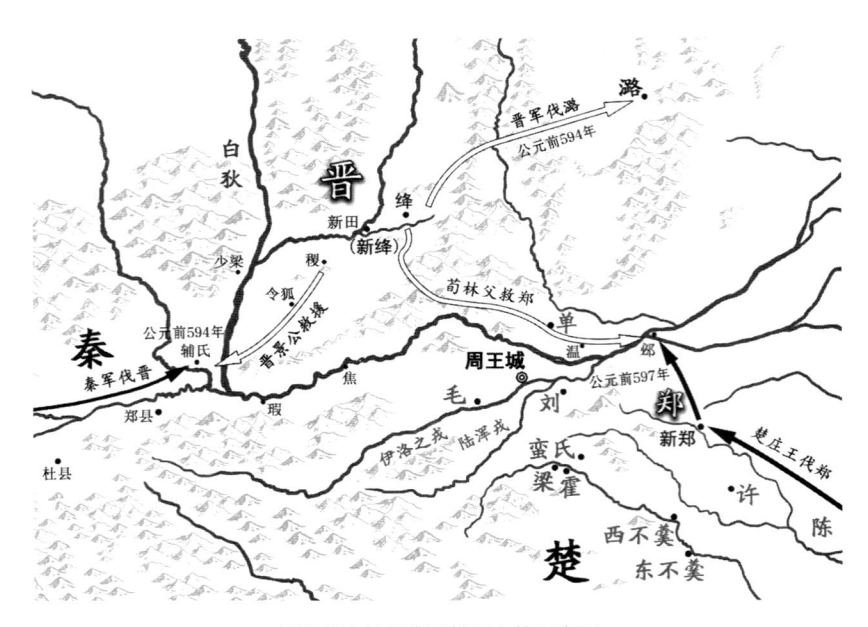

晋楚邲之战和秦晋辅氏之战示意图

濮之战后晋楚争霸的第二次重要战役——"邲之战"。由于晋国元帅荀林父优柔寡断、晋国六卿间争权夺利矛盾重重，邲之战最终以晋国惨败告终。此战后，郑国、宋国、鲁国等国又纷纷投靠楚国，楚庄王因此成就霸业，成为"春秋五霸"之一。

当然令春秋迷们津津乐道的是邲之战中曾出了不少有趣故事。比如：楚国的乐伯三人乘一辆战车向晋军挑战，完成任务后他们被晋军追击。眼看乐伯只剩下最后一支箭，他却射死了一只麋鹿，下车献给了逼近的晋国大夫鲍癸。鲍癸认为乐伯三人勇武有礼堪称"君子"，就命令晋军把他们放走了。晋国大夫魏锜单车到楚营挑战，楚国大夫潘党追杀他，魏锜也是射死了一只麋鹿，回车献给潘党，结果潘党也要求楚军不再追击。最后两军决战，晋军败退，有战车陷在泥地里，楚军不但没上去围攻，反而指点他们如何抽去车前横木把车赶出来，又有晋军马匹盘旋不前，楚军再教他们拔掉大旗放在套马的横木上……之所以会有这些事情发生，是因为争霸战争只是争当"老大"，争夺势力范围，并非灭国之战你死我活，而且双方将士都是以贵族为主（车兵最低是士），往往惺惺相惜，所以经常显现出温情的一面。而再过百余年到了战国以后，这种景象就再也不见了。

邲之战晋国惨败的消息传到秦国后，秦人自然幸灾乐祸，并想趁机捞点好处。

秦桓公十一年（公元前594年）夏六月，晋景公决定先稳固后方再与楚国争锋，因此出兵灭掉了赤狄人所建的潞国（在今山西潞城东北）。秦桓公可能是认为晋军刚打完仗疲惫可欺，立即于七月起兵攻打晋国，打到了黄河西岸边的晋邑辅氏（今陕西大荔东）。

当时晋景公正在稷地（在今山西稷山县南）操练检阅兵马，准备大举进攻狄人、扩大战果，听说秦军来犯，于是重新立了黎侯统治潞国（潞国的很多土地是赤狄人灭了姬姓黎国所得），随后西渡黄河准备迎战秦军。谁知晋景公来到辅氏附近时，得知秦军已经败走了。这是怎么回事呢？

原来当年跟随晋文公流亡的勇士魏犨（谥号魏武子）的儿子魏颗，在秦桓公来犯时主动渡河迎击秦军。秦桓公就让秦军勇将、力大无穷的杜回出阵挑战晋军。当时辅氏当地有位晋国老人，是魏武子一个小妾的老爹。魏武子死的时候留下遗言让那小妾陪葬，魏颗嘴上答应，实际上却没照办，所以老人感激魏颗救了自己女儿一命，就暗中把杜回来路上的杂草都编结在一起。杜回徒步冲击晋军时，走在草丛中被绊倒，因此被魏颗俘虏。这个故事，就是成语"结草衔环"前半段的"结草报恩"故事。秦军见本国勇将被俘，士气大丧，秦桓公只得退兵而去。所以这一仗秦军又输了，而且是输在晋国一支偏师的手中，晋国的大部队都还没到呢。

多说一句，魏颗因为此次辅氏之战的战功，被晋景公封在令狐（在今山西临猗县）那地方，后来魏颗的后人就以令狐为氏，这就是姓氏令狐的由来。论起来，金庸先生小说《笑傲江湖》中的主人公令狐冲，

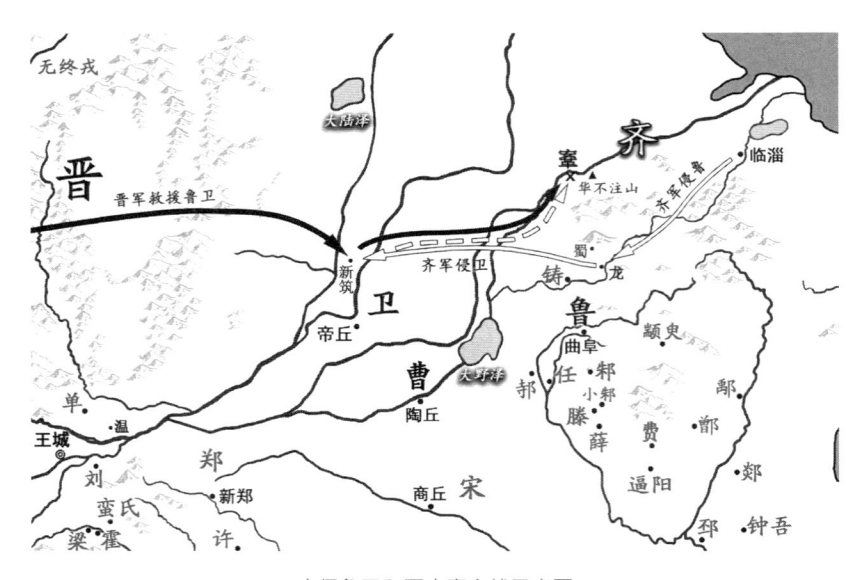

齐侵鲁卫和晋齐鞌之战示意图

得跟魏颗喊声祖宗。当然这里还要再强调一遍，字典中"令狐"一词中的"令"都标二声"líng"，所以不能读四声"lìng"，您可别跟着影视剧叫错了。

接下来十几年间，晋国依旧和楚国争霸，今儿晋国召集诸侯盟会，明儿楚国召集诸侯盟会，可怜当时的中原中小诸侯国，都只得谁来就尊奉谁，"朝晋暮楚"，苦不堪言。

这时春秋中期四大国中的齐国也想恢复昔日荣光，和秦国一样，它实行"远交近攻"政策，选择联楚制晋。

当时鲁国是晋国的铁杆属国，为了防备齐军侵犯相对弱小的自己，秦桓公十五年（鲁成公元年即公元前590年）鲁国宣布"作丘甲"（"丘"是野外的土地单位），也就是把原本不需服兵役的野人也纳入征兵之列，极大地扩充了本国的兵源，毕竟野外的野人比城里城边的国人多得多。这是春秋时期自晋国"作州兵"即把国人中的余子纳入征兵之列以后又一次重大的兵役制度变革，该做法在之后几十年间先后被中原郑国、晋国和南方楚国等国采纳，中国的兵役制度因此从局部征兵制（只征国人）向全面征兵制（不分国野）迈进。当然因为野人大量当兵，各国不能扩充相应的战车，只能把他们当作步卒，所以春秋中期以后每辆战车的人员（甲士加步卒）慢慢从三十人扩大到七十五人。

鲁国的战争准备做得很及时。第二年（秦桓公十六年即公元前589年），齐国就入侵鲁国北部边邑，并击败了同样亲晋的卫国军队。鲁、卫挨了打，赶紧派使者到老大晋国那里诉苦并请兵伐齐。晋景公让当时担任正卿的郤克（郤芮之孙、郤缺之子）率兵车八百乘，会合鲁、卫、曹三国之师攻打齐国。当年六月，联军在鞌（ān）地大败齐顷公亲率的齐军，这就是著名的鞌之战，惨败之后齐顷公只得被迫继续对晋国服软。降服齐国，是晋国在邲之战之后取得的一项重大成就。

这时的秦国，当然是继续坚定地支持楚国、制衡晋国。为了加强与楚国的关系，秦桓公还把女儿秦嬴嫁给了楚庄王之子楚共王。自此之后，秦楚多次联姻，"秦晋之好"变成了"秦楚之好"。

鄢之战那一年的冬天，楚共王出动倾国之兵北上攻伐招引晋国伐齐的卫国、鲁国，以援救齐国。晋国刚打完一场恶仗，见楚国来势汹汹，缩了头没敢应战。于是楚国在鲁国蜀地（在今山东泰安西南）召集诸侯盟会，鲁、宋、陈、卫、郑、齐、曹、邾、薛、鄫等国均与会，秦国也派右大夫说赴会。蜀之盟有十四国参加，是春秋时期参加国家数量最多的一次盟会，标志着楚国的霸业达到顶点。这次秦国参加楚国召集的盟会，是继秦穆公二十九年（公元前631年）秦国派小子慭参加晋文公主盟的狄泉之会之后，秦国四十二年来首次参加中原诸侯的盟会，真是给足了楚国面子。

不过有道是"盛极而衰"，蜀之盟之后，楚国的霸业开始走下坡路，而晋国晋景公则在内政、外交诸方面发力，力图扭转晋国之前的颓势。

秦桓公二十年（晋景公十五年即公元前585年），晋景公为避开卿大夫势力根深蒂固的都城绛城，迁都新田（在今山西侯马西北），改名新绛；两年后，晋景公以赵同、赵括叛乱为由，灭掉赵氏，摧毁了影响晋国政局数十年的赵家势力，一时间大大扩张了晋国君权。

当然真实的赵氏灭门事件，根本不是《史记》所记载的那样，是赵氏被奸臣屠岸贾陷害，而是赵衰小儿子赵婴齐和他大哥赵盾之子赵朔的老婆赵庄姬（晋成公之女）通奸，也即叔叔和侄媳妇通奸引发的。这两人的通奸丑事被赵婴齐同胞哥哥赵同（赵氏族长）和赵括发现，赵同、赵括为了维护家族颜面将弟弟赵婴齐放逐出晋国，赵庄姬却痛恨情人被赶走，就在弟弟晋景公面前诬陷赵同、赵括谋反，然后晋景公就顺势利用赵家丑闻剪除了这个对晋公室最大的威胁。不过话说回来，

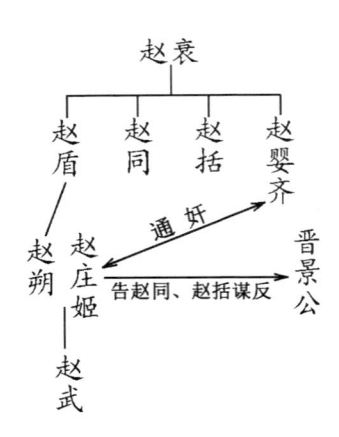

虽然赵氏一时倾覆，但是因为卿大夫执政的模式已经在晋国形成，所以晋景公只得将执政的位子交到老六卿之一的栾氏族长栾书（栾枝之孙，谥号栾武子）手中。这栾氏本是西周后期晋靖侯的后裔，虽然现在和晋君的关系已经远得没边（分家出去已经两百多年），但好歹是姬姓。晋景公这样做，本是觉得作为同姓的栾氏比外姓的嬴姓赵氏可靠，但事实证明他错了。

当时在外交方面，晋景公则是给楚国后方点了把火：他派流亡晋国的原楚国大夫申公巫臣出使楚国东方的吴国，教会了吴人使用战车和步战之法。吴人掌握了最新战争技术后，就拿楚国和其东方的附属国当作试验品，打得楚国大臣子重、子反一年七次奔波边境救火，搞得楚人疲于奔命。从那以后，吴国就成为牵制楚国的一支重要力量，后来甚至差点灭掉了楚国。你楚国会联合秦国、齐国来制晋，晋国难道不会找人制衡你吗？

就这样，在晋景公的部署下，晋国的影响力又重新恢复。

秦桓公搅局"弭兵"遭打脸

光阴似箭，一晃晋楚争霸已经四十多年，各国尤其是处在中原腹心地带的郑国和宋国都已经不堪重负，连北南两个霸主晋国和楚国也有疲惫之感，天下人越来越渴望和平、厌恶战争。

恰巧在秦桓公二十四年（晋景公十九年即公元前581年）夏六月，晋景公生病腿软，上厕所时没蹲住坑，掉进后面粪池里淹死了，成为中国历史上死得最奇葩的君主之一。接下来他的儿子州蒲继位，这就是晋厉公。当时的宋国执政华元与晋国执政栾书以及楚国令尹子重（楚共王的叔父）都有些私交。晋国新君继位后，华元为了让宋国摆脱左右挨打的局面，就奔走于晋楚两国间，希望能促成两国罢兵和好，从而实现和平的局面，这就是春秋时期的第一次"弭兵"运动。所谓"弭兵"，就是"消除战争"的意思。

秦桓公二十五年（公元前580年）秋天，华元的斡旋取得了成果——晋楚两国初步达成和平意向，尽管双方实际上都有些三心二意。

既然晋楚均准备和解，晋厉公自然又想跟秦国和解，于是他派人联络秦国，希望能跟秦桓公见面商谈和平、举行盟会，秦桓公也答应了。两国国君最终决定在晋国令狐见面。

当年冬天，晋厉公来到令狐，可秦桓公到了黄河西岸边上后，突然生了疑心，害怕去了被晋国扣留，所以不愿过河了。

那盟会还举不举行了呢？你别说，两国还真商讨出一个折中的方法：两国国君隔河各自盟誓。具体说，晋国派大夫郤犨做代表去河西岸与秦桓公盟誓，秦国派史官颗做代表来河东岸与晋厉公盟誓。

晋国执政栾书听说了两国盟誓的奇葩形式后，感叹说："这样的盟誓有啥用？盟誓就是为了互相取信。现在两国连盟誓的地点都谈不拢，哪里还有一点诚心可言啊？"

果然，秦桓公回国后，就不再承认和约。

第二年（秦桓公二十六年即公元前579年）的夏五月，宋国执政华元终于促成晋楚两国签订和平协议：晋国大夫士燮（士会之子，又称范文子）与楚国大夫公子罢、许偃在宋国都城西门外见面并盟誓，誓言为："晋国、楚国不得再以兵戈相见，而要好恶一致，一起救灾济困。如果有人侵害楚国，晋国要出兵讨伐；如果有人侵害晋国，楚国也一样。两国保证使者往来的道路安全，共同协商对付破坏和平的国家、讨伐叛盟的诸侯。如果违背这盟誓，神明一定杀了他，让他国家的军队覆灭，让他的国君不能享国！"这就是所谓的"宋西门之盟"。

晋楚盟好的消息传出后，天下人无不松了一口气，憧憬着未来的和平景象。宋国华元因为促成此事，声望也大幅提高。不过就在这时，有人搅局来了，他就是秦桓公。

秦桓公见晋楚盟会，心中自然是万分的不甘——晋国有强楚牵制，秦国对晋尚且不能占到啥便宜，一旦晋楚和平，秦国岂不是永无出头之日了？于是秦桓公眉头一皱，立即同时下了两步棋：一方面，他联络白狄并唆使他们进攻晋国；另一方面，他遣使通好楚国，并劝说楚人背弃宋西门之盟。

不过楚国刚与晋国言和，楚共王一时不愿给岳丈秦桓公当枪使；倒是那白狄没文化一点就着，真的去攻打晋国，却在交刚（在今山西隰县）那地方被晋军击败，没掀起大浪。

要说秦桓公此时发起挑衅实在是不理智，一下子使自己成为天下人的靶子。当时各国都期盼和平已久，好不容易见到晋楚两霸答应罢兵休战，秦国却跳出来制造事端，岂不是惹了天下众怒？

晋厉公见了暗暗高兴，赶紧抓住这个良机，准备给宿敌秦国以狠狠一击，消除晋国后方的这个大隐患。他召集天下诸侯到王城朝见天子周简王（周定王之子），然后组建伐秦联盟。各国痛恨秦国阻碍和平，自然是踊跃参与。

秦桓公二十七年（晋厉公三年即公元前578年）夏四月，晋厉公首先发动政治攻势，派大夫吕相（魏犨之孙）去秦国送绝交信，史称"吕相绝秦"。绝交信从晋献公与秦穆公结成"秦晋之好"说起，先述说了两国友好历史，又一一列举了秦国对晋国的伤害和背叛，如：秦穆公在晋秦两国合围郑国时背盟助郑，秦穆公不参加晋文公的葬礼反而派三将袭灭与晋同姓的滑国，秦穆公联楚制晋，秦康公强送晋公子雍回国继位扰乱晋国，秦康公攻晋引发河曲之战，秦桓公暗中挑唆狄人和楚人攻晋……这其中虽然有美化晋国的地方（如公子雍回国继位本是赵盾邀请的），但大部分也是事实。绝交信一出，使得晋国在舆论上占据了上风。

夏五月，晋厉公任命栾书为元帅，统率上、中、下、新共四军伐秦。这时周简王也派大臣刘康公（周简王叔父）、成肃公率鲁、齐、宋、卫、郑、曹、邾、滕八国联军前来会师。因此加上晋军自己和东周二公所带的少数周军，这次伐秦行动共聚集了十国之师，可谓盛况空前。尤其是刘康公和成肃公代表天子而来，使这次出师具备了至高的合法性。

秦国听说十国联军西进来伐，旌旗蔽日、气势汹汹，心理上首先就被吓住了。边境秦军抵挡不住，以晋军为首的十国联军渡河后长驱直入近三百里，一直打到了秦国城邑麻隧，也就是今天的陕西泾阳一带。

秦桓公硬着头皮集结全国兵力在麻隧和十国联军决战。可秦军和晋军单打独斗都败多胜少，又哪里是十国联军的对手呢？麻隧之战，秦军不出意外地大败崩溃，秦国大夫成差和不更（秦官爵名）女父两人被联军俘虏。联军取胜后，又耀武扬威地西渡泾河，前进到侯丽（在

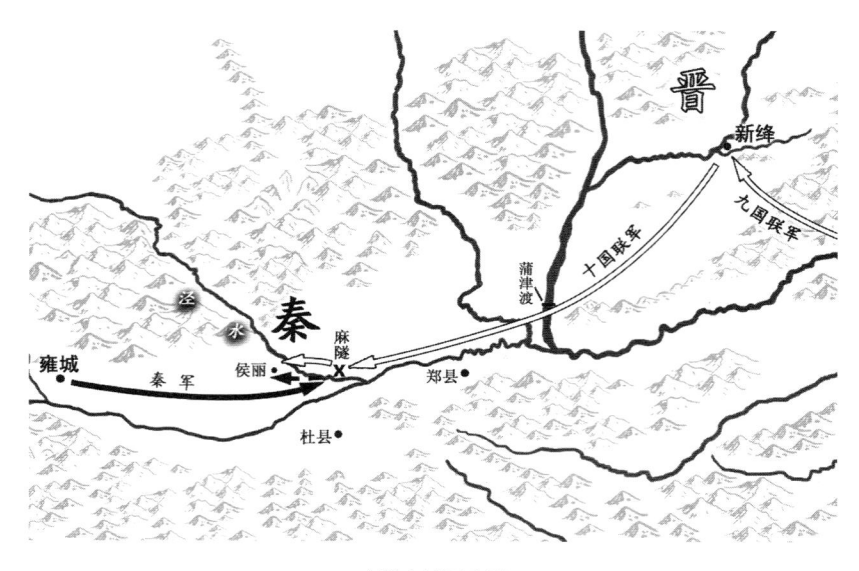

麻隧之战示意图

今陕西礼泉县）。幸好春秋争霸时代晋人只是想教训秦国，没有灭掉秦国的念头，所以此后他们就凯旋了。听说联军已经重创秦国回还，晋厉公亲自西渡黄河迎接。

麻隧之战，是秦襄公立国近二百年来，敌军打入秦国疆域最深的一次，也是秦军败得最惨的一次，秦国元气大伤、颜面尽失。在这种惨痛局面下，秦桓公的身体和精神都遭到严重打击，很快就病倒了。麻隧之战后第二年，也即秦桓公二十八年（公元前577年），他就带着深深的耻辱与悔恨去世。

说起来，麻隧之战秦军战败的直接原因，是秦桓公没有看清天下大势，在天下人普遍厌恶战争的时候破坏晋楚两国议和，让晋国抓住机会组成了规模空前的伐秦联军。当然从深层次来说，那就是秦穆公去世后的几十年间，秦国、晋国之间的国力差距已经越拉越大。

从晋国来讲，它人才辈出（先轸、赵盾、士会、栾书等），国君与卿大夫的势力处于相对平衡状态，能够不断改革内政，善于纵横捭阖，又先后灭掉赤狄数国、击败齐国，极大地拓展了领土，增强了实力。

而秦国偏处西方，本是文化落后的后起国家，只因为秦穆公个人的才能如能够选贤举能、知错就改等，才带领秦人追上东方国家；但穆公死后，秦国被封堵在西部一隅不易接触东方新兴的先进文化和制度，而且康公、共公、桓公能力都不足，还不善于发现、引进人才，导致几十年间秦国不见一个出名的大臣。以上原因使得秦国国政因循守旧、暮气沉沉，一个明显的表现就是秦国的人殉之风远甚于中原各国。所以秦国在与晋国的斗争中越来越趋于下风，也就不足为怪了。

秦景公再怒晋国

> 天子匽喜，龚桓是嗣。高阳有灵，四方已鼏（mì）平。……绍天命，曰：肇敷蛮夏，极事于秦，即服……唯四年八月初吉甲申。
> ——秦公一号大墓石磬铭文（节选）

秦桓公去世后，他的儿子石继位，次年改元，这就是秦景公。

秦景公上台时大约只有十八岁，因为后人在他的墓中出土了标注有"四年"的石磬，石磬上还说他已经"宜政"，而秦国国君都是在二十二岁举行冠礼并亲政的，二十二岁往前推四年正是十八岁。

虽然继位时还是青涩少年，但秦景公颇有雄心，立志重振国威、报仇雪耻。当然他并没有莽撞行事，而是重用世族贤能，闷头发展国力，并积极与当时名义上的天下共主东周王朝发展友好关系，借"尊王"来提升秦国国际地位。所以秦景公四年（公元前573年）他特地邀请当时的天子周简王赴秦参加自己的加冠典礼。要不是石磬中有"天子匽喜"（宴请天子）的铭文，这段不被《史记》等书记载的历史大事差点就被埋没。

果不其然，晋楚两国虽然盟好，但实际上双方都把这当作稳住敌人、调整自身的机会而已，内心压根没打算用和约来约束自己。就在秦桓公去世的那一年（秦桓公二十八年即公元前577年），当时参加晋盟的郑国攻打楚国的小弟许国，惹得许国老大楚国在次年出兵救许攻郑。郑国本是墙头草，见楚国来打又转而依附楚国并攻打宋国，最终击碎了脆弱的和平局面。随后中原大国晋国出兵攻郑，与救郑的楚军相遇于郑国鄢陵（在今河南鄢陵北），从而爆发了春秋时期第三次晋楚大战——"鄢陵之战"，时间为秦景公二年（公元前575年）。

鄢陵之战中晋楚两军实力相当，双方激战一天，楚共王虽然被射瞎了一只眼，但晋国只取得小胜，楚军主力并未受到多大损伤。可晚上楚共王召集司马子反商议对策时，却被告知子反已经喝得酩酊大醉，楚共王最终丧失了信心，率军逃遁，使得晋国赢得了最后的胜利。

当然在这场战役中，又涌现出很多体现浓浓贵族味儿的小故事。如：晋国下军主将韩厥和新军副将郤至在战斗中碰到加入楚军作战的郑成公，却以"臣不辱君"为理由把他放走；后来郤至在战场上又三次遇到楚共王，每次都跳下战车摘掉头盔行趋礼（小步快跑）；晋厉公的车右栾鍼以前出使楚国时曾向楚令尹子重夸耀晋军纪律严明、遇事从容，看到子重的旗帜后就派人送了一壶酒给他，子重也一饮而尽，然后才再次擂响战鼓。

再说晋厉公，通过鄢陵之战他对外压制了强楚，回国后就又想趁势再除去那些势力盘根错节的卿大夫，来稳固晋国君权。

那时郤氏家族在晋国四军（上、中、下、新）八卿里占了三卿（郤锜、郤犨、郤至），成为继当年的赵氏之后势力最大的家族。郤家人也十分狂妄，得罪了不少人。晋厉公于是就先拿郤家开刀，利用自己身边的亲信小臣胥童（被郤缺罢斥的胥克的儿子）、长鱼矫、夷阳五等人，杀死了郤锜、郤犨和郤至这"三郤"。

本来胥童还抓住了晋国正卿栾书和上军副将中行偃（荀林父之孙），但晋厉公一时心软，叫人把他们放了，说："一天之内三卿陈尸朝廷，我不忍心再杀人了。"不过坚持维护六卿制度的栾书和中行偃却没有感恩戴德，而是趁晋厉公出游时杀了他。晋厉公因此成为晋灵公之后第二个被弑杀的晋国君主。

晋厉公死后，栾书和中行偃派人到东周王朝迎回了住在那里的周子，准备立他为君。这周子是谁呢？原来他是晋襄公小儿子桓叔捷的孙子，也即被弑的晋厉公的堂侄儿，当时年仅十四岁。也许是认为周子年纪小、在国内毫无根基，容易控制，所以栾书和中行偃才选中了他。

不过后来的事实会证明，他们实在是眼拙了。

秦景公四年（公元前 573 年）也即秦景公邀请周简王参加自己冠礼并亲政的那年春天，周子刚被接回晋国，即显示出了他的睿智干练。他还没进曲沃宗庙，就对前来迎接他的晋国卿大夫们说："我本来做梦也没想过能当国君，现在却到了这儿，这难道不是天意吗？人们立国君，就是要找一个发号施令的人。如果立了国君又不听君命，那也没必要立了。所以到底立我还是不立我，你们今天就得考虑清楚。当然，如果你们服从君命的话，神明一定会护佑！"

晋国卿大夫们一听，赶紧说："立您是群臣的愿望，怎么敢不听命？"

于是周子祭拜了晋武公的宗庙然后即位，这就是晋悼公。

晋悼公刚上台，就放逐了七名作恶的大夫，恢复了一些破落旧贵族的地位（如任命赵氏孤儿赵武和魏犨之孙魏绛为卿），还选贤任能（起用荀林父侄子智䓨），并减轻赋税，所以晋国面貌焕然一新。在少年晋悼公的努力下，他即位十年之内七合诸侯（七次召集盟会），并采纳了魏绛的和戎政策促使戎人归服，重振了晋国的霸业。

春秋中期四大国——晋、楚、秦、齐，晋悼公得志，楚国自然落在下风，当时齐国齐灵公也只能被迫参加晋国盟会。那自麻隧之战后蛰伏十几年的秦国，有没有像齐国一样服点软呢？事实恰恰相反，倔强的秦国不但没低头，反而迎难而上，再次捋起晋国的虎须。

秦景公十三年（公元前 564 年），晋国遇到了一个大灾年。秦景公感觉整训了十多年的秦军又可以出击了，于是主动派士会留在秦国的儿子——大夫士雃（刘轼）——出使楚国，希望能与妹夫楚共王联合伐晋。

被晋人压得很抑郁的楚共王接见了士雃后，当即答应会出兵对晋国进行牵制。秦使走后，楚共王的兄弟、令尹子囊却表示反对。他对楚共王说："我们现在还没法跟晋国争雄。如今的晋侯能够选贤举能，晋国百官争着报效国家，晋人百业也都兴旺。您还是再考虑一下！"从子囊的态度，可以看出晋悼公时晋国的强大；从另一面，这也衬托出了秦景公的勇气——秦人能打输，但绝不会认怂。

楚共王没有听从子囊的意见，坚持说："我已经答应了秦使，说话不能不算数。就算我们比不上晋国，也一定要出兵！"

该年秋天，秦军攻打晋国。与此同时楚共王也命楚军出动到申县以北的武城（在今河南南阳市北），对秦军的行动进行战略支援。晋国因为饥荒，所以当年没能回击秦国。但霸主显然不能挨打不还手，第二年，时任晋国正卿的智䓨就率军伐秦报复。就这样，秦晋之间的战火又重新被秦景公点燃。

秦景公十五年（公元前562年），因为墙头草郑国这时参加晋国盟会，楚共王想发兵攻郑，就先派令尹子囊出使秦国求助。前年妹夫楚共王刚帮了大舅哥秦景公，秦景公当然记得这个恩情，于是派右大夫詹率一支秦军随子囊到楚国，听候楚共王调遣。楚共王统率楚秦联军刚杀到郑国，郑国就又降了楚，并引着联军一起去攻打晋国的同盟宋国。

见郑国叛变，晋国第 N 次组织中原诸侯联军伐郑。这时楚军和秦军都已经撤退，郑国顺势再次扑入晋国怀抱。大家可能会被郑国的没骨头行径给逗乐了，其实郑国这样做，完全是几十年血泪教训总结出的无奈的生存之道。

在以晋国为首的联军攻郑的同时，秦景公应楚国的约请，派鲍和武两位庶长（秦国庶长此时可能分左右两位）攻打晋国以牵制晋军。当年冬天，庶长鲍先渡河进抵晋国境内，晋国留守的卿大夫士鲂（fáng）带兵前往抵御。但士鲂见庶长鲍所率的秦军人数较少，一时间有了轻敌之心。就在士鲂麻痹大意之时，秦国庶长武迅速从辅氏（在今陕西大荔县东）东渡黄河，和庶长鲍夹击士鲂于晋国栎地（在今山西永济西南），晋军大败。

第二年（秦景公十六年即公元前561年）冬天，为了报复去年底晋国攻郑之举，秦国再次派庶长无地与楚国令尹子囊会合，秦楚两军又一次联合攻打晋国的盟国宋国。

见秦国从上次的麻隧之战中恢复了元气，并积极与楚国配合攻扰晋国，年轻的霸主晋悼公自然是十分震怒。他决定像自己的堂叔、前任晋君晋厉公那样，再组织一次大规模伐秦行动，争取打断秦国的脊梁，为晋国西部打出若干年的和平来。

秦景公十八年（公元前559年）夏，晋国趁着秦景公妹夫楚共王病死、新君楚康王刚继位的混乱空当，组织晋、齐、鲁、宋、卫、郑、曹、莒、邾、滕、薛、杞、小邾共十三国联军伐秦，比上次的麻隧之战还多了三国之师。晋悼公命令中行偃为中军主将，自己亲赴边境等候佳音。十三国联军浩浩荡荡西渡黄河，沿着上次攻秦时的进军路线一路攻城拔寨，又打到泾河附近。

而秦国那边，既然秦景公敢一再挑衅晋国，自然早就想好了应对晋国大规模进犯的办法。他没有像父亲秦桓公那样集中秦军与联军决战，而是隐藏主力、避而不出。

联军一时没辙，准备继续前进寻找秦军。但大家你瞅着我，我瞧着他，哪国军队都不愿先渡泾河。可见联军虽多，却各怀鬼胎，人心根本不齐。到最后，反倒是以恪守周礼著称的鲁人带着小弟莒人率先渡河。这时郑国司马子蟜（jiǎo）和卫国卿大夫北宫括又一起到各国军队里苦口婆心劝说，联军这才全部渡过泾河，在泾河西岸扎营。

接下来，秦人又使出了更损的一招——在泾河上游撒入了大量毒药。联军在下游取水喝水，很多人、马中毒倒毙，引起不小恐慌，大家更不愿意前进了。这当口，又是郑国司马子蟜率领郑军先行，才带动各国军队往前移动。

联军最终抵达棫林（在今陕西凤翔），逼近了秦都雍城。尽管如此，秦景公仍然没有派人来求和，他倒要看看到底谁能耗得过谁。

晋国主帅中行偃怒了，决定一直打到秦人投降为止，于是趾高气扬地对诸将下令说："明天一早鸡一打鸣，大家就把车套好，填平水井、铲掉土灶，唯余马首是瞻！"成语"马首是瞻"就出自中行偃的这段话，书面意思是"只看我马头行事"，但背后透露的是一股"唯我独尊"的骄横气。

不过听中行偃用这样的口气说话，晋下军主将、栾书之子栾黡（yǎn）非常不服，唱反调说："晋国元帅从没有这样发号施令的，我的马头偏要向东！"说完栾黡自顾自地向东而去。晋国下军见主将向东，也都跟着往东走了。

中行偃一看下军跑了，也感到自己刚才说话态度有些傲慢，但后悔已经来不及了。现在作为伐秦主力的晋军都内部分裂，仗自然没法打了，再在秦国深处逗留，远离后方的晋军有全军覆没的危险，他只得将错就错，下令全军班师。好不容易才走到棫林的联军，就这样稀里糊涂地瓦解了。晋国人后来就把这次虎头蛇尾、闹剧般的攻秦之战称作"迁延之役"，意思是拖拉、退却的战役。此战充分暴露出晋国内部卿大夫互不服气、互相倾轧的严重问题。

不过晋军中还是有好汉的。中行偃下达班师令后，栾黡的弟弟栾鍼也就是鄢陵之战中送酒给楚令尹子重的那位，觉得不战就撤退是晋国的耻辱，晋中军副将、士会之孙士匄（gài）的儿子士鞅也有同感。因此两人一拍即合，共同带了少量部属去寻找秦军战斗。秦军只是躲避联军大队人马，见有小股晋军如"肉包子"般送上门，自然没有放过，立即将其包围。战斗中，秦军杀死了栾鍼，士鞅只身逃出包围圈，最后追上了撤退中的晋军大部队。

栾黡见士鞅回来了，弟弟却战死异乡，心中大怒，不分青红皂白对士匄吼道："我弟弟本来要跟我回国的，是被你儿子拉去攻打秦军的。现在我弟弟死了，你儿子却回来了，等于是你儿子杀死了我弟弟。你要是不放逐你儿子，我就杀了他！"士鞅没办法，只得离开晋军，投奔了秦国。

秦景公见晋将士鞅来投,大方地接纳了。春秋时期就是这样,那时是贵族社会,两国贵族往往头天在战场上杀得你死我活,第二天下了战场就像朋友一样。

士鞅在秦国期间,秦景公经常向他了解晋国内部情况。某一天,秦景公问士鞅道:"你说晋国目前这些世家,哪家会最先倒掉?"

士鞅回答:"恐怕是栾氏吧!"

秦景公笑着说:"是因为栾黡骄横吗?"

士鞅解释道:"对啊。栾黡骄横暴虐到一定程度了,不过他应该能幸免,栾氏灭族会在他儿子栾盈时。"

"这又怎么讲?"秦景公继续问。

"栾书执政时给百姓不少恩惠,所以虽然栾黡暴虐,但人们还会看在他爹栾书的面子上原谅他。可到栾盈时,他爷爷栾书遗留的恩德早就没了,人们只记得他爹栾黡的骄横,栾盈自然该倒霉了。"

秦景公觉得士鞅很有见识,就派人出使晋国,请求晋悼公容许士鞅回国并恢复其官职,晋悼公答应了。借着这个机会,秦晋两国也初步恢复交往。

和平到来——"向戌弭兵"

迁延之役两年后,雄才大略的一代晋国霸主晋悼公突然因病去世,年仅三十岁。随后他十来岁的儿子彪继位,这就是晋平公。晋平公元年(秦景公二十年即公元前557年),晋国攻打许国时,在湛阪(在今河南平顶山市北)又一次大败楚军,此即春秋时期晋楚第四次大战——湛阪之战（前三次大战城濮之战晋胜、邲之战楚胜、鄢陵之战晋胜）。湛阪之战后，晋军乘胜一直追击到楚国方城（在今河南叶县南）之外，给予楚国重大打击。不过在当时，可能谁也没料到湛阪之战竟会是春秋晋楚争霸的最后一次大战。

湛阪之战后，齐国齐灵公、齐后庄公父子先后向晋国发起多次挑战，齐后庄公还支持晋国栾黡之子栾盈反动叛乱，并趁机出奇兵攻入晋国腹地。虽然晋国最终制服了齐国（齐后庄公被大臣崔杼弑杀），晋国主导的中原同盟却也被齐人搅得不得安生。

> 西周末期到春秋时期齐国有两个谥号为"庄公"的君主，一个是公元前794年—公元前731年在位的齐庄公购，一个是公元前553年—公元前548年在位的齐庄公光，为加以区别所以将齐庄公光称为"齐后庄公"。

这时晋国内部更是问题多多。因为从晋献公开始实行将太子之外的公子们驱逐到国外的"无公族"政策，晋国的卿大夫力量逐渐强大，公室变得愈加弱小，晋灵公、晋厉公先后被世家大族弑杀，英明睿智如晋悼公也只能在世家大族间搞搞平衡而已。到晋平公继位后，晋国六卿（此时固定为赵、魏、韩、智、范、中行六家）擅权的局面已经不可动摇，这些卿大夫如今更在意互相争权夺利，对争霸不再感兴趣。

中原其他国家的国内情况也大多像晋国一样，诸侯公室的权力逐渐被卿大夫世族侵吞。了解点春秋史的人都知道，鲁国这时已经被鲁桓公的三支后裔也即"三桓"（季孙氏、孟孙氏、叔孙氏）所控制，郑国也被郑穆公的七支后裔"七穆"（罕、驷、丰、游、印、国、良）所控制，齐国则逐渐由崔氏、庆氏专权。唯一的区别是，晋国国君主要是被非公族贵族架空，而鲁国、郑国、齐国等则是被公族贵族架空。尤其是各国百余年来被迫参加晋楚争霸战争，又要给盟主缴纳巨额贡赋，个个怨声载道，甚至不少国家内部出现民众暴动，如《左传》记载，当时鲁国、郑国"盗贼"横行。其实不但这些小国，就是霸主晋国国内，也是"民闻公命，如逃寇雠（仇）"，都城新绛内治安都很败坏。

南方楚国也没好到哪里去：首先外部与晋国争霸屡屡失败，又有东方的吴国不停对其发动骚扰和侵袭。楚国内部，楚王为了遏制世家大族力量，开始起用公子执政，虽然一度取得了加强王室力量的效果，但把世族中很多有才能的大臣逼得逃亡国外，比如那个逃到晋国并出使吴国，教会吴人使用战车的申公巫臣就是著名的一个例子，"楚才晋用"的成语就是打这儿来的。而为了支持争霸战争、满足贵族的奢欲，楚国官府又加大对民众的盘剥役使，以至于"道殣相望，盗贼司目"（路上饿死的人到处可见，偷窃抢劫的盗贼四处窥视）。因此春秋中后期楚人对争霸活动也感到力不从心。

当时的秦国，虽然和楚国一样君权较强，没有出现大夫专权现象，但也并不是毫无隐患：秦景公有个同胞弟弟叫后子鍼（字伯车），从小就很受父亲秦桓公喜爱，受封于征、衙二地，一直以来恃宠而骄，在秦国颇有权势，被秦人视为"第二国君"。秦景公自然知道春秋初年郑庄公弟弟共叔段叛乱等故事，慢慢也对自己这个弟弟有所不满，但因为母亲还在，所以一时并不能把他怎么样，只能暗中戒备、引而不发；而且像晋国等国一样，其实秦国那会儿也不太平，国内到处有不堪剥削压榨铤而走险的"盗贼"出没，据《左传》记载，晋国的"盗贼"在国内不好混的时候，就向西跑到秦国。

就这样在春秋后期，出于国内贵族争权夺利、频繁战争导致民不聊生等种种原因，各国都有了停止外部战争的意愿。总体来讲，如果说春秋的头两百年是周天子被诸侯架空的话，那么这时诸侯则普遍又被卿大夫架空，权力一路下移。很简单的道理，你诸侯能不忠于自己的君主——周天子，那么卿大夫自然也有样学样，不会忠于自己的君主——诸侯。诸侯掌握权力时热衷于分割周天子的天下，卿大夫掌权时自然热衷于分割本国诸侯的土地人口，哪有兴趣去对外争霸？再加上各国尤其是夹在晋楚两国中间的小国百余年来受够了争霸战争之苦，楚秦也各有困难，数十年前宋国执政华元的"弭兵"理想，倒是到了水到渠成的时候了。

在以上的背景下，秦景公二十八年（公元前549年），也就是晋国发动"迁延之役"十年后，秦国和晋国两大国首先进行了和谈，并初步达成一致：晋平公派六卿之一的韩起到秦国与秦景公盟誓，秦景公则派弟弟后子鍼到晋国与晋平公盟誓。当然，因为自殽之战之后长达七十多年的敌对，双方心中都仍有疑虑。所以两年后，秦景公再次派弟弟后子鍼出使晋国以加强联系。

又过了一年，也就是秦景公三十一年（公元前546年），在宋国执政向戌的推动下，以晋楚为首的天下诸侯国代表们在宋都商丘东北门蒙门外盟会，史称"宋蒙门之盟"。此次盟会规定，晋楚两国共享霸主地位，中原诸侯同时向晋楚朝贡，只有四大国中的另两国——齐国和秦国可以例外。这就是春秋时期的第二次"弭兵运动"，史称"向戌弭兵"。此次"弭兵"结束了自城濮之战后持续近百年的晋楚争霸战争，给中原带来了久违的和平与安宁；而且不像上次"华元弭兵"只维持了几年，这次"向戌弭兵"维持了大约四十多年。在这种和平大背景下，秦晋两国也彻底结束了长达八十年的战争状态。

"向戌弭兵"成功后，秦景公可以集中精力对内了，而此时他的弟弟后子鍼却浑浑噩噩，仍旧不知收敛。

据战国大诗人屈原的《天问》一诗记载，秦景公有一只猛犬，对它十分宠爱。结果后子鍼不知死活，偏偏就向哥哥讨要这只狗。在秦景公拒绝后，后子鍼居然提出要用一百辆马车来跟哥哥交换。从这件事可以看出，后子鍼既骄横又富得流油：说他骄横，是因为他胆敢跟国君哥哥争东西；说他富得流油，是因为当时养一辆马车要比现在养一辆豪华汽车还牛。那会儿马车可是集木工、冶金、制革等百工于一体的"高科技产品"，换个损毁的部件都不易。秦景公这时年事已高，恼怒之下不禁动了解决弟弟的念头——他准备在自己百年之后让弟弟给自己陪葬，省得他日后生乱。

不过"父母爱幺儿"。秦桓公夫人也就是他们的母亲听说后，第一时间通知了小儿子后子鍼，让他赶紧跑路。后子鍼连忙带着一千辆马车的家当离开秦国，跑到河对岸他多次出使过的晋国去了。我们知道，战国时期的鲁国、卫国等国，才号称"千乘之国"，后子鍼跑路都带了千辆马车，没带上的肯定还有不少，可见他富可敌国，同时也可以看出当时秦国贵族的富有程度：后子鍼一个秦国公子就有那么多车，那秦景公和秦国的其他卿大夫拥有的车辆总数肯定还要翻几番。而要聚集这样的财富，秦国普通民众的负担可想而知。

晋国晋平公收留后子鍼后，把他分封到晋国裴邑。后来后子鍼的子孙以裴为氏，这就是裴姓的由来，后子鍼也成为裴姓的始祖。

后子鍼背井离乡后，终于对自身所作所为有一定反思。

一个晋国人问他："您的车子是不是都带晋国来了？"意思是想知道后子鍼在秦国时到底有多少财产。

后子鍼回答说："就这些马车已经够多的了，我要是没这么夸富，也不会流落到晋国与您见面。"

不过后子鍼对哥哥秦景公的恨意也依然没有消失。晋国卿大夫赵鞅（赵武之孙）问他秦景公是什么样的人时，后子鍼还是不屑地说："那是个无道昏君！"并且后子鍼预言，秦景公活不过五年了。

后子鍼逃到晋国五年后，也就是公元前537年，他的哥哥秦景公果然去世。秦景公在位长达四十年，且恰好比他曾祖父秦穆公多在位一年，因此他成为春秋时期在位时间第二长的秦国国君（第一长的是在位五十年的秦文公）。

1976年，考古工作者在当时陕西凤翔县城南五公里的南指挥村发现了一座"中"字形先秦超级大墓。这座超级大墓的挖掘整理工作持续了十年才结束，最终该墓创下了以下几个纪录：其一，大墓长300米、宽 42.5 米、深度相当于 8 层楼，比殷墟商王墓葬大四十倍，是截至 2020 年考古发掘的最大的先秦墓葬。其二，大墓中的椁室采用古籍中记载的天子规格的"黄肠题凑"形式，也即用削成方柱体的柏木搭成一座巨大厚实的木头围墙来盛放棺材，是截至 2020 年考古发现的最早采用"黄肠题凑"葬式的墓葬。其三，大墓使用殉人达一百八十六人，为自西周以来发现殉人最多的墓葬，比史书上记载的秦穆公用一百七十七人殉葬还多九人。

两千多年来，尽管这座超级大墓已经被盗掘无数次，但仍出土了金、玉、铜、陶、漆等器具三千多件。考古工作者根据墓中石磬上"龚桓是嗣"（继承龚王、桓王）的文句，最终判定这座被考古界称之为"秦公一号大墓"的超级大墓的主人，就是在位四十年的秦景公，因为秦景公正是秦共（龚）公之孙、秦桓公之子。石磬上的"高阳有灵"的铭文，则又一次证明秦人以颛顼之后自居，因为一般认为颛顼又称"高阳氏"。

从秦景公僭越周礼使用天子才能享用的"黄肠题凑"一事，可以看出他暗中觊觎天子之位的野心；而从墓葬之大和葬品之多，更可以看出秦国君主一贯的好大喜功秉性和秦景公时秦国国力的强大。尤其值得注意的是，秦景公墓中发现了十几件制作精良、经过脱碳处理的铁铲、铁锸等铸铁农具，说明至迟在春秋中期偏后的时间段秦人已经掌握生铁冶铸技术，这在东周诸国中是较早的，也是冶

> **生铁**
> 生铁是在 1150~1300℃ 的条件下冶炼而成的，必须依靠能达高温和强还原气氛的高炉。出炉时铁呈液态，可连续生产，可浇铸成型，含碳量高，质地比较硬，大大提高了冶炼和成型效率以及产品的产量和质量。但因其较脆容易断裂，无塑性，必须退火柔化增加韧性才适合使用。生铁是中国古代的重要发明创造，它是中国古人借鉴发达成熟的青铜冶铸技术而形成的。

铁业的巨大进步和创新（之前秦国有少量的块炼渗碳钢铁剑等铁器）。不过要说明的是，生铁铸品的强度不够，只适合铸造农具等工具，制造兵器则不宜。

最后我们来总结一下秦景公其人，是不是如他弟弟后子鍼说的那样是"无道昏君"。从政治角度看秦景公一生，他对内重用贤臣、巩固君权，对外尊奉周天子、拉拢周边戎人和中原各国（"肇敷蛮夏"），尤其注重加强与楚国的同盟关系，军事上多次打败晋军或其盟军，并用坚壁清野、诱敌深入的正确策略成功瓦解了晋悼公组织的、规模盛大的十三国伐秦联军（迁延之役），最终在"向戌弭兵"时给秦国争取到了与晋、楚两霸几乎同等的大国地位，可以说他是继秦穆公之后秦国又一位有较大作为的君主。但从百姓的角度看秦景公，他的陵墓规模浩大，又殉葬大批宝物和殉人，无疑可以称得上"骄奢淫逸"，不知浪费了多少民力和民脂民膏；他为了复仇和争霸屡次发动战争，又不知有多少秦人抛尸荒野，不能还乡与妻儿团聚。所以说，历史上的所谓"有为之君"，他们在史书上书写辉煌的同时，往往也给百姓带来不小的灾难。后子鍼说哥哥"无道"，如果指后者，显然不算冤枉了秦景公；当然后子鍼自己也不清白，作为拥有千辆马车财富的秦国大贵族，他也在那"无道"中添了无数把火。

王子朝乱周　楚平王纳媳

秦景公四十年（公元前537年）景公薨逝后，他的儿子（名字失传）继位，成为秦国第十四任国君，史称秦哀公，清华简《系年》作"秦巽（异）公"。他的叔叔、当时躲在晋国的后子鍼见自己躲过了殉葬之灾，这才向侄子申请回国，秦哀公也大度地答应了。

话说自秦景公后期"向戌弭兵"后，中原各国间的小摩擦虽然不断，但总归没爆发大战。秦哀公在位期间秦晋两国也保持和平，没有战事，秦国得以专力经营内部，发展生产。不过这时期中原还是有不少大事发生的，我们来了解一下。

首先说晋国。虽然因为"政在家门"导致晋国内部纷争、日趋衰落，但晋国仍旧在"攘夷"和"尊王"上出力颇多。

晋国这时的"攘夷"主要是指跟白狄作战。

春秋中后期，原先居住在西北的白狄人进入今天的河北省一带，并建立了鲜虞（战国时中山国的前身）、肥、鼓等国。晋国经过多年征战，先后于秦哀公七年（公元前530年）和秦哀公十七年（公元前520年）灭掉肥国和鼓国，又多次讨伐鲜虞，重创了白狄。

晋国这时的"尊王"则是指平定了所谓的"王子朝之乱"。

王子朝是周景王的庶长子，为楚国之女所生。周景王的嫡长子太子寿早死，本来周朝该按"立嫡以长不以贤，立子以贵不以长"的原则再立新太子，但周景王更喜欢母亲身份低微、还跟当时的执政卿士刘献公和单穆公不对付的庶长子王子朝，所以迟迟没有表态。

秦哀公十七年（周景王二十五年即公元前520年）夏四月，周景王刚下定立王子朝为太子的决心，却因心脏病突发一命呜呼，没能最终实施。周景王驾崩后，单穆公和刘文公（刘献公之子）拥立母亲出身高贵的王子猛继位，这就是周悼王。

眼看煮熟的鸭子飞了，以长子自居的王子朝非常不服气，于是纠集一群失势的旧贵族起兵争夺王位，将周悼王和刘、单两卿士打跑。

当年十月，晋国派籍谈、荀跞（又称为"智跞"）率晋军和戎兵救周，护送周悼王返回周王城。可惜周悼王没有做天子的命，进入周王城才一个月就因颠沛、惊悸而死，随后东周二卿和晋人拥立悼王的同母弟弟王子匄（同"丐"）为新天子，这就是周敬王。

晋伐白狄示意图

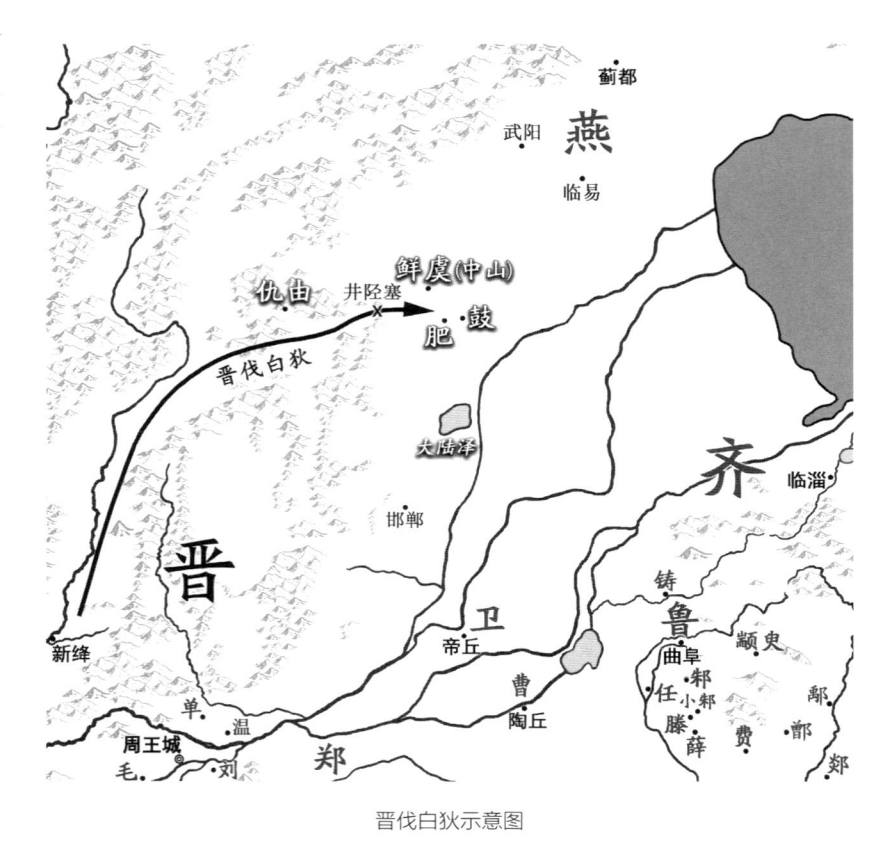

不过晋军退走后，王子朝死灰复燃，再度与弟弟周敬王争位，双方在周王畿内大战四年，结果是王子朝又把周敬王逐走。最终还是晋国出兵，帮助周敬王击败王子朝，王子朝和其党羽召、毛、尹、南宫等家族带着周室典籍逃亡母家楚国。

王子朝虽然出逃，但是周王城内他的余党势力还很大。周敬王不敢住在城中，就请晋国会合诸侯之力，在狄泉（在今河南洛阳市东）修筑了一座新城——成周城。这狄泉成周城后来又有一个更响亮的名字，那就是洛阳城。后来的东汉都城洛阳和北魏都城洛阳，都是修建在狄泉成周城即东周洛阳城的城址上的。还要强调一点的是，自古以来很多学者认为狄泉成周城是由周公旦在周成王时初建，其实这是错误的。经考古证明，周公旦修建的西周成周城实际上在周王城和狄泉成周城之间的位置。自周敬王之后，历代东周天子都居住在狄泉成周城也即洛阳城，直到最后一任周天子周赧王才搬回周王城。

秦哀公三十二年（周敬王十五年即公元前505年），趁着楚国战乱、几乎亡国的时机，周敬王派刺客入楚刺杀了王子朝。不过王子朝虽死，他的余党依旧没有善罢甘休，又再次在周朝发动历时两年多的叛乱。

春秋后期发生的"王子朝之乱"影响巨大：原本衰弱的周朝，王室和贵族世家分裂为两派在王畿内厮杀近十年，让天下之中的繁华之地几乎化为焦土，周王室仅存的一点元气被消耗得一干二净，很多在周王朝内叱咤风云几百年的老牌世家归于消亡（如上述的召、毛、尹、南宫等家族）。王子朝把周室典籍带到楚国，促进了楚国文化的繁荣；但部分典籍在战乱和转移途中消失，又使中国上古史料变得十分残缺（如西周史料仅周初部分保留较多，自成王、康王以后到恭、懿、孝、夷诸王，只留下只鳞片爪的记载）。而晋国在这期间前后五次出兵勤王，实力也颇有损耗。

上一段中提到周敬王趁楚国战乱、几乎亡国之际，派刺客刺杀了躲在楚国的王子朝，想必有人好奇，楚国这"南方霸主"怎么会在"向戌弭兵"几十年后就沦落到这种地步呢？

"向戌弭兵"时在位的楚君是楚康王（楚共王之子）。"弭兵"后第二年楚康王即病故，他的儿子熊员继位。不过熊员才当了四年楚王，就被康王的弟弟、自己的叔叔令尹公子围弑杀，连个王号都没有，因葬在郏地，史称"郏敖"。随后公子围篡位自立，这就是楚灵王。

楚灵王上台后，将都城从为郢迁到秦溪之上（具体位置不详，一说在今湖北潜江或天门一带），对外欺凌诸侯、穷兵黩武，不顾弭兵盟约灭了蔡、陈、赖等国，并把战略重心从中原转向东方，多次沿着

321

现代伊洛盆地古都分布示意图

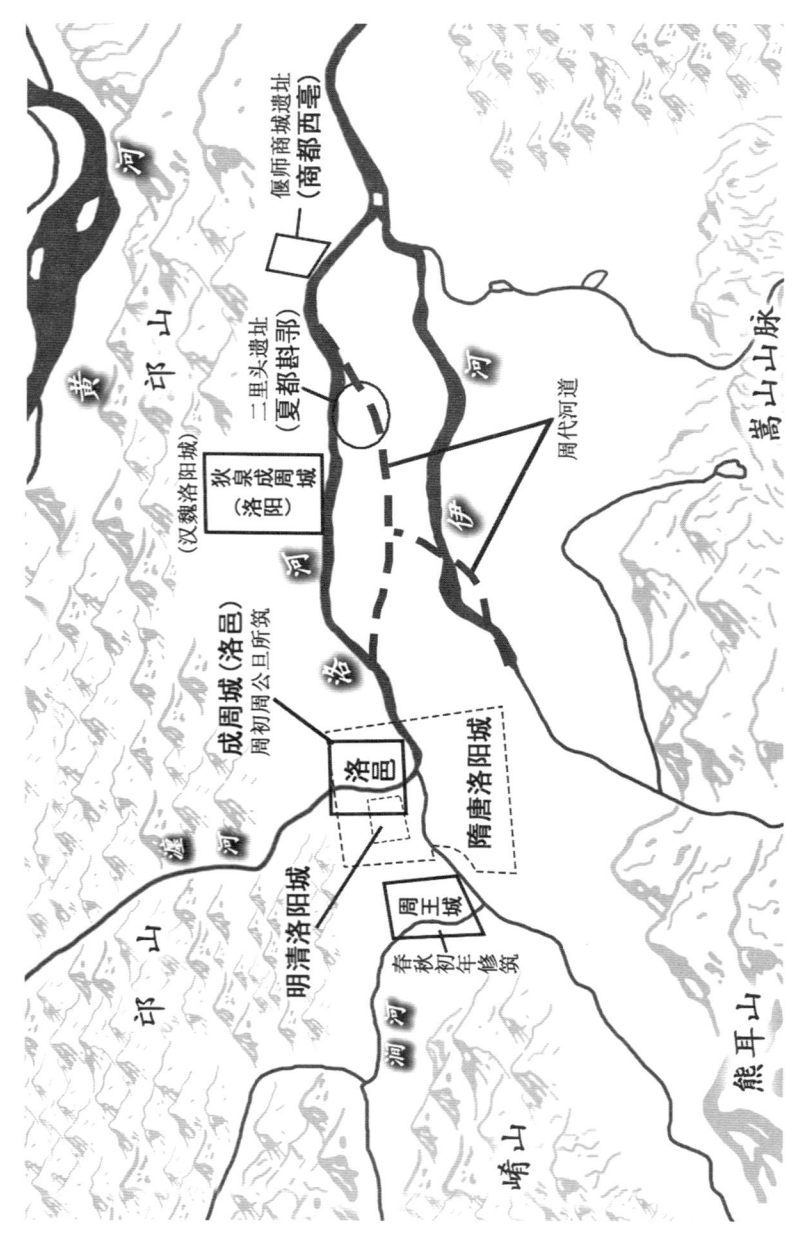

淮水东下攻打吴国和吴国的友邦；在国内他诛锄异己、杀害忠良，还穷奢极欲、大兴土木，如建造了著名的章华宫，内有号称"天下第一台"的章华台。很多人可能听过"楚王好细腰，宫中多饿死"这句诗，诗中的"楚王"就是指楚灵王。春秋初年郑庄公说他弟弟共叔段"多行不义必自毙"，这句话用在奢侈残暴的楚灵王身上也挺合适。楚灵王十二年（秦哀公八年即公元前529年），杀了侄子上位、常年征战在外的楚灵王又被弟弟公子弃疾等人逼死，死后还落了个"灵"这样的恶谥号。

公子弃疾继位后史称楚平王。楚平王上台之初对外安抚诸侯，恢复了陈、蔡两国，对内爱惜民力、赈济百姓，颇有向上的气象。不过他的昏庸之处也很快显露出来：他在用人上毫无见识，任命的几个令尹全是蠢材，他本人还逐渐变得奢侈享乐，导致楚国内政混乱、外战屡败。尤其在对待自己的继承人太子建一事上，他行事十分荒唐。

最初楚平王为了加强与秦国的关系，曾派人到秦国去为儿子太子建求亲。秦哀公欣然应允，把女儿许给了楚国太子。秦哀公十三年（楚平王五年即公元前524年）下半年，楚平王派太子少师即太子副师傅费无极到秦国为太子建迎娶新娘。费无极不得太子建信任，见秦国公主极为漂亮，为了讨好"一把手"，回到楚都秦溪之上后居然撺掇楚平王自己把公主给收了。楚平王被美色迷了心窍，竟不顾儿子感受，真的纳了儿媳，然后给太子建另娶了一房媳妇。

费无极这下赢得了楚平王的欢心，但自然把自己的学生太子建给得罪到家了。费无极这小人一不做二不休，又设计陷害太子建：他先是建议楚平王把太子建封到楚国北部边境城邑城父（在今河南宝丰县东）以震慑中原诸侯，等太子建就封后，他又诬告太子建和太子太师即太子正师傅伍奢图谋造反割据。楚平王不知是真昏庸还是怕儿子报"夺妻之恨"，先抓了太子太师伍奢，又派使者去杀儿子太子建。好在使者同情太子建，他才得以逃到宋国。后来宋国内乱，太子建又流亡到郑国，企图利用郑人的信任勾结晋国伐郑，被郑人杀死。

逐走了太子建，歹毒的费无极还不罢休。他又落井下石，说伍奢的两个儿子伍尚和伍员都是人才，一定要斩草除根才能免除后患，叫楚平王向外散布消息，说如果伍奢的两个儿子来都城就放了伍奢。伍家两兄弟听说后，决定由大哥伍尚回去在父亲面前尽孝、二弟伍员出逃吴国准备将来复仇。伍尚一到秦溪之上，楚平王就把伍奢、伍尚父子杀了。那边伍员历经千难万险逃到了吴国，投奔了吴国公子光，后来还帮他请得勇士专诸刺杀了吴王僚，助公子光登上王位。公子光登基后改称吴王阖闾，而伍员字子胥，所以又常被称作伍子胥。

伍子胥为了报父兄之仇，向阖闾献上了一个"疲楚"之计，即把吴国军队分为三队，轮流攻打楚国，楚军来迎战吴军就撤退，楚军撤退吴军就深入，等到楚人筋疲力尽、麻痹大意时再集中三军予以致命一击。阖闾听了拍手称妙，立即依计而行。这时楚国那边楚平王已死，在位的是平王与秦国公主生的儿子昭王。年仅八岁的楚昭王继位之后，吴人年年攻打楚国，楚人在边境上疲于奔命，再没过过一天安稳日子，楚昭王不得不又辗转把都城迁回为鄀（鄢郢）；但同时吴军每次都是"浅尝辄止"，也让楚人误以为吴国顶多只会在边境上骚扰骚扰而已。

这时候楚国贵族依然没有停止胡作非为。当时的楚国令尹子常因为向来朝的蔡国（当时在今河南新蔡）蔡昭侯和唐国（当时在今河南唐河县）唐成公勒索宝物不得，先后把两侯扣押在楚国三年，直到蔡人和唐人送礼满足了子常的贪欲他才放人。

羞愤不已的蔡昭侯回国路上发誓报仇，他先是找北方霸主晋国帮忙。恰好当时周敬王对楚国收留庶兄王子朝一事极为愤恨，希望尽快除掉这个祸根，因而也向晋国求助。于是晋国应天子和蔡侯之请，迅速召集十八国诸侯于召陵（在今河南漯河郾城区东）盟会，商讨伐楚一事。召陵，就是当年齐桓公伐楚会盟诸侯的地方。谁知道"天下乌鸦一般黑"，会上晋国卿士中行寅也跟楚国令尹子常一样向蔡昭侯索贿，

吴师入郢示意图

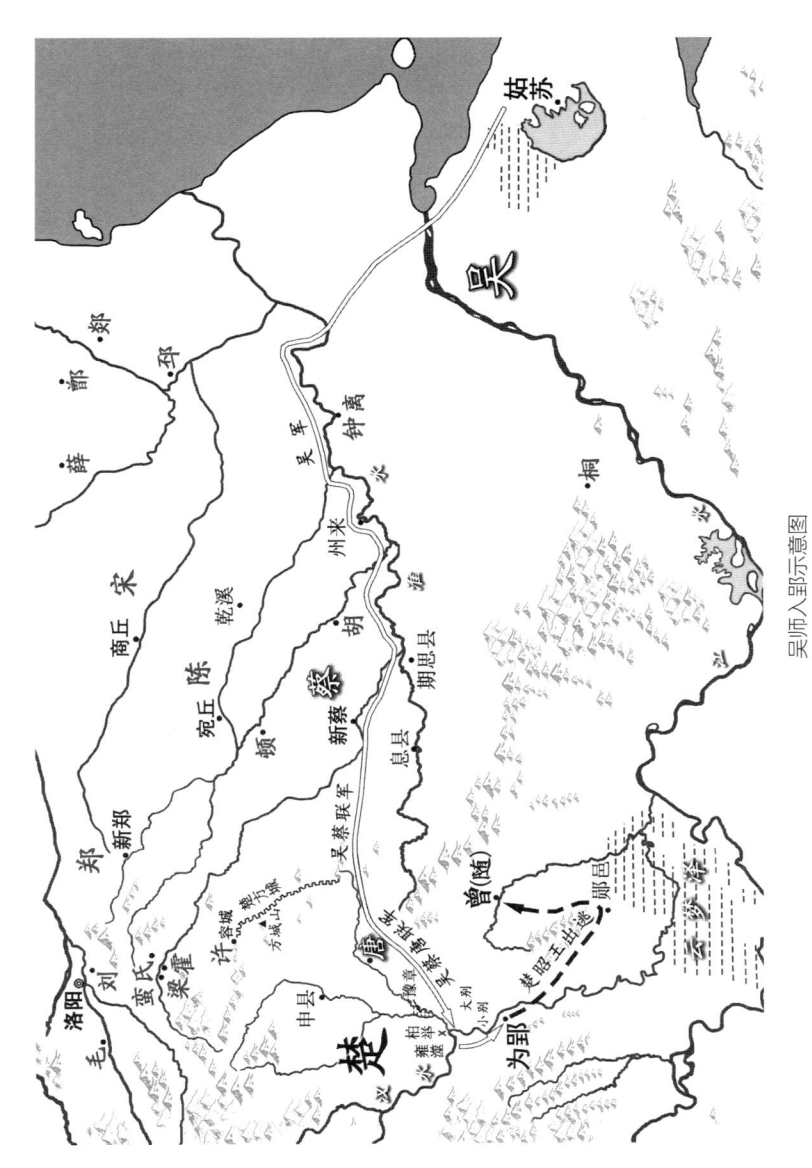

注：吴师入郢的路线有多种说法，本图主要根据石泉《从春秋吴师入郢之役看古代荆楚地理》绘制，楚昭王出逃路线有修正。

因没达到目的,他就把联合伐楚一事给搅黄了。

召陵之会以虎头蛇尾结束,楚国自然饶不了蔡国,立即兴兵伐蔡报复。蔡昭侯无奈,只得求助于楚国的东方敌人吴人。吴王阖闾闻报大喜,决定救援蔡国,并联合蔡、唐两国大举讨伐楚国。此次跟随吴王阖闾伐楚的吴军将领有阖闾弟弟夫概、太宰伍子胥,还有祖、父分别被楚灵王和楚令尹子常所杀的楚国逃吴贵族伯嚭以及《孙子兵法》的作者、著名军事家孙武(一说孙武即伍子胥)。

秦哀公三十一年(楚昭王十年即公元前506年)冬天,吴军三万从都城姑苏(在今江苏苏州)北上,与蔡军、唐军沿淮河西进攻打楚国,因为长江中游古代有云梦泽无法通行。楚国令尹子常领兵东渡汉水迎战,吴军后撤诱敌,在大别山、小别山三次击败楚军。十一月中旬,双方又在柏举(在今湖北襄阳市东北[①])会战,阖闾弟弟夫概率吴军精锐五千人率先直贯楚阵,楚军大败崩溃,贪婪的子常灰溜溜地北逃郑国。接下来吴军五战五捷,一鼓作气打进楚都为郢(在今湖北宜城东南)。这个与晋国争霸百年的大国居然被一个新兴的东方小国揍成这样,不能不令人感叹。

伍子胥鞭坟　秦哀公救楚

为郢失陷前,刚刚十八岁的楚昭王带着妹妹仓皇出逃,如丧家犬般到处流浪躲藏,最后躲到了汉水以东的随国,也就是当年被楚武王、楚文王屡次打服的那个曾国。战国末期成书的《吕氏春秋》和战国时

[①] 石泉:《古代荆楚地理新探》,武汉:武汉大学出版社,1988年版,第388页。

期口头流传、西汉写定的《穀梁传》都记载,伍子胥没有抓到楚昭王,满腔的仇恨无处消解,于是跑到楚平王坟头上用鞭子抽打三百下以泄愤。到了西汉太史公的《史记》里,该故事又被添油加醋,"鞭坟头"的情节演进为"掘墓鞭尸"。

用后世人的眼光和标准来看,伍子胥的行为显然是很过分的,因为大家经常能在明清评书演义中听到一句话,那就是"君要臣死,臣不得不死"。按这种极端的、单方面的忠君思想,君主就是冤杀臣子,后者也该受着,臣子的家人不但不能怨恨,还得继续效忠并服务君主。像伍子胥这样,父亲被君王杀了,居然就"叛国投敌"反攻本国,还鞭坟或鞭尸,这简直是大逆不道啊!可是在伍子胥那个时代,他的行为不但没有受到强烈谴责,反而还得到很多人认可,伍子胥也被当时人称作"贤臣",这是为什么呢?

在春秋及以前,中国社会的基本单元都是族,经济上集体劳作,政治上配套分封制。小君主的地位虽然比大君主低(如大夫低于诸侯、诸侯低于天子),但小封君也是有土贵族,它不在周王朝廷或诸侯朝廷任职一样有块地可以过逍遥日子,自然无须做上一级君主的舔狗。虽然春秋中期以来随着生产力的发展,一些先进地区出现了个体家庭,宗族、大家族露出解体的迹象,分封制有所动摇,但思想观念的变化是有迟滞性的,忠于宗族、家族第一,"家大于国"的观念在很长时期内仍是社会的主导观念。如1993年湖北郭店楚墓出土的战国简牍中有一篇被今人命名为《六德》的儒家逸篇,其中明确说"为父绝君,不为君绝父"(可以为了父亲离弃君主,不可以为了君主离弃父亲)。所以在这种思想指导下,发源于原始社会的"血亲复仇"原则仍具有公认的、至高的正义性,而对君王绝对效忠的思想却不被普遍接受。例如与伍子胥同时代、被后世奉为"至圣先师"的孔子,终其一生都没有说过绝对忠君的话。

定公问："君使臣，臣事君，如之何？"孔子对曰："君使臣以礼，臣事君以忠（君主应按照礼的要求去使唤臣子，臣子应以忠的态度来侍奉君主）。"

——《论语·八佾篇第三》

齐景公问政于孔子。孔子对曰："君君、臣臣、父父、子子（君要像君、臣要像臣、父要像父、子要像子）。"

——《论语·颜渊篇第十二》

邦有道则仕，邦无道则可卷而怀之（国家政治清明就出仕做官，国家政治黑暗就把本事藏起来）。

——《论语·卫灵公篇第十五》

研读《论语》原文可知，在孔子眼里君主既有权利，也有责任和义务，如果"君不君"，那臣就没必要尽臣责了，可以甩手不干、不伺候，显然没有一丝要臣子愚忠君主的意思。

一百多年后的"亚圣"孟子，言论更加激进：

闻诛一夫纣矣，未闻弑君也（只听说杀了一个叫纣王的独夫民贼，没听说有弑君）。

——《孟子·梁惠王下》

君之视臣如手足，则臣视君如腹心；君之视臣如犬马，则臣视君如国人；君之视臣如土芥，则臣视君如寇仇（君主把臣下当成自己的手足看待，臣下就会把君主当作自己的腹心看待；君主把臣下当作犬马看待，臣下就会把君主当做普通路人看待；君主把臣下当作泥土草芥看待，臣下就会把君主当做强盗仇敌看待）。

——《孟子·离娄下》

显然在孟子这里，臣子也要有且必须有独立人格，而不是君主的附属品。臣子对君主的态度取决于君主对臣子的态度，如果君主不仁，臣子就可以不义，对暴君就算杀了也属正义之举。正因为如此，孟子不被后世一些专制君王喜欢，明太祖朱元璋甚至把《孟子》一书大加删减，弄出一本所谓的《孟子节文》。

明白了当时社会的经济政治结构和人们普遍的"家大于国、父大于君"的思想和"有限忠君观"，大家就能明白为什么伍子胥在父亲被冤杀后领敌国之兵攻打本国，还鞭坟或鞭尸，却得到普遍理解和同情了。同理，大家也该能明白，为什么春秋后期、战国时期有那么多"楚才晋用"的例子，大夫、士人们游走各国，多数人不会吊死在"祖国"一棵树上，而屈原那样死守不任用自己的祖国的人反倒是异类。

那种绝对的"忠君观"，是战国以后各国普遍通过变法确立中央集权制后专制君王的需求，因为专制君王要的就是绝对服从的奴才而不是有独立人格和思想的臣子。而由于战国之后封建制被原始郡县制取代，世官制被流官制取代，没有祖传封地、只有俸禄收入的流官自然只能在专制君王面前俯首听命了。随着秦汉大一统帝国的建立，产生于封建社会的儒家思想也不得不靠"自我修正"来争取生存，西汉前期的大儒董仲舒提出了"君为臣纲、父为子纲、夫为妻纲"的"三纲"说，与专制王权配套的"绝对忠君"思想的理论逐渐形成。所以自西汉末年的扬雄开始，很多士人对伍子胥为报杀父之仇借敌国之兵灭本国的行为有了抨击之声。不过此后千余年间，不少思想家和学者对忠君思想也有争议，直到中国帝国专制的顶峰——明清时期，"君要臣死，臣不得不死；父要子亡，子不得不亡"的绝对愚忠思想才在民间广泛流行，并被写入大众读物评书演义之中。

回过头再说吴楚之战。

据东汉《吴越春秋》记载，在伍子胥鞭坟或鞭尸的同时，吴王阖闾带头在繁华的楚都内外奸淫掳掠，《公羊传》《穀梁传》等古书记载他甚至想霸占被俘的楚平王王后、楚昭王之母,即当年嫁到楚国的秦国公主。吴国的其他官员也无不有样学样,纷纷住进楚国百官的家中,强占他们的家眷。一个文化原本落后的偏僻小国得势后,免不了忘乎所以,露出野蛮凶残的一面。眼看昔日南方霸主楚国已经处在灭亡的边缘,这时候一个人站了出来,要改变楚国的命运,他就是楚国大夫申包胥。

申包胥原本和伍子胥是好哥们,当年伍子胥出逃前曾对他说:"我一定要倾覆楚国!"申包胥一方面理解兄弟为父兄报仇的心情,但另一方面作为楚人的他也十分爱国,于是他对伍子胥说:"你努力复仇吧。不过你能倾覆楚国,那我一定能恢复楚国!"楚昭王逃出为郢前,曾命申包胥去自己的外公之国秦国搬请救兵,申包胥决定不惜一切代价完成使命。

确实,天下虽大、诸侯虽多,但当时能救楚的国家却不多:小国没有力量救楚国,大国无外乎晋、齐、秦几国。晋国作为楚国的老对头巴不得楚国灭亡,吴国正是它豢养的"走狗",齐国则与楚国没有多少交情。这样算下来,只有楚国的姻亲加盟友秦国有力量也最有可能助楚复国了。

申包胥离开战乱中的祖国,沿商於古道也就是经今天河南内乡县、陕西商洛市向西北进发。这条道路虽然相对较近,但是需要翻越秦岭,很多山路十分艰难危险。申包胥历经千辛万苦,脚后跟走裂了用衣服包上继续前行,终于抵达秦国,进入雍城。

秦哀公之前已经耳闻吴国伐楚之事,现在听说楚使到来,立即接见。

申包胥先向秦哀公简述了楚吴战事,然后说:"吴国就像唐尧时期为祸天下的封豕、长蛇(一说是以猪、蛇为图腾的两个残暴部族),一次次侵犯蚕食中原诸国,现在是楚国先遭荼毒而已。敝国国君失守社稷,流落草莽之间,特派下臣前来告急,他要下臣转告您:'夷人本性就是贪得无厌，如果吴国与秦国相邻，一定会让秦国边境永无宁日。秦国不如趁吴国没能彻底占领楚国，赶紧抢占部分楚地，如果楚国真亡了，这就是秦国领土了。如果能仰仗秦国的福威使楚国免于覆亡，楚国一定世世臣事秦国！'"

那边秦哀公虽然是楚昭王的外公，但是亲情毕竟要服从国家利益。他听了申包胥的话后一时拿不定主意，就按惯例回复申包胥说："你的来意我已经知晓，你且先到馆舍休息，等我国商定之后再回复你。"

申包胥听了这番外交辞令后着急道："敝国国君身处荒野，至今还没有落脚之处，做臣子的怎么敢到舒适的宾馆休息？"他见秦哀公没有理睬径自转回了后宫，就倚着秦国宫廷的院墙号哭，日夜不停，一连七日水米不进。

申包胥的行为其实早被秦哀公看在眼里，人心都是肉长的，他不禁为其至忠至诚所感动，更考虑到吴国是晋国的小弟，一旦战略伙伴楚国灭亡，晋国势力将进一步坐大，确实对秦国极为不利，因此下了最终决定。他召见申包胥，当着他的面唱起了那首知名的秦人战歌："岂曰无衣？与子同袍。王于兴师，修我戈矛，与子同仇！岂曰无衣？与子同泽。王于兴师，修我矛戟，与子偕作！岂曰无衣？与子同裳。王于兴师，修我甲兵，与子偕行！"

申包胥听到《无衣》一诗后，知道秦哀公已经答应出兵，跪下连磕九个响头，随后筋疲力竭瘫坐在地上。

秦哀公虽然在是否救楚上有过犹豫，但在这等军国大事上，谨慎才是对国家负责。他最终同意出兵战吴军、救楚国，说明当时秦人对自己的国力、军力还是有一定自信的。

秦哀公三十二年（楚昭王十一年即公元前505年）夏天，秦国大夫子蒲、子虎率战车五百辆随申包胥抵达楚国。因为当时秦国落后，尚未进行国野改革，每车仍是旧制三十人，即出兵一万五千人。

当时楚国仍一片混乱，吴人在为郢和很多楚地烧杀抢掠，而不少爱国的楚国贵族、平民则率领族军或组织义兵抗战。周敬王也正是瞅准这个时机，派刺客入楚刺杀了自己的大哥王子朝。

回过头来说秦军。子蒲到了楚地，并没有立即与吴军作战，而是对申包胥说："我军远道而来，不知道吴人的战术如何，还请楚军先跟吴人交战，我好观察一番。"

秦军毕竟是来帮忙的，楚人要复国自然要先流自己的血，所以申包胥听子蒲这样说也没有二话，立即带领楚军作为前锋与吴军拼杀。

子蒲这样做虽然有些滑头，但也可以理解，毕竟在"不知彼"的情况下贸然与吴军交锋，很可能导致不必要的伤亡，谁不爱惜自家子弟？不过楚军与吴军交锋时，子蒲和子虎二将在后面观阵，确实对吴军的战法有所了解，随后他们用实际行动证明秦人并非一味"出工不出力"。

不久，子蒲、子虎率秦军与大批楚军会师于稷地（在今河南新野县南），随即两军联合向沂地（在今河南唐河县西南）大举进攻，击败了夫概所率的吴军精兵，大大振奋了楚国的士气。紧接着楚军也打了一个胜仗：楚昭王叔父（一说庶兄）令尹子西大败吴军于军祥（在今湖北枣阳市西或北）。在这种胜利氛围下，秋七月，楚昭王庶兄子期又与秦国子蒲联合攻打吴国的盟国唐国（当时在今河南唐河县南），一举将其灭掉，斩断了吴国的一条臂膀。

九月，楚军在雍澨（在今湖北襄阳市北）败给吴军，好在秦军及时赶到，大破吴人，反败为胜。

秦军的参战，使吴楚的力量对比发生了重大变化。与此同时，越王勾践趁吴军长期在楚，从背后攻击吴国，而阖闾的弟弟夫概被秦楚联军击败后又逃回吴国发动叛乱，自立为王。在这种不利的局势下，吴王阖闾不得不率领吴军撤出楚境，回国平叛。于是楚昭王得以从随国重返为郢，楚国终于复国。

秦哀公救楚助其复国，是春秋末期秦国最重要的一次军事行动，

秦军救楚示意图

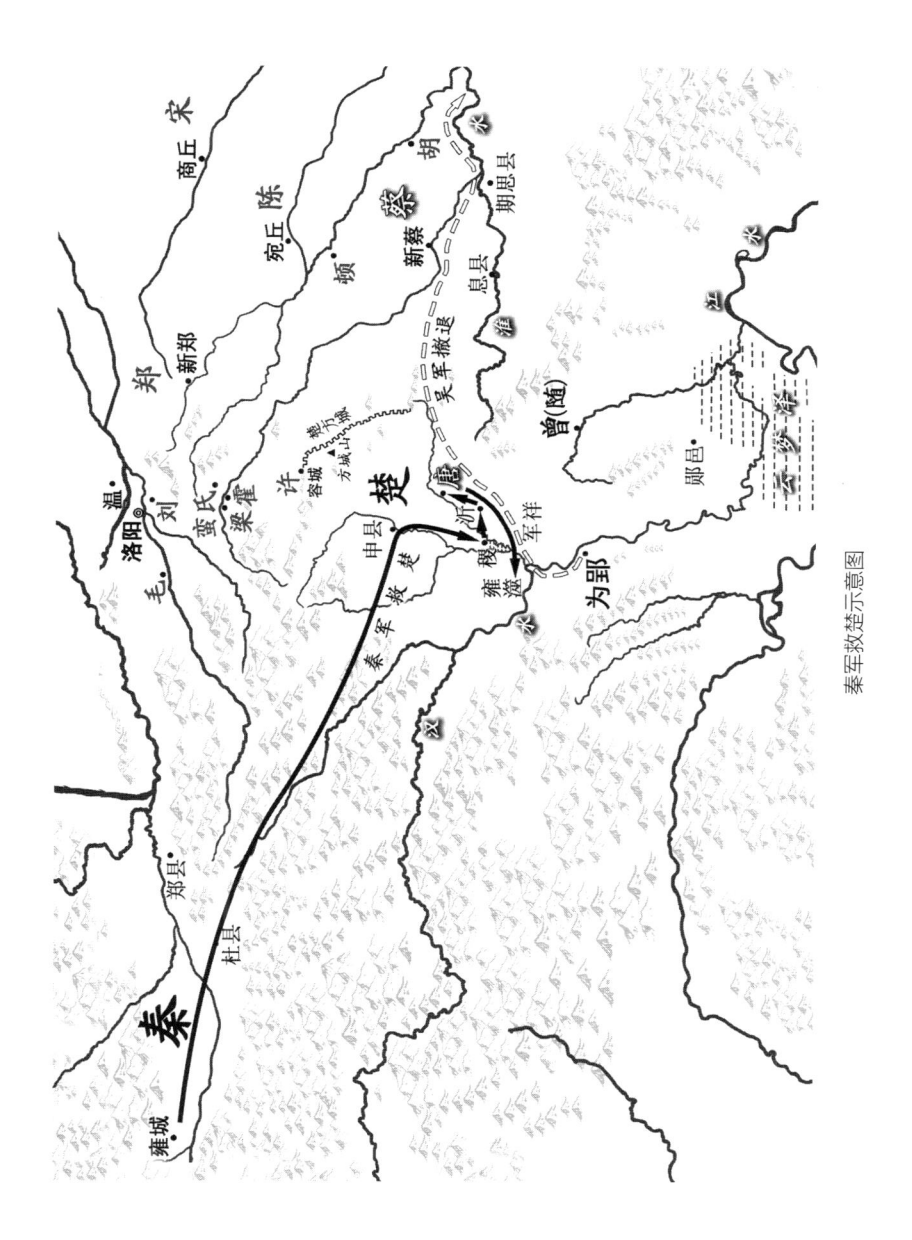

它展现了秦军的勇猛和秦人重诺守信、锄强扶弱的精神，也提高了秦国的威望。如果没有秦国出手相救，楚国即便不灭亡，恐怕也会被吴人占去半壁河山，沦为二三流弱国，未来的天下局势也许会被改写。尤其是在这次援楚过程中，秦人也了解了当时楚军和吴军的战术和装备情况，有利于秦人提升军事水平。

两"圣人"与秦国

楚国复国四年后，也即在秦哀公三十六年（公元前501年），哀公薨逝。哀公在位的时间也不短，把自己的太子夷公都熬死了，君位最终传给了太孙惠公。秦惠公在位十年卒，其子继位，是为秦悼公。秦悼公享国十四年，去世的那年正好是公元前477年。熟悉历史的人都知道，传统上人们把"春秋"时期的起止时间定为公元前770年—公元前476年（周敬王驾崩之年），所以秦悼公的去世时间，几乎与春秋的结束时间一致。

秦惠公和秦悼公在位期间秦国平淡无事，唯一可以说道的就是秦悼公给雍城加筑了防御性的城墙。在此之前雍城像现代城市一样，是一个由贵族宫殿宗庙群、平民居住区和手工作坊区等功能区组成的开放型城市，只有一些自然形成和人工挖掘的河沟作为防御的凭借和分区的隔断。不过惠公、悼公时却有两位"圣人"与秦国有了或大或小的关联。

说起"圣人"，大家第一反应肯定想起"万世师表"孔子孔丘。没错，我们要说的这两个"圣人"，其中一个就是他。

鲁国人孔丘生于秦景公二十六年（鲁襄公二十二年即公元前551

年），父亲是以"力举闸门"闻名于诸侯的鲁国陬邑大夫叔梁纥（爵位为士），母亲是叔梁纥的小妾颜氏。他出生不久各国就在宋国执政向戌的斡旋下达成第二次弭兵协议，所以他算正好赶上了一个相对和平的好时代。

不过孔丘才三岁，父亲叔梁纥就死了，叔梁纥的正妻也即他的嫡母把他和他的母亲颜氏赶出了家门；十七岁时，母亲颜氏也去世。为了生计，少年孔丘只得出来自己谋生。

好在孔丘遗传了父亲的强健基因，年纪不大却身材伟岸，号称"长人"，据《史记》记载，他身高达九尺六寸即2.22米，西汉海昏侯刘贺墓中的屏风上则写他身高七尺九寸即1.82米。孔丘最初给贵族做家臣小吏，先后当过仓库保管员和畜牧业管理员。工作虽然卑微，孔丘却能兢兢业业、做出业绩，把仓库出入的东西算得清清楚楚，把牛羊养得膘肥体壮。尤其是他四肢虽然发达，头脑却不简单，而是极其勤奋好学，能利用一切机会，向任何在某一方面有特长的人学习，二十多岁就精通礼、乐、射、御、书、数等贵族"六艺"，三十出头已然声名远播，先是有同乡秦商、颜由（颜回之父）等人跟他学习，后来较远的地方也有人慕名前来拜师了。孔丘因此开始开设私学，办班授徒。

之所以说孔丘是开设"私学"，是因为春秋以前中国教育的主要形式是"学在官府"，也即贵族子弟到了一定年龄后，到官府中跟随年长的贵族官员学习军事、礼仪等相关知识。在西周时期，没有专职的老师，也没有专门的教育场所。王畿内往往由军队中现任或退役的师氏（一师之长）担任教员，利用空闲时间，在天子举行祭祀、朝贺典礼和行乡饮酒礼的明堂辟雍里教授贵族子弟射术等项目（古代以武育为主），所以后世就把教授技艺的人称作"老师"。各诸侯国也大同小异。进入春秋以后，礼崩乐坏，世官制松动，有没落的旧贵族想出售自己的知识来谋生，也有士庶阶层的人想通过学习知识谋取一官半职，有供有需，私学就这样产生了。

孔丘开班时，宣布只要"束脩（一串肉干）之礼"，他就予以教诲，不分身份贵贱、经济贫富，所以学生越来越多。所以孔丘虽不是第一个开设私学的人，但却是第一个因开设私学出了大名的。此后他逐渐被人尊称为"孔子"。

据《史记》记载，秦哀公十五年（鲁昭公二十年即公元前522年），齐国齐景公和以机智闻名后世的晏子晏婴到鲁国访问，特地召见了身份仅仅是士人的孔子。作为衰落的前霸主之国的国君，齐景公对秦穆公称霸西戎的伟业很羡慕，就问孔子说："当年秦穆公国土很小，又偏处西垂，为何会成就霸业呢？"

孔子回答道："秦国虽小，但是志气大；虽然处于偏僻之地，但是行政却恰到好处。秦穆公能把用五张黑羊皮换来的百里奚从监牢里释放出来，与他谈论三天三夜，亲自任命他为大夫，把国家大事交给他掌管。从这事儿看，秦穆公就是统治天下也不为过，当个霸主还小了。"

从孔子对秦穆公的评价，可以看出他对秦穆公是多么景仰，他显然是希望自己也能碰到一个像秦穆公这样"不拘一格降人才"的君主，来施展自己的抱负和才华。

秦哀公十九年（鲁昭公二十四年即公元前518年），鲁国执政"三桓"之一的孟僖子病危，由于他多年前跟鲁昭公出访楚国时因不通礼仪闹过笑话，所以临终前特地让两个十几岁的儿子孟懿子和南宫敬叔拜孔子为师。

收了孟懿子和南宫敬叔这两个徒弟后，三十四岁的孔子很高兴，毕竟他们是在鲁国权势排前几位的贵族啊。随后他有意无意在徒弟面前提出了一个愿望，这愿望不是升官、不是发财，而是到当时天下的礼乐文化中心东周王朝去参观学习。虽然从今天的眼光看，从山东曲阜到河南洛阳并不远，但对当时的普通人来说，没有一定的财力还是很难负担得起这样的旅程的费用的。

要说孔子真没白收南宫敬叔这徒弟，他听说了老师的心愿后，就跑到鲁昭公那里作了反映。鲁昭公也热心文化事业，立即派了一辆马车、一个仆僮给孔子，送他赴周"公费学习"。就这样，孔子得以西行入周问礼。

当时的周朝其实正处在前面提到过的"王子朝之乱"当中：王子朝一派得势，占据了周王城，被时人称作"西王"；而周敬王一派则占据周王城外的东郊地区，被时人称作"东王"。不过孔子自然不会被东西两周王的争斗吓退。他先经过周王畿东部的周敬王辖地，见到了以渊博著称的大夫苌弘，

> **苌弘化碧**
>
> 苌弘善于观测天象、推演历法、占卜凶吉，一向尽忠于周敬王。但在孔子入周问礼二十多年后的秦惠公九年（周敬王二十八年即公元前492年），苌弘却因为得罪了晋国执政赵简子赵鞅，被畏惧晋国的周敬王作为"弃子"冤杀。据《庄子》和《搜神记》等书记载，苌弘死后三年，他的血水化成了碧玉。

也就是"苌弘化碧"典故中的那位忠臣，并向他请教音乐知识；在周王城，他又见到了长他一辈的另一位"圣人"——周王室守藏史（国家图书档案馆馆长）老子。

所谓的"圣"，繁体字写作"聖"，古文写法下面像一个"人"，上面是夸张化的一"耳"一"口"，本是指善于倾听与表达的聪明人，后来更进一步，指拥有最高智慧和道德的人。

老子见到意气风发的孔子后，却当头浇了他一盆冷水："你所问的'礼'，创制他的人的骨头都朽烂了，而且君子遇到了好时机就出仕，否则就隐居。我听说，善做买卖的商人都把好货藏起来，店铺里好像没有什么东西；德行很高的君子，表面看起来都很愚钝。你应该去掉身上的骄傲之气和过多的欲望、过高的志向，这些对你都没有好处。

我能告诉你的，也就是这些了。"

孔子听了有些惭愧，但是又不能完全理解，就继续谦恭请教。老子也是刀子嘴豆腐心，说没啥别的可说，但最终还是教了孔子很多礼仪知识和人生哲理，使得孔子学问大长。孔子回到鲁国后，前来拜师学艺的人越来越多了。

至于老子对孔子说的头几句话，如果读者能放到王子朝与周敬王争位鏖战、周王室进一步衰落的历史背景中理解，就应该能明白他内心的痛苦。孔子问礼两年后，王子朝被有晋国强力支持的周敬王打败，带着周室典籍逃往楚国，作为守藏史的老子也跟随入楚。想来老子也不是忠于某个王子，而是忠于自己的那份职守，周室典籍在哪里，哪里就是他要坚守的地方。

老子对孔子说的话也一语成谶。孔子后来虽然被鲁定公（鲁昭公弟弟）任命为中都宰和大司寇，在鲁齐夹谷会盟中作为相（指司仪）维护了鲁国的尊严，并把鲁国治理得初有成效，但却因为"堕（huī）三都"失败，受到执政"三桓"的排挤，不得不离开自己的祖国，于秦惠公四年（鲁定公十三年即公元前497年）开始了他十四年周游列国的艰辛旅程。这一年孔子已经五十五岁。

> **堕三都**
>
> 秦惠公三年（鲁定公十二年），孔子以叔孙氏的家臣窃据叔孙氏封邑郈邑叛乱为由，制订了削减叔孙氏封邑郈邑、季孙氏封邑费邑、孟孙氏封邑成邑的计划，因为按周礼规定诸侯国大夫封邑的城墙必须低于诸侯国国都的城墙。最初饱受家臣尾大不掉之苦的叔孙武叔和季桓子同意了孔子的计划，孔子和他的弟子子路（时任季孙氏总管）得以成功拆减了叔孙氏郈邑、季孙氏费邑的城防；但由于孟懿子的抵制，他们却没能动得了成邑。这时鲁国真正的主人、"三桓"中最强的季桓子也回过味儿来，意识到"堕三都"实际上是自掘坟墓，于是开始疏远排挤孔子和其弟子。

孔子师徒先后来到了卫、陈、曹、宋、郑等国，都不得任用，反而多次遇险：头次去陈国时因长得像鲁国季孙氏前家臣阳虎，他被困于匡地；在宋国，他遭受了宋国权臣司马桓魋（tuí）的死亡威胁，不得不被迫离去；在郑国都城东门他与众弟子失散，被郑人嘲笑为"累累若丧家之狗"……

　　据《庄子》一书记载，大约在这期间，孔子又在宋国沛邑（在今江苏沛县）见到了老子。可能是因为十几年前吴国攻楚导致楚国大乱，王子朝也被周敬王派人刺杀，所以老子才离开楚国来到宋国。经历了那么多的挫折，这时已经年近六旬的孔子早已经理解了老子当年对他说的那番话。想来这次两位哲人的见面，会有更深层次的交流。

　　正在孔子落寂时，秦悼公二年（楚昭王二十七年即公元前489年），曾经历过亡国之痛的楚昭王慕名邀请孔子来楚国，孔子再次看到希望。不过孔子一行走到陈蔡边境时，却被乡人围困在荒野里，断粮七日，差点被饿死。好在子贡去楚国请来了楚军，他们才得以脱身入楚，在楚国北部边邑城父（在今河南宝丰县东）附近与楚昭王相见。当时吴国正攻打楚国的盟国陈国，楚昭王出兵救陈，所以北上来到城父。

　　交谈之后，楚昭王很欣赏孔子和他的弟子们，就想赐给孔子"书社七百里"作为封地。

　　有人会奇怪，赐地就赐地，但"书社"是什么意思？当时楚国也就千里地盘吧，能一下封给孔子七百里？其实这里的"书社"既不是"读书协会"，也不是"书籍出版社"，而是指春秋中后期出现的一种社会组织。

　　我们一再阐述，因为上古生产力低下，人们都是聚族而居，以方便在生产生活时互帮互助，但在春秋时期的战乱动荡和拓地开荒中，很多人出于各种主客观原因脱离了宗族、家族（如孔子母子就是被父亲正妻赶出家的），

> 孔子有鲁国弟子冉耕，字伯牛；又有宋国弟子司马耕，字子牛。

正好此时随着铁器牛耕等技术的推广，个体家庭也能够生产、生存了，所以慢慢出现了一些由一个个没有血缘关系的家庭组成的新型聚居点。原本春秋中期以前，天子、诸侯的权力不下族，也就是征收贡纳或税赋、摊派各种劳役（兵役也是劳役一种）只通知到族长，族长清楚本族各家的人力物力资源并进行调配；但非血缘的聚居点没有族长，所以这样的聚居点里的各家百姓就需要把本家的情况写到聚居点的社即土地庙中，供官府了解掌握，这就是所谓的"书社"（写情况于社），后来由动词变名词，成为非血缘社区的意思。书社里有记载各家家庭情况的简牍，这就是后来户籍的雏形。当时齐、楚、卫、越等国都已经出现书社组织，官府觉得绕过族长直接掌握各家的情况，可以一竿子到底、防止族长隐匿瞒报，更好地征发物力、人力，也逐渐开始主动了解聚族而居社区的各家情况并登记，户籍制度就这样在春秋后期萌生。前面提到过，向戌弭兵时各国为应付争霸战争加重对民众压榨，导致"盗贼"横行，这就与族逐渐解体、官府直接向个体家庭征发赋役有关。因为族的存在能较好庇护族人，族解体后个体家庭直接面对官府盘剥和各种天灾，很容易破产沦为官私奴隶和"盗贼"。

  回过来再说书社"七百里"。明白书社是地方组织，那么这里的"里"自然不是长度单位了，而是地方行政单位。不过一里包含多少家说法不一，有说二十五家的（《周礼·地官·遂人》），有说五十家的（《管子·小匡》），出土的秦汉简牍显示当时每里的户数其实并不能做到整齐划一。以最少的一里二十五家计算，楚昭王要封给孔子的也有一万七千五百家，在当时得有一两个县的地盘，超过后世的"万户侯"。

  楚国令尹子西得知楚昭王要把一两个县的地盘封给孔子，连忙劝阻，说孔子师徒能力超群，政治、军事、外交等一国所需的人才一应俱全，一旦在楚国有了块地盘，还不得反客为主把楚国吞噬了？楚昭王一听害怕了，就再没提封孔子的事儿，不久后他就病死了。

  今天河南西峡县流行着这样一个传说：孔子在绝望之余，准备带着弟子们从商於古道西行入秦,到他称赞过的秦穆公曾经主政的土地上去碰碰运气。他们走到楚地白羽也就是今天河南西峡县时,楚国令尹子西密令守关人不让孔子师徒出关,无奈之下他们只得作罢。至今西峡县东南还有一个镇叫回车镇,传说就是孔子师徒调转车头东归的地方。

政治上不得志的孔子先回到卫国,不久返回了故乡鲁国,自此继续埋头整理文献典籍,广收门徒而教育之。

秦悼公十二年(鲁哀公十六年即公元前479年),孔子病逝于故乡鲁国。生于乱世,为让天下回归秩序,文武双全的孔子一生以复兴周礼为己任,但历史车轮在滚滚前进,他当然没有成功的可能。不过在那战乱频仍之时,他提倡"仁"的思想无疑具有进步意义,他强烈的"救世"责任感和忧国忧民意识感染无数仁人志士,他"知其不可而为之"的精神也值得钦佩,尤其是他的教育活动传播了古老文化,最终成为影响中华文化走向的"圣人",这恐怕是他自己没能预料到的。

孔子逝世一千五百年后,唐朝韩愈在《石鼓歌》中写下了"孔子西行不到秦,掎摭(jǐzhí)星宿遗羲娥"的诗句,意思是惋惜孔子没有亲临秦国,导致他晚年删改、编辑《诗经》时遗漏了秦人镌刻在石鼓上的优美诗篇,好似摘了星星却漏了日月。其实孔子虽然没有踏足秦国,但是孔门七十二贤哲中却有秦祖、壤驷赤、石作蜀等

> 1975年12月,考古人员在湖北省云梦县一个叫睡虎地的坡地发现了十二座战国后期秦国墓葬,在其中十一号墓出土了大量秦代竹简,内容主要是秦朝时的法律制度、行政文书、医学著作以及关于吉凶时日的占书。这就是著名的"云梦睡虎地秦简"。从墓中竹简内容学者了解到,十一号墓主人名为喜,生于秦昭王四十五年(公元前262年),在秦王正在位时期先后担任过秦国南郡安陆和鄢城的主管文书、司法的小吏。喜大约卒于秦始皇三十年(公元前217年),因为墓中竹简《编年记》只记到"三十年"。

人是秦人。他们在孔子殁后返回故乡，把老师的学说带到秦国，促进了秦国儒学的发展。儒家思想曾在较长时间、一定范围内对秦人的思想产生过不小的影响。出土的战国秦国古印章，就有很多刻着"忠仁思士""忠信""孝悌"等体现儒家思想的印文。云梦睡虎地秦简《为吏之道》即秦代为官从政道德行为规范里，也有"忠信敬上""为人君则鬼（怀），为人臣则忠；为人父则兹（慈），为人子则孝"的儒家式行为准则。

如果说孔子没有亲到秦国是一件历史憾事的话，那么另一位"圣人"老子却用行动弥补了缺憾。

《史记·老子韩非列传》记载，孔子离开楚国东归后，居住在宋国沛邑的老子却骑着青牛西行来到一座关前。当时守关官员关令尹喜拦住了他，请他写下了五千字的《道德经》，才放他出关。

这里要说明的是，后世都说老子出的是函谷关（在今河南灵宝市北），其实函谷关是战国以后才由秦国设置的，老子时代尚无此关，所以《史记》只说"关"，并未说是哪座关，显示出太史公用语的严谨。

当然，尹喜把守的那座关虽然不是函谷关，但老子出关之后应该是去了秦国，因为《庄子》《列子》等书都记载他"西游于秦"。

老子进入秦国后，传说隐逸到著名的终南山北麓，在今天的陕西周至县楼观台一带讲道传经，把道家思想带入秦国。《为吏之道》中也有一些地方体现老子的道家思想，如"怒能喜，乐能哀，智能愚，壮能衰，勇能屈，刚能柔，仁能忍"等。据北魏郦道元《水经注》记载，最终老子在楼观台仙逝，葬于西边的大陵山，至今大陵山上还有老子墓。

所以如果您看了战国时期一些辩士的说辞，认为春秋战国时期的秦国是"文化沙漠"，那就错了。实际上自秦文公夺得岐山以西地盘时就接受了大量周文化，儒家、道家思想在形成初期即传入秦国。那些秦国"不识礼仪德行"的评论，多有夸张的成分，而且说的也是商鞅变法之后的情况了。